예수 Jesus, 先生으로 만나다

예수 Jesus, 先生으로 만나다

한인철 지음

청송

들어가는 말

한국의 한 신학자가 오늘의 한국 기독교[1]는 "붕어빵 기독교"와 같다고 지적한 적이 있다. 붕어빵 속에 붕어가 없는 것처럼, 오늘의 기독교는 "겉으로는 예수님과 관련이 있는 듯하지만, 실제 그 속을 들여다보면 예수님의 말씀과 뜻과 정신은 사라져 버린 기독교"가 되었다는 것이다.[2] 아마 한국의 의식 있는 기독교인이라면, 대개 이 지적에 동의할 것이다.

이 책은 기독교가 오랫동안 잊고 있었던 혹은 잃어버렸던 예수를 되찾고자 하는 데 그 목적이 있다. 달리 말하면, 기독교가 예수를 그리스도로[3] 고백하기 이전의 역사적인 한 인물로서의 예수, 성서학자들이 흔히 '역사적 예수'(historical Jesus)라고 부르는 그 예수의 가르침과 삶, 그리고 그 예수의 죽음과 부활을 역사적으로 조명해보고자 하는 것이다.

로버트 펑크(Robert Funk)라는 학자의 당연한 주장처럼, "기독교는 나사렛 예수에게서 비롯"되었고, 그 때문에 "기독교는 예수의 상상력과 그의 비전에 다시 닻을 내릴 필요가 있다."[4] 예수를 그리스도로 믿는 신앙고백을 넘어, 역사적 예수에게로 다시 돌아가야 한다. 그리고 역사적 예수의 진실을 통해 오늘의 그리스도 신앙이 과연 그 예수를 제대로 담아내고 있는지 비판적으로 검토할 필요가 있다.

다행스럽게도, 1985년 미국 캘리포니아 주에서 로버트 펑크를 중심으로 신약성

---

1) 본 책에서 '한국 기독교'라고 표현한 것은 거의 대부분 '한국 개신교'를 가리키고 있다. 비기독교인과 비기독교 종교인들의 혼동을 피하기 위해 편의상 그렇게 표현하고 있는 점을 이해하기 바란다.

2) 김진, 『왜 기독교인은 예수를 믿지 않을까?』(고양: 위즈덤로드, 2010), 47.

3) '그리스도'라는 말은 '메시아'라는 말의 그리스어 번역어이다.

4) 로버트 펑크, 『예수에게 솔직히』, 김준우 역(고양: 한국기독교연구소, 1999), 457.

서학자 200여 명이 참여하는 『예수 세미나』(Jesus Seminar, 역사적 예수를 연구하는 모임)가 결성되어, 현재까지 수십 종의 중요한 연구결과물들을 내놓았다. 더욱 다행스러운 것은, 이에 발맞추어 한국에 있는 『한국기독교연구소』 소장 김준우 박사가 미국서 출판된 거의 모든 역사적 예수 연구서들을 한국어로 번역해냈다는 것이다.

본 연구는 주로 『예수 세미나』의 연구 결과물들을 기초로 역사적 예수에 접근하고자 한다. 이것은 『예수 세미나』가 세계 신약학계를 대변할 수 있다는 뜻이 아니라 『예수 세미나』가 연구한 예수를 한국 기독교계에 소개한다는 의미를 갖고 있다. 본래 영문학과 출신으로 미국에서 오래 공부한 김준우 박사의 번역과 그의 손을 거친 다른 번역자의 번역들은 모두 신뢰할 수 있는 탁월한 번역서들이다. 이 자료들 이외에 역사적 예수를 이해하는 데 도움이 되는 다른 자료들도 상당수 참고하게 될 것이다.

필자는 지난 19년간 연세대학교 교목으로 봉직하면서, 매학기 '역사적 예수'를 중심으로 기독교 개론을 강의해왔다. 그런데 대학생들에게 읽힐 적절한 교재가 없었다. 『예수 세미나』의 연구결과물들은 너무 전문적이어서 학생들이 읽기에는 다소 어려움이 있었다. 전문적인 책들을 잘 소화하여 대학생들, 특별히 비기독교인 학생들이 읽을 수 있는 교재를 만들 필요가 있었는데, 그것이 이 책을 쓰게 된 일차적인 동기이다. 기독교인들을 위한 신학 전문 연구서가 아니라는 말이다.

그러나 이 책은 기독교인 중에서 역사적 예수에 관심이 있는 분들도 충분히 염두에 두었다. 역사적인 한 인물로서 예수가 누구인지, 그리고 그 예수에 기독교가 다시 기초를 두게 될 때, 기독교가 어떻게 달라질 수 있을지에 대해 궁금한 분들은 이 책을 통해 어느 정도 도움을 받을 수 있을 것이다. 특별히 역사적 예수에 신학적 기반을 두고 이른바 '예수목회' 혹은 '예수운동'을 시도해 보고자 하는 목회자들은 이 책을 꼭 한 번 읽어보기 바란다.

필자는 독자들이 이 책을 통해 '예수의 길'을 발견할 수 있기를 바란다. 예수가 자신의 삶의 자리에서 가르치고 살고 죽고 다시 살아나는 과정을 통해 그가 가고자 했던 그 길을 발견하고, 더 나아가서는 그와 같은 길을 갈 수 있기를 기대한다.

예수의 제자들은 초기 기독교 운동을 '길'이라고 불렀고, 자신들을 '그 길'을 따르는 사람들로 이해했다고 한다.[5] 오늘의 기독교인들도 처음 예수의 제자들이 따랐던 예수의 그 길을 예수와 더불어, 그리고 처음 제자들과 더불어 함께 걸어갈 수 있으면 좋겠다.

이 책이 만들어지기까지 여러 사람의 도움이 있었다. '한국기독교연구소'의 김준우 소장님은 연구 작업을 수월하게 할 수 있도록 필요한 자료들을 모두 제공해주었다. 미국 엘에이 갈릴리신학대학원의 설립자이시자 한아름교회의 담임목사이신 홍정수 박사님은 이 연구가 진행되는 동안 다방면에서 좋은 아이디어와 조언을 해주었다. 한아름교회(연구년 동안 필자가 다닌 교회)의 민경완 사모님과 황재임 집사님은 초고를 꼼꼼히 읽고, 교정과 함께 여러 유익한 제언을 해주었다.

이 책의 초고가 완성된 후 여러 제자들이 또한 도움을 주었다. 이번 학기(2015년 2학기) 연세대학교에서 '기독교와 현대사회'를 수강하는 학부 재학생 김수경(아동가족학 12학번), 신용준(신소재공학 14학번), 최용(건축학 14학번), 한정서(경영학 12학번) 학생은 비기독교인의 시각에서 이 책을 비판적으로 읽고 다양한 제안을 해주었다. 연세대학교 학생성서연구반 출신의 졸업생 김기재, 김선희, 김영림, 김정연님은 사회생활을 하는 40대 전후 직장인의 시각에서 이 책을 검토하고 적절한 조언을 해주었다. 전주대학교 국어교육과 객원교수로 있는 유경민 박사님은 누구나 쉽게 읽을 수 있도록 세밀하게 문법을 교정하고 서툰 문장을 깔끔하게 가다듬어 주었다.

무엇보다 감사드릴 분들은 2015년 가을학기 '예수학당'에 참여한 수강생들이다.[6] 학당에 참여한 목회자와 평신도들은 이 책에 대한 특별한 애정을 갖고 냉정한 비판을 가하여 이 책의 완성도를 한결 높여주었다. 특별히 교회 현장을 염두에 두

---

5) 로빈 마이어스, 『예수를 교회로부터 구출하라』, 김준우 역(고양: 한국기독교연구소, 2012), 58.

6) '예수학당'은 한국기독교연구소에서 발간된 역사적 예수 연구서들을 함께 읽고 발표하고 토론하는 일종의 독서모임으로 매학기 10회 전후로 모인다. 2015년 2학기에는 25명 정도의 수강생들이 필자의 저서 『예수, 선생으로 만나다』를 함께 읽고 발표하고 토론했다.

고 다양한 제언을 해 준 박대순, 방현섭, 임성호, 임운진 네 분 목사님과 한상익 교수님에게 깊은 감사를 드리고, 이 책의 시의 적절한 제목을 제안해 준 방현섭 목사님께는 별도의 감사를 드린다. 그리고 2015년 11월 9일부터 13일까지 증평에서 이 책의 초고를 갖고 열렸던 집중세미나에 참여한 중국과 말레이시아의 목회자/평신도 10명에게도 깊은 감사를 드린다. 이 분들의 질문과 토론과 문제 제기는 이 책의 깊이와 넓이를 더할 수 있도록 도와주었다.

호서대학교에서 신약성서학을 가르치고 있는 조태연 박사님은 책을 쓰는 과정에서 수시로 신학적인 자문에 기꺼이 응해주었고, 이 책이 신약성서학의 상식을 벗어나지 않도록 원고를 세밀히 검토해 주었다. 명지대학교의 구제홍 박사님은 친절한 교정과 함께 글이 치우지지 않도록 적절한 조언을 해주었다. 신약학자로서 역사적 예수에 깊이 관심하시는 송진순 박사님은 이 책을 처음부터 끝까지 읽으시고, 학문적인 점검과 함께 글의 완성도를 높여주었다. 이 세 분과 조태연, 구제홍 박사님과 더불어 과분한 추천사를 써 준 고진하 시인, 이정배 교수, 정용석 교수님께 특별히 감사를 드린다. 『함께나누는세상』의 방현섭 국장님과 신선옥 팀장님은 원고가 다 완성된 후, 필요한 사진과 그림, 지도와 도표 등을 찾아 적절히 삽입해 주었다. 이 모든 분들에게 깊은 감사를 드린다.

끝으로 2014년 9월부터 2015년 8월까지 필자를 클레어몬트대학의 방문교수로 받아주어 그곳에서 연구에 전념할 수 있도록 배려해준 클레어몬트대학의 콴(Quan) 총장과 당시 학장 클레인튼(Claynton) 교수에게도 이 지면을 빌어 감사를 드린다.

필자는 이 책을 아내 조윤숙에게 헌정하고자 한다. 필자의 아내는 지난 34년간 불안해 보이는 남편을 믿고 잘 따라와 주었고, 지난 1년 미국 클레어몬트대학에서 연구년을 지내는 동안, 삼식(三食)이 남편이 집필에만 집중할 수 있도록 모든 면에서 최선의 배려를 해주었고, 또 원고를 여러 번 읽으며 세밀한 교정을 해주었다. 깊은 감사와 사랑을 담아 기쁜 마음으로 헌정한다.

연세대학교 루스채플 원일한 홀에서

2016년 5월

한인철

차 례

1장

왜 역사적 예수인가?

예수믿기에서 예수살기에로

왜 역사적 예수인가? 이미 신약성서 복음서 네 곳, 즉 마태복음, 마가복음, 누가복음, 요한복음에 예수에 관한 충분한 자료가 있는데, 왜 굳이 역사적 예수를 찾고자 하는가? 이 장은 이 질문에 대해 대답하고자 한다.

1. 역사적 예수와 신앙의 그리스도

1) '역사적 예수'와 '신앙의 그리스도'라는 용어

왜 역사적 예수를 찾고자 하는지에 대해 대답하기 위해서는 우선 '역사적 예수'라는 용어에 대한 설명부터 시작할 필요가 있겠다. 앞서 들어가는 말에서 간단히 언급한 것처럼, '역사적 예수'는 기독교에서 예수를 신앙적 관점에서 그리스도로 고백하기 이전의 역사상 한 인물로서의 예수를 가리키는 말이다. 학자들은 이 예수를 편의상 '역사적 예수'(historical Jesus)라고 불러왔다.

예수를 역사적으로 탐구할 때에 학자들이 관심하는 영역은 크게 몇 가지로 요약될 수 있다. 첫째는 예수가 어떤 역사적 상황에서 태어나고 활동했는가 하는 것이다. 이것은 역사적 예수 탐구를 위한 기초조사에 해당하는데, 이것을 모르고서는 예수의 가르침과 삶과 죽음, 더 나아가서는 그의 부활을 이해하기 어렵다. 이 문제는 2장에서 주로 다루게 될 것이다.

둘째는 예수가 그러한 상황 속에서 무엇을 가르쳤는가 하는 것이다. 예수의 활동은 크게 두 축으로 이루어졌다고 할 수 있는데, 그 한 축이 가르침이다. 예수는 가르치는 분이었고, 그러한 의미에서 교사(敎師)였다. 예수의 가르침은 '하나님의 나라'를 그 중심 주제로 하고 있는 것으로 보이며, 이에 대해서는 3장에서 주로 다루게 될 것이다.

셋째는 예수가 당시 역사적 상황에서 어떤 일을 자신의 중심 과제로 삼았는가 하는 것이다. 이것은 예수 활동의 두 축 중 두 번째에 해당하는 것으로, 예수는 단순히 가르치기만 한 것이 아니라, 그 가르침에 따라 실제로 자신의 삶을 살아내었다고 하는 것이다. 그의 삶은 치유와 공동식사, 그리고 비폭력적 저항으로 요약될 수 있으며, 이에 대해서는 4장에서 주로 다루게 될 것이다.

넷째는 예수가 동시대인 중 함께 아파했던 사람들은 누구이고, 또 비판적으로 대했던 사람들은 누구인가 하는 것이다. 흔히 예수는 인간을 차별 없이 누구나 사랑했다고 말하지만, 그렇다고 예수가 모든 사람을 똑같이 우호적으로 대했던 것은 아니었다. 특히 당시 권력자들로서 힘없는 사람들을 억압하고 소외시켰던 사람들에 대해서는 매우 비판적이었다. 이에 대해서는 5장에서 주로 다루게 될 것이다.

다섯째는 예수가 왜 십자가에 처형되었는가 하는 것이다. 예수의 가르침과 삶, 그리고 동시대인에 대한 그의 태도는 아마도 십자가 처형의 원인이었을 것이다. 그러나 그 중에서도 그의 처형의 직접적 원인은 예루살렘 성전에 대한 비판과 파괴선언이었던 것으로 알려져 있다. 예수는 왜 성전을 문제 삼았고, 당시 집권자들은 예수를 왜 십자가의 극형에 처했을까? 이에 대해서는 6장에서 다루게 될 것이고, 여기까지가 역사적 예수 연구의 핵심부라 할 수 있다.

십자가에 처형된 인간 예수는 그 후 부활의 과정을 거쳐 '그리스도'로 높여지게 된다. 그리스도는 유대인들이 오랫동안 기다려 온 '메시아'의 그리스어 번역어이다. 달리 말하면, 예수의 부활 선언이 있은 이후 일단(一團)의 유대인들이 예수를 메시아, 즉 그리스도(Christ)로 믿는 사람들이 생겨나게 되었고, 그러한 사람들을 '그리스도인'(Christian)이라고 부르게 된 것이다. 이때에 그리스도인들이 그리스도로 고백한 예수를 학자들은 '신앙의 그리스도'라고 부른다.[1] 말하자면, '신앙의 그리스도'는 '역사적 예수'의 상대어라고 할 수 있다. 이 책의 후반부는 주로 '신앙의 그리스도'와 관련된 주제를 다루게 될 것이다.

'역사적 예수'가 '신앙의 그리스도'로 선포된 계기는 예수의 부활 사건이라고 할 수 있다. 도대체 '예수의 부활'이라고 불리는 사건 속에서 무슨 일이 있었기에, 한 인간으로서의 예수가 메시아, 즉 그리스도로 선포될 수 있었던 것일까? 그리고 예수의 부활이 없으면, 기독교도 없다고 하는데, 이것은 또 왜

1) '신앙의 그리스도'는 신학 전문용어로 '케리그마의 그리스도'(kerygmatic Christ) 혹은 '그리스도 케리그마'(Christ kerygma)라고도 부른다. 여기에서 케리그마는 '선포'라는 뜻이며, 그러므로 '케리그마의 그리스도'라는 말은 '선포된 그리스도'라는 뜻을 갖고 있다.

그럴까? 이것을 우리는 7장에서 다루게 될 것이다.

예수는 부활 사건 이후 이스라엘과 관련해서는 메시아로 선포되었지만, 이스라엘 바깥 지역, 즉 로마 제국과 관련해서는 '하나님의 아들'이라는 이름으로 전파되었다. 초기에는 하나님의 아들로, 그 후에는 하나님의 외아들로, 그리고 마지막에는, 즉 니케아 회의가 열렸던 300년 대 초반에는 하나님으로까지 높여지게 되었다. 어떻게 인간 예수가 하나님 예수로까지 높여지게 된 것일까? 이에 대해서는 8장에서 다루게 될 것이다.

인간 예수가 하나님이 됨으로써 예수는 우주 안에 인간을 구원할 수 있는 유일한 구원자가 되었다. 하지만 동시에 기독교는 '배타주의'와 '삶의 결핍'이라는 두 가지 심각한 문제에 직면하지 않을 수 없게 되었다. 이 문제를 극복할 수 있는 길은 없을까? '하나님 예수'라는 고백이 이러한 문제를 일으켰다면, 이러한 문제를 극복할 수 있는 예수에 대한 새로운 신앙고백의 가능성은 없을까? 이에 대해서는 9장에서 다루게 될 것이다.

마지막 10장에서 다룰 문제는 기독교인의 정체성에 관한 것이다. 예수를 하나님으로 믿는 기독교인은 예수를 믿을 수는 있어도, 더 이상 예수처럼 사는 일은 불가능하게 되었다. 그렇다면 예수에 대한 새로운 신앙고백은 과연 이 문제를 넘어설 수 있는 것일까? 이를 넘어설 때에 새로운 기독교인의 정체성은 어떻게 달라지게 되는 것일까? 이 질문에 대한 대답은 이 책의 결론이 될 것이고, 또 이 책을 집필하게 된 궁극적인 목적이라고도 할 수 있을 것이다.

2) 역사적 예수를 알 수 있는가?

그렇다면 과연 역사적 예수를 알 수 있는 것일까? 그 동안 어떤 노력들이 있어왔고, 어떤 결과를 얻은 것일까? 역사적 예수 연구는 크게 3기로 나누어 살필 수 있다.

역사적 예수 연구가 처음으로 붐을 일으킨 것은 19세기 유럽에서이다. 이때에는 크게 보면, 객관적 사실을 중시하는 실증주의(實證主義) 역사관에 힘입어, 신약성서 복음서에 나와 있는 예수 이야기 중 사실(fact, 事實)과 신화(myth, 神話)를 구분하고, 신화를 제외한 사실 중심의 예수 관련 자료를 전기(傳記)로 재구성했다. 이렇게 해서 출판된 예수전이 300여 종 되었다고 한다.

그러나 예수에 대한 이러한 전기적 재구성은 결국 실패하고 말았다. 왜냐하면 사실이라고 간주된 자료가 워낙 빈약한데다, 그 빈약한 자료를 전기 작가의 상상력으로 보충함으로써, 300여 종의 예수전들이 서로 너무 달랐던 것이다. 이것은 한 사람의 생애가 보는 이의 관점에 따라 다를 수 있다는 것을 감안해도 분명 지나친 것이었다. 300여 명의 서로 다른 예수들 중 누구를 믿으라는 말인가?

역사적 예수 연구의 2기는 1950년 대 초반부터 약 20여 년 동안 독일을 중심으로 유럽에서 활발히 전개되었다. 당시 학자들은 사실과 신화의 관계를 사실과 거짓의 관점에서 이해한 실증주의 역사관을 비판하면서, 사실과 신화는 사실과 해석이라고 하는 해석학적 관점에서 보아야 한다고 주장했다.[2)]다시 말하면, 역사적 예수의 사실에 해당하는 것은 전기로 재구성할 것이 아니라, 예수를 그리스도로 고백하게 된 역사적 근거라고 하는 관점에서 신앙의 그리스도와 상호 관련하여 이해해야 한다는 것이다.[3)]

무게 중심이 역사적 예수에서 신앙의 그리스도로 옮겨졌고, 역사적 예수

---

2) 대표적인 학자들은 거의 모두 독일 신약성서학자 루돌프 불트만(Rudolf Bultmann)의 제자들이라고 할 수 있다.

3) 이러한 맥락에서 1953년의 한 강연에서 불트만 제자 에른스트 케제만(Ernst Kesämann)이 한 다음 말은 유념할 필요가 있다: "비록 예수의 일대기를 기술할 수 없다는 것이 사실이라 할지라도, 그리스도교 신앙을 그 역사적 뿌리로부터 분리하려는 것은 주의해야 한다. 만일 이 둘을 분리한다면, 예수는 단순히 하나의 암호일 뿐이며, 십자가의 의미가 탈각되고 마는 일종의 도케티즘(docetism)에 떨어져버리고 만다. 만일 지상의 예수가 부활절의 맥락에서만 이해되어야 한다면, 마찬가지로 부활절 또한 예수와의 관련 속에서만 이해되어야 한다." 김진호 편, 『예수 르네상스: 역사의 예수연구의 새로운 지평』(천안: 한국신학연구소, 1996), 25-26에서 재인용.

연구는 신앙의 그리스도를 정당화하는 역할을 하게 되었다. 역사적 예수의 무엇이 그를 그리스도로 고백하게 만들었는가 하는 것이 주요 관심사였던 것이다. 이들의 연구는 역사적 예수 연구가 신앙의 그리스도를 정당화하는 역할 이상을 넘어가지 못함으로써 상당히 제한적이었다고 볼 수 있다. 만약 역사적 예수가 신앙의 그리스도를 거부한다면 어떻게 될 것인가?[4] 다시 말해, 만약 역사적 예수가 메시아를 거부했었다고 한다면 어떻게 될 것인가?[5]

역사적 예수 연구의 3기는 앞서 언급한 바, 로버트 펑크(Robert Funk)가 『예수 세미나』를 창설한 1985년 이래 현재까지 계속되고 있다고 말할 수 있다. 『예수 세미나』의 핵심 회원 중 한 사람인 크로산(John Dominic Crossan)은 역사적 예수 연구는 크게 세 가지 각도에서 이루어져야 한다고 주장하는 데, 이는 『예수 세미나』의 전반적인 연구 경향을 대변한다고 볼 수 있다: 첫째는 교차문화적 연구, 둘째는 역사적 연구, 셋째는 신약성서 본문 연구.[6]

교차문화적 연구라 함은 예수가 살았던 당시 이스라엘의 종교, 정치, 경제, 사회, 문화적 상황을 다른 주변세계와 비교하면서 연구하는 것이다. 이에 대해서는 2장에서 중점적으로 다루게 될 것이다. 역사적 연구라 함은 1세기 이스라엘의 역사를 연구하는 것인데, 이와 관련해서는 거의 독점적인 자료를 제공하고 있는 유대인 역사가 요세푸스(Josephus)의 증언이 중요하다.

---

4) 로버트 펑크의 다음 말을 눈여겨보라. "우리가 나사렛으로 되돌아가 마침내 만나게 될 예수는 아직 우리가 모르는 예수이다. 그 예수가 어떤 예수이든지 간에, 그는 우리가 알고 있다고 생각하는 예수, 우리가 숭배하며 칭송하는 예수를 뒤집어엎을 것이다. 우리는 이처럼 역사적 예수를 재발견하는 일이 초래하게 될 정서적 혼란과 지적 동요에 대비해야만 한다." 본문에서 "우리가 숭배하며 칭송하는 예수"는 '신앙의 그리스도'를 가리킨다고 볼 수 있다. 『예수에게 솔직히』, 45.

5) 예를 들면, 잭 넬슨-폴마이어는 예수가 메시아를 배격했다고 주장하는 데, 이는 상당히 일리가 있다. 다음 인용을 눈여겨보라: "폭력의 악순환이라는 상황에서, 견고하게 구축되고 고도로 관료화된 지배체제에 뿌리박은 어려운 문제들을 풀기 위해, 장차 나타날 인기 있는 왕이나 메시아에 대한 기대와 그런 약속을 예수는 배격한다." 잭 넬슨-폴마이어, 『예수를 배반한 기독교』, 한성수 역(고양: 한국기독교연구소, 2012), 410.

6) 존 도미닉 크로산, 『예수는 누구인가』, 한인철 역(고양: 한국기독교연구소, 1998), 30-32 참조.

워너 샐만의 『예수의 얼굴』

맨체스터대학 리처드이브가 복원한 예수초상화

마지막으로 신약성서 본문 연구는 역사적 예수 연구에서 가장 어려운 부분이다. 왜냐하면 신약성서에서 예수에 관해 직접 증언하는 네 개의 복음서, 즉 마태복음, 마가복음, 누가복음, 요한복음이 서로 일치하지 않기 때문이다. "각 복음서는 예수를 보는 하나의 독특한 방식들"이기 때문에,[7] 그 관점의 차이를 넘어 그들이 공동으로 근거하고 있는 역사적 예수를 찾는 일은 그렇게 간단한 일이 아니다. 본문 연구라는 것은 바로 이처럼 역사적 예수에서 복음서가 기록되기까지의 전승단계를 거꾸로 역추적하여 역사적 예수에게 접근하는 것을 말한다. 크로산에 따르면, 예수에 관한 전승은 크게 세 단계로 이루어진 것으로 보인다.

첫 번째 단계는 역사적 예수의 본래 말씀들과 사건들을 보존하고 있는 단계, 두 번째 단계는 역사적 예수의 말씀과 사건들에 살이 붙여져 확대 발전되는 단계, 예를 들면 짧은 예수의 말씀이 이야기형태로 발전되는 그런 단계, 세 번째 단계는 역사적 예수와 상관없이 전혀 새로운 말씀들이나 사건들을

7) Ibid., 29.

창작하여 예수가 한 것으로 돌리는 단계이다.

신약성서 복음서에는 이 세 단계가 다 나타나있다. 문제는 두 번째와 세 번째 단계의 전승 속에서 어떻게 역사적 예수의 말씀들과 사건들을 찾아낼 것인가 하는 것이다. 교차문화적 연구와 역사적 연구는 이미 있는 자료들 중에서 역사적 예수 이해에 도움이 되는 자료들을 찾아내면 되지만, 본문 연구는 객관적으로 드러나 있지 않은 역사적 예수의 말씀들과 사건들을 추적해야 하기 때문에 그 연구가 쉽지 않다.

결국 물어야 할 질문은 이것이다: 과연 역사적 예수를 얼마나 알 수 있을 것인가? 『예수 세미나』의 창설자 로버트 펑크는 솔직히 역사적 예수에 대해 알 수 있는 것은 "별로 많지 않다"고 고백한다.[8] 예컨대, 예수가 기원 전 6년이나 7년에서 36년 사이에 살았을 것이라는 것, 그의 활동기간은 1년 내지 3년의 짧은 기간, 고향은 이스라엘 북부에 있는 갈릴리 나사렛, 활동 장소는 이스라엘, 아버지는 목수이거나 장인, 어머니는 마리아, 형제는 야고보, 요셉, 유다, 시몬 네 명, 거기에 이름을 알 수 없는 누이 두 명, 모국어는 아람어(Aramaic)이고 아마도 그리스어를 말할 수 있었을 것이라는 것, 세례요한의 문하생으로 있다가 그의 죽음 이후 가르치고 치유하고 공동식사를 행했을 것이라는 것, 그의 주변에 시몬 베드로, 세배대의 아들들, 헤롯대왕, 헤롯 안티파스, 빌라도, 막달라 마리아와 같은 인물들이 있었다는 것 정도가 그것이다.[9]

그러나 『예수 세미나』의 연구가들은 이것 때문에 낙담하지는 않는다. 이들의 연구 목적은 궁극적으로 역사적 예수의 객관적 사실들을 알아내는 것이 아니기 때문이다. 이들은 교차문화적 연구와 역사적 연구와 본문 연구를 통해 "발견할 수 있는 만큼의 실제 인간" 예수를 발견했으면,[10] 그것을 기초로

---

8) 펑크, 『예수에게 솔직히』, 63.
9) Ibid., 63-66 참조.
10) 크로산, 『예수는 누구인가』, 39.

그 이상의 것을 찾고자 한다. 역사적 예수가 그의 생애 전체를 통해 추구하고자 했던 것, 혹은 그의 삶 전체를 관통하고 있었던 것, 그것은 과연 무엇인가 하는 것이다.

이것을 보그(Marcus Borg)는 예수의 "삶의 비전"이라는 말로 표현했고,[11] 펑크(Robert Funk)는 "예수가 본 것, 혹은 그가 들은 것, 혹은 그가 느낀 것, 즉 너무 매혹적이고, 그토록 홀리게 만들고, 그처럼 도전적이어서 예수를 완전히 사로잡았던 그것"이라는 말로 표현했다.[12] 필자는 이것을 간단히 '예수의 길'이라고 표현하고 싶다. 역사적 예수 연구는 궁극적으로 예수에 대한 역사적 탐구 결과를 기초로 예수가 갔던 길을 묻고자 하는 것이다.

3) 역사적 예수와 신앙의 그리스도의 관계

그러면 역사적 예수와 신앙의 그리스도의 관계는 어떻게 되는 것일까? 역사적 예수 연구 1기 때에는 역사적 예수와 신앙의 그리스도는 완전히 분리되었다고 말할 수 있다. 사실에 기초한 역사적 예수를 선택하고, 신화에 기초한 신앙의 그리스도는 사실상 폐기했던 것이다. 그리고 2기 때에는 신앙의 그리스도를 정당화하기 위해 역사적 예수 연구를 그 역사적 기초로 활용했다고 말할 수 있다. 예수를 그리스도로 고백한 것은 예수의 이러저러한 역사적 사실에 기초해있고, 그런 점에서 '그리스도 신앙'은 합당했다는 것이다.[13]

그러면 역사적 예수 연구 3기에 해당하는 『예수 세미나』 학자들의 생각은 어떨까? 펑크(Robert Funk)에 따르면, 3기에 속한 학자들도 크게 두 부류로 나눌 수 있다고 한다. 첫째 부류는 "역사적 예수를 신앙의 그리스도에게 복

11) 마커스 보그, 『예수 새로 보기』, 김기석 역(천안: 한국신학연구소, 1997), 261.
12) 펑크, 『예수에게 솔직히』, 463.
13) '그리스도 신앙'은 '신앙의 그리스도'를 달리 표현한 것으로, 문맥상 필요할 경우 자주 사용될 예정이다.

종"하도록 만드는 이른바 "사이비 탐구자들"이고, 둘째 부류는 이와 달리 역사적 예수의 빛에서 신앙의 그리스도를 비판적으로 검토하는 이른바 "진정한 탐구자들"이라는 것이다.[14] 전자에 속하는 부류는 역사적 예수 연구 2기의 연장선상에 서 있다고 말할 수 있을 것이다.

본 연구는 펑크가 말하는 '진정한 탐구자들'의 길을 따르고자 한다. 역사적 예수를 발견했다고 하여 무조건 신앙의 그리스도를 폐기하지도 않을 것이고, 신앙의 그리스도를 정당화하려고 하지도 않을 것이며, 그렇다고 신앙의 그리스도에게 복종하도록 하지도 않을 것이다. 오히려 본 연구는 역사적 예수를 통해 신앙의 그리스도가 정당한 고백인지를 묻고, 그 문제점을 제기할 것이며, 더 나아가서는 새로운 신앙고백의 가능성을 타진하게 될 것이다.

2. 한국 기독교가 가고 있는 길

1) 한국 기독교에 대한 개인적 경험

한국의 기독교는 지금 어느 길을 가고 있을까? 필자는 연세대학교에서 전교생을 대상으로 기독교개론 과목을 가르치고 있기 때문에, 매주 강의실에서 대략 50%의 기독교인 수강생과 50%의 비기독교인 수강생을 만나고 있다.[15] 그 중 50%의 기독교인 수강생들이 매주 교회에서 어떤 설교를 듣고 있는지 알기 위해, 1990년대 말부터 5년 동안 서울 근교의 잘 알려진 교회들을 방문

14) 펑크, 『예수에게 솔직히』, 111.

15) 1997년 부임 이래 초기에는 대개 그런 비중이었지만, 2015년 가을학기 경우 학부 수강생은 90% 정도가 비기독교인이다.

하여 설교를 들은 적이 있었다.

한국의 주류 교회들에서는 매주 어떤 설교가 선포되고 있을까? 지금 이 책에서 사용하고 있는 용어로 말한다면, 주로 신앙의 그리스도가 선포되고 있다고 할 수 있다. 좀 더 구체적으로 말한다면, 하나님이 인간을 구원하기 위해 인간의 모습을 띠고 이 세상에 내려와 십자가에 달려 돌아가셨는데, 이 예수 그리스도를 믿으면 구원을 받고 천당에 간다는 것이다.

한국의 기독교가 주로 신앙의 그리스도를 선포하는 데 중심을 두고 있다는 말은, 거꾸로 말하면, 역사적 예수에 대해서는 거의 관심이 없다는 뜻이기도 하다. 그가 어떤 역사적 상황에서 태어났고, 그 상황에서 무엇을 가르치고 어떤 삶을 살았으며, 왜 죽어야 했고 부활은 그 당시 상황에서 어떤 사건이었을지에 대해 대부분 교회의 설교는 거의 관심을 기울이지 않는다. 설혹 예수의 가르침이나 삶 혹은 십자가 처형에 대해 언급한다 해도, 그것은 그리스도 신앙의 관점에서 해석된 예수를 말하는 것이지, 예수 그 자신에 관심하는 것은 아니다. 이 점에서 한국 대부분의 교회들 사이에 큰 차이는 없다고 말할 수 있다.

2) 한국 기독교의 정체성을 결정한 신학적 요인들

(1) 니케아 신조

한국 기독교가 역사적 예수와 무관하게 '신앙의 그리스도'에 일방적으로 중심을 두게 된 데에는 크게 세 가지 신학적 요인이 작용한 것으로 보인다. 첫째는 CE 325년 니케아 회의에서 결정된 '니케아 신조'이고, 둘째는 대개의 교회에서 매주 예배 중 암송되는 '사도신경'이고, 셋째는 CCC, 즉 한국 '대학생선교회'에서 전도용으로 사용하고 있는 이른바 '사영리'(四靈理)라는 것이다.

니케아 신조는 현재 개신교가 사용하고 있지는 않지만,[16] 니케아 회의에서 만들어진 이후 지금까지 기독교의 정통으로 자리매김하고 있다는 의미에서, 간접적으로 한국 기독교의 정체성을 결정하는 데 중요한 역할을 하고 있다고 볼 수 있다. 이제 니케아 신조가 어떻게 한국 기독교의 정체성을 결정하는 요인이 되는지를 살피기 전에 먼저 니케아 신조 전문을 보도록 하자.

우리는 한 분이신 하나님을 믿는다.
그분은 전능하신 아버지이시며, 유형무형한 만물의 창조주이시다.
그리고 우리는 한 분이신 주 예수 그리스도를 믿는다.
그분은 하나님의 외아들이시며,
아버지에게서 나셨으며, 곧 아버지의 본질에서 나셨다.
하나님에게서 나신 하나님이시며, 아버지와 본질에서 같으시다.
그분으로 말미암아 만물이,
하늘에 있는 것들이나 땅에 있는 것들이 생겨났다.
그분은 우리 인간을 위하여,
우리의 구원을 위하여 내려오시어 육신을 취하시고,
사람이 되셨으며,
고난을 받으시고,
사흗날에 부활하시고,
하늘로 올라가셨으며,
산 이와 죽은 이들을 심판하러 오실 것이다.
그리고 우리는 성령을 믿는다.

니케아 신조는 많은 점에서 다음에 소개될 사도신경과 유사하다. 여기에서

16) 현재 로마 가톨릭과 개신교는 사도신경을 사용하고 있는 반면, 그리스 정교회는 니케아 신조를 사용하고 있다.

는 유사한 점은 제외하고, 니케아 신조에만 특기되어 있는 한 가지 점을 살피고자 한다. 그것은 위의 니케아 신조 중 밑줄 친 부분, 즉 '예수는 하나님이시고, 하나님과 본질이 같다'고 하는 부분이다. 오늘날 많은 기독교인들은 예수는 하나님이라고 믿고 있고, 그래서 예수가 그리스도라는 말은 예수가 하나님이라는 말과 같은 의미로 받아들이고 있다. 이것은 그 연원을 추적해보면, 바로 이 니케아 신조로부터 비롯되었다고 볼 수 있다.

니케아 신조에서 예수를 하나님으로 고백한 가장 중요한 신학적 이유는 인간의 구원 문제 때문이었다. 다시 말해, 예수가 하나님이어야만 인간을 구원할 수 있다는 것이다. 인간은 누구나 태어날 때부터 죄인인데, 만약 예수가 인간이라면, 죄인인 예수가 어떻게 죄인인 인간을 구원할 수 있겠느냐고 하는 것이다. 그래서 인간 예수는 사실 하나님이 인간의 모습을 띠고 인간을 구원하기 위해 이 땅에 오신 것이라고 하는 것이 니케아 신조의 가장 중요한 핵심적인 주장이라고 할 수 있다.

(2) 사도신경

사도신경은 고대 로마신조를 4세기 경에 수정하여 당시 서방 로마교회가 채택한 신앙고백으로, 그 후 로마 가톨릭과 개신교가 일반적으로 사용하게 되었다. 특히 개신교회의 경우 거의 매주 예배 중에 암송되기 때문에, 기독교인의 정체성에 가장 큰 영향을 미친다고 볼 수 있다. 먼저 사도신경 전문을 보도록 하자.

나는 전능하신 아버지 하나님, 천지의 창조주를 믿습니다.
나는 그의 유일하신 아들, 우리 주 예수 그리스도를 믿습니다.
그는 성령으로 잉태되어 동정녀 마리아에게서 나시고,
본디오 빌라도에게 고난을 받아 십자가에 못 박혀 죽으시고,
장사된 지 사흘 만에 죽은 자 가운데서 다시 살아나셨으며,
하늘에 오르시어 전능하신 아버지 하나님 우편에 앉아 계시다가,

거기로부터 살아있는 자와 죽은 자를 심판하러 오십니다.
나는 성령을 믿으며,
거룩한 공교회와 성도의 교제와 죄를 용서 받는 것과
몸의 부활과 영생을 믿습니다. 아멘.[17)]

인용된 사도신경에서 유념해 보아야 할 것은 '예수 그리스도를 믿는다'는 고백 뒤에 나오는 예수의 일대기에 관한 것이다. 예수의 일대기를 구성하고 있는 것은 임신, 출산, 죽음, 부활, 승천, 그리고 심판에 관한 것이다. 그 중에서 태어나서 죽을 때까지만을 제한해서 생각해본다면, 예수는 태어난 다음에 바로 죽는 것으로 일대기가 끝난다. 로버트 펑크가 지적하듯이, "사도신경은 예수의 기적적인 잉태와 십자가 위에서의 죽음 사이에는 (그의 생애와 가르침 중에) 언급할 만한 가치 있는 것들이 전혀 없다는 식으로 말한다."[18)] 참 특이한 일대기이다.

사도신경은 어느 모로 보아도 한 인간의 일대기를 말함에 있어 무언가 중요한 것을 빠뜨린 것으로 보인다. 그것은 예수의 삶에 관한 것이다. 신약성서 복음서에 나오는 예수의 가르침과 활동에 대해서는 일언반구 언급이 없다. 왜 그럴까? 한 신학자는 이렇게 말한다: 인간이 구원을 받기 위해서는 예수가 그리스도이신 것을 믿으면 그것으로 충분하고, 단지 기독교인이 믿는 예수가 허구이거나 유령이 아니라는 것을 입증하기 위해 그가 태어난 적이 있고 산 적이 있고 죽은 적이 있다는 형식적 사실만 뒷받침되면 역사적 예수에 관한 것은 그것으로 족하다.[19)] 모든 기독교인이 다 이 신학자처럼 생각하는 것은 아니겠지만, 사도신경이 기독교인들에게 미치는 영향은 여기에서 그리

17) 여기 인용된 사도신경은 비기독교인의 이해를 위해 최근 번역된 것을 사용했다.
18) 펑크,『예수에게 솔직히』, 461.
19) 이것은 '신앙의 그리스도'에 신학적 중심을 둔 독일의 대표적 신학자 불트만(Rodolf Bultmann)의 주장을 요약한 것이다. 참조: 한인철, "Rudolf Bultmann의 그리스도론 연구" (감리교신학대학교 석사학위 논문, 1981), 51-52.

멀지는 않을 것이다.

(3) 사영리

사영리(四靈理, The Four Spiritual Laws)라는 것은 미국에서 1951년 CCC(대학생선교회, Campus Crusade for Christ)를 창설한 빌 브라이트(Bill Bright) 박사가 대학생 선교를 위해 기독교 핵심교리를 네 가지로 요약한 것으로, 1965년에 소책자로 만든 이래 CCC를 통해 전 세계로 유포되고 있다.

이 사영리는 현재 한국의 대학생선교회에서도 전도용으로 널리 사용하고 있으며, 실질적으로는 대학생선교회 차원을 넘어 한국 기독교의 신앙양식을 결정하는 데 직간접으로 큰 영향을 미치고 있다. 해설을 곁들인 사영리의 내용은 소책자가 될 만큼 다소 길지만, 여기에서는 핵심내용만 간단히 소개하고자 한다.

제 1원리 – 하나님은 당신을 사랑하시며, 당신을 위한 놀라운 계획을 가지고 계십니다.

제 2원리 – 사람은 죄에 빠져 하나님으로부터 떠나 있습니다. 그러므로 하나님의 사랑과 계획을 알 수 없고, 또 그것을 체험할 수 없습니다.

제 3원리 – 예수 그리스도만이 사람의 죄를 해결할 수 있는 하나님의 유일한 길입니다. 당신은 그를 통하여 당신에 대한 하나님의 사랑과 계획을 알게 되며, 또 그것을 체험하게 됩니다.

제 4원리 – 우리 각 사람은 예수 그리스도를 '나의 구주,' '나의 하나님'으로 영접해야 합니다. 그러면 우리는 우리 각 사람에 대한 하나님의 사랑과 계획을 알게 되며, 또 그것을 체험하게 됩니다.

사영리를 신학적으로 정리하면, 이렇게 요약할 수 있다: 첫째, 하나님은 죄인인 인간을 구원하기 원하신다. 둘째, 죄인인 인간은 스스로를 구원할 수 없다. 셋째, 하나님은 예수를 통해 죄인인 인간을 구원할 수 있는 길을 열었다. 넷째, 그러므로 인간은 예수를 믿어야 구원받을 수 있다. 사영리는 짧기는 하지만, 하나님, 인간, 예수, 그리고 신앙에 관한 핵심 사항이 요약되어 있다.

사영리는 기독교가 '신앙의 그리스도'에 중심을 두게 될 때에 믿게 될 내용을 간결하게 잘 요약했다고 볼 수 있다. 누구나 한 번 들으면 금방 암기할 수 있을 정도이다. 그래서 사영리는 CCC 차원을 넘어 '신앙의 그리스도'에 중심을 둔 한국 기독교 안에 금방 자리 잡을 수 있었다. 한국의 기독교는 가히 '사영리 기독교'라고 불러도 좋을 정도로 사영리를 그 신학적 기초로 하고 있다.

3. 한국 기독교의 공헌과 문제점

한국의 주류 기독교가 '신앙의 그리스도'에 초점을 맞추고 있다는 점에 대해서는 이론의 여지가 없어 보인다. 그러면 '신앙의 그리스도'에 중심을 둔 한국 기독교가 지난 130여 년 동안 한국 기독교인에게 미친 영향은 어떻게 평가할 수 있을까? 한편으로는 큰 공헌을 하기도 했고, 다른 한편으로는 큰 문제점을 남기기도 했다고 본다.

1) 한국 기독교가 기독교인에 끼친 공헌

'신앙의 그리스도'에 중심을 둔 한국 기독교가 한국의 기독교인들에게 공헌한 점은 크게 두 가지로 요약될 수 있다. 하나는 죄인의식으로부터 해방시켜 주었다는 것이고, 다른 하나는 죽음의 두려움으로부터 해방시켜 주었다는 것이다. 달리 말하면, 예수를 그리스도로 믿으면, 살아서는 죄인의식에서 해방되고, 죽음 앞에서는 죽음의 공포로부터 해방될 수 있다는 것이다.

첫째로, 한국 기독교의 공헌은 무엇보다 기독교인을 죄인의식으로부터 해방시켜 주었다는 것이다. 인간에게는 누구에게나 정도의 차이를 무론(無論)

하고 죄인의식이라는 것이 있고, 이것이 인간을 억압하고 속박하고 불안하게 한다. 그런데 '신앙의 그리스도'에 기초한 기독교 교리에 따르면, 예수는 이러한 죄인을 구원하기 위해 십자가에서 죽었고, 그래서 예수를 믿으면 더 이상 죄인(罪人)이 아니라 의인(義人)으로 간주된다는 것이다. 죄인의식으로부터의 해방의 길이 열린 것이다.

기독교에서는, 주지하다시피, 인간은 누구나 보편적으로 죄인이라고 주장한다. 죄를 지었기 때문에 죄인인 것이 아니라, 죄인이기 때문에 죄를 짓게 된다는 것이다. 왜 모든 사람이 죄인인지에 대해서는 학자들에 따라 의견이 다르지만, 대개는 하나님의 뜻을 버리고 인간의 욕망을 따라 살려는 보편적인 삶의 방식이 그 근본 원인이라고 생각한다. 그런데 하나님은 예수의 십자가 죽음과 부활을 통해, 이러한 삶의 방식과는 전혀 다른 새로운 삶의 방식, 즉 인간의 욕망을 제어하고 하나님의 뜻을 따라 사는 것이 참된 삶임을 보여주었다는 것이다. 예수를 믿는 사람은 바로 이 새로운 길로 삶의 근본적인 방향전환을 한 사람이고, 이러한 의미에서 예수를 믿는 사람은 더 이상 죄인이 아니라 의로운 사람으로 간주된다는 것이다. 이것을 일컬어 기독교에서는 이신칭의(以信稱義, 믿음으로 의롭다 칭함을 받는다)라고 부르는데, 바로 여기에 죄인의식으로부터의 해방의 길이 있는 것이다.

그러나 예수를 처음 믿고 죄인의식으로부터 해방되었다고 하여 더 이상 죄를 짓지 않는 것은 아니다. 아마도 또다시 죄를 지을 것이고, 이를 통해 자신은 아직도 죄인임을 확인하게 될 것이다. 어쩌면 많은 기독교인들은 매순간 예수를 믿었다 안 믿었다를 반복할지 모르고, 이러한 의미에서 기독교인은 '의인이자 죄인'(sumul justus et peccator)이라고도 말할 수 있을 것이다.[20] 예수를 한 번 믿었다고 죄인의식으로부터 완전히 자유로운 것은 아니고, 죄인의식으로부터의 해방은 끊임없이 반복 요청된다는 말이다. 1998년 한국갤

20) 이 표현은 종교개혁자 마르틴 루터(Martin Luther)가 사용한 것이다.

럽조사연구소에서 펴낸『한국인의 종교와 종교의식』이라고 하는 보고서에 따르면, 한국 개신교인의 66.8%는 마음의 평안을 얻기 위해 교회에 나간다고 하는데, 이 마음의 평안이라고 하는 것도, 그 깊이에서 보면, 결국 죄인의식으로부터의 해방에서 비롯되는 것이 아닌가 싶다.[21)]

'신앙의 그리스도'에 기초를 둔 한국 기독교가 기독교인을 위해 두 번째로 크게 공헌한 것은 죽음의 두려움에서 해방시켜 주었다고 하는 것이다. 이 두 번째 공헌은 특별히 '천당 신앙'과 연관되어 있다고 볼 수 있다. 물론 니케아 신조나 사도신경이나 사영리에 천당에 대한 직접적인 언급은 없다. 그러나 천당신앙은 그 신조들과 더불어 혹은 그 신조들과 상관없이 기독교인들 속에 확실하게 살아있다.

예컨대 한국 기독교인들은 흔히 '예수 믿고 구원 받고 천당 간다'고 말한다. 예수 믿는 목적이 궁극적으로는 천당 가는 데 있다는 말이다. 위에 언급한 한국갤럽조사연구소의 조사에 따르면, 기독교인 중 '천당 가기 위해 기독교를 믿는다'고 대답한 사람은 12%에 불과했지만, 실제로 교회 안에 들어가 보면, '신앙의 그리스도'에 기초를 둔 기독교인들은 거의 모두가 천당 신앙을 가지고 있음을 알 수 있다.

천당 신앙이 죽음의 두려움으로부터 인간을 해방시켜 준다고 하는 것은, 특별히 인간이 죽음 앞에 섰을 때 가장 분명하게 확인이 된다. 죽음을 눈앞에 둔 많은 사람들이 천당에 대한 확신을 갖고 죽음을 담담하게, 때로는 기쁨으로 받아들이는 모습을 우리는 주변에서 쉽게 발견할 수 있다. 더 나아가서는, 평소에 천당에 대한 관심이 없고 천당을 믿지 않는 기독교인들조차도 본인이나 본인의 가족이 죽음 앞에 섰을 때는 천당을 생각하고 천당을 말하고 천당을 믿게 되는 것을 보게 된다. 이것이 현실이다. 왜냐하면 이 천당의 존재야말로 죽음의 두려움을 극복할 수 있는 유일한 출구라고 생각하기 때문이다.

21) 한국갤럽,『한국인의 종교와 종교의식-제3차 비교조사』(서울: 한국갤럽, 1998), 67.

천당신앙은 그리스도 신앙의 핵심은 아니지만, 그 부산물로 항상 기독교인들 속에 살아있다고 볼 수 있다.

2) 한국 기독교가 안고 있는 문제점

'신앙의 그리스도'에 중심을 둔 한국 기독교는 상기한바 두 가지 큰 공헌을 한 반면, 다른 한편으로는 그에 못지않은 심각한 문제점을 안고 있다. 연세대학교 기독교개론 시간에 기독교인 비기독교인 구분 없이 모두에게 현재 한국 기독교가 갖고 있는 가장 큰 문제점이 무엇이냐고 물었더니, 거의 대부분 학생들이 다음 두 가지 문제를 지적했다: 배타주의와 삶의 결핍. 이것은 비단 젊은 대학생만이 아니라, 대한민국 사람이라면 거의 누구나 공통적으로 지적하는 기독교의 문제일 것이다.

(1) 배타주의

배타주의의 신학적 기원은 니케아 신조로부터 비롯되었다고 볼 수 있다. 예수를 하나님과 동일한 본질(homoousios)을 가진 분으로 높이는 순간, 예수는 이 세상 안의 어떤 구원자와도 비교될 수 없는 유일한 참된 구원자가 되었고, 그에 따라 기독교는 우주 안의 유일한 참된 종교가 되었다. 예수 이외의 다른 구원자는 모두 거짓 구원자이고, 기독교 이외의 다른 종교는 모두 거짓 종교일 뿐이다.

배타주의는 곧바로 다른 종교에 대한 기독교의 태도를 결정짓게 된다. 배타주의적 기독교는 다른 종교에 대해 일차적으로 개종을 종용하고, 개종을 거부하면 배척한다. 이러한 배타주의적 태도는 니케아 회의가 끝난 직후 로마 제국 안에서 콘스탄티누스 황제의 지휘 아래 이미 나타나기 시작했다. 니케아 회의에서 이단으로 낙인찍힌 아리우스 장로에 대한 태도가 그렇고, 로마의 전통 종교인 미트라스 종교에 대한 태도가 그렇고, 더 나아가 유대교에 대한 태도가 그러했다.

배타주의는 한국 기독교에도 그대로 전수되었다. 배타주의가 한참 고조되었을 때, 한국 기독교는 불교를 주요 전도 대상으로 삼아, '예수천당 불교지옥'이라는 표어를 내걸었다.[22] 개종을 권유하는 적극적인 전도를 시도했고, 개종 권유에 전혀 호응하지 않는 불교에 대해 다양한 공격을 가했다. 그 중 가장 심각했던 사건 하나를 든다면, 제주도 원명선원에서 불교 석불상 750여 기의 목을 치는 훼불사건을 들 수 있을 것이다. 이것은 정말 끔찍한 사건이었지만 빙산의 일각일 뿐이었다.

제주도 원명선원 훼불 현장

한국 기독교의 배타주의는 단순히 다른 종교에 대해서만 나타나는 것은 아니다. 이것은 다른 종교인, 심지어는 자신 이외의 다른 기독교인에 대한 삶의 태도에서도 여실히 드러난다. 아주 심한 경우에는 자신이 다니는 교회의 담임목사 앞에서도 그러한 태도를 드러낸다. 내가 옳다면 다른 사람은, 그가 누구이든 모두 틀렸다는 것이다. 이런 배타적인 독선은 타종교에 대한 기독교의

22) 후에는 이 표어가 지나치다는 안팎의 지적을 고려, '예수천당 불신지옥'으로 표현을 바꾸었다.

배타주의로부터 비롯된다고 볼 수 있다.

(2) 삶의 결핍

배타주의가 한국 기독교의 가장 큰 문제 중 하나인 것은 틀림없지만, 이보다 더 크고 심각한 문제가 또 하나 있다. 그것은 '삶의 결핍'이라는 문제이다. 좀 더 정확히 말하면, 신앙의 그리스도에 중심을 둔 기독교인은 예수를 믿기는 하지만, 예수를 살지는 않는다는 것이다. 한 가지 비근한 예를 들어보자. 어떤 시장에서 실제 일어난 일이다. 한 아주머니가 콩나물을 사려고 가게 앞에 서 있는 데, 방금 콩나물을 사고 가는 어떤 아주머니 등 뒤에 대고 주인 하는 말, "그 아줌마, 교회 다니는 사람치고 참 착하네."

얼핏 들으면, 한 아줌마를 칭찬하는 말처럼 들리지만, 기독교인들로서는 대성통곡할 일이다. 기독교인치고 착한 사람 찾기 어렵다는 말 아닌가? 착한 것이 다 좋은 것은 아니지만, 이 우연한 말 속에는 심각한 '삶의 결핍' 현상을 보이는 기독교인의 문제점이 충분히 노출되어 있다고 본다. 기독교인은 예수를 믿는 데, 왜 기독교인 속에서 예수가 살아내었던 그러한 삶을 발견할 수 없는 것일까? 왜 그럴까?

여기에는 크게 세 가지 신학적 원인이 있다고 본다. 첫째로, 신앙의 그리스도에 중심을 둔 기독교인은 근본적으로 예수처럼 살 수 없다는 것이다. 왜냐하면, 니케아 신조와 사영리가 주장하는 것처럼, 예수는 하나님과 동일한 본질을 가진 분이지만, 인간은 죄인이기 때문이다. 기독교는 하나님과 인간 사이에는 전혀 하나가 될 수 없는 질적인 차이가 있기 때문에, 죄인인 인간은 아무리 노력해도 하나님인 예수처럼 살 수 없다고 믿는다. 이러한 주장은 결국 예수의 삶을 우리 시대에 재현해보려는 기독교인들의 노력을 처음부터 체념하게 만드는 결과를 가져온다.

둘째로, 신앙의 그리스도에 중심을 둔 기독교인은 굳이 예수처럼 살 필요도 없다는 것이다. 왜냐하면, 예수는 예수처럼 살지 못하는 우리를 구원하기 위해, 우리 대신 십자가를 지고 죽으셨고, 우리는 그 예수를 믿어 이미 구원을 받았는데, 이미 구원받은 마당에 굳이 예수처럼 살려고 애쓸 필요가 있느냐 하는 것이다. 다소 궤변처럼 들리지만, 한국 기독교인들 가운데는 은연 중에 이러한 생각을 가진 기독교인들이 많다. 이 주장은 많은 경우 자신의 삶 속에서 예수의 삶을 재현하지 못하고 있는 자신을 정당화하거나 합리화하는 빌미를 제공하게 된다.

셋째로, 신앙의 그리스도에 중심을 둔 기독교인은, 여기에서 한 걸음 더 나아가, 예수처럼 살려고 해서도 안 된다고 하는 것이다. 설마 이렇게까지 생각하랴 싶지만, 실제로 이렇게 생각하는 기독교인들이 많다. 크게 두 가지 이유 때문이다. 하나는, 죄인인 인간이 아무리 구원을 받았다 하더라도, 하나님인 예수처럼 살아보겠다고 하는 것은 마치 자신도 하나님이 될 수 있다고 생각하는 교만한 태도라는 것이다. 다른 하나는, 기독교인이 예수처럼 살려고 노력하는 것은 믿음으로 구원을 얻으려고 하지 않고, 행함으로 구원을 얻으려는 율법적인 신앙과 같다는 것이다.[23] 율법의 도덕적 조항들을 지키는 것과 예수께서 사신 것처럼 그렇게 살려고 하는 것은, 둘 다 행함으로 구원을 얻으려는 태도라는 점에서 동일하다는 것이다. 이러한 주장은 궁극적으로 기독교인들이 예수의 삶을 이 시대에 재현해 보려는 신앙적 의지를 사실상 원천 봉쇄하는 결과를 가져오게 된다.

필자는 방금 기독교인들이 예수의 삶을 재현하지 못하게 되는 세 가지 신학적 이유를 열거했지만, 그 가장 근본적인 이유는 실상 다른 데에 있다고 생각한다. 그것은 지극히 인간적인 이유라고 말할 수 있다. 달리 말하면, 한국의 기독교인들이 예수처럼 살지 못하는 이유로 내세우는 신학적인 이유들은, 바로 이 인간적인 이유를 정당화하고 합리화하는 명분 혹은 빌미를 제공한다는 말이다.

그렇다면 그 인간적 이유란 무엇인가? 그것은, 예수는 믿되, 예수처럼 살

---

23) 이것은, 구원은 예수를 믿음으로 오는 것이지, 율법을 행함으로 오는 것이 아니라는 바울의 사상에 기초한 것이다. 신약성서 로마서 3:27-28 참조.

고 싶지는 않다는 것이다. 좀 더 정확히 말하면, 예수 믿고 구원 받고 천당 가는 것은 좋지만, 예수 믿고 예수처럼 살라고 한다면 그것은 싫다는 말이다. 예수처럼 사는 것이 내가 살고 싶은 삶의 연장선상에 있다면 문제될 것이 없지만,[24] 만약 내가 살아온 혹은 앞으로 살고 싶은 삶을 포기하거나 뒤집어엎는 것이라고 한다면,[25] 그것은 기독교인조차 원하는 바가 아니다. 물론 이렇게 원색적으로 말하는 기독교인은 아무도 없다. 그러나 신앙의 그리스도에 중심을 둔 기독교인들의 신앙 심리를 들여다보면, 예수가 살았던 삶을 살지 못하게 만드는 신학적인 명분 뒤에는 바로 이와 같은 지극히 인간적인 이유가 도사리고 있는 것을 발견할 수 있다. 우리 시대에 예수처럼 살라는 말은 덕담이 아니라, 부담일 수 있다는 말이다. 기독교인의 덕담에 해당하는 것이 아니라, 악담에 해당할 수 있다는 말이다.

하나의 실례를 들어보도록 하겠다. 필자가 『예수는 누구인가』라는 책을 번역하고 나서, 목회자 20여 명으로부터 강연 초대를 받았다. 우리도 목회 한번 잘 해 보고자 하니, 역사적 예수에 기초하여 어떻게 교회 목회를 하는 것이 바람직한 것인지 얘기해 달라는 것이다. 생각해 보면 귀한 주문이었다. 그래서 필자는 가급적이면 말을 돌리지 않고 솔직하게 필자가 생각하는 예수목회의 바른 길에 대해 강연을 했다.

강연을 다 마친 다음, 필자는 목회자에게 이런 질문을 던졌다. "우리가 이렇게 공부했는데, 만약에 역사적인 예수에 터를 두고 교회를 변화시킨다고 할 때 최대의 문제가 뭐라고 생각하는가?" 무엇이 가장 큰 문제일까? 필자가 스스로 대답했다. "최대의 문제는 정말 목회자가 예수의 길을 걸어 갈 생각이 있느냐 하는 것이다." 목회자들을 앉혀놓고 강의를 한 다음에 예수처럼 살겠느냐는 물음을 던진다는 게 말이나 되는 일인가? 당연히 그래야지. 그런데 이 질문을 던지자 찬물을 끼얹은 듯 조용해졌다.

---

24) 내가 살고 싶은 삶이란 돈과 권력과 명예를 추구하는 삶으로 요약될 수 있을 것이다.
25) 이것은 예수의 가르침 부분에서 다룰 것이지만, 예수가 가르친 지혜는 흔히 '전복적인 지혜'라고 한다.

얼마 후 썰렁한 분위기를 깨고 한 젊은 목회자가 입을 열었다: "솔직히 얘기하라고 하시니 말씀드리는데. 저는 역사적 예수, 안 되겠습니다. 솔직히 그런 길을 가고 싶지는 않습니다. 옛날 그대로 할랍니다." 역사적 예수는 포기하고 다시 신앙의 그리스도로 돌아가겠다는 뜻이다. 역사적 예수에 기초한 목회를 해보겠다는 목회자의 입에서 나온 말이다. 그러니 다른 목회자는 어떠하며, 일반 교인들은 어떻겠는가? 예수의 길이라는 것이 솔직히 목회자도 가고 싶지 않은 길인데, 하물며 평신도가 그 길을 가고 싶어 하겠는가? 역사적 예수, 차라리 몰랐을 때가 속이 편하다. 몰라서 못 갔다고 발뺌할 여지가 있으니 말이다. 하지만 막상 알게 되면, '정말 내가 이 길을 갈 수 있을 것인가' 하는 현실적인 도전에 직면하게 된다. 이 경우 많은 사람들은 예수처럼 살고 싶지 않은 속내를 차마 밖으로 드러내지 못하면서, 그 인간적인 이유를 신학적인 이유로 포장하고 있는 것이다.

4. 왜 역사적 예수인가?

이제 본 장의 결론을 내릴 때가 되었다. 왜 역사적 예수인가? 크게 두 가지 측면에서 대답할 수 있을 것이다. 첫째로, 역사적인 예수에 뿌리를 두지 않은 기독교는 참된 의미의 기독교라고 할 수 없다는 것이다. 필자는 신앙의 그리스도, 즉 예수를 그리스도로 고백하고, 더 나아가 하나님으로까지 고백하는 것이 무의미하다고는 생각하지 않는다. 이것은 이스라엘 안에서 혹은 로마제국 안에서 예수에 대해 신앙적으로 고백하는 나름대로의 방식이고, 그러한 의미에서 충분히 존중될 필요가 있다.

문제는 그러한 고백이 무엇에 기초해 있느냐 하는 것이다. 예를 들어, '아프리카의 아버지'라는 호칭을 받은 슈바이처를 생각해보자. 만약 아프리카에서 슈바이처가 어떤 삶을 살았는지에 대해 전혀 아는 바가 없이, 슈바이처를 무조건 '아프리카의 아버지'로 떠받들도록 당신에게 요구한다면, 과연 이것을 받아들일 수 있겠는가? 만약 역사적으로 탐구해 본 슈바이처가 '아프리카의 아버지'라는 호칭을 받을 자격이 없고, 오히려 그 반대일 경우라면 어떻게 하겠는가? 사실이 그렇다는 말이 아니라, 역사적 슈바이처가 뒷받침되지 않는 '아프리카의 아버지' 슈바이처는 허구일 수 있고 신뢰받을 수 없다는 말이다.

이것은 기독교에 있어서도 마찬가지라고 생각한다. 물론, 앞서 언급한 것처럼, 역사적 예수의 진실을 밝힌다고 하는 것이 말처럼 쉬운 것은 아니다. 그러나 그렇다고 하여 역사적인 예수에 기초를 두지 않은 채, 예수를 무조건 그리스도로, 하나님의 아들로, 더 나아가 하나님으로 고백하라고 요구한다면, 그것은 좋게 말해서 '그리스도 신화 만들기', 조금 부정적으로 말하면, 예수라는 인간을 맹목적으로 신격화하고 우상처럼 숭배하게 함으로써, 기독교 관련 지도자들이 예수를 이용하여 일종의 '종교 마케팅'을 하는 것은 아닌가 의심하게 만들 수 있는 것이다.[26]

다시 말하지만, 이것은 신앙의 그리스도에 중심을 둔 기독교가 잘못된 것이라고 부정하려고 하는 말이 아니다. 예수를 그리스도로 고백하는 것은, 그것이 역사적인 예수의 삶에 기초를 둘 때 의미가 있고 신뢰받을 수 있는 것이지, 역사적 예수의 진실을 외면한 채 무조건 예수를 하나님의 아들이나 하나님으로 믿으라고 하는 것은 맹목적 신앙으로 전락할 수 있고, 더 이상 신뢰할 수 있는 기독교일 수 없다는 것이다.

둘째로, 역사적 예수에 관심해야 하는 보다 궁극적인 이유는, 역사적 예수에 기초를 둔 기독교인이라야 예수가 살았던 삶을 살게 될 것이라고 하는 점이다. 니체는 『반 그리스도』에서 동시대 기독교를 비판하면서, 자신이 볼 때 예수가 죽은 이후에 인류 역사상 기독교인은 단 한 명도 없다고 했다.[27] 왜 그

26) 로버트 펑크는 이것을 '메시아 마케팅'이라고 표현했다. 역사적 예수 없이, 예수를 그리스도로 고백하도록 하는 것은 일종의 종교 마케팅 전략일 수 있다는 뜻일 것이다. 펑크, 『예수에게 솔직히』, 366.

27) 프리드리히 니체, 『우상의 황혼/반 그리스도』, 송무 역(서울: 청하, 1984), 159.

렬까? 기독교가 '예수를 그리스도로 믿음으로 구원을 얻는다'고 가르침으로써, 그러한 기독교에는 예수를 믿는 사람만 있고, 예수가 살았던 그 삶을 살아내려는 사람은 단 한 사람도 없다는 것이다. 니체의 이 지적은 과장되기는 해도, 정당하다고 본다.

그러면 예수를 믿는 것이 예수를 사는 것이 될 수 있는 길은 없을까? 기독교가 다시 역사적 예수에 그 기초를 두는 것이 바로 그 길이라고 생각한다. 예수를 어떻게 고백하든, 그 고백이 예수의 가르침과 삶에 철저히 기초를 두게 될 때, 예수를 믿는 것은 예수를 사는 것이 될 수 있을 것이다. 이 경우, 예수를 믿는다는 말은 단순히 예수를 신앙의 대상으로 믿는다는 말이 아니라, 역사적 예수의 가르침과 삶 속에 나타난 예수의 길이 참 인간의 길이요, 참 세상의 길이라는 것을 신뢰한다는 말이고,[28] 그래서 이제부터는 예수와 같은 길을 걸어가겠다고 하는 단호한 결단의 표현이라고 할 수 있을 것이다.

28) 로빈 마이어스는 이러한 점에서 신앙은 '예수에 대한 신앙'이 아니라, '예수의 길에 대한 우리의 신뢰'를 가리킨다고 말한다. 로빈 마이어스, 『언더그라운드 교회』, 김준우 역(고양: 한국기독교연구소, 2013), 197.

2장

예수의 자리

유대교, 헤롯가 그리고 로마제국

예수의 가르침과 삶, 그리고 그의 죽음을 이해하기 위해서는 무엇보다 예수의 삶의 자리를 이해하는 것이 중요하다. 예수의 삶의 자리는 크게 삼중적인 체제로 이루어져 있다고 볼 수 있다. 첫째는 유대교 중심의 종교 체제, 둘째는 헤롯가를 중심으로 하는 정치 체제, 셋째는 총독부를 중심으로 하는 로마제국 체제. 2장에서는 이 삼중적인 체제 속에서 예수 당시 이스라엘 상황을 크게 다섯 가지 측면에서 검토해보고자 한다: 종교, 정치, 경제, 사회, 문화. 그리고 이러한 전반적 상황 속에서 예수의 고향 갈릴리, 더 구체적으로는 나사렛의 상황은 어떠했는지 간략히 살펴보고자 한다.

1. 종교적 상황

1) 유대인과 유대교

이스라엘은 BCE 11세기 말 경 사울 왕이 이스라엘이라는 나라를 처음 세운 이후, 다윗, 솔로몬 왕에 이르기까지 3대에 걸쳐 통일 왕국을 유지하다가 BCE 922년 솔로몬 왕 사후 남북으로 분열되었다. 이 때 북왕국은 사마리아를 수도로 하면서 이스라엘이라는 이름을 유지하고, 남왕국은 예루살렘을 수도로 하면서 유대라고 불리게 되었다. 그러다가 북왕국 이스라엘이 BCE 722년 앗시리아 제국에 의해 멸망하여 사라진 이후, 이스라엘은 남왕국 유대만 남게 되었고, 이 때부터 '유대'는 사실상 이스라엘을 대표하게 되었다.

남왕국 유대는 그 후 BCE 587년 앗시리아를 이은 새로운 제국 바벨로니아에 의해 멸망하여, 주요 인사들이 대거 포로로 잡혀가게 된다. 그러다가 BCE 538년 바벨로니아가 신흥 제국 페르시아에 패망하게 되자, 포로 생활 49년 만에 이들은 다시 이스라엘 남왕국 땅 유대로 귀환하게 되는데, 통상 이 때 이후 남쪽 유대인들이 공유하고 있던 종교를 '유대교'라고 부르게 되었다.

당시 남쪽 유대인들은 바벨론에 포로로 잡혀갔던 자신들과는 달리, 북쪽 이스라엘 사람들은 사마리아에 이주해온 앗시리아인들과 결혼하여 피의 혼혈상태를 가져왔다고 보았다.[1] 이에 자신들만이 참된 이스라엘을 대표한다고 생각하게 되었고, 북쪽 이스라엘 사람들과 구분하는 의미에서 북쪽 사람들은 사마리아인, 자신들은 유대인이라 부르면서 자신들의 유대교에 북쪽 사람들은 포함시키지 않게 되었다.

북쪽 사람들은 이러한 남쪽 유대교에 대항하여 그리심 산에 사마리아 성전

---

1) 펑크, 『예수에게 솔직히』, 269.

을 세우고, 남쪽에서 사용하는 모세오경이라[2] 불리는 경전 대신 사마리아 오경을 별도로 편집하여 사용했다. 이로 말미암아 북쪽 사마리아인과 남쪽 유대인 사이에는 돌이킬 수 없는 심각한 민족적, 종교적 분열이 생기게 되었다. 예수가 등장할 당시 이스라엘은 이러한 심한 분열 상태에 있었고, 통상 유대교라고 할 때에 그 종교는 이스라엘 남쪽 사람들, 즉 유대인들의 종교를 가리키는 것이었다. 그리고 예수는 이 유대교에 속해 있었다.

2) 유대교의 계파

예수 당시에 유대교는 여러 계파로 나뉘어져 있었다. 그 중 대표적인 것이 사두개파, 바리새파, 에세네파, 그리고 제4철학이라 할 수 있다. 물론 그 후에 열심당과 시카리파가 생겨났지만,[3] 예수 당시에는 존재하지 않았기에 여기에서는 언급하지 않도록 하겠다. 유대인 역사가 요세푸스에 따르면, 예수 당시에 이스라엘 인구는 총 50만 정도 되었다고 하고, 그 중 바리새파가 6천여 명, 에세네파가 4천여 명, 사두개파는 그리 많은 숫자가 아니었다고 한다.[4] 그러나 요아힘 예레미아스가 추정한 바로는, 당시 제사장과 레위인이 18,000명 정도 되었다고 하는데, 이들이 대개 사두개파에 속했던 것으로 본

---

2) 모세오경은 구약성서 처음에 나오는 다섯 권의 율법서인 창세기, 출애굽기, 레위기, 민수기, 신명기를 일컫는다.

3) 통상 열심당과 시카리파는 유대가 로마에 대해 제1차 전쟁을 일으켰던 CE 67년-68년 전후에 처음 등장했다고 한다. 크로산, 『역사적 예수: 지중해 지역의 한 유대인 농부의 생애』, 김준우 역(고양: 한국기독교연구소, 2000), 329; 에케하르트 슈테게만·볼프강 슈테게만, 『초기 그리스도교의 사회사』, 손성현·김판임 역(서울: 동연, 2012), 295. 그리고 열심당은 주로 시골의 의적들과 연관이 있고, 시카리파는 도시중심의 테러집단의 형태를 띠었다고 한다. 크로산, 『역사적 예수』, 327.

4) 시몬, 『예수 시대의 유대교 종파들』, 박주익 역(서울: 대한기독교서회, 1990), 24; 예레미아스, 『예수시대의 예루살렘』, 한국신학연구소 번역실 역(천안: 한국신학연구소, 2010), 322-23. 그러나 애플바움(S. Applebausm)이라는 학자는 당시 인구를 300만으로 잡고 있기도 하다. 슈테게만, 『초기 그리스도교의 사회사』, 201.

남북으로 분열된 이스라엘

예수시대의 예루살렘 성전

대제사장의 법복

다면, 그 숫자는 상당했던 것으로 보인다.[5] 그리고 제4철학은 한 개인으로부터 시작한 로마 제국세 반대 운동이었기 때문에 숫자로 말하기는 어려울 듯 싶다.

(1) 사두개파

사두개파는 크게 보면 대제사장을 중심으로 하는 이스라엘의 제사장 계급으로 구성되어 있으며, 이스라엘 안에서는 종교적으로만이 아니라 사회적으로 "순수한 상위계층"이라고 할 수 있다.[6] 대제사장과 제사장들의 주요 업무는 예루살렘 성전에서 제사 드리는 일이었으며, 제사장 중 더러는 다음에 소개될 바리새파 중에서도 배출되었다. 현직 대제사장은 예루살렘 성전의 최고 책임자였을 뿐만 아니라 통상 이스라엘 의회인 산헤드린의 의장이 되었고,

5) 예레미아스, 『예수시대의 예루살렘』, 265. 예루살렘 성전에서 예배에 종사하도록 위임된 레위인은 원래 이스라엘의 12지파 중 레위지파의 자손을 일컬었다. 그러다가 제사장들이 아론 제사장의 직계로 한정되면서, 그 외의 레위지파는 레위인이라고 불리게 되었고, 이러한 레위인은 주로 제사장 아래에서 종교업무에 종사하게 되었다.

6) 슈테게만, 『초기 그리스도교의 사회사』, 299.

예수시대의 율법학자

현대의 율법학자

전직 대제사장을 비롯하여 다수의 고위급 제사장들은 산헤드린의 의원이 되었다.

사두개파는 경전 중에 모세오경만을 표준으로 생각하였으며,[7] 그 외의 경전이나 경전을 해석한 전승들은 받아들이지 않았다. 이들은 영혼불멸도, 부활도 믿지 않았고, '지옥에서의 형벌과 응보'도, 천사나 영들도 믿지 않았다. 죽음 이후의 문제들을 다루는 이러한 신앙들을 받아들이지 않은 것은 현재의 신분에 충분히 만족하고 있는 상위계층으로서는 당연한 일이라고 할 수 있다.[8]

사두개파는 또한 이스라엘 안에서 기득권층에 속하기 때문에, 기존질서를 뒤집어엎으려는 어떠한 시도도 거부하고,[9] 반대로 자신들의 이해관계에 직접 맞닿아있는 로마제국과 같은 거대 권력에는 유착하려는 경향이 있었다. 그래서 이들은 주로 예루살렘을 중심으로 활동하면서, 한편으로는 예루살렘 성전을 통해, 다른 한편으로는 로마제국과의 유착을 통해 상당한 부를 축적했던 것으로 보인다. 이에 대해서는 뒤에서 예루살렘 성전과 제국세 문제를

7) 마르틴 헹엘, 『신구약 중간사』, 임진수 역(파주: 살림, 2009), 222.
8) 시몬, 『예수시대의 유대교 종파들』, 36-37 참조.
9) Ibid., 34.

다룰 때 더 자세히 언급하도록 하겠다.

(2) 바리새파

바리새파는 주로 율법학자들을 중심으로 유대교 율법의 해석과 각종 율법 규정의 준수를 중요시했던 유대교 집단으로, 이스라엘 안에서는 "일부 제사장 가문과 평신도 가문"이 여기에 속했다.[10] 그 중 특별히 율법학자들은 율법을 해석하고, 율법으로 재판하고, 율법을 교육하는 일을 담당함으로써, 율법을 통해 "유대인 전체에 대한 사회적 지배질서를 유지해가는 최대의 세력이었다."[11] 그리고 일부 소수 율법학자들은 산헤드린의 의원이기도 했다.

바리새파는 기록된 율법인 모세 오경 이외에도, 구전된 율법과 이에 대한 해석의 전승을 중요하게 여겼다. 흔히 말하는 탈무드는 바로 이러한 구전 율법과 그 해석의 결과물들(전승)을 통칭하는 것으로, 바리새파에게는 이것이 경전 못지않게 중요했고, 율법학자의 권위는 바로 율법 해석으로부터 비롯되었다고 볼 수 있다. 바리새파는 사두개파와 달리 심판과 부활 신앙, 천사와 악마 신앙, 그리고 종말론을 모두 믿었다고 한다.[12] 뿐만 아니라, 메시아에 대한 기대도 갖고 있었다.[13]

바리새파에게는 이중적인 면이 있었다. 한편으로 율법을 고수하기 위해서는 때로 목숨을 거는 순교자적인 면이 있었다. 예를 들면, 헤롯 대왕이[14] 백성들에게 자신과 로마의 카이사르에게 충성서약을 요구했을 때, 바리새파 6,000명 이상이 서명을 거부했는가 하면,[15] 헤롯 대왕이 예루살렘 성전 대문 위에 로마의 황금 독수리상을 세우자, 율법학자 2명이 제자들을 시켜 그것을

10) 슈테게만, 『초기 그리스도교의 사회사』, 299.
11) 겐조, 『예수라는 사나이: 역설적 반항아의 생과 사』, 김명식 역(서울: 한울림, 1983), 122.
12) 시몬, 『예수시대의 유대교 종파들』, 51.
13) Ibid., 54.
14) '헤롯 대왕'이라는 호칭은 헤롯의 세 아들들과 구별하기 위해 통상 학자들이 쓰는 표현을 따랐다.
15) 리처드 호슬리, 『예수와 제국』, 김준우 역(고양: 한국기독교연구소, 2004), 75.

사해 서쪽에 있는 쿰란 동굴

뜯어내게 하여, 모두 산채로 화형을 당한 적이 있었다.[16] 목숨 걸고 율법이 말하는 우상숭배를 거부한 것이다. 이러한 점 때문에 바리새파는 유대인 민중으로부터 넓은 지지를 받고 있었던 것으로 보인다.

그러나 다른 한편 바리새파 사람들은 "세금과 십일조를 걷는 '공인된 대리인'"으로 역할을 하면서, 상당한 부를 축적하기도 했었던 것 같다.[17] 바리새파에는 크게 샴마이파와 힐렐파로 나뉘는데, 일본 신약성서학자 다가와 겐조의 주장에 따르면, 그 중 전자는 대토지를 소유한 농업 부르조아, 후자는 상업 부르조아에 해당했다고 한다.[18] 모든 바리새파 사람들이 부유했던 것은 아니지만, 상당수 율법학자는 부유층에 속했던 것으로 보인다.

---

16) Ibid., 76.
17) 넬슨-폴마이어, 『예수를 배반한 기독교』, 332.
18) 겐조, 『예수라는 사나이』, 131.

(3) 에세네파

에세네파는 전직 예루살렘 제사장들을 중심으로 이스라엘 남단 사해 서쪽, 쿰란 계곡의 동굴에서 일종의 수도원 생활을 했던 집단을 가리키는데, 여기에는 제사장 이외에도 일부 상위계층과 그 가신(家臣), 율법학자 출신, 그리고 약간의 여성도 있었던 것으로 보인다.[19] 에세네파의 중심을 이루는 제사장들은 원래 예루살렘 성전에 소속해 있었다가, 예루살렘 성전의 대제사장이 정통 제사장 가문인 사독 계통에서 배출되지 않고, 왕이 제국을 등에 업고 권력으로 대제사장을 겸직하는 파행이 거듭되는 것에 분노하여, 예루살렘 성전을 버리고 쿰란으로 오게 된 것이다.[20]

에세네파는 사두개파와 마찬가지로 제사장을 중심으로 구성된 집단이기는 하지만, 왕이 대제사장직을 겸직하는 것을 묵인했던 사두개파와 달리, 에세네파는 이를 결코 묵과하거나 용인하지 않았다. 이러한 의미에서 자신들은 제사장 가문인 사독 계통의 참 제사장들이라는 자의식을 갖고 있었으며,[21] 언젠가는 메시아가 도래하여[22] 이 잘못된 역사를 바로 잡을 것이라는 기대를 갖고 있었다.[23] 다른 한편 이들은 바리새파와는 “정신적으로나 의식적, 교리적인 면에 있어서 어느 정도 친근감을 갖고 있었음에도 불구하고, 자신들이 그들보다 율법 준수 면에 있어서 대체로 더 엄격하고 완전하였기 때문에, 그들을 자신들과 구별하였다”고 한다.[24]

에세네파는 동굴 속에서 일종의 수도원 생활을 하면서 재산을 공유했고, 획일적이고 단순하고 검소한 삶을 추구했으며, 금욕적이고 공동체적인 생

19) 슈테게만, 『초기 그리스도교 사회사』, 265.
20) 존 도미닉 크로산, 『예수』, 김기철 역(고양: 한국기독교연구소, 2009), 232.
21) 시몬, 『예수시대의 유대교 종파들』, 68.
22) 크로산, 『예수는 누구인가』, 80.
23) 존 도미닉 크로산·조나단 리드, 『예수의 역사』, 김기철 역(고양: 한국기독교연구소, 2010), 246.
24) 시몬, 『예수시대의 유대교 종파들』, 60.

활을 했다고 한다.[25] 그들은 늘 "정결식사"라고 불리는 공동식사를 했는데, "짜서 만든 마루용 깔개에 앉아서...침묵을 지키면서 함께" 식사를 했다고 한다.[26] 흔히 예수가 초기에 가입했던 세례 요한의 공동체가 바로 에세네파라고 말해지기도 한다. 그러나 이 두 공동체는 같은 쿰란에 위치해 있기는 하지만, 세례 요한은 요단강 동쪽 광야에서 활동한 반면, 제사장 계열의 에세네파는 요단강 서쪽 광야에 칩거하여, 이 둘은 같은 공동체는 아니었다고 한다.[27]

(4) 제4철학

유대인 역사가 요세푸스에 의해 '제4철학'이라는 이상한 이름이 붙은 이 집단은 CE 6년 이스라엘 남쪽 지역의 분봉왕[28] 아르켈라오스가 폐위되고, 로마제국의 총독부가 설치된 이후, 총독부에서 인구조사와 그에 기초한 제국세를 부여하자, 이에 대항하여 제국세 거부운동을 한 집단을 가리키는 말이다.

이 제4철학 운동은 갈릴리 바다 동편 감라(Gamla)의 유다라는 사람과 바리새파 사독이 함께 일으킨 것으로, 이들은 "오직 하나님만을 주님으로 섬겨야 하기 때문에, 카이사르에게 조공을 바치는 것은 그를 주님으로 인정하는 것이 되어 조공을 바칠 수 없다고 주장"하며, 로마에 바치는 제국세 납부를 거부했다고 한다.[29] 복음서에서 한 바리새인이 예수에게, 로마에 바치는 세금을 내야 하느냐는 질문은 바로 이 운동과 연관되어 있다고 볼 수 있다.[30]

제4철학은 바리새파 사람들이 주동한 운동이기 때문에, 그 신앙에 있어서

---

25) 크로산, 『예수의 역사』, 244.

26) Ibid., 245.

27) 크로산, 『예수는 누구인가』, 80. 예수가 처음으로 유대교와 인연을 맺은 것은 세례요한의 공동체에 가입한 것이었다. 세례 요한은 유대인의 회개를 촉구하며 다가올 하나님 나라의 심판을 준비하라고 했다.

28) 왕이 한 국가의 통치자를 의미한다면, 분봉왕은 한 나라를 분할 통치할 때에 분할된 지역의 통치자를 일컫는다. 그리스어로는 'tetrarch'라고 표기하며, 사분의 일의 통치자라는 뜻을 갖고 있다.

29) 호슬리, 『예수와 제국』, 77. 유다는 과거에 사독의 조수역할을 한 적이 있었다고 한다.

30) 신약성서 마태복음 22:15-22; 마가복음 12:13-17; 누가복음 20:20-26 참조.

는 "모든 점에서 바리새파 입장과 동일"했다고 한다.[31] 단지 일반적으로 바리새파 사람들은 자신들의 신앙에 비추어 제국세를 내는 것이 옳지 않다는 생각만을 가질 뿐 실천에 옮기지 못했던 것에 비해, 제4철학은 그것을 구체적으로 행동으로 옮겼다고 하는 점에서 달랐다고 할 수 있다. 이런 점에서 제4철학은 "바리새파 사람들의 호전적(好戰的)인 면을 대변"했다고 말할 수 있다.[32]

제4철학은 그 정신적 뿌리를 찾자면, BCE 167-164년 당시 그리스의 셀류커스 왕조 안티오커스 에피파네스가 이스라엘을 폭력으로 그리스화하려고 할 때, 목숨 걸고 이에 저항하여 독립을 쟁취한 마카비 형제의 피를 이어받았다고 할 수 있다.[33] 그러나 그 때와 다른 것은 당시에는 폭력적이고 혁명적인 전쟁을 펼쳤지만, 제4철학은 "비폭력적이며, 비혁명적인 저항"이었다고 하는 것이다.[34]

2. 정치적 상황

1) 로마제국의 등장과 '로마의 평화'

이스라엘은 BCE 722년 북왕국이 앗시리아의 식민지가 된 이후, 끊임없이 주변 제국의 식민지 상황에 있었다. BCE 587년부터는 바벨로니아의 식민지,

31) 호슬리, 『예수와 제국』, 77.
32) 시몬, 『예수시대의 유대교 종파들』, 56.
33) 호슬리, 『예수와 제국』, 78.
34) 크로산, 『역사적 예수』, 215.

아우구스투스 황제의 조각상

BCE 538년부터는 페르시아의 식민지, BCE 333년부터는 그리스의 식민지. 그러다가 BCE 164년 경 유대의 마카비 형제가 반그리스 전쟁에 승리하여 하스몬 왕조를 이룬 후, 로마제국이 등장할 때까지 100여 년간은 독립상태를 유지할 수 있었다. 그러나 BCE 63년 로마의 폼페이우스가 이스라엘을 점령함으로, 이스라엘은 다시 로마의 식민지 상태에 들어갔다. 그리고 이스라엘이 로마와의 제2차 전쟁에서 패했던 CE 135년 이후에는 모든 이스라엘 사람들이 이스라엘 땅을 떠나 전세계로 흩어져 '디아스포라 유대인(Diaspora Jews)'이 되었다.[35)]

로마제국에 이른바 '로마의 평화'(Pax Romana)가 찾아온 것은 BCE 31년이었다. 정확히 BCE 31년 9월 2일, 그리스 북서지방 악티움 곶 앞 이오니아 바다 해전에서, 이탈리아의 지원을 받고 있던 옥타비아누스가 이집트 클레오파트라의 지원을 받고 있던 안토니우스를 격퇴, 안토니우스와 클레오파트라가 이집트 알렉산드리아로 피신하여 그곳에서 자살함으로써, 지난 100년 동

35) '디아스포라 유대인'은 '흩어져 있는 유대인'이라는 뜻이다.

안의 사회적 혼란과 20년 동안의 내전이 완전히 끝나게 된다.[36)]

옥타비아누스는 악티움 해전 이후 명실공히 로마의 유일한 통치자 황제가 되며, 원로원으로부터 '존엄한 자'라는 뜻을 지닌 '아우구스투스'(Augustus)라는 호칭을 얻게 된다. 클라우스 벵스트(Klaus Wengst)는 아우구스투스가 가져온 '로마의 평화'라는 것을 크게 6가지로 분석하는데, 이는 이스라엘의 상황과 예수의 삶을 이해하는 데 많은 도움을 준다. 그는 크게 군사, 정치, 경제, 법, 문화문명, 그리고 종교의 측면에서 분석한다.

첫째로, 군사적인 측면에서 볼 때, '로마의 평화'는 "전쟁과 승리에 의한 평화"라고 할 수 있다.[37)] 예수 당시의 로마 군대는 28개 군단을 거느리고 있었는데, 1군단은 5,000명에서 6,000명 정도 되었다고 한다. 당시로서는 엄청난 규모였을 14만에서 17만 명 정도의 대군을 거느리고, 로마제국은 전쟁이라는 방식을 통해 주변 작은 나라들을 완전히 초토화시켰던 것이다. 물론 여기에서 이스라엘도 예외는 아니었다.

둘째로, 정치적인 측면에서 볼 때, '로마의 평화'는 "정복된 민족의 상류 계층을 식민 통치에 참여시키는 방법"을 통해 이루어졌다고 볼 수 있다.[38)] 예를 들면, 로마제국은 이스라엘의 왕권을 유지시켜 주고 보호해 주는 대신, 이스라엘 왕은 로마에 바치는 세금을 책임지도록 하는 것이다.[39)] 이러한 제국정치는 거꾸로 식민지 왕이나 종교권력자들이 로마의 힘을 이용하여 경쟁자를 제거하고, 권력의 자리를 선점하는 식민지 정치를 낳기도 한다.

셋째로, 경제적인 측면에서 볼 때, '로마의 평화'는 식민지에서 거두어들이는 "전리품"과 각종 "세금, 관세, 조세, 공물" 등에 기초한다고 볼 수 있다.[40)]

---

36) 마커스 보그·존 도미닉 크로산, 『첫 번째 크리스마스』, 김준우 역(고양: 한국기독교연구소, 2011), 89-90 참조.

37) 클라우스 벵스트, 『로마의 평화』, 정지련 역(천안: 한국신학연구소, 1994), 38.

38) Ibid., 64.

39) Ibid., 66.

40) Ibid., 74.

로마제국은 이러한 경제적인 능력을 갖고, 한편으로는 식민지로부터 더 많은 세금을 거두어들이기 위해 "강을 넓히고, 다리와 도로, 그리고 요새를 세우는" 등 식민지 건설 사업을 벌였고, 다른 한편 로마의 도시를 벽돌 건물에서 대리석 건물로 바꾸는 등 호화로운 건축 사업을 벌였다.[41]

넷째로, 법적인 측면에서 볼 때, '로마의 평화'는 "법치국가적인 소송절차를 요구하고 또한 보장"하는 법적인 질서에 기초해 있다고 볼 수 있다. 이 질서를 유지함에 있어, 로마제국 최고법정은 황제가 담당하고, 식민지 법정은, 예수 처형의 경우처럼, 황제를 대리해서 총독이 담당하도록 했다.[42] 그러나 이 법적 질서가 완벽히 지켜졌다는 것은 아니다. 귀족은 로마 안에서건 식민지 안에서건 법을 쉽게 어길 수 있었고, 신분이 낮은 사람들은 법적으로 차별 대우를 받았다고 한다.

다섯째로, 문화문명적인 측면에서 볼 때, '로마의 평화'는 제국 전체에 하나의 문화문명을 보급하고 공유하는 데서 이루어졌다고 볼 수 있다. 로마의 목욕탕, 극장, 경기장, 사원, 학교, 연회 등은 식민지에도 보급되어 식민지인들도 즐길 수 있게 되었는데, 의식 있는 식민지인들은 여기에 길들여지는 것을 경계했다. 식민지에서의 이러한 문화문명 보급과 관련하여 로마 역사가 타키투스는 이렇게 논평한다: "무식한 자들은 이러한 것을 아름다운 삶의 방식으로 여겼지만, 이러한 것은 단지 예속의 한 요소에 불과했다."[43]

여섯째로, 종교적인 측면에서 볼 때, '로마의 평화'는 "황제 숭배"에 기초한다고 말할 수 있다. 원래 로마에서 황제숭배는 살아있는 동안에는 금지되었으나, 식민지에서는 예외였다. "식민지에서는 황제에게 신에게 드리는 것과 같은 숭배가 거행"되었고,[44] "황제의 무사함을 비는 의식에 참여하지 않는 것

41) Ibid., 69.
42) Ibid., 89.
43) Ibid., 95.
44) Ibid., 111.

은 그 자체로서 근본적인 정치적 불충 행위로 간주"되었다.[45]

이러한 맥락에서 로마황제 아우구스투스에게 부여된 "신적인 존재, 신의 아들, 신, 신에게서 태어난 신, 주님, 구원자, 해방자, 구세주" 등과 같은 신적 칭호를 예수에게 사용한 것은 아우구스투스가 그러한 존재가 아니라 예수가 바로 그러한 분이라는 의미를 함축했다고 한다.[46] 그런 이유 때문인지, 로마 총독 플리니우스는 "자신을 그리스도인으로 고백하는 사람은 로마에 충성하지 않는 사람"으로 간주했다고 한다.[47]

2) 로마의 하수인 독재자 헤롯

예수 당시 이스라엘의 정치적 상황을 이해하려면, 헤롯 대왕의 등장부터 살필 필요가 있다. 헤롯 대왕은 이스라엘 남단 에돔 출신의 비유대인으로서, 하스몬 왕가의 가신으로 활동하다가,[48] 본인의 정치적 야망과 식민지 왕을 인정하는 로마의 정치적 전략이 맞아떨어져 이스라엘의 새로운 왕이 되었다. 그러나 헤롯 대왕의 집권이 순탄치만은 않았던 것으로 보인다. 그가 집권하자 유대인들은 거부했고, 헤롯 대왕은 이들의 저항을 진압하는 데 로마의 군사적 지원을 받고서도 만 3년의 세월이 걸렸다고 한다.[49] 이렇게 하여 헤롯 대왕은 시이저, 안토니우스, 아우구스투스로 이어지는 로마 제국의 통치자 밑에서 BCE 37년부터 BCE 4년까지 33년이라는 긴 기간 동안 이스라엘의 왕으로 재임하게 된다.

---

45) Ibid., 113.

46) 마커스 보그·존 도미닉 크로산, 『첫 번째 바울의 복음』, 김준우 역(고양: 한국기독교연구소, 2010), 149.

47) 벵스트, 『로마의 평화』, 114.

48) 슈테게만, 『초기 그리스도교의 사회사』, 222. 하스몬 왕가는 기원 전 164년 경 그리스 제국에서 이스라엘이 해방된 후 세워진 이스라엘의 새로운 왕가로서, 헤롯 왕가가 등장할 때까지 이어졌다.

49) 호슬리, 『예수와 제국』, 62.

헤롯 대왕 시절의 이스라엘

헤롯 대왕의 집권 과정에서 보았듯이, 그에게는 크게 두 가지 정치적 과제가 놓여 있었다. 하나는 로마 제국을 만족시키는 것이요, 다른 하나는 유대인을 만족시키는 것이었다. 식민지 왕이 제국을 만족시키는 가장 확실한 방법은 제국세를 잘 거두어들이는 것이다. 헤롯 대왕은 유대인들에게 "과도한 세금을 부과하여 백성들을 죽게" 만들었고, 이 점에서 그는 로마 제국의 입장에서 볼 때, "매우 효과적인 종속국의 왕"이었다고 한다.[50)]

세금 이외에 헤롯 대왕이 로마 제국을 만족시킨 또 하나의 방법은 로마식으로 지은 새로운 건축물들을 아우구스투스에게 헌정하거나 그의 이름을 따서 짓는 것이었다. 일례로 그는 40에이커(약 5만 평)에 달하는 항구를 포함하는 새로운 도시를 만들고,[51)] 그 항구에는 라틴어 아우구스투스에 해당하는 그리스어 세바스토스라는 이름을, 그리고 새 도시에는 시이저를 가리키는 가이사랴라는 호칭을 사용했다는 것이다.[52)] 그런데 이것보다 더욱 중요한 것은 이 항구가 "헤롯 왕국 전역으로부터 풍성한 재화들이 이 도시로 집중되어 이곳을 통해 로마로 흘러 들어가는" 관문이 되었다는 것이다.[53)] 그래서 헤롯 대왕은 아우구스투스가 가장 총애하는 식민지 왕이었다고 한다.[54)]

헤롯 대왕은 집권 초기 유대인의 저항을 받았던 만큼, 어떠한 방식으로든 유대인을 만족시키지 않으면 안 되었다. 그 중 헤롯 대왕에 대한 저항을 일시에 불식시킬 가장 강력한 방법은 유대인들의 종교적, 민족적 중심지인 예루살렘 성전을 확장하는 것이었다. 헤롯 대왕은 예루살렘 성전의 광장을 "남북으로는 미식 축구장 다섯 개, 동서로는 미식 축구장 세 개의 크기로 확장"하고, 지주 벽을 작은 것은 2~5톤, 큰 것은 50톤에서 400톤에 이르는 돌들

---

50) 넬슨-폴마이어, 『예수를 배반한 기독교』, 273.
51) 존 도미닉 크로산, 『하나님과 제국』, 이종욱 역(서울: 포이에마, 2007), 157.
52) 크로산, 『예수의 역사』, 96.
53) Ibid., 97.
54) 호슬리, 『예수와 제국』, 62.

헤롯 시대 예루살렘 성전 모형

로 세웠다고 한다.[55] 이 확장사업이 얼마나 아름답게 이루어졌던지, "고대 전체에 걸쳐서 그리고 성전이 파괴된 후로도 오랫동안 이스라엘의 지혜자들은 '헤롯 성전을 보지 못한 사람은 아름다운 구조물이 어떤 것인지 보지 못한 사람이다'라고 말해왔다"고 한다.[56] 이러한 것을 보면, 예루살렘 성전 확장사업은 유대인들의 환심을 사는 데 어느 정도 성공적이었던 것으로 보인다.

그러나 헤롯 대왕의 이러한 노력과 상관없이, 그는 한 마디로 전형적인 독재자였다고 말할 수 있다. 그는 우선 "외국 용병들과 비밀경찰로 완비된 '강력한 억압 정권'을 세워, 그에게 반대나 저항이란 거의 불가능할 정도"로 만들었다고 한다.[57] 그리고는 집권하자마자, 친인척을 지방 통치자로 임명하

55) 크로산, 『하나님과 제국』, 158.
56) 크로산, 『예수의 역사』, 297.
57) 넬슨-폴마이어, 『예수를 배반한 기독교』, 274.

고,[58] 대제사장을 자신이 쉽게 통제할 수 있도록 이집트와 바벨론에 사는 제사장 가문의 후손을 기용하여 이를 통해 대제사장이 의장으로 있는 산헤드린을 쉽게 장악했고,[59] "마카에루스, 마사다, 퀴프로스, 알렉산드레이온, 헤롯데이온(헤롯이 직접 자신의 장지로 예정한 곳)"에는 요새를 겸한 거대한 건축물을, "예루살렘이나 여리고에는 웅대한 궁전과 호화 별장"을 세웠다고 한다.[60] 그 뿐만이 아니다. 자신이 유대인의 정통한 왕이라는 것을 주장하기 위해 하스몬 가문의 공주와 결혼했다가, 후임 통치자 문제에 대한 우려 때문에 결국 그 아내와 그 사이에서 태어난 두 아들까지 BCE 7년에 처형하고 만다.[61] 그리고 굶주린 농민을 쥐어짜 세금을 받아내고, 그것으로 자신과 가신들의 부를 축적하는 것 또한 독재자의 전형적인 모습이라고 할 수 있을 것이다.

이러한 독재자가 BCE 4년 죽게 되자, 이스라엘 전역에서는 폭동이 일었다고 한다. 새로운 통치자가 들어서기 전, 독재를 종식시키고자 하는 민중의 몸부림이었을 것이다. 그 대표적인 지역 중의 하나가 나사렛에서 북쪽으로 불과 6.4km 밖에 떨어져 있지 않은 셉포리스였다고 하는데,[62] 로마는 이러한 폭동지역에 3개 군단, 즉 18,000명의 정예병력, 2,000명의 기병대, 15,000명의 보조 보병대를 투입, 당시 로마 총독 바루스의 친구 가이우스로 하여금 초토화시키도록 했다고 한다.[63] 남자는 살육하고, 여자는 강간하고, 아이는 노예로 끌어가고, 그 와중에 살아남은 사람들은 거주지를 떠나 어디론가 피신

---

58) 헤롯 대왕의 동생 페로라스는 베뢰아의 영주, 헤롯의 사위인 코스토바르는 이두메를, 헤롯의 사촌인 아히압은 유다 지방을 관할하도록 했고(슈테게만, 『초기 그리스도교의 사회사』, 218), 헤롯 집안의 친족들로는 조세 임차인 및 세리를 통솔하는 지방관리역을 맡겼다고 한다.(Ibid., 220)

59) 특히 바벨론 출신 보에투스 가문에 특혜를 주고, 대제사장 시몬 보에투스의 딸 마리암메를 셋째 부인으로 들였다고 한다. 헤롯 대왕은 대제사장만이 아니라, 산헤드린의 중요 인사들을 자신이 통제할 수 있는 인물들로 채웠다고 한다. Ibid., 219-220 참조.

60) Ibid., 222.

61) 넬슨-폴마이어, 『예수를 배반한 기독교』, 275.

62) 크로산, 『예수의 역사』, 20.

63) 보그·크로산, 『첫 번째 크리스마스』, 106-107 참조.

하고…예수는 아마도 어렸을 때 이 이야기를 수도 없이 들었을 것이다. 그리고 이 이야기는 그의 소명을 결정하는 중요한 요인이 되었을 것이다.

3) 헤롯 세 아들의 분할 통치: 헤롯 아르켈라오스, 헤롯 안티파스, 헤롯 빌립

헤롯 대왕이 죽자 후임이 문제가 되었다. 부인이 열이나 되어, 너무 많은 후계자 후보가 있었던 것이다. 결국 헤롯 대왕의 유언에 따라 세 왕자에게 왕국을 분할하기로 했다. 이 때 세 왕자는 더 많은 땅을 얻기 위해 각기 로마를 방문하여 호소했으나, 아우구스투스는 헤롯 대왕의 유언대로 처리했다.[64] 헤롯 아르켈라오스에게는 사해 남쪽 이두매와 유대와 사마리아 지역, 즉 이스라엘의 핵심 지역을, 헤롯 안티파스에게는 북쪽 갈릴리와 베뢰아, 즉 이스라엘의 변방 지역을, 그리고 헤롯 빌립에게는 갈릴리 바다 북부와 북동부 지역, 즉 비유대인 지역이 할당되었다.[65] 세 왕자 중 정식 왕의 호칭을 얻은 사람은 아무도 없었던 것 같다. 단지 아르켈라오스에게는 보다 높은 분봉왕의 호칭이, 그리고 나머지 둘에게는 보다 낮은 분봉왕(사분봉왕)의 호칭이 동일하게 주어졌다고 한다.[66] 성서가 헤롯 안티파스를 왕으로 호칭한 것은 분봉왕의 개념으로 그렇게 부른 것으로 보인다.[67]

헤롯 아르켈라오스는 BCE 4년에 즉위하여 CE 6년에 폐위되었다. 다른 두 형제에 비해 아주 짧은 재임기간이었다. 그가 부임하자, 예루살렘 지도자들은 헤롯 대왕 때에 해결하지 못한 여러 문제의 해결을 청원했다. "공출 경감,

64) 에두아르트 로제, 『신약성서배경사』, 박창건 역(서울: 대한기독교출판사, 2015), 46. 헤롯 대왕이 처음에는 아르켈라오스 자리에 안티파스를 세우려고 했다가, 마음을 바꾸었다고 한다. 크로산, 『하나님과 제국』, 161.

65) 이하에서는 헤롯 대왕의 세 아들을 호칭할 때, 헤롯은 생략하고 이름만 사용하도록 한다.

66) 보 라이케, 『신약성서시대사』, 번역실 역(천안: 한국신학연구소, 1998), 125.

67) 신약성서 누가복음 1:5 참조.

헤롯 아르켈라오스의 영지
헤롯 안티파스의 영지
헤롯 빌립의 영지
시돈
이두래
다메섹
두로
수리아
수리아
가이사랴
빌립보
갈릴리
가버나움
가나
갈릴리
호수
나사렛
지중해
가이사랴
데가볼리
그리심산
사마리아
요단강
베뢰아
여리고
예루살렘
유대
베들레헴
마케루스
사해
이두메
마사다
나바태왕국

헤롯 세 아들의 통치영역

세금 철회, 정치범 석방, 황금독수리 사건 살육책임자 처벌 요구" 등.[68] 그러나 아르켈라오스는 이 청원에 살육으로 응답했다. 3,000명 이상의 유대인을 죽였던 것이다. 유대인 지도자들은 로마를 방문, 아르켈라오스 대신 로마 총독의 직접통치를 아우구스투스 황제에게 호소했고,[69] 황제는 곧바로 아르켈라오스를 골(Gaul, 지금의 프랑스, 이탈리아, 벨기에 등지를 포함한 지역) 지방으로 유배 보내고, 로마 총독을 파견했다. 그러나 로마 총독이 파견되자, 달라진 것은 인구조사와 그에 따른 인두세 형태의 제국세 부과였다. 이것이 앞서 언급한 제4철학이 태동하게 된 계기였던 것이다.

헤롯 빌립은 세 형제 중 막내이지만, 간단히 먼저 언급하고자 한다. 우리의 주관심은 예수 시대의 갈릴리 통치자 헤롯 안티파스이기 때문이다. 빌립은 BCE 4년부터 CE 33년 혹은 34년까지 통치했는데, 관할지역인 비유대인 지역을 평화롭게 다스리다가, 유배 없이 재임기간을 잘 마무리했다고 한다.[70] 빌립은 예수와는 거의 아무런 상관이 없었던 것으로 보인다.

헤롯 안티파스는 BCE 4년에 즉위하여 CE 39년까지 43년간의 긴 기간 동안 재임했다. 이 기간동안 안티파스의 목표는 시종일관 명실공히 로마가 임명한 "유대인의 왕"이 되는 것이었다고 한다.[71] 그래서 그는 재임기간 동안 만난 세 명의 황제, 즉 아우구스투스, 티베리우스, 칼리굴라에게 이를 요청했으나, 왕의 호칭은 얻지 못한 채, 결국 칼리굴라 황제 때에 아르켈라오스와 마찬가지로 골(Gaul) 지방으로 유배를 떠나게 된다.[72]

헤롯 안티파스는 여러 점에서 아버지 헤롯 대왕을 닮았다. 우선 통치자로서 자신의 과제에 대한 생각이 비슷했다. 그는 아버지를 따라 로마와 유대를 동시에 만족시키고자 했다. 그리고 이 둘을 만족시키는 방법도 상당히 비슷

---

68) 넬슨-폴마이어, 『예수를 배반한 기독교』, 287.
69) 슈테게만, 『초기 그리스도교의 사회사』, 198.
70) 크로산, 『역사적 예수』, 180.
71) 존 도미닉 크로산, 『가장 위대한 기도』, 김준우 역(고양: 한국기독교연구소, 2011), 189.
72) 크로산, 『역사적 예수』, 180.

했다. 먼저 로마를 만족시키기 위해 그는 두 번에 걸쳐 로마양식을 따른 새 수도를 만들고, 그 수도 이름을 황제의 이름을 따서 지었다. 그리고, 가장 중요한 것은, 그 수도를 통해 로마에 바칠 세원(稅源)을 구축했다는 것이다.

첫 번째 만든 수도는 예수의 고향 갈릴리 나사렛에서 불과 6.4km 밖에 떨어져 있지 않은 셉포리스인데, 안티파스는 이 수도를 아우토크라토리스(아우구스투스의 칭호인 임페라토르의 희랍어 번역)라고 호칭하면서 아우구스투스에게 헌정했다. 그리고 두 번째 만든 수도는 갈릴리 바다 중서부에 위치한 티베리아스로서, 그는 아우구스투스 후임 황제 티베리우스에게 경의를 표하기 위해, 그 수도 이름을 티베리아스라고 정했다.[73] 그는 황제가 바뀔 때마다 새로운 황제에게 충성을 표시하느라 바빴던 것이다.

문제는 이름만이 아니었다. 이러한 새 수도가 정해질 때마다, 안티파스의 머릿속에 들어있던 생각은 세원(稅源)이었다. 처음 셉포리스에 수도를 정할 때는 셉포리스 주변 계곡에서 빵을 통해 세원을 확보하는 것을 염두에 두었고, 다시 티베리아스에 수도를 옮길 때는 세원이 바닥난 셉포리스를 버리고 새로운 세원, 즉 수도 주변에 있는 갈릴리 바다를 통해 세원을 확보하는 것을 염두에 두었을 것이다. 예를 들면, "배를 소유하는 것, 저인망 그물로 고기를 잡는 것, 심지어 해변에서 그물을 던지는 것에도 세금을 부과"하는 방식으로 말이다.[74]

헤롯 안티파스가 유대를 만족시키는 방법도 아버지 헤롯 대왕과 상당히 유사했다. 물론 안티파스는 예루살렘 성전을 짓거나 확장하지는 않았다. 그러나 유대인들이 생각하는 정통성있는 왕의 위상을 확보하기 위해, 아버지처럼 하스몬 왕가와 연결을 지으려고 했다. 아버지 헤롯 대왕은 하스몬 왕가의 미리암네와 결혼했는데, 아들 헤롯 안티파스는 미리암네의 손녀 헤로디아와 결혼했다. 당시 안티파스는 나바티안 공주와 결혼한 상태에서 이혼하고, 이복

73) 크로산, 『하나님과 제국』, 162.
74) 크로산, 『가장 위대한 기도』, 192.

형제 빌립(아마도 헤롯 빌립)의 아내인 헤로디아를 가로채어 억지로 하스몬 왕가와 연결지으려 했던 것이다.[75)]

복음서에 보면, 예루살렘에 들어가던 예수가 마침 예루살렘에 있던 헤롯 안티파스가 자신을 죽이려한다는 정보를 접하고, 그를 '여우'라고 지칭한 대목이 나오는데,[76)] 이 별칭은 바로 안티파스가 로마에도 충성하고 유대인에게도 인정받으려는 그의 교활한 이중성을 가리킨다고 볼 수 있다. 그러나 안티파스의 이러한 노력에도 불구하고, 그는 CE 39년에 골 지방으로 유배를 떠나게 되고, 이때부터 CE 44년까지는 안티파스의 아내 헤로디아의 오빠이자, 로마 궁정에서 자라면서 로마 황제 칼리굴라의 친구가 된 헤롯 아그립바가 이스라엘 전체를 관장하는 '유대인의 왕'이 된다.[77)] 그리고 CE 44년 이후에는 로마제국이 이스라엘 전체를 직접 통치하게 된다.[78)]

4) 총독정치: 예루살렘 중심

이스라엘의 로마 총독정치는, 위에 언급한 것처럼, CE 6년 아르켈라오스가 폐위되면서 시작되었다. 로마 총독은 아르켈라오스 자리를 대신한 것이기 때문에, 통치영역은 아르켈라오스가 관할했던 이두메, 유대, 사마리아에 한정되었다. 그에 따라 다른 두 분봉왕의 통치에는 관여하지 않았던 것으로 보인다. 중요한 것은 그가 이스라엘의 종교적, 민족적 중심지 예루살렘을 장악했다고 하는 것이다. 총독은 평상시 지중해 연안 가이사랴에 거주했던 것으로 보인다.

---

75) 크로산,『하나님과 제국』, 164. 나바태아 왕국은 다메섹 동남쪽에 위치한 아랍 왕국이다.
76) 신약성서 누가복음 13:32.
77) 크로산,『하나님과 제국』, 164.
78) 크로산,『예수』, 221.

6~44년 정치적 경계선
시리아
베니게
가이사랴
빌립보
갈릴리
갈릴리
호수
가이사랴
사마리아
데가볼리
지 중 해
암 몬
베
레
아
유 대
사
해
이두매
나바테아족

예수시대의 이스라엘

예루살렘 지역에 총독정치가 시작되면서, 총독과 대제사장의 관계가 밀접해졌다. 우선 "총독들은 보통 대제사장직 후보자를 천거할 수 있는 권한을 갖고 있었기 때문에, 대제사장들은 직접적으로 총독들의 은혜를 입고" 있었다고 볼 수 있다.[79] 이러한 관계 속에서 대제사장은 사라진 분봉왕을 대신하여 유대인의 대표 역할을 했고, 총독은 대제사장을 통해 관할지역을 통제했다.[80] 예수 당시 "가야바와 빌라도가 각각 대제사장과 총독으로서 오래 그 직책을 유지했던 것은 그들 사이에 긴밀한 협조관계를 발전시켰기 때문이었던 것으로 볼 수 있다."[81]

초대 총독 퀴리니우스가 부임하자, 그는 호구조사부터 시작했다고 한다. 즉 "토지세와 인두세를 징수하기 위한 주민조사"를 시작한 것이다. "호구조사는 통상 잔인한 심문을 동반했으며, 그 과정에서 폭동이 일어나기도" 했는데, "갈릴리의 유다가 호구조사에 반대하여 일으킨 반란이 대표적"이라 할 수 있다.[82] 이런 와중에 제국세를 걷는 일은 대제사장이 담당했고, 대제사장은 제국세 걷는 일을 통해 큰 부수적 수입을 올렸던 것으로 보인다.[83]

그러나 이러한 밀접한 관계 속에서도, 총독은 대제사장을 일정 정도 거리를 두고 통제했던 것으로 보인다. 그 한 예로, 유월절과 같은 절기 행사에는 대제사장이 예복을 입게 되는데, "대제사장의 예복들은 흔히 로마의 총독이나 사령관들이 안토니아 요새 안에 보관"했다가, "축제일이 다가오면 군중들이 제대로 통제되고 있다는 것을 확인하고서야 대제사장에게 돌려주었다"고 한다.[84] 유월절에는 당시 대략 30만에서 40만 명의 순례자가 몰려드는 데

79) 호슬리, 『예수와 제국』, 64; 예레미아스, 『예수시대의 예루살렘』, 211.

80) 넬슨-폴마이어, 『예수를 배반한 기독교』, 307.

81) 호슬리, 『예수와 제국』, 64. 가야바와 빌라도는 CE 26년부터 36년까지 10년간 같이 일했다고 한다. 크로산, 『예수』, 222.

82) 슈테게만, 『초기 그리스도교의 사회사』, 199.

83) 넬슨-폴마이어, 『예수를 배반한 기독교』, 314; 보그, 『예수 새로 보기』, 121; 슈테게만, 『초기 그리스도교의 사회사』, 200.

84) 크로산, 『예수의 역사』, 306. 총독은 통상 예루살렘에서 멀리 떨어진 지중해 연안 가이사랴에 머물지만,

다,[85] 곧 이어 무교절이 7일간의 축제로 이어지기 때문에, 통상 이 절기에는 폭동의 위험성이 컸던 것이다. 이에 따라 총독은 대제사장의 예복을 인질처럼 잡고, 대제사장이 이러한 폭동을 미연에 잘 방지할 수 있도록 압력을 넣었던 것이다. 예수가 예루살렘에 갔던 것도 바로 이 유월절이었고, 예수를 재판하고 처형한 당시 총독 빌라도는 바로 그때 예루살렘에 머물렀던 것이다.

5) 산헤드린

예루살렘의 산헤드린은 "총독관구의 내정을 관장하는 최고행정기관"으로, 로마의 원로원과 비슷한 일종의 의회라고 할 수 있다.[86] 산헤드린의 의장은 통상 현직 대제사장이 맡았고, 크게 세 가지 임무를 수행했다고 한다. 첫째, "이스라엘의 하나님에게 유대교 전체를 대표하는 일," 둘째, "유대에서는 총독에 대하여 백성을 대표"하고, "제국 전체에서는 황제에 대하여 적어도 상징적으로 전 제국의 유대교를 대표"하는 일, 그리고 셋째로, "유대의 내정과 사법과 행정을 관장하는 일."[87]

산헤드린은 대제사장을 포함하여 71명의 의회 의원들로 이루어져 있었다. 구성별로 보면, 대제사장회의 위원들, 원로들, 율법학자들이 포함되었다. 대제사장회의 위원들은 10여 명 정도 되었고, 그 중에는 성전과 성전 광장의 질서를 관장하며 유대인 헌병대와 성전경비대를 지휘하는 성전경비대장, 제의 문제 외에 주로 법률적인 업무를 담당한 다섯 명 정도의 제사장 귀족, 그리고 성전 재산목록과 제물의 구입과 제사장 및 노동자들의 임금을 관장하는 네

유월절과 같은 대규모 절기 때에는 예루살렘에 왔다고 한다.

85) 펑크, 『예수에게 솔직히』, 336.

86) 라이케, 『신약성서시대사』, 156.

87) Ibid., 159.

명 정도의 창고책임자가 있었다고 한다.

성전경비대장은 통상 대제사장 출신, 제사장 귀족은 대제사장 출신과 기타 제사장 귀족, 그리고 창고책임자는 제사장과 평신도들로 구성되었다고 한다. 이들은 유대교 계파로 말하면, 거의 사두개파라고 할 수 있다. 그리고 원로들은 비제사장 가문의 수장들로 구성되었다고 하며, 바리새파 출신의 율법학자는 예수 당시 그 숫자가 미미했던 것으로 보인다.[88] 예수가 예루살렘 성전에 들어가 커다란 물의를 일으킨 후, 예수를 체포하고, 고발하고, 재판했던 주무 기관은 바로 이 산헤드린이었다.

3. 경제적 상황

1) 예수 시대의 부의 출처

예수 시대의 경제적 상황을 이해하기 위해서는 동시대 이스라엘의 세 가지 국가적 정체성, 즉 이스라엘이 예루살렘 성전 중심의 종교국가였다는 것, 헤롯 안티파스에 의한 독재국가였다는 것, 그리고 로마 제국의 식민지국가였다는 것에 유념할 필요가 있다. 다시 말해, 이스라엘의 성전 제사장들은 종교세를 통해, 안티파스는 토지와 세금을 통해, 그리고 대제사장 이하 로마의 하수인들은 제국세를 통해 부를 축적했던 반면, 그 과도한 세금을 내고 토지를 빼앗겨야 했던 대부분 이스라엘 백성들은 극도의 가난을 면치 못했다.

먼저 이스라엘은 예루살렘 성전 중심의 종교국가로서, 이스라엘 모든 국민

88) Ibid., 162-63; 예레미아스, 『예수시대의 예루살렘』, 287-288 참조.

에게 세 가지 종교세를 의무적으로 바치도록 했다. 첫째는 십일조이고, 둘째는 성전세, 셋째는 성전예물이었다. 십일조는 두 종류가 있는 데, 하나는 제의를 담당하고 있는 제사장과 레위인들에게 바치는 농산물(곡식, 과일, 포도주, 기름 등)의 십일조이고,[89] 다른 하나는 가난한 사람들을 위해 바치는 또 다른 십일조이다.[90] 후자는 매년 반드시 바쳐지지는 않았던 것으로 보이지만, 이 둘을 합치면, 매년 농산물의 20% 정도는 십일조로 바쳐지는 셈이다.

둘째로, 성전세는 20세 이상의 모든 이스라엘 남자들이 1년에 2 드라크마(혹은 2 데나리온)를 내도록 되어 있었으며,[91] 이는 "매일의 희생제사에 드는 비용...근무하는 사람들의 생계비...예루살렘의 공공과제(건설 사업, 성벽 축조, 수로 사업 등)를 위한 비용과 구휼사업의 비용" 등으로 사용하는 것이 그 목적이었다고 한다.[92] 그런데 특이한 것은, 이 성전세는 두로(Tyro)의 은화 반 세겔(평균 7.2그램)로만 내도록 되어 있었다고 한다.[93] 그래서 성전당국은 환전상을 고용했는데, 이 환전상들은 환전을 하며 반 세겔마다 8%의 환전비용을 받아 별도 수입으로 챙겼다고 한다.[94]

성전세는 유월절과 같은 큰 절기에 성전에서 직접 내기도 하지만, 일반적으로는 "각 지역에서 신뢰할 만한 사람들이 성전세를 거두고 그것을 트럼펫 모양의 특별한 보관함에 넣어 도난을 방지한 다음, 대표자 한 사람이 그것을 예루살렘으로 가지고 가는" 방식으로 거두어들였다고 한다.[95] 성전 안에는 이러한 성전세를 보관하는 "보물 보관소"가 있는데, 그 규모가 얼마나 컸던지, 그리스 제국의 황제, 로마의 집정관, 재정장관, 총독 등이 기회 있을 때마

---

89) 슈테게만, 『초기 그리스도교의 사회사』, 202.
90) Ibid., 208.
91) 드라크마와 데나리온은 그 금액이 거의 같았던 것으로 보이며, 1 데나리온은 당시 노동자 하루 임금에 해당했다고 한다.
92) 슈테게만, 『초기 그리스도교의 사회사』, 210-11.
93) 신약성서 마태복음 17:24-27 참조.
94) 슈테게만, 『초기 그리스도교의 사회사』, 206.
95) Ibid., 204.

다 이를 약탈했다고 한다.[96]

이와는 별도로 이스라엘 사람들은 이른바 성전예물이라는 것도 바쳤다고 한다.[97] 여기에는 집이나 토지와 같은 부동산, 그리고 심지어 노예도 포함되어 있었는데, 이는 거의 모든 경우 돈으로 환산하여 헌금의 형태로 바쳤다고 한다.[98] 이것은 의무라기보다는 자발적인 헌납이라 할 수 있을 것이다.

이러한 종교세들은 성직자의 생활이나 성전 운영, 혹은 가난한 이들을 돕기 위한 명목으로 거두는 것이었기 때문에, 성전 제사장들이 이러한 종교세를 통해 큰 부를 축적하지는 않았던 것으로 보이지만,[99] 90%가 넘는 이스라엘 하류계층의 입장에서는 매년 20%가 넘는 이 종교세가 굉장히 큰 부담이었을 것은 틀림없을 것이다.

반면 예수 시대 갈릴리 지역을 통치했던 헤롯 안티파스의 경우에는 토지와 국세를 통해 부를 축적했던 것으로 보인다. 헤롯 대왕 때에도 그랬지만, 안티파스의 시대에도 왕실은 대토지를 소유했다고 한다.[100] 그리고 앞서도 언급했지만, 안티파스는 수도를 티베리아스로 옮긴 이후로는 "배를 소유하는 것, 저인망 그물로 고기를 잡는 것, 심지어 해변에서 그물을 던지는 것에도 세금을 부과했을" 정도로 모든 어업행위에 세금을 붙였다고 한다.[101] 갈릴리 지역 사람들은 로마에 직접 제국세를 바치지는 않아도 되었지만, 토지를 빼앗기고 국세에 시달려 그 가난은 이루 말할 수 없었을 것이다.

다른 한편, 예루살렘을 중심으로 하는 총독의 관할지역은 성전에 바치는 종교세 이외에 로마에 바치는 제국세에 시달려야만 했다. 제국세에는 "토지세(토지가의 1퍼센트), 수확세(소출의 12.5퍼센트), 관세, 통행세, 연공(年

96) Ibid., 209-10 참조.
97) Ibid., 205.
98) Ibid., 207.
99) Ibid., 207.
100) Ibid., 187.
101) 크로산, 『가장 위대한 기도』, 192.

貢)" 등이 있는 데, 이를 성전에 바치는 종교세와 포함하면, 대략 1년에 바치는 세금만 35% 정도에 달했다고 한다.[102] 종교세와 달리 제국세는 권력으로 강제 징수하기 때문에, 예루살렘 중심의 유대인들은 이 제국세를 피할 길이 없었다.

제국세는 통상 로마제국의 식민지 정책에 따라 로마의 관리가 직접 걷지 않고, 이스라엘의 조세임차인을 통해 걷었다고 한다. 최고의 제국세 수납을 약속하는 권력자가 조세임차인에 선정되게 마련인데, 대개 대제사장이나 재산이 많은 산헤드린 의원이 이를 맡았다고 한다.[103] 당시 조세임차인에 선정되는 것은 일종의 큰 특혜였다고 말할 수 있다. 왜냐하면 조세임차인은 약속한 제국세의 액수보다 훨씬 많은 세금을 거둬, 자신의 부(富)를 축적할 수 있었기 때문이다. 이러한 점에서 대제사장은 종교세를 거둬 거기에서 얻을 수 있는 부보다 제국세를 걷는 과정에서 챙길 수 있는 부가 훨씬 컸다고 볼 수 있다. 대제사장은 전형적인 로마의 하수인이었고, 대표적인 천민자본가였다고 말할 수 있을 것이다.

2) 부유한 사람들

위에서 살펴본 것처럼, 예수 당시의 이스라엘은 상층계급과 하층계급으로 양분화되었고, 그 사이에 오늘날 말하는 중산층은 없었다고 한다.[104] 빈익빈 부익부가 양극화된 것이 당시 이스라엘의 상황이라고 말할 수 있다. 크게 보면,

---

102) 보그, 『예수 새로 보기』, 120. 연공은 일종의 인두세로, 한 가정의 모든 남자는 만 14세부터, 여자들은 만 12세부터 조공의 의무를 져야 하며, 매년 한 데나리온을 납부해야 했을 것이라 한다. 슈테게만, 『초기 그리스도교의 사회사』, 199. 신약성서 마태복음 22:15-22; 마가복음 12:13-17; 누가복음 20:20-26 참조.

103) 슈테게만, 『초기 그리스도교의 사회사』, 200.

104) 크로산, 『역사적 예수』, 135.

대개 손으로 일하지 않는 사람은 상층계급, 손으로 일하는 사람들은 하층계급으로 분류될 수 있었다고 한다.[105]

이스라엘 상류층의 제일 위에 있는 집단은 분봉왕과 그 가문, 대제사장과 그 가문, 그리고 일부 소수 귀족가문을 일컫는 지배계급이라고 할 수 있다. 이들은 대개 토지를 비롯하여, 종교세, 국세, 그리고 제국세 대리 징수를 통해 부를 축적했다고 볼 수 있다. 이들은 전체 인구의 1~2% 밖에 안 되지만, 전 국토의 50%에 해당하는 땅을 차지했었다고 한다.[106]

두 번째 상류층은 일반 제사장계급이라 말할 수 있다. 앞서 인용했던 것처럼, 모든 제사장이 부유했던 것은 아니지만, 전체적으로 볼 때, 제사장 집단은 상위층에 속했던 것으로 보인다. 이들은 주로 서울의 강남에 해당하는 여리고 지역에 살았고, "그들의 부유함은 일반 유대인들의 눈에 가시처럼 느껴졌다"고 한다.[107] 이들은 이스라엘 전체 토지의 15% 정도를 소유했다고 하니, 결코 무시할 수 없는 상류계층임에 틀림없을 것이다.[108]

세 번째 상류층은 분봉왕과 대제사장을 섬겼던 신하계급, 즉 가신들이라고 할 수 있다. 여기에는 관료, 장군, 그리고 율법학자 등이 포함된다고 볼 수 있으며, 이들은 인구의 5% 정도를 차지했다고 한다.[109]

상류층의 제일 마지막 집단은 상인계급이다. 이들은 본래 하층계급이었다가 부를 축적하여 상류층에 진입한 집단으로 볼 수 있는데, 예수 당시에 이 상인계급은 상당한 부를 축적하기도 했지만, 더러는 이러한 부를 이용하여 정치권력도 장악했던 것으로 보인다.[110]

---

105) 크로산, 『예수는 누구인가』, 67.

106) Ibid., 67.

107) 펑크, 『예수에게 솔직히』, 269. 여리고는 예루살렘에서 북동쪽으로 35km 가량 떨어져있으며, 종려나무가 많은 오아시스 지역으로, 사람들이 살기 좋은 곳이었다고 한다.

108) 크로산, 『예수는 누구인가』, 67.

109) Ibid.; 크로산, 『역사적 예수』, 116.

110) Ibid.

3) 가난한 사람들

이스라엘 하층계급의 중심을 이루는 집단은 농민집단이라고 할 수 있다. 이들은 전체 인구의 90% 정도를 차지하는 것으로 보이며, 예루살렘 성전에 내는 종교세(십일조, 성전세, 성전예물) 외에, 국세 혹은 제국세에 시달려야 했다. 이들은 대략 수확물의 3분의 2 정도를 이런 저런 형태로 내어놓아야 했다고 한다.[111] 농민들에게 지운 이러한 과도한 부담은 농민들의 생존을 위협했고, 그 위협이 극에 달했을 때 이 농민집단에서는 수시로 폭동이 일어나기도 했다.

하류층의 두 번째 계층은 장인집단이라 할 수 있다. 이들은 목수와 같이 대개 손재주를 통해 수입을 얻는 사람들로, 당시 농업 중심 사회에서는 농민보다 낮은 계급에 속했다고 한다. 왜냐하면 장인계급은 빚 때문에 농토를 빼앗기고 소작농으로 전락한 사람들 가운데서 충당된 경우가 많았기 때문이다. 이들은 대략 전체 인구의 5% 정도를 차지했다고 한다.[112]

하류층의 제일 마지막 계층은 농민도 장인도 아닌, 일종의 천민(賤民)집단이라 할 수 있다. 여기에는 매춘여성이나 하급 세리와 같이 사회로부터 버림받을 만한 직업을 갖고 있거나, 아니면 일용 노동자(흔히 말하는 막노동자), 율법사회에서 추방당한 자, 거지, 노예로 전락한 사람들이 속했다고 한다.[113]

111) 크로산, 『예수는 누구인가』, 67.
112) Ibid.; 크로산, 『역사적 예수』, 116.
113) 크로산, 『예수는 누구인가』, 68.

4. 사회적 상황

1) 이스라엘의 사회계급을 결정하는 세 가지 주요 요인: 종교, 혈연, 성별

예수 당시의 이스라엘 사회는, 위에 언급한 것처럼, 일반적으로 빈부의 격차에 의해 사회계급이 결정되었지만, 이 외에도 이스라엘만의 특수한 기준에 의해 사회가 분화되었다고 볼 수 있다. 종교적으로는 유대인과 비유대인을 구분했고, 혈연적으로는 셈족과 비셈족을 구분했고, 성별로는 남성과 여성을 구분했다. 그러므로 이스라엘 사회에서 가장 인정받는 계급은 유대인 셈족 남성이고, 가장 인정받지 못한 계급은 비유대인 비셈족 여성이라고 할 수 있다. 이러한 사회계급에 따른 차별이 가장 극명하게 드러난 것이 예루살렘 성전에 들어갈 수 있는 선을 계급에 따라 구분해놓은 것이라 할 수 있다.

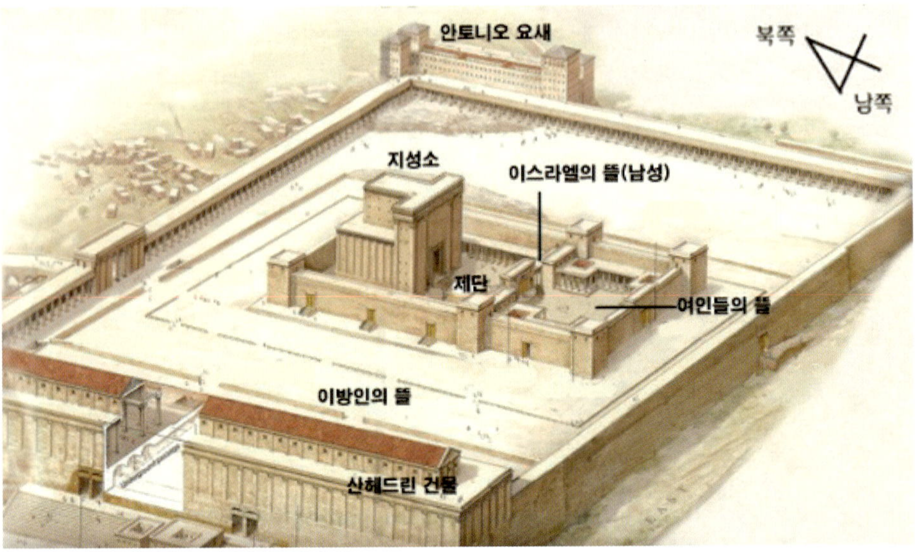

계급에 따른 예루살렘 성전 출입 경계선

2) 종교에 의한 사회계급

예수 당시의 이스라엘은 유대교를 신봉하는 종교국가였기 때문에, 종교적으로 유대인과 비유대인을 정확히 구분하고, 유대인이 그 중심을 이루고 있었다. 그리고 유대인은 자신들을 하나님의 선택을 받은 특별한 민족이라는 자의식을 갖고 있었는데, 이것이 이른바 선민주의(選民主義, Particularism)의 기초라고 할 수 있다.

그러나 유대인이라고 하여 모두가 동일하게 대우받는 것은 아니었다. 유대인들 속에서도 종교적인 서열이 분명히 존재했다. 위로부터 순서대로 본다면, 제사장 계급, 평민 귀족, 율법학자, 평민, 그리고 개종한 유대인 순으로 구분될 수 있다. 제사장 계급은 다시 대제사장, 고위 제사장, 제사장 귀족, 일반 제사장, 레위인 순으로 구분이 되는데, 이 중 레위인은 제사장은 아니지만 제사장을 돕는 준제사장 계급이라 할 수 있다.

평민 귀족은 평민 가문의 수장을 가리키며, 산헤드린에 포함될 정도로 유대인의 지도자 대우를 받았다.[114] 율법학자는 바리새파에서 많이 배출되었지만, 제사장이 율법학자인 경우도 다수 있었고, 일부는 산헤드린의 의원으로 진출하기도 했다. 이 외에 유대인 평민들은 크게 남성과 여성으로 구분하여, 남성을 여성보다 우대했고, 그 다음으로 외국인 중에 유대교로 개종한 사람들도 유대인으로 받아들였다고 한다.[115] 이것은 혈연보다 종교에 우선적인 중요성을 부여했다는 것을 의미한다.

비유대인은 크게 두 종류로 나누어 생각할 수 있다. 첫째는 외국인이고, 둘째는 사마리아인이다. 외국인은 통상 이방인이라는 명칭으로 불리었고,[116]

---

114) 예레미아스, 『예수시대의 예루살렘』, 196-314 참조. 여기에서 평민 가문이라 함은 이스라엘의 12지파 중 제사장 가문인 레위지파를 제외한 나머지 11지파를 가리키며, 이 지파의 수장은 평민 귀족으로 대우를 받았고, 산헤드린의 의원이 되었던 것이다.

115) Ibid., 341.

116) 신약성서 마태복음, 마가복음, 누가복음 안에만 외국인을 이방인으로 지칭한 것이 14번 등장한다.

하나님을 믿지 않는 사람들이라는 의미에서 무시되었다. 사마리아인은 같은 이스라엘 사람이지만, 앞서도 지적했듯이, 별도의 사마리아 성전과 사마리아 경전을 만들어 유대교로부터 분리해 나갔기 때문에, 유대인으로 간주하지 않았다. 특별히 제의적인 측면에서는 외국인과 동등하게 취급하여, 예루살렘 성전의 '이방인의 뜰'까지만 들어올 수 있었다고 한다.[117]

3) 혈연에 의한 사회계급

예수 당시 이스라엘의 사회계급을 결정하는 두 번째 기준은 혈연이다. 이스라엘은 전 세계적으로 보기 드물게 순수 혈통을 고집하는 혈연사회라고 할 수 있다. 이스라엘을 흔히 셈족이라고도 부르는데, 이것은 혈통과 관련하여 이스라엘을 지칭하는 표현이다. 이처럼 피의 순수성을 고집하는 이스라엘의 이러한 태도를 '셈족주의'(Semitism 혹은 Semiticism)라고 부른다.

피의 순수성과 관련하여 이스라엘 사람들은 크게 세 가지 집단으로 분류할 수 있다고 한다.[118] 첫째, 합법적인 혈통의 가문들, 둘째, 비합법적인 혈통이긴 하지만, 혈통상의 결함이 가벼운 가문들, 셋째, 비합법적인 혈통인 동시에 혈통상의 결함이 큰 가문들.[119]

합법적인 혈통의 가문들은 제사장과 레위인, 그리고 완전한 이스라엘 사람들, 즉 혈통상에 아무런 흠이 없는 평민 이스라엘 사람들을 가리키는데, 이처럼 순수한 혈통을 가진 가문만이 참된 이스라엘에 속했다고 한다.[120] 여기에 속한 가문들은 서로 결혼하는 것이 가능하며, 특별히 제사장 가문과 결혼을

117) 예레미아스, 『예수시대의 예루살렘』, 446.

118) 요아힘 예레미아스에 따르면, 혈통에 의해 이스라엘 사람들을 구분하는 방법에는 세 가지 정도의 전승이 있다고 한다. 여기에서는 예레미아스가 그 중 가장 설득력있다고 판단한 것을 소개하도록 하겠다. Ibid., 342-346 참조.

119) Ibid., 343.

120) Ibid., 347.

할 수 있다.

비합법적인 혈통이긴 하지만, 혈통상의 결함이 가벼운 가문들은 "비합법적인 제사장의 자녀들, 개종자들, 해방노예들"이 여기에 속한다. 이들은 서로 결혼하는 것이 가능하고, 레위인 및 합법적인 이스라엘 사람과도 결혼이 가능하나, 제사장 가문과는 결혼을 할 수 없었다고 한다.[121] 여기에서 비합법적인 제사장의 자녀들이라 함은 "어떤 제사장이 자기와 혈통이 다르거나 그 밖의 다른 이유로 결혼이 금지되어 있는 여성과 결혼해서 낳은 자녀들"을 말한다.[122] 개종자들이라 함은 "유대교로 개종한 이방인"을 말하며, 여기에는 율법학자도 속해 있었다.[123] 그리고 해방노예라 함은 유대인의 노예로 일하다가 나중에 해방된 외국인 여성과 남성을 가리키는데, 이들은 유대인 주인의 소유로 넘겨질 때 이미 할례와 침례(노예침례)를 받았기 때문에 그 때부터 유대인이었던 사람들이다.[124] 이들에게는 중요한 시민적 권리가 부여되지 않았는데, 예를 들면 특정한 관직을 차지할 수 없었고, 법률기관의 구성원이 될 수도 없었으며, 많은 사람들이 갈망하는 명예직들도 차지할 수 없었다고 한다.[125]

비합법적인 혈통인 동시에 혈통상의 결함이 큰 가문들은 사생아, 성전노예, 아버지 없는 사람, 주워온 아이, 성 불구자 등이 포함되었다고 한다. 이들은 상호간에 결혼하는 것이 가능하고, 개종자와 해방노예까지도 결혼이 가능하나, 그 외의 합법적인 가문들과는 결코 결혼을 할 수 없었다고 한다.[126] 만약 이것을 어기면, 이 결혼은 불법적인 결혼, 즉 내연관계로 간주되었다고 한

---

121) Ibid., 343.

122) Ibid., 399.

123) Ibid., 402-404 참조.

124) Ibid., 419. 할례는 오늘날의 포경수술에 해당하는 것으로, 이스라엘에서는 이것을 유대인됨의 표시로서 태어난 지 8일 째 되는 날 시행했다. 침례는 사람을 물 속에 담그었다가 다시 꺼내는 의식을 말한다.

125) Ibid., 398.

126) Ibid., 343.

다. 여기에서 사생아는 대개 근친상간이나 간음에 의해 태어난 후손들을 가리키며,[127] 아버지가 없는 사람과 주워온 아이들은 사생아일 것으로 의심을 받았다고 한다. 이렇게 보면, 이 세 번째 가문에 속한 사람은 사생아, 성전노예, 고자, 이 세 부류로 요약될 수 있는데, 이들은 이스라엘의 공동체로부터 배제되었고, "공동체의 쓰레기" 취급을 받았다고 한다.[128]

4) 성별에 의한 사회계급

예수 당시 이스라엘의 사회계급을 결정하는 세 번째 기준은 성별이라 할 수 있다. 이스라엘은 전형적인 남성 중심의 가부장 사회로서, 남성은 그 개별적 차이를 무론하고 존재 그 자체가 여성보다 우월한 것으로 간주되었다. 이것을 오늘날 우리는 '성차별주의'(Sexism)라고 부른다.

이스라엘 사람들은 이러한 성차별주의를 이스라엘의 경전을 통해 뒷받침하고 있는데, 그 중 두 가지가 특별히 눈여겨볼 대목이다. 하나는 창세기에 나오는 창조신화로서, 여성은 남성의 갈비뼈 하나로부터 창조되었고,[129] 남성이 죄를 짓게 된 것은 뱀의 꾐에 넘어간 여성이 남성을 유혹해서 그렇게 되었다는 것이다.[130] 달리 말하면, 여성은 남성의 일부이고, 남성을 죄짓게 만드는 유혹적인 존재라는 것이다.

다른 하나는 레위기에 나오는 정결법으로서, 피를 흘리는 것은 부정한 것인데, 월경과 출산을 하는 여성은 그 때문에 부정하다는 것이다. 그나마 출산도 아들을 낳으면 7일간 부정하고, 딸을 낳으면 14일간 부정한 것으로 규정

127) Ibid., 424.
128) Ibid., 423.
129) 구약성서 창세기 2:21.
130) 구약성서 창세기 3:1-7 참조.

하여, 출산에서조차 남녀를 차별하고 있다.[131] 그래서 유대인 남성들은 회당에서 기도를 드릴 때에 이렇게 기도드린다고 한다: "나를 여인으로 만들지 않으신 주여, 찬양 받으소서."[132]

이러한 경전적 뒷받침 속에서 여성들은 이스라엘 사회에서 철저히 차별대우를 받았다. "여자들은 남자들의 소유물이었으며, 토라(율법)를 배우는 것이 금지되었고, 또한 법정에서 증언할 수 없으며, 이혼을 주도할 수 없고, 베일을 쓰지 않고는 외출할 수 없었으며, 가족과 동반해서만 외출할 수 있었다. 또한 창녀가 아니면 식사에 참석할 수도 없었다."[133] 뿐만 아니라, 예루살렘 성전에도 여성의 뜰까지만 들어갈 수 있고, 희생제물을 바칠 수 없었으며, 회당 예배에서 숫자를 셀 때 숫자에도 들지 못하고, 회당의 좌석도 남성과 구분되었으며, 율법 공부할 자격도 없고, 법정 증언도 할 수 없는 그런 차별 대우를 받았다.[134]

5. 문화적 상황

1) 이스라엘의 헬레니즘화

예수 시대의 이스라엘은 로마제국의 지배를 받고는 있었지만, 신흥제국인

131) 구약성서 레위기 15:19.

132) 보그, 『예수 새로 보기』, 187. 여기에서 회당은 유대인 공동체의 모임 장소를 가리키는 것으로, 특별히 바벨론에 포로로 잡혀갔을 때(BCE 587-538), 그리고 유대인이 로마에 멸망해 전 세계로 흩어졌을 때, 예배를 드리고 율법을 전수하는 가장 중요한 역할을 하게 된다.

133) 마이어스, 『예수를 교회로부터 구출하라』, 197.

134) 헹엘, 『신구약중간사』, 175-76 참조.

로마제국은 아직 로마 문화라고 할 수 있는 것을 형성하지는 못했던 것 같다. 로마제국 역시 그리스 문화의 연장선상에 있었던 것으로 보인다. 더구나 제국세 문제를 제외하고는 식민지 자치를 지배 전략으로 내세운 로마가 이스라엘을 강제로 로마화하려고 했던 것 같지도 않다. 그 당시 이스라엘은 오히려 300여 년 동안 형성된 그리스 문화의 영향권 속에 있었다고 보아야 할 것이다.

예수 당시 이스라엘은 크게 두 가지 점에서 그리스 문화의 영향을 받은 것으로 보인다. 하나는 언어이고, 다른 하나는 건축이다. 그리스 문화의 정착을 위한 가장 기초적인 토대는 "정치권력이 아니라 공통의 언어," 즉 그리스어였다고 한다.[135] 그래서 당시에 헬라화(그리스화)된다는 말은 "그리스어를 구체적으로 말하는 것과 쓰는 것"을 의미했다고 한다.[136] 실제로 헤롯가가 통치하던 시기에 "예루살렘의 상류층은 불편 없이 그리스어를 말할 수 있었으며," "갈릴리 남부에서도 주로 그리스어를 사용," 이중 언어를 할 수 있었을 것이라고 한다.[137] 이러한 그리스어를 통해 이스라엘은 헬라화 되어가고 있었던 것이다.[138]

또 다른 하나는 건축인데, 이것은, 앞서 살핀 것처럼, 로마의 지원을 받고 있는 헤롯가가 로마의 인정을 받기 위해 헬라식 건축물로 이루어진 도시를 만들고, 황제의 이름을 따라 도시명을 지은 것에서 드러난다. 특히 갈릴리 나사렛에서 불과 6.4km밖에 떨어지지 않은 곳에 셉포리스 수도가 이런 형태로 만들어졌기 때문에, 예수 또한 로마 도시 혹은 로마 건축에 익숙했을 것이다.

---

135) Ibid., 133.
136) Ibid., 134.
137) 버튼 맥, 『잃어버린 복음서: Q 복음과 기독교의 기원』, 김덕순 역(고양: 한국기독교연구소, 1999), 87.
138) 헹엘, 『신구약중간사』, 202.

2) 예수와 헬레니즘

그리스 문화는 유대교에도 영향을 끼쳤던 것으로 보인다. 크로산이라는 학자는 "예수 당시의 세계와 시대에서는 단지 한 종류의 유대교만 있었는데, 그것은 헬라적 유대교(Hellenistic Judaism)"라고 말한다.[139] 유대교도 그리스 문화의 영향권을 벗어날 수 없었다는 말이다. 단지 차이가 있다면, 헬레니즘에 대해 배타적인 유대교냐, 아니면 포용적인 유대교냐 하는 것뿐이다. 배타적 유대교는 "이데올로기 차원에서 헬레니즘과 최소한의 연결, 상호작용, 혹은 통합을 통해, 그 고대전통(유대전통)을 가능한 한 보수주의적으로 보존하려는 것"을 의미하고,[140] 포용적 유대교는 "이데올로기 차원에서 헬레니즘과 최대한의 관련을 맺고 연합하고 협동하여, 가능한 한 전래의 관습들을 적응시키려고 노력하는 것"을 의미한다.[141]

그렇다면 예수는 어떤 유대교를 배경으로 자신의 길을 갔을까? 크로산은 배타적 유대교보다는 포용적 유대교를 배경으로 했을 것으로 이해한다.[142] 그 가장 중요한 이유는, 예수의 옷차림이나 가르침이나 행동이 '견유학파'와 매우 유사하여, 예수는 일종의 "유대적 견유학파"라고 불릴 만큼 그리스 견유학파와 유사성을 띄고 있는데,[143] 이것은 포용적 유대교의 한 형태로 볼 수 있기 때문이다. 실제로 나사렛에서 도보로 하룻길 정도 거리에 가다라라는 전형적인 그리스식 도시에서는 멜레아게르(Meleager, BCE 100년경), 필로데무스(Philodemus, BCE 110-40년경), 오에노마우스(Oenomaus, AD 120년경)

---

139) 크로산, 『역사적 예수』, 661.

140) Ibid., 661-62.

141) Ibid., 662.

142) Ibid., 666.

143) Ibid., 666. 견유학파(犬儒學派)는 제국문화에 대한 일종의 반문화운동으로, 이들의 삶이 개처럼 여기저기 돌아다니며 아무거나 먹고 아무데서나 잔다고 하여 붙여진 이름이다. 버튼 맥이라는 학자는 예수 운동을 "자생적인 견유주의"라고 표현한다. 『잃어버린 복음서』, 159.

같은 유명한 견유학파 학자들이 배출되었다고 한다.[144] 이 말은 예수가 헬레니즘 견유학파의 아류(亞流)라는 말이 아니라, 유대교의 전통 안에서 견유학파의 정신문화를 내면화하여 예수의 길로 승화했다는 것을 의미한다.

예수를 포용적 유대교의 입장에서 보아야 하는 또 하나의 이유는, 예수가 아마도 갈릴리 주민들과 마찬가지로 그리스어를 구사하지 않았을까 하는 것이다. 크로산과 더불어 『예수 세미나』를 이끌어가는 펑크(Robert Funk)는 예수가 모국어 아람어와 그리스어를 이중 언어로 구사하였을 것이고, 그의 가르침을 그리스어로 표현했을 것이라고 추측하고 있다.[145] 이것이 사실이라고 한다면, 예수 당시의 유대교는 그리스 문화에 그렇게 저항적이지는 않았던 것으로 보인다.

6. 예수의 고향 갈릴리의 전반적 상황

예수의 고향 나사렛이 속해 있는 갈릴리는 이스라엘 북단에 위치해 있다. 갈릴리는 본래 이스라엘에 속한 땅이 아니었다가, BCE 100년 경 하스몬 왕조에 의해 이스라엘에 편입되면서, 남쪽 유대인들이 그곳에 이주하게 되었다고 한다.[146] 지역적으로 볼 때 갈릴리는 "강대국들의 대규모적인 원정에 있어서 초기의 분쟁지역이 되는 주인 없는 땅(no-man's-land)"으로 "일종의 교두보였기 때문에, 그곳 주민들은 언제나 강대국의 흥망에 휘둘릴 따름이었다" 고 한다.[147] 그리고 문화적으로는 "다양한 민족과 그들의 문화가 만나고 혼합

144) 맥, 『잃어버린 복음서』, 87. 가다라는 10개의 헬레니즘적인 도시들을 가리키는 데가볼리(Decapolice = deca + police) 중 한 도시이다.

145) 펑크, 『예수에게 솔직히』, 132.

146) 맥, 『잃어버린 복음서』, 89.

147) Ibid., 81.

하는 땅"이었고,[148] 그래서 유대인들 사이에서 갈릴리는 "이방인들의 땅"으로 불리었다고 한다.[149] 예수 당시에 이곳 갈릴리는 헤롯 안티파스가 분봉왕으로 통치하고 있었다.

갈릴리와 유대 사이에는 사마리아가 있는데, 이러한 묘한 지리적 여건 때문에, 갈릴리 유대인들은 예루살렘 유대인과도 다르고, 디아스포라 유대인과도 다르고, 사마리아인과도 다른 특수한 위치에 놓여있었다. 이러한 상황에서 갈릴리 유대인들은 마아마도스(ma'amados)라는 일종의 회당과 가정을 중심으로 유대교 전통을 이어갔다고 한다. 마아마도스는 "마을 광장에 만들어진 제사장과 서기관(율법학자)들의 주재소(駐在所)로서, 성전제도를 관장하는 행정과 징세를 위한 공적인 출장소"이기도 했고, 또한 "법정의 기능도 행사했고, 주민생활과 수확물에 대한 감독을 위한 서기관들의 주재소이기도" 했고, 또한 "예루살렘 성전예배와 연결되어 있던 기도의 장소이기도 했다"고 한다.[150]

그러나 제사장을 통해 예루살렘 성전예배와 연결을 짓고, 율법학자를 통해 율법과 연결을 짓고, 조세임차인을 통해 세금을 걷어가는 마아마도스보다 중요한 것은 가정이었다고 한다. 가정은 유대와 갈릴리라는 거리적 차이를 넘어서서, 동일한 유대교 전통을 공유하는 가장 소중한 공간이었던 것으로 보인다.[151] 예수의 고향 나사렛은 이러한 맥락에서 "완전히 하찮은 곳"이기는 해도, "온전히 유대적인 마을"이었다고 한다.[152]

지리적으로 볼 때 갈릴리는 "서북쪽은 산, 동쪽은 갈릴리 호수와 요단강, 남쪽은 사마리아의 산들로 국경을 이루고 있는 구릉과 비옥한 계곡의 땅"으

---

148) Ibid., 86.
149) Ibid., 82.
150) Ibid., 89.
151) 크로산, 『예수의 역사』, 49.
152) Ibid., 49.

로,[153] 기후는 따뜻하고 지하수가 풍부하여 "밀, 감람유, 포도주, 과실, 나무열매, 대추야자" 등으로 유명하며, 인근에는 갈릴리 호수가 있어 어업이 성행했다. 그러나 이들의 농사나 어업은 상당 부분을 세금으로 빼앗겨,[154] 갈릴리에는 부유층 보다는 소작농, 소규모의 농민, 수공업자, 일용 근로자들이 정착하여 인구가 조밀했다고 한다.[155]

갈릴리는 그 자체로는 충분히 자급자족을 이룰 수 있는 좋은 조건을 갖고 있었지만, 끊임없는 경제적 수탈로 인해 자주 반란이 일어나곤 했다. BCE 40년 경 헤롯 대왕이 로마 원로원으로부터 유대인의 왕으로 임명받아 왔을 때에는 남쪽 유대인들과 함께 3년간 저항하여 싸웠고, BCE 4년 헤롯 대왕이 죽자 그 동안 과도한 세금과 폭압정치로 시달렸던 갈릴리 주민들은 갈릴리 비적 두목 해즈키아의 아들 유다의 지휘 아래 농민반란을 일으켜, 새로운 로마식 수도 셉포리스에 있는 헤롯 요새를 공격하여 강탈당했던 물품을 되찾기도 했다. 그리고 유다 구릉지역에서는 양치기 아쓰롱게쓰가 3년 동안 게릴라 전쟁을 이끌기도 했다.[156]

예수는 바로 이러한 상황 속에서 새로운 세상에 대한 꿈을 꾸고 있었다. 그것은 예루살렘의 성전국가도 아니고, 헤롯의 독재국가도 아니고, 로마의 제국주의도 아닌, 제 4의 길, 즉 '하나님 나라'에 대한 꿈이었다. 예수는 이 꿈을 한편으로는 그의 가르침을 통해 사람들과 나누었고, 다른 한편으로는 그의 삶으로써 실현하고자 했던 것이다.

153) 맥, 『잃어버린 복음서』, 84.

154) 갈릴리 농민과 어부들은 삼중 과세에 시달렸다고 한다. 예루살렘 성전에는 십일조와 헌물, 로마인에게는 조공, 그리고 헤롯에게는 국세. 호슬리, 『예수와 제국』, 63.

155) 맥, 『잃어버린 복음서』, 85.

156) 호슬리, 『예수와 제국』, 68-69.

3장

예수의 가르침

하나님의 나라

성전체제, 독재체제, 로마제국이라는 삼중 커튼으로 둘러쳐진 암울한 세상 속에서 예수에게는 몇 가지 선택 가능성이 있었다: 첫째는 현실에 안주하여 그럭저럭 사는 것, 둘째는 권력에 편승하여 신분 상승을 꾀하는 것, 셋째는 현실에 도전하여 새로운 세상을 꿈꾸는 것. 예수는 이 세 가지 가능성 중 마지막 것을 선택했고, 이것을 사람들에게 가르침의 형태로 나누기 시작했다. 그것이 '하나님 나라'에 대한 예수의 꿈과 비전이었다.

1. 교사로서의 예수: 지혜의 스승[1)]

1) 경구(aphorism)와 비유(parable)의 대가 예수

예수는 '하나님 나라'에 대한 꿈과 비전을 가르침의 형태로 다양한 사람들과 나누었다. 그러한 의미에서 그는 일종의 교사(敎師)였다. 예수는 '하나님 나라'를 가르침에 있어서, 크게 두 가지 형태의 수사학(修辭學)을 즐겨 사용했다.[2)] 하나는 경구(警句)이고, 다른 하나는 비유(比喩)이다. 경구라 함은 "짤막하고 기억에 남을 만한 한 줄짜리 교훈"을 가리킨다.[3)] 가령 예를 들면 다음과 같은 구절들이다:

"아무도 두 주인을 섬기지 못한다."[4)]
"가시나무에서 어떻게 포도를 따며, 엉겅퀴에서 어떻게 무화과를 따겠느냐?"[5)]
"죽은 사람들의 장례는 죽은 사람들이 치르게 두어라."[6)]
"눈먼 사람이 눈먼 사람을 인도하면, 둘 다 구덩이에 빠질 것이다."[7)]
"너희는 하루살이는 걸러내면서, 낙타는 삼키는구나."[8)]

위에 살펴본 것처럼, 경구는 짧지만 매우 복합적이다. 불교의 화두(話頭)

1) '지혜의 스승'이라는 표현은 마커스 보그(Marcus Borg)가 사용한 말이다. 마커스 보그, 『미팅 지저스』, 구자명 역(서울: 홍성사, 1996), 129
2) 학자들은 통상 교수법을 수사학(修辭學)이라고 표현한다. 익숙하지는 않지만, 그대로 따르도록 한다.
3) 보그, 『미팅 지저스』, 121.
4) 신약성서 마태복음 6:24.
5) 신약성서 마태복음 7:16.
6) 신약성서 마태복음 8:22.
7) 신약성서 마태복음 15:14.
8) 신약성서 마태복음 23:24.

와 비슷하다. 신약성서학자 조태연의 지적처럼, 여기에는 웃음과 해학, 풍자와 비판, 그리고 도전과 도발이 함께 들어있다. 이처럼 "예수는 하나님 나라의 실재에 '살아있는' 언어를 덧입혔다. 그것은 톡톡 튀는 자극적인 언어였다. 단 한마디로 사람을 사로잡는 인상적인 연출이었다."[9] 그래서 경구를 듣게 되면, 일단 귀를 기울이게 되고, 생각하게 되고, 그리고 마침내 도전을 받게 된다. 그러한 의미에서 경구는 "예수의 세계로 들어가는 문," 즉 하나님 나라에로 들어가는 출입구라고 할 수 있다.[10]

예수가 즐겨 사용한 또 하나의 수사학은 비유이다. 비유는 간단히 말하면, "은유가 하나의 이야기로 확대된 것, 혹은 좀 더 단순하게 말해서...은유적인 이야기"라고 할 수 있다.[11] 여기에서 은유란 "어떤 것을 다른 것으로 보는 것, 혹은 어떤 것을 다른 것으로 말하는 것"을 가리키는데,[12] 예를 들면, 하나님 나라는 겨자씨와 같다든지, 혹은 하나님 나라는 누룩과 같다는 표현이 그것이다. 이 은유에 은유를 설명하는 이야기가 곁들여지면, 그것은 비유가 되는 것이다.

이러한 예수의 비유 중 대표적인 것 몇 개만 소개하면 다음과 같다:

* 포도원 품꾼들의 비유 (마태복음 20:1-16)

** 포도원 수확철에 품꾼을 새벽부터 9시, 12시, 오후 3시, 오후 5시, 다섯 번에 걸쳐 받아들이고, 품꾼들에게 동일한 일당을 지불했다는 이야기

* 달란트 비유 (마태복음 25:14-30; 누가복음 19:11-27)

** 주인이 종들에게 재산을 맡기고 여행 갔다 돌아와, 재산 증식한 종은 칭찬하고, 현상 유지한 종의 재산은 빼앗아, 크게 재산 증식한 종에게 준다는 이야기

---

9) 조태연 외 2인, 『뒤집어 읽는 신약성서』(서울: 대한기독교서회, 1999), 69.

10) Ibid., 67.

11) 존 도미닉 크로산, 『비유의 위력』, 김준우 역(고양: 한국기독교연구소, 2012), 17.

12) Ibid., 18.

* 착한 사마리아인의 비유 (누가복음 10:25-37)

  ** 강도 만난 한 유대인을 제사장도 지나치고 레위인도 지나치는데, 원수같은 사마리아인이 친절하게 도와준다는 이야기로, 누가 유대인의 이웃이냐고 물음.

* 바리새인과 세리의 비유 (누가복음 18:9-14)

  ** 하나님 앞에 의인이라 생각하고 자랑스럽게 기도하는 바리새인과 죄인이라 생각하고 고개를 못 들고 기도하는 세리 중, 누구의 기도를 하나님이 들어주실 것이냐고 물음.

* 나사로와 부자의 비유 (누가복음 16:19-31)

  ** 거지 나사로와 부자가 죽었는데, 거지는 이스라엘의 조상 아브라함의 품에, 부자는 지옥에 가게 되었고, 부자는 아무리 호소해도 아브라함의 품에 안길 수 없었다는 이야기

예수의 비유들은 경구들과 마찬가지로 대개 도전적 성격을 갖는다. 그래서 크로산(John Dominic Crossan)은 예수의 비유를 '도전하는 비유'라고 부른다.[13] 예수의 비유는 기존 체제에 도전하고, 기존 체제에 편승하고 있는 청중의 삶의 방식에 도전하고, 그래서 마침내 청중들로 하여금 삶의 방식을 바꾸도록 도전한다. 예수의 비유는 청중들을 윽박지르지 않으면서도 이러한 삶에 자발적으로 동참할 수 있도록 하는 아주 탁월한 수사학인데,[14] 이는 바로 예수가 가르치는 하나님 나라의 두 가지 특징, 즉 비폭력과 참여라고 하는 두 가지 실천 방법과 정확히 맞아 떨어진다. 그래서 예수의 비유는 하나님 나라를 가르치는 데 있어서 "근본적으로 적합한 수사학," "절대적으로 필요한 수사학"이라고 할 수 있다.[15]

---

13) Ibid., 14.

14) 크로산은, 예수의 비유는 참여적이고 비폭력적인 교육방법을 그 특징으로 한다고 말한다. Ibid., 370-71.

15) Ibid., 202.

예수는 정말로 탁월한 이야기꾼이었다. 우선 경구와 비유라는 그 특별한 형식에 있어서 뿐만 아니라, 경구와 비유에 등장하는 내용이나 그 이야기 전개에 있어서 예수는 타의 추종을 불허하는 매우 기발하고 독창적인 재담가였다. 펑크(Robert Funk)는 예수의 경구와 비유에 대해 이렇게 평가한다: 예수의 담화는 "예수가 그의 선배들로부터 빌려온 형태가 아니며, 쉽게 반복할 수 있는 형태도 아니었다. 현자들 가운데 예수만큼 독창적으로 이 특정한 담화 형태를 발전시킨 사람은 거의 없다."[16)]

2) 경구와 비유가 가리키는 지혜

예수의 경구와 비유는 과거로부터 현재까지 사람들을 움직이고 있는 삶의 방식에 도전하는 '도전장'이자, 동시에 미래의 새로운 삶의 방식에로 사람들을 초대하는 '초대장'이라고 할 수 있다. 그러면 예수가 도전했던 것은 무엇이고, 또 초대하려고 했던 것은 무엇인가? 『예수 세미나』의 대표적인 학자 중 하나인 보그(Marcus Borg)는 도전받는 과거의 삶의 방식을 '전통적인 지혜,' 혹은 '인습적인 지혜'라고 부른 반면, 초대받는 미래의 삶의 방식을 '인습타파적인 지혜,' 혹은 '체제전복적인 지혜'라고 불렀다.[17)] 바꿔 말하면, 예수의 경구와 비유는 인습적인 지혜를 버리라는 도전임과 동시에 인습타파적인 새로운 지혜를 받아들이라는 초대라고 할 수 있다.

그러면 인습적인 지혜라는 것은 어떤 것인가? 그것은 한 마디로 이 세상이 우리에게 가르쳐주는 지혜로운 삶의 방식, 이 세상 거의 누구나가 그것이 지

---

16) 펑크, 『예수에게 솔직히』, 116.

17) 보그, 『미팅 지저스』, 120. 여기에서 '지혜'라는 말은 '삶의 방식'으로 바꾸어서 이해해도 좋을 듯하다. '지혜'라는 말이 익숙하지는 않지만, 『예수 세미나』 학자들이 일반적으로 사용하는 말이라, 여기에서 그냥 사용하도록 한다.

혜로운 것이라고 말하는 삶의 방식을 가리킬 것이다. 그것은 예수 시대에서 본다면, 제국주의나 독재주의에 순응하는 것일 수도 있고, 성전과 율법의 요구에 순응하는 것일 수도 있고, 회당과 가정의 규율에 순응하는 것일 수도 있다. 그것을 현대적 시각에서 말한다면, 돈과 재물, 권력과 자리, 명예와 인기 같은 것이 인간을 가치 있게 하는 중요한 기준들이며, 그것을 얻을 때에 인간은 행복하고 성공할 수 있다고 하는 이 세상이 들려주는 속삭임일 것이다.[18] 사람들은 누구나 이러한 인습적인 지혜에 길들여져 있고, 그래서 사실 그것이 특별히 잘못된 삶이라고 생각하지 않는다. 그저 "우리는 문화가 우리로 하여금 보도록 길들인 것을 보고, 문화가 관심을 기울일 만하다고 말하는 것에 관심"을 기울일 뿐이다.[19]

그런데 예수의 경구와 비유는 이처럼 인습적 지혜에 길들여져 있으면서도, 그것이 잘못된 줄조차 모르고 살고 있는 우리들에게 날카로운 예봉을 들이댄다. 우리를 깜짝 놀라 잠에서 깨어나게 하고, 우리의 현재 모습을 돌아보게 하고, 그리고 우리를 새로운 삶의 길로 촉구한다. 그의 경구와 비유는 한편, 로마 황제나 헤롯 안티파스, 대제사장이나 율법학자들이 그들의 가치 기준을 따라 통치하는 이 세상은 참 세상이 아니라는 것, 혹은 달리 말해 돈과 권력과 명예에 가치의 중심을 둔 삶은 올바른 삶이 아니라고 분명하게 말한다. 아니 그러한 세상과 그러한 삶에 도전장을 내민다.

그러면서 예수의 경구와 비유는 우리를 새로운 삶의 방식으로 초대한다. 참 세상이라는 것은 하나님의 뜻에 의해서 통치되는 세상이라는 것, 참 삶이라는 것은 하나님만을 믿고 그 분의 뜻을 따라 사는 삶이라는 것, 그래서 하나님의 뜻을 따라 산 것 때문에 설혹 가난하고 힘없고 인정받지 못하는 삶을 살게 된다 하더라도, 그렇게 사는 것이 참으로 사람답게 사는 것이라고 가르

18) 예수 당시에는 이러한 가치들에 해당하는 것들이, 가족, 부, 명예, 정결성, 경건성 등이었다고 한다. Ibid., 139.

19) Ibid., 133.

치면서, 우리를 그러한 삶에로 초대한다.[20] 이러한 삶의 방식은 얼핏 들으면 당연히 그래야 되는 것처럼 들리지만, 인습적인 삶의 방식과의 관계 속에서 보면, 그것은 분명 인습타파적이고 체제전복적인 지혜가 될 것이다.

3) 예수는 견유학파(Cynicism) 중 하나였는가?

견유학파를 아는 사람이라면 이미 어느 정도 감을 잡았겠지만, 예수가 가르친 이러한 인습타파적인 지혜는 그리스의 디오게네스(Diogenes of Sinope)가 창건한 견유학파(犬儒學派)의 가르침과 상당히 유사하다.[21] 실은 가르침만이 아니다. 배낭과 지팡이는 소지하지 않았지만, 떠돌이 유랑생활을 하는 것은 견유학파의 생활방식과 너무 유사하다. 그래서 크로산(John Dominic Crossan)이나 버튼 맥(Burton L. Mack) 같은 학자들은 예수의 가르침이나 생활방식을 견유학파와의 연관 속에서 이해해보려 한다. 그러면 예수는 견유학파 중 하나였던 것일까?

우선 인습타파적인 지혜를 가르치고 그것을 실제 행동으로 실천한 점, 더 나아가서는 한 집에 머물지 않고 떠돌이 유랑생활을 했다는 점에서 예수와 견유학파는 매우 유사하다. 그러나 이와 동시에 예수와 견유학파 사이에는 결코 동일시할 수 없는 차이점도 있다. 예를 들면, 견유학파는 도시를 중심으로 활동했던 반면, 예수는 시골을 중심으로 활동했고, 견유학파는 개인적인 철학을 따랐던 반면, 예수는 공동체 운동을 조직했고, 견유학파의 상징은 배낭과 지팡이였는데, 예수는 오히려 배낭과 지팡이를 거부했다고 하는 것이다.[22]

20) Ibid., 129.

21) 디오게네스는 BCE 400년경부터 320년경까지 살았으며, 흑해의 중남부 해안에서 태어났다. 견유학파(cynicism)라는 이름의 그리스 어원은 'kyon'(개)에서 왔으며, 개처럼 이곳저곳을 떠돌아다니며 생활한다고 하여 지어진 이름이다.

22) 크로산, 『예수』, 201.

장 레옹 제롬(1824~1904)의 『디오게네스(Diogenes)』

예수와 견유학파 사이의 이러한 유사성과 차이점은 예수의 정체성에 관한 두 가지 해석을 가능하게 할 것이다. 하나는 예수를 "유대인 견유철학자"로 이해하는 것이다. 예수는 분명 견유철학자들을 알았을 것이고, 이러한 견유철학을 받아들여 갈릴리라는 지역을 중심으로 토착화시켰다고 보는 것이다.[23] 크로산이 바로 이 입장에 서 있으며, 이러한 의미에서 그는 예수를 "유대인 농민 견유철학자"라고 일컫는다.[24] 그러나 이렇게 단정할 경우, 예수를 그리스 견유학파의 아류(亞流)로 전락시킬 위험성이 있다.[25]

---

23) 크로산, 『역사적 예수』, 667.

24) Ibid., 667.

25) 이 점을 염두에 둔 듯, 크로산은 다음 말을 덧붙인다: "예수가 견유철학에 관해 무엇을 알고 있었는지, 또는 그가 정말 그것을 알기나 했었는지 확인할 수 있는 방법이 없고," "어쩌면 그는 견유학파에 대해서는 들어보지도 못했고, 오직 자신의 힘으로 견유학파의 바퀴를 다시 발명해내고 있었던 것인지도 모른다." 크로산, 『예수』, 201.

이러한 점에서 버튼 맥의 예수 이해는 크로산의 생각을 진일보시켰다고 볼 수 있다. 그는 예수를 유대인 견유학파로 이해하기보다는, '자생적(自生的)인 견유학파'로 이해한다. 외형상 예수와 견유학파는 비슷하지만, 이것은 예수가 그리스 견유철학을 받아들여 이스라엘에 토착화한 결과라기보다는, 당시 이스라엘의 상황이 자생적으로 견유학파 스타일의 가르침과 행동양식을 양산할 수밖에 없었던 데서 생긴 우연한 결과라는 것이다.[26] 견유학파를 전혀 모르더라도, 견유학파 스타일의 가르침과 행동양식이 나타날 조건이 갖추어진 곳이면 다른 곳에서 또 나타날 수 있다는 것이다. 따라서 예수의 가르침과 행태를 서둘러 견유학파라고 단정하는 것은 금물이라는 뜻이다. 크로산의 지적이 맞든, 버튼 맥의 지적이 맞든, 여기에서는 일단 예수의 가르침과 행태가 견유학파의 그것들과 매우 유사했다고 하는 점을 지적하는 것으로 만족하고자 한다.

2. 예수는 무엇을 가르쳤을까?

1) 가르침의 핵심: 하나님의 나라

예수의 가르침의 핵심 주제는 무엇일까? 기독교인 비기독교인을 무론하고 십중팔구는 '사랑'이라고 대답한다. 물론 '사랑'은 기독교의 핵심주제 중 하나이고, 기독교 정신의 중심을 이루고 있는 것이 사실이다. 그러나 예수의 가르침이 담겨있는 공관복음서(마태복음, 마가복음, 누가복음) 안에 사랑을 직접적인 주제로 언급한 예수의 가르침은 '원수 사랑'에 관한 것 하나뿐이다.[27] 반

26) 맥, 『잃어버린 복음서』, 159.

27) 신약성서 마태복음 5:44; 누가복음 6:27.

면, '하나님 나라'라는 표현을 직접 사용하며 이를 주제로 가르치는 장면은 자그마치 89회나 등장한다.[28] 단지 횟수만의 문제가 아니다. 복음서 전체에 걸친 예수의 가르침을 살펴보면, '하나님 나라'가 그의 가르침의 핵심 주제인 것은 이론의 여지가 없다.

그러면 예수가 가르친 하나님의 나라는 어떤 나라인가? 이 질문에 비교적 명쾌한 대답을 줄 수 있는 성서적 전거(典據)는 예수가 가르친 기도문, 이른바 '주기도문'이라 할 수 있다. "뜻이 하늘에서 이루어진 것같이, 땅에서도 이루어"지게 될 나라.[29] 다시 말해, 하나님의 뜻이 이 땅 위에서 이루어지게 될 나라가 하나님의 나라라는 말이다. 그러나 이렇게 정리를 해도 이 말이 선뜻 이해가 되지 않는다. 당시 제자들도 이해에 혼동이 있어, 어떤 형제 제자들은 그 나라가 오면 하나는 우측에, 하나는 좌측에 세워달라는 인사 청탁을 하기도 했다.[30]

그래서 『예수 세미나』 학자들은 하나님의 나라를 그 그리스 어원으로부터 이해하려 한다. '나라'에 해당하는 그리스어는 '바실레이아'(βασιλεία)인데, 이는 장소를 가리키는 개념이 아니라, 통치를 가리키는 개념이라고 한다.[31] 그래서 『예수 세미나』 학자들은 통상 하나님 나라를 '하나님의 통치'로 번역하기를 좋아한다.[32] 바꾸어 말하면, 하나님의 나라는 로마의 황제나 이스라엘의 분봉왕이 아니라, 하나님이 이스라엘을 직접 다스리게 될 때에 달라지게

---

28) 표준새번역을 기준으로 볼 때, '하나님 나라'라는 표현은 5회, '하나님의 나라'라는 표현은 47회, '하늘나라'라는 표현은 37회 등장한다. '하늘나라'는 마태복음 저자가 유태인이라, 감히 거룩하신 하나님 이름을 거명하지 못하고 '하늘'이라는 용어로 대체한 것이다.

29) 신약성서 마태복음 6:10

30) 신약성서 마태복음 20:20-23; 마가복음 10:35-40 참조. 그 형제는 야고보와 동생 요한으로, 후에 초기 기독교의 지도자가 된다. 마태복음에서는 이들의 어머니가 예수에게 청탁을 하고, 마가복음에서는 두 형제가 직접 예수에게 청탁을 한다.

31) 크로산, 『예수』, 105.

32) 크로산, 『가장 위대한 기도』, 121.

될 새로운 이스라엘, 더 나아가서는 새로운 세상을 가리킨다는 것이다.[33] 이러한 의미에서 하나님 나라의 가르침은 그 자체가 로마의 제국 통치나 헤롯 안티파스의 독재 정치에 예수가 분명히 반대하고 있음을 함축하고 있고, 그만큼 정치적 성격을 띠고 있다고 할 수 있다.[34] 물론 하나님의 나라가 예수가 세울 새로운 정권을 말하는 것이 아님은 두말할 필요가 없다.

2) 유대인과 하나님의 나라

(1) 유대인들의 하나님 나라와 예수의 하나님 나라

그러면 이러한 '하나님의 나라'는 예수가 처음으로 선포한 것인가? 그렇지는 않다. 하나님의 나라는 아마도 BCE 160년대 중반 그리스 시리아 왕조 셀류커스 4세(안티오커스 에피파네스)의 강제적 헬라화에 맞서면서 힘의 절대적 열세를 경험했던 유대인의 가슴 속에 잉태된 이래, 다양한 방식으로 전개되었다고 볼 수 있다.[35] 크로산은 예수 당시 유대인들이 그리고 있던 하나님 나라를 크게 네 가지 유형으로 분류했다. 첫째는 "상류전통의 묵시종말적 하나님 나라," 둘째는 "민중전통의 묵시종말적 하나님 나라," 셋째는 "상류전통의 지혜의 하나님 나라," 넷째는 "민중전통의 지혜의 하나님 나라."[36]

우선 이 넷을 구분하자면, 상류전통과 민중전통의 차이, 그리고 묵시종말적 하나님 나라와 지혜의 하나님 나라 사이의 차이를 알아야 할 것이다. 먼저 상류전통이라 함은, 하나님 나라를 선포한 주체가 신하 계급 혹은 서기관 계급이라는 것을 뜻하는데, 통상 이러한 계급은 행동보다는 문서를 통해 자신

33) 크로산, 『하나님과 제국』, 184.
34) 크로산, 『가장 위대한 기도』, 121.
35) 슈테게만, 『초기 그리스도교 사회사』, 240.
36) 크로산, 『역사적 예수』, 470.

들의 뜻을 전달한다.[37] 민중전통이라 함은 하나님 나라를 선포한 주체가 농민 계급이라는 것을 뜻하는데, 통상 이러한 계급은 문서 대신 행동으로 자신의 뜻을 전달한다.

반면, 묵시종말적 하나님 나라와 지혜의 하나님 나라를 이해하기 위해서는, 먼저 묵시종말론(黙示終末論, apocalyptic eschatology)과 종말론(終末論, eschatology)의 차이부터 이해할 필요가 있다. 묵시종말론은 지금의 세상이 너무 악해서 반드시 끝을 내야 하는데, 인간은 그럴 능력이 없기 때문에, 하나님이 개입하여 악한 세상을 종결지을 그 때를 기다리자는 것이다.[38] 이것은 인간이 시도도 하지 않고 미리 자포자기한 것이 아니라, 절대적 힘의 열세로 늘 죽임을 당해야 했던 경험 때문에, 불가피하게 하나님의 개입을 수동적으로 기다리게 된 것을 의미한다. 무기력함을 경험했던 사람들의 불가피한 결과라는 말이다.

반면 종말론은 지금의 세상이 너무 악해서 반드시 끝을 내야 하기는 하지만, 이는 하나님 혼자서 하는 것이 아니라 하나님이 인간을 통해서 하시는 것으로 인간이 하기에 따라 세상은 얼마든지 달라질 수 있다고 하는 것이다. 묵시종말론과 종말론은 둘 다 악한 세상의 종말을 기대하는 것인데, 그 종말을 가져오는 데 인간이 그 역할을 할 수 없다고 보느냐 아니면 있다고 보느냐에 차이가 있는 것이다. 이 둘을 하나님 나라와 연결시키면, 전자는 묵시종말적 하나님 나라, 후자는 종말적 하나님 나라라고 할 수 있을 것이다.[39] 그러나 이것은 용어가 비슷해 개념상의 혼돈이 생길 가능성이 있으므로, 크로산이라는

37) 크로산, 『예수』, 106. 이들이 선포한 문서 중 하나가 「솔로몬의 지혜서」이다. 그리고 서기관과 율법학자는 대개 동일 인물인 경우가 많은데, 서기관은 율법을 필사하는 역할을 할 때, 율법학자는 율법을 연구하고 가르치는 역할을 할 때, 주로 사용하게 된다.

38) Ibid., 106.

39) 이것은 예수가 묵시종말론과는 구별되는 의미에서의 종말론자였다는 것을 의미한다. 간혹 『예수 세미나』 학자들을 비판하는 이들 가운데, 『예수 세미나』 학자들은 예수가 종말론자가 아니었다고 주장한다고 하는데, 이것은 잘못 이해한 것으로 보인다.

학자는 후자에 대해 '지혜의 하나님 나라'라는 다소 익숙하지 않은 신조어를 만든 것으로 보인다.

이제 이러한 네 유형을 사례에 따라 다시 정리하면, 상류전통의 묵시종말적 하나님 나라는 「솔로몬의 시편」에서 찾아볼 수 있고, 민중전통의 묵시종말적 하나님 나라는 세례 요한에서 찾아볼 수 있다. 반면, 상류전통의 지혜의 하나님 나라는 유대인 철학자 필로의 「특별법」, 기원 후 37~41년 사이 칼리굴라 치세 중 기록된 것으로 보이는 「솔로몬의 지혜」, 그리고 로마인이 쓴 「섹스투스의 경구들」에서 찾아볼 수 있고, 민중전통의 지혜의 하나님 나라는 바로 예수가 말하고자 하는 하나님 나라에 해당할 수 있다.[40]

(2) 세례 요한의 하나님 나라와 예수의 하나님 나라

위에서 간단히 살펴본 것처럼, 민중전통 위에서 하나님 나라를 꿈 꾼 사람은 세례 요한과 예수였다. 그런데 이 두 사람은 복음서에서 드러나듯이, 아주 밀접한 관련이 있다. 그러므로 이 두 사람의 하나님 나라에 대한 이해를 비교하는 것은 예수가 꿈꾸던 하나님 나라가 어떤 것이었는지를 더욱 선명하게 드러내는 데 도움이 될 것이다.

예수는 30세 쯤 활동을 시작한 초기, 갈릴리를 떠나 남쪽 사해 근처로 가서, 동시대 최고의 묵시종말적 예언자 세례 요한에게 세례를 받고, 그의 공동체에 속하게 된다. 공동체에 속한 것뿐만 아니라, 세례 요한의 묵시종말론을 공유했던 것으로 보인다.[41] 세례 요한보다 "더욱 강한 분"이 나타나서, "손에 키를 드시고 타작 마당의 곡식을 깨끗이 가려, 알곡은 모아 곳간에 들이시고 쭉정이는 꺼지지 않는 불에 태우실" 그 능력 있는 분을 세례 요한과 함께 기다렸던 것 같다.[42]

40) 크로산, 『예수』, 106-109 참조.
41) 크로산, 『역사적 예수』, 388.
42) 신약성서 마태복음 3:11-12 참조.

카라바조의 『세례 요한의 머리와 살로메』, 영국 런던 국립미술관 소장

그러나 세례 요한이 헤롯 안티파스의 결혼을 간음이라고 비판하다 감금되자, 예수는 다시 갈릴리로 돌아오게 되고,[43] 그 후 어느 시점부터인가 예수는 세례 요한의 묵시종말론에 더 이상 동조하지 않게 된 것으로 보인다. 그것은 아마도 그 후에 집행된 세례 요한의 처형과 관련이 있는 것 같다. 크로산은 이렇게 분석한다: "나는...예수가 변한 것은 세례자 요한에게 벌어진 일 때문이었다고 생각한다. 세례자 요한은 하나님의 임박한 도래를 선포했지만, 하나님께서는 오시지 않으셨다. 세례자 요한은 처형되었고, 그의 순교를 막기 위해 하나님께서는 개입하지 않으셨다. 이로 인해 예수는 종말(eschaton)을 철저하게 재해석했다."[44]

세례 요한은 헤롯 안티파스가 그의 이복동생 빌립의 아내 헤로디아와 결혼한 것을 놓고 간음이라고 비판했다가 안티파스의 생일날 목이 잘리는 처형

43) 신약성서 마태복음 4:12; 마가복음 1:15 참조.
44) 크로산, 『비유의 위력』, 189.

을 당한다.[45] 이 사건을 전후로, 예수는 그의 제자들에게 세례 요한에 대해 논평하는 대목이 나오는데, 이것이 우리가 유념할 대목이다. "여자가 낳은 사람 가운데 세례자 요한보다 더 큰 인물은 없었다"고 평가했던 예수가 "하나님의 나라에서는 아무리 작은 이라도 요한보다 더 크다"고 말함으로써,[46] 그가 생각하는 하나님 나라는 세례 요한의 그것과 분명히 다름을 노출시킨 것이다. "예수는 당시 유대인들의 묵시종말론 안에서 패러다임의 변화를 선포"한 셈이다.[47]

그러면 예수의 하나님 나라는 세례 요한의 하나님 나라와 어떻게 다른가? 크로산은 크게 세 가지 점을 지적한다. 첫째로, 예수의 하나님 나라는 "하나님의 임박한 도래보다는 하나님의 현존(presence)을 선포"한다.[48] 하나님의 나라는 미래의 언젠가 일어날 일이 아니라, 지금 곧 일어날 일이라는 뜻이다. 둘째로, 예수의 하나님 나라는 "하나님의 개입보다는 하나님의 협력을 선포한다."[49] 하나님의 나라는 하나님 혼자 일방적으로 세울 수 있는 것이 아니라, 인간의 협력과 참여가 있을 때 이룰 수 있다는 말이다. 셋째로, 예수의 "하나님의 나라는 폭력적이라기보다는 비폭력적"이다.[50] 하나님의 나라는 폭력을 통해 적에게 복수함으로 실현되는 것이 아니라, 비폭력적인 저항을 통해서도 얼마든지 실현될 수 있다는 것이다.

정리하면 이렇다: 하나님의 나라는 미래의 어느 날 하나님에 의해 폭력적인 방법으로 실현되는 것이 아니라, 우리가 하나님을 신뢰하고 그 분의 뜻을 따라 세상을 살게 될 때에, 폭력을 사용하지 않고도 지금 여기에서 실현될 수

---

45) 신약성서 마태복음 14:1-12; 마가복음 6:14-29; 누가복음 9:7-9 참조. 헤로디아는 하스몬 왕가의 공주 미리암네의 손녀이고, 미리암네는 헤롯 대왕의 부인이다. 다시 정리하면, 헤로디아는 헤롯 안티파스의 조카인 셈이다. 그러므로 이 결혼은 간음이기도 하고, 유대인들이 경계하는 근친상간이기도 하다.

46) 신약성서 마태복음 11:11; 누가복음 7:28.

47) 크로산, 『비유의 위력』, 190.

48) Ibid., 190.

49) Ibid., 192.

50) Ibid., 194.

있다는 것이다. 이것은 정확히 묵시종말적 하나님 나라와 지혜의 하나님 나라 사이의 차이이다.

3) 예수의 하나님 나라와 기독교인의 천국

이와는 별도로, 간혹 예수의 하나님 나라와 기독교인들이 말하는 천국이 어떻게 다른지 질문하는 경우가 있다.[51] 왜냐하면 천국(天國)은 하나님 나라의 한자 표현이기 때문이다. 이것도 짚고 넘어가는 것이 좋을 것 같다. 결론부터 말하면, 이 둘은 표현은 비슷하지만 그 내용은 전혀 다른 것이다. 기독교인들의 천국 신앙은 예수의 하나님 나라로부터 비롯된 것이라기보다는, 죽음에 대한 두려움 때문에 자연적으로 발생한 기독교 대중신앙이라 할 수 있다.

물론 하나님 나라와 천국 사이에는 유사한 점이 있다. 이 둘은 모두 미래와 관련이 있다. 하나님 나라는 아직 오지 않았고, 천국에는 아직 가지 않았다. 그러나 이것 한 가지를 제외하면, 이 둘은 전혀 다르다. 첫째로, 하나님 나라는 '오는 것'이지만, 천국은 '가는 것'이다. 둘째로, 하나님 나라는 '이 세상으로' 오는 것이지만, 천국은 '저 세상으로' 가는 것이다. 셋째로 하나님 나라는 사람들이 '살아있는 동안' 이 세상으로 오는 것이지만, 천국은 사람들이 '죽은 다음에' 저 세상으로 가는 것이다. 그러므로 이 둘은 엄격히 구분되어야 한다.

다시 말해, 예수의 하나님 나라는 이 땅 위에서 이루어질 새로운 세상에 대한 예수의 비전을 나타내는 것이라면, 기독교인의 천국은 죽음에 대한 두려움 때문에 죽음 저편에 존재하기를 염원하는 기독교 대중들의 일반적 소망을 나타내는 것이라고 할 수 있다. 그러나 이 말은 천국이 없다는 것을 뜻하는 것은 아니다.

---

51) 천국은 천당이라고도 표현하지만, 여기에서는 천국으로 표현한다.

3. 예수는 왜 하나님의 나라에 관심을 기울였을까?

이제부터는 예수의 하나님 나라에 대한 보다 깊은 이해를 갖기 위해, 하나님 나라에 관해 예수가 직접 했던 말들을 중심으로 접근해보고자 한다.

가장 먼저 던져야 할 근본적 질문은, 예수가 왜 하나님 나라에 관심 갖게 되었는가 하는 것이다. 그런데 예수의 문제의식과 관련한 이 질문은 매우 중요하긴 하지만, 복음서는 이 문제에 대해 직접 답해주지는 않는다. 그리고 당시 권력 집단의 위세를 생각할 때, 예수가 어떤 말을 남겼을 리도 만무하다. 단지 복음서의 행간에서 그 대답을 유추할 수 있을 뿐이다.

이 질문에 답하기 위해서는 부정적인 접근 방법이 도움이 될 것이다. 예수가 왜 하나님의 나라에 관심 갖게 되었나? 지금의 이 세상은 아니라는 것이다. 지금의 이 세상, 대제사장이 통치하는 세상, 헤롯 안티파스가 통치하는 세상, 로마 제국이 통치하는 이 세상은 사람이 살만한 제대로 된 세상이 아니라는 것이다. 특히 힘없고 가난한 시골 농민들에게 더욱 그렇다.

대제사장은 종교세를 통해, 헤롯 안티파스는 국세를 통해, 그리고 로마제국은 제국세를 통해 이스라엘 민중을 억압하고 있다. 게다가 이들은 모두 대토지 소유주로서, 소작농들을 통해 또한 큰 이익을 챙기고 있었다. 갈릴리에서 특히 그랬다. 그래서 넬슨-폴마이어는, 헤롯 "안티파스의 통치기간 동안 갈릴리의 소작농들에 대한 경제적 수탈은 예수의 대안적 '왕국'(alternative kingdom) 운동의 배경"이 되었을 것이라고 본다.[52]

예수는 바로 이러한 세상 한 가운데서 하나님 나라를 선포했던 것이다. "때가 찼다. 하나님의 나라가 가까이 왔다."[53] 예수의 하나님 나라는 단순히 한 개인의 삶에 관한 이야기가 아니었다. 그것은 당시 이스라엘의 통치체제와 관련된 정치적이고 경제적이고 사회적인 문제였다. 예수의 하나님 나라는 그

---

52) 넬슨-폴마이어, 『예수를 배반한 기독교』, 300.
53) 신약성서 마가복음 1:15.

자체가 이미 로마 총독과 헤롯 안티파스와 대제사장에 의해 통치되고 있는 지금의 이 세상에 대한 부정을 함축하고 있었다. 왜냐하면 하나님의 나라는 그러한 통치자들 대신 하나님이 직접 이 세상을 통치하게 될 때에 기대할 수 있는 새로운 세상을 의미했기 때문이다. 예수가 왜 하나님 나라에 관심을 가졌는가? 바로 이러한 새 세상에 대한 간절한 소망이 있었기 때문이다. 하나님 나라는 그 세상에 대한 예수의 꿈과 비전, 바로 그것이었던 것이다.

4. 하나님의 나라를 실현할 수 있는 이는 과연 누구일까?

1) 하나님의 나라는 하나님이? 사람이? 아니면...?

그러면 이러한 하나님 나라를 이 세상 안에 이루어 줄 수 있는 이는 누구인가? 세 가지 대답이 가능할 것이다. 첫째는 하나님만이 이러한 세상을 열어 줄 수 있다는 것이다. 이 세상의 불의와 악은 인간이 바꾸어놓기에는 너무 강하여, 하나님이 직접 개입하지 않고는 절대 바꾸어질 수 없다는 뜻이다. 이것을, 앞서 언급했듯이, 묵시종말론이라고 한다. 세례 요한이 여기에 속하고, 예수도 여기에 속했었으나, 예수는 후에 이러한 생각에서 떠났다.

둘째는 인간만이 이러한 세상을 열 수 있다는 것이다. 이 세상의 불의와 악은 아무리 강해도, 결국은 인간이 바꾸어놓지 않으면 아무도 바꿀 수 없다는 것이다. 하나님은 세상의 변화에 직접 개입할 수 없다는 뜻이기도 하다. 예수 전후에 이런 입장을 가진 대표적인 이들은 아마도 열심당(Zeolots)과 시카리파(Sicarii)를 들 수 있을 것이다.[54] 현대에는 마르크스가 그 대표적 인물이라

54) 통상 열심당과 시카리파는 유대가 로마에 대해 제1차 전쟁을 일으켰던 67년-68년 전후에 처음 등장했

할 수 있을 것이다.

셋째는 새로운 세상은 하나님에 의해서만 열릴 수 있는 것도 아니고, 인간에 의해서만 열릴 수 있는 것도 아니고, 하나님과 인간의 공동 참여와 협력에 의해서만 열릴 수 있다고 하는 것이다. 이것이 바로 예수가 생각하고 있었던 하나님의 나라, 이른바 지혜의 하나님 나라였다. 묵시종말적 하나님의 나라에서는 우리가 "하나님의 묵시종말적 역사 개입"을 기다리고 있었다고 한다면, 예수의 하나님 나라에서는 하나님이 "우리의 역사 참여"를 기다리고 있다고 말할 수 있다.[55] 우리가 하나님을 전적으로 신뢰하고, 그 분의 뜻을 따라 이 세상을 통치하고 살아내게 될 때에, 하나님은 분명 이 세상을 사람이 살만한 새로운 세상으로 바꾸어 놓으신다는 것이다. 크로산은 이것을 "협력적인 종말"(a collaborative eschaton)이라고 표현했다.[56]

2) 하나님 나라에 참여할 수 있는 사람은 누구인가?

그러면 실제로 이 세상 안에서 하나님 나라를 여는 일에 참여할 수 있는 사람들은 누구일까? 하나님 나라라는 새 세상을 만들어가는 데 있어 그 중심 주체는 누가 될 수 있겠는가 하는 것이다. 모든 사람이 관심 갖고, 모든 사람이 참여하지는 않을 것이라는 뜻이다. 예수가 제자들에게 들려 준 한 비유는 이에 대한 매우 적절한 대답이 될 것이다. 길지만 인용해보겠다:

"어떤 사람이 큰 잔치를 베풀고, 많은 사람을 초대하였다. 잔치 시간이 되어, 그는 자

다고 한다. 크로산, 『역사적 예수』, 329; 슈테게만, 『초기 그리스도교의 사회사』, 295. 그리고 열심당은 주로 시골의 의적들과 연관이 있고, 시카리파는 도시중심의 테러집단의 형태를 띠었다고 한다. 크로산, 『역사적 예수』, 327.

55) 크로산, 『예수는 누구인가』, 78.

56) 크로산, 『비유의 위력』, 193.

기 종을 보내서 '준비가 다 되었으니, 오십시오' 하고 초대받은 사람들에게 말하게 하였다. 그런데 그들은 모두 하나같이, 핑계를 대기 시작하였다. 한 사람은 그에게 말하기를 '내가 밭을 샀는데, 가서 보아야 하겠소. 부디 양해해 주기 바라오' 하였다. 다른 사람은 '내가 겨릿소 다섯 쌍을 샀는데, 그것들을 시험하러 가는 길이오. 부디 양해해 주기 바라오' 하고 말하였다. 또 다른 사람은 '내가 장가를 들어서, 아내를 맞이하였소. 그러니 가지 못하겠소' 하고 말하였다. 그 종이 돌아와서, 이것을 그대로 자기 주인에게 일렀다. 그러자 집주인이 노하여 종더러 말하기를 '어서 시내의 거리와 골목으로 나가서 가난한 사람들과 지체에 장애가 있는 사람들과 눈먼 사람들과 다리 저는 사람들을 이리로 데려오너라' 하였다. 그런 뒤에 종이 말하였다. '주인님, 분부대로 하였습니다만, 아직도 자리가 남아 있습니다.' 주인이 종에게 말하였다. '큰 길과 울타리가로 나가서, 사람들을 억지로라도 데려다가 내 집을 채워라. 내가 너희에게 말한다. 초대를 받은 사람 가운데서는, 아무도 나의 잔치를 맛보지 못할 것이다.'"(누가복음 14:16-24)

처음 초대받은 사람들은 그 잔치에 초대받을 만한 사람들이었을 것이다. 그런데 그들은 여러 가지 이유로 그 잔치에 참여하지 않는다. 잔칫상에 손님이 없다. 주인은 길거리의 별 볼일 없는 사람들, 가난하고 병약한 사람들, 그 잔치 자리에 초대되리라고는 상상조차 할 수 없었던 사람들을 잔칫상에 초대한다. 그래도 모자라 억지로 길거리에서 사람들을 초대한다. 그리고 말한다. 원래 초대받았던 사람들은 결코 이 잔치를 맛보지 못할 것이라고.

예수 역시도 그랬을 것이다. 하나님 나라가 가까웠다고 하면서, 그 나라를 여는 데 동참하자고 누군가를 초대했을 것이다. 아마도 가장 큰 역할을 할 것으로 기대되는 사람들을 먼저 초대했을 것이다. 그런데 반응이 냉랭했다. 너무 바빠서건, 더 중요한 일이 있어서건, 새로운 세상을 원치 않아서건, 예수의 초대에 응하지 않았던 것 같다. 그리고 예수는 확실하게 깨달았을 것이다. 하나님 나라를 여는 데 동참할 사람들은 총독부 사람도 아니고, 헤롯 왕가도 아니고, 대제사장 가문도 아니고, 율법학자 집단도 아니고, 부자도 아니라는 것, 새로운 세상을 열 사람들은 결국 이들 권력 집단에 의해 억압당해온 민중들이라는 것을....

그렇다. 총독과 왕과 대제사장과 율법학자들이 통치하는 세상에서 이미 다양한 기득권을 누리고 있는 권력집단이 이러한 세상에 종말을 고하자고 하는 하나님 나라에 동참할 이유가 있겠는가? 이들은 오히려 예수의 하나님 나라를 저지하고 방해하고 박해할 사람들이지, 결코 동참할 사람들은 아니다. 결국 예수의 하나님 나라 운동에 동참할 사람들은 그 지배권력에 억압당하면서도, 그에 굴하지 않고 하나님의 뜻을 따라 꿋꿋하게 제 길을 가려고 했던 사람들,[57] 그러한 민중들이 아니겠는가? 예수가 하나님 나라의 빈 잔칫상에 초대했던 사람들은 바로 이러한 사람들이었고, 이러한 사람들은 예수가 굳이 초대하지 않아도 예수 주변에 꾸역꾸역 모여들었을 것이다.

그러면 예수 당시에 예수의 하나님 나라 운동에 동참하기 위해 모인 사람들은 얼마나 되었으며, 그들은 운동의 조직을 갖고 있었는가? 우선 복음서에 보면, 예수가 그를 따르는 군중 4천 명과 한 번, 5천 명과 한 번, 두 번에 걸쳐 식사하는 이야기가 나온다.[58] 숫자 문제는 잠시 접어두고, 이들은 예수의 하나님 나라 운동에 동참하는 사람들이었는가? 아직 그렇지는 않은 것 같다. 본문에 보면, 이들은 대개 예수가 환자들을 치유한다는 소문을 듣고 그를 찾아온 사람들이다. 비단 식사 자리에 온 사람들뿐만 아니라, 예수 주변에는 항상 치유를 목적으로든 이야기를 듣기 위해서든 사람들이 있었지만, 이들은 아직 하나님 나라 운동에 동참했다고 보기가 어렵다.

예수의 하나님 나라 운동에 동참한 가장 적극적인 사람들은 예수의 제자들이라고 볼 수 있다. 복음서에 보면, 예수의 제자 12명이 등장한다.[59] 이들은

---

57) 신약성서 마태복음 7:21.

58) 사천 명과 식사한 이야기: 신약성서 마태복음 15:32-39; 마가복음 8:1-10. 5천 명과 식사한 이야기: 마태복음 14:13-21; 마가복음 6:30-44; 누가복음 9:10-17; 요 6:1-14.

59) 신약성서 마태복음 10:2-4; 마가복음 3:16-19; 누가복음 6:13-16

예수의 하나님 나라 운동에 공감하여 함께 한 사람들이었고, 그들 중 일부는 하나님 나라를 세우기 위해 예수와 운명을 같이 할 준비가 되어있는 사람들이었다.[60] 그러나 이 제자들도 오늘날 우리들이 생각하는 것과 같은 조직 운동을 했던 것 같지는 않다. 크로산은 12 제자들의 제자단 구성은 "예수가 죽은 이후, 그러니까 베드로가 유대인 개종자를 위한 선교를 지휘해 나가면서, 마치 12 족장들이 옛 이스라엘을 대표했던 것처럼, 12 제자가 새로운 이스라엘을 대표하게 되었을 때, 비로소 창작된 것"이라고 본다.[61] 펑크 역시도 예수가 살아있는 동안에는 "열 두 명의 특별한 제자들을 뽑거나 그들을 지도자로 임명하지 않았을" 것이라고 본다.[62]

이 말은 예수가 활동하는 동안에는 제자가 없었다는 말이 아니다. 베드로와 야고보와 요한 같은 중심적인 제자들이 있기는 했겠지만, 이 제자들은 조직 운동을 했던 것이 아니라, 예수의 하나님 나라 운동에 뜻을 같이 한 예수의 동지(同志), 혹은 친구들로 예수와 함께 했을 것임을 의미한다.[63] 굳이 조직이라 부를 수 있다면, 예수와 같은 길을 걸어가는 길벗들의 모임이라 할 수 있는 매우 느슨한 조직이었을 것이다.[64] 이러한 의미에서 예수의 장례를 준비하며 예수의 머리에 기름을 부었던 마리아 같은 여성은 12명의 명단에는 없지만, 반드시 제자들 속에 포함시켜야 할 매우 중요한 인물이라고 할 수 있다.[65]

---

60) 수제자로 알려진 베드로는 예수와 함께라면 감옥에도 함께 가고, 죽음도 함께 할 준비가 되어 있다고 강한 의지를 표시한다. 신약성서 마태복음 26:35; 마가복음 14:31; 누가복음 22:33; 요한복음 13:37 참조.

61) 크로산,『예수는 누구인가』, 193.

62) 펑크,『예수에게 솔직히』, 474

63) 복음서에 보면, 예수가 제자들을 친구라고 부른 대목들이 나온다. 신약성서 누가복음 12:4; 요한복음 15:14-15 참조.

64) 크로산은 예수의 운동이 하나의 조직이었다고 할 수 있다면, "독려하는 공동체"(a companionship of empowerment)라고 부를 수 있을 것이라고 한다. 크로산,『예수는 누구인가』, 147.

65) 신약성서 마태복음 26:6-13; 마가복음 14:3-9. 이 여성의 행위는 예수가 뒤를 돌아보지 말고 자기 길을 꿋꿋하게 걸어가도록 예수를 독려한 것으로 보인다. 이 여성은 예수의 처형 후 처음으로 예수의 무덤을 찾아간 것으로 복음서는 기록하고 있다. 신약성서 마태복음 28:1; 마가복음 16:1; 누가복음 24:10; 요

5. 하나님 나라의 때와 장소

1) 하나님의 나라는 언제 이루어지는가?

그러면 예수가 말하는 하나님의 나라는 과연 언제 어디에서 이루어지게 되는 것일까? 이것은 예수 당시에 하나님 나라를 기다렸던 모든 민중들의 최대 관심사였다. 복음서에 보면, 바리새파 사람들이 예수에게 바로 이 질문을 한다. 그런데 예수의 대답이 묘하다: "하나님의 나라는 눈으로 볼 수 있는 모습으로 오지 않는다. 또 '보아라, 여기에 있다' 또는 '저기에 있다' 하고 말할 수도 없다. 보아라, 하나님의 나라는 너희 가운데 있다."[66] 예수는 또 다른 곳에서 이렇게 말한다: "그러나 그 날과 그 때는 아무도 모른다. 하늘의 천사들도 모르고, 아들도 모르고, 오직 아버지만 아신다. 조심하고, 깨어 있어라. 그 때가 언제인지를 너희가 모르기 때문이다."[67]

도대체 무슨 말인가? 하나님 나라가 언제 어디에 온다는 말인가? 예수의 대답은 그 시기와 그 장소는 미리 못 박아 말할 수 있는 것이 아니라는 뜻일 것이다. 그러면 누가 그 시기와 장소를 알 수 있는가? 이것 또한 미리 말할 수 있는 것이 못될 것이다. 묵시종말론은, 애매하기는 하지만, 그 시기와 그 장소는 하나님이 정하신다고 말한다. 때가 되면, 그 분이 정한 장소에 지금 세상에 종말을 고하고 새로운 세상을 열어주실 것이다.

그러나 예수의 하나님의 나라는 항상 언제든지 올 수 있기도 하고, 전혀 오지 않을 수도 있다. 이 또한 애매한 말이지만, 이것이 하나님 나라의 진실일 것이다. 예수의 하나님 나라는 하나님과 인간의 협력에 의해서 이루어질 수

한복음 20:1 참조.

66) 신약성서 누가복음 17:20-21.

67) 신약성서 마가복음 13:32-33. 마태복음 24:36 참조. 여기에서 아버지는 하나님을 가리킨다.

있는 공동작품이기 때문에 그렇다. 하나님이 그 나라를 오게 할 수 있다면, 하나님이 개입하는 때가 바로 그 나라가 오는 때이다. 사람이 그 나라를 오게 할 수 있다면, 사람이 혁명을 일으키는 그 날이 바로 그 나라가 오는 날이다. 그러나 하나님과 인간의 협력에 의해 이루어지는 그 나라는 시기를 알 수가 없다.

시작은 인간이 할 수 있다. 앞서 언급한 대로, 하나님을 전적으로 신뢰하고 그 분의 뜻을 따라 우리의 삶을 바꾸고 세상을 다스려 간다면, 하나님 나라는 이미 시작되었다고 할 수 있다. 그렇다고 그 날 세상이 바뀌는 것은 아니다. 우리가 시작하는 시점과 하나님에 의해 완성되는 그 날 사이에는 또 하나의 공백이 있게 마련이다. 그러므로 하나님 나라는 지금 여기에 있기도 하고, 아직 여기에 있지 않기도 하다. 어떤 의미에서 하나님의 나라는 인간의 시작에서 하나님의 완성에로 이르는 과정 속에 존재한다고 말할 수 있을 것이다. 하나님 나라는 열린 미래인 것이다.

2) 하나님의 나라는 어디에 오는가?

하나님의 나라가 이루어지는 장소도 같은 맥락에서 말할 수 있을 것이다. 하나님의 나라가 어디에서 이루어지는가? 하나님의 나라는, 그 시기와 마찬가지로, 하나님의 뜻을 따라 사람들이 살고, 세상을 다스려가는 바로 그곳에서 이루어질 것이다. 이러한 의미에서 황제의 뜻을 따라 통치되는 로마제국은 분명코 하나님의 나라가 아니다. 총독과 헤롯 가문에 의해 통치되는 이스라엘도 분명코 하나님의 나라가 아닐 것이다. 심지어는 하나님을 중심(지성소)에 모시고 있는 예루살렘 성전 조차도 하나님의 나라가 아닐 것이다. 왜냐하면 그 모든 곳들이 하나님의 뜻에 의해 통치되는 것이 아니라, 돈과 권력과 명예에 의해 다스려지고 있기 때문이다.

그러면 어디가 하나님 나라인가? 혹은 어디에서 하나님 나라는 이루어지는 것인가? 모든 곳이 하나님 나라가 될 수 있기도 하고, 아무 곳에서도 하나님 나라가 이루어지지 않을 수도 있다. '아무 곳'이 '모든 곳'이 될 수 있는 것은, 사람들이 정말로 하나님을 전적으로 신뢰하고 그 분의 뜻을 따라 자신의 삶과 세상을 다스리느냐의 여부에 달려있을 것이다. 하나님의 뜻에 따른 통치가 이루어지는 곳은 그것이 개인이든, 가정이든, 직장이든, 단체이든, 국가이든 모든 곳이 하나님 나라가 될 수 있다. 그러나 하나님의 자리에 돈과 권력이 들어와 세상을 움직이면, 그 곳이 설혹 예루살렘 성전이나 성당이나 교회라고 하더라도 하나님의 나라는 결코 될 수 없을 것이다.

이제 예수와 관련된 두 개의 이야기를 통해 가정과 사업 현장 속에서 하나님 나라가 이루어지는 실례를 살펴보도록 하자. 어느 날 예수가 이스라엘의 강남에 해당하는 여리고를 지나다가 유대인 삭개오라는 사람을 만나게 된다. 그는 제국세를 걷는 조세임차인의 중간관리인쯤 되는 세리장이었고, 그래서 부자였다. 하지만 그는 동포의 주린 배를 쥐어짜서 중간이득을 가로채야 했기에 매국노 취급을 받았고, 또 수입을 감추기 위해 불가피하게 십일조를 속여야만 했기에 율법을 어기는 범법자 취급을 받았다. 그만큼 마음의 갈등이 많았으리라. 그가 예수를 만나기 원했고, 예수가 기꺼이 그의 집에 유숙하게 된다. 사람들은 쑥덕공론이지만, 예수도 삭개오도 개의치 않는다. 그리고 그 밤에 삭개오가 새 사람으로 변화한다. 본인 소유의 절반을 가난한 사람들에게 돌리고, 제국세를 강탈한 것은 네 배로 갚겠다고 한다. 복음서에는 이 집에 구원이 이르렀다고 했지만, 지금 맥락에서 말하면, 하나님 나라가 이 집에서 이루어진 셈이다.[68]

또 하나의 이야기는 예수의 비유 속에 나오는 것인데, 하나님의 나라가 포도원 안에서 이루어진 사례에 해당한다. 포도원 주인이 이른 아침부터 오후 5시까지 다섯 차례에 걸쳐 일꾼들이 모여 있는 장터(오늘날의 인력시장)로부

68) 신약성서 누가복음 19:1-10 참조.

터 포도원에서 일할 일꾼들을 데려온다. 그런데 특이한 것은 모두에게 동일한 일당을 약속한다. 저녁에 일을 마친 후, 주인은 관리인에게 마지막 온 사람부터 임금을 계산하게 한다. 모두에게 동일한 일당을 주자, 제일 먼저 온 일꾼이 항의를 한다. 마지막에 한 시간밖에 일하지 않은 사람에게 하루 종일 찌는 더위 속에 일한 자신과 동일한 임금을 주는 것은 불공평하지 않느냐고. 이에 주인은 당신과 약속한 일당을 주었으니, 내가 당신에게 부당하게 한 것이 없지 않느냐고 하면서, 모든 일꾼에게 동일한 일당을 주는 것이 자신의 뜻이라고 말을 맺는다.

교회에서는 간혹 이 이야기를 유아세례 받은 모태신앙인이나 죽기 직전 예수 믿은 사람이나 천국 가는 것은 동일하다는 의미로 해석하나, 이 이야기는 천국 이야기가 아니다. 포도원 현장에서 임금 계산하는 방법에 관한 이야기이다. 생각해보라. 왜 어떤 사람은 일찍 뽑히고, 왜 어떤 사람은 오후 5시가 되도록 뽑히지 못했겠는가? 또 오후 5시가 되도록 장터를 떠나지 못한 그 일꾼들은 왜 그 자리를 지켜야만 했을까? 그리고 마지막 1시간밖에 일하지 못한 그 일꾼들에게 아침 일찍 온 일꾼들과 동일한 임금을 지불한 주인은 왜 그렇게 했을까? 이 세 질문에 대한 대답은 독자에게 맡긴다. 중요한 것은, 만약 하나님 나라가 포도원에서 이루어질 수 있다고 한다면, 바로 이 포도원 주인과 같은 사람을 통해서 이루어지게 된다는 것이다.

6. 하나님의 나라는 어떻게 오는가?

이제 마지막으로 살펴보고자 하는 것은 이러한 예수의 하나님 나라가 어떻게 오게 되는가 하는 것이다. 하나님 나라는 어느 날 갑자기 혁명적으로 오게 되는 것인가, 아니면 서서히 점진적으로 오게 되는 것인가? 이 질문에 대한 대답은 이미 앞에서 어느 정도 암시되었다고 볼 수 있다.

묵시종말론의 경우에는 하나님 나라가 어느 날 갑자기 일시에 온다고 할 수 있다. 그 시기와 장소는 누구도 미리 알 수 없는 것이지만, 그 나라가 오게 되면 순간적으로 오게 된다. 바벨론에 49년간(BCE 587-538) 포로로 잡혀가 있던 유대인들이 새로운 제국 페르시아의 고레스에 의해 유대 땅으로 돌아올 때에 바로 그러했다. 해방되기 바로 전 해, 아니 해방되기 바로 며칠 전에도 유대인들은 자신들에게 이러한 새 세상이 오리라고는 꿈도 꾸지 못했을 것이다. 예수 당시 묵시종말론을 기대하는 유대인들은 로마로부터도 그렇게 해방되기를 기대했다.

그러나 예수가 꿈꾸었던 하나님의 나라는 그렇게 오는 것은 아니었다. 예수의 한 비유는 하나님 나라가 어떻게 오게 될 지를 우리에게 잘 시사해준다. 이른바 '겨자씨의 비유'이다:

"우리가 하나님의 나라를 어떻게 비길까? 또는 무슨 비유로 그것을 나타낼까? 겨자씨와 같으니, 그것은 땅에 심을 때에는 세상에 있는 어떤 씨보다도 더 작다. 그러나 심고 나면 자라서, 어떤 풀보다 더 큰 가지들을 뻗어, 공중의 새들이 그 그늘에 깃들 수 있게 된다."[69]

흔히 이 비유는 아주 작은 것이 나중에 아주 큰 것이 된다는 비교적 단순한 메시지를 담은 것으로 해석되곤 한다. 그러나 『예수 세미나』의 학자들에 따르면, 이 비유는 그 이상의 중요한 함의를 담고 있는 것으로 보인다. 로마의 저술가 대 플리니우스(Pliny the Elder, CE 23-79)는 자신의 백과사전적인 『박물지』(Natural History)에서 겨자풀에 관해 다음과 같이 쓰고 있다:

겨자는… 쏘는 듯한 맛과 얼얼한 효과로 인해 건강에 매우 유익하다. 이 식물은 이식

69) 신약성서 마가복음 4:30-31. 마태복음 13:31-32; 누가복음 13:18-19 참조.

함으로써 개량되기도 하지만, 전적으로 야생으로 자라는 것이다. 그러나 일단 뿌리고 나면 땅에서 그것을 완전히 제거하는 것은 거의 불가능하다. 땅에 떨어지자마자 싹이 나기 때문이다.[70)]

예수의 겨자씨 비유를 이해하자면, 이스라엘의 겨자가 어떤 식물인지를 이해하는 것이 중요하다. 한국에도 손바닥만한 겨자채가 있어 즐겨먹지만, 이스라엘의 겨자는 야생식물로, 씨 자체는 좁쌀알만한 작은 것이지만, 자라면 1미터 이상 되는 큰 풀이 된다고 한다. 그런데 이 겨자는 특별히 심지 않아도 아무 데서나 번식하고, 한번 자리를 잡으면 그 일대에 겨자숲을 이루게 되고, 겨자숲이 생기면 근처 새들이 그곳에 둥지를 틀고 인근 경작지를 서서히 초토화시킨다는 것이다. 그래서 농부들은 농사를 망치게 하는 겨자를 매우 싫어한다고 한다. 그리고 겨자를 실제로 씹어 먹으면, 톡 쏘는 맛과 함께 혀를 얼얼하게 할 뿐만 아니라, 한꺼번에 너무 많이 먹으면 정신을 잃게 할 수도 있다.[71)]

겨자씨에 대한 설명을 듣다 보면, 예수의 하나님 나라에 대한 그림이 그려진다. 로마의 황제와 이스라엘의 분봉왕은 이스라엘이라는 농토 위에 제국주의와 독재주의라는 농작물을 심었다. 지금 이 식물이 한창 잘 자라고 있고, 곧 좋은 수확이 있을 것으로 기대하고 있다. 그런데 그 곳에 어느 날 하나님 나라의 꿈과 비전을 가진 겨자씨같은 한 인물이 등장한다. 한 사람인가 싶더니 곧 이어, 그 주변에 같은 꿈과 비전을 가진 사람들이 모여든다. 나중에는 긴가민가했던 사람들까지 모여든다. 그러더니 잘 되어가고 있는 총독정치와 독재정치를 서서히 잠식해 들어가기 시작한다.

처음 한 인물이 등장했을 때에는 아무런 표시도 나지 않았는데, 시간이 지나면서 총독정치와 독재정치에 제동이 걸리기 시작한다. 안되겠다 싶어 문제

70) 크로산, 『예수』, 120에서 재인용.
71) Ibid., 120.

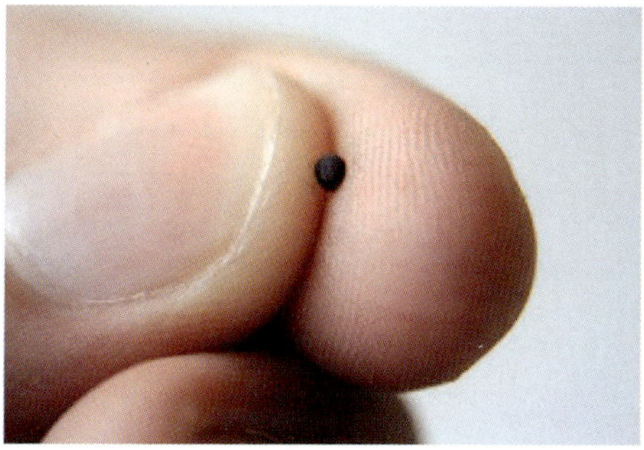

겨자씨

다 자란 겨자풀숲

의 인물을 제거해보지만, 제거하고 나면 또 다른 문제아가 등장하고, 그 주변에 같은 무리들이 또다시 모여든다. 제거하면 할수록, 하나님 나라의 꿈과 비전을 가진 문제아들은 기하급수적으로 불어난다. 불안하다. 정신이 멍해진다. 이러다가는 제국주의이든 독재정치이든 오래 못 버틸 것 같다. 그렇다. 예수의 하나님 나라는 그렇게 서서히, 그러나 쉼이 없이 다가오는 것이다. 그래서 크로산은 이렇게 결론을 맺는다: "정성껏 경작한 농원을 갖고 있는 사람들에게는 하나님의 나라가 골칫거리"이다.[72)]

72) 크로산, 『예수는 누구인가』, 99.

4장

예수의 삶

고통의 치유와 공동 식사, 그리고 비폭력적 저항

예수는 하나님 나라의 꿈과 비전을 경구와 비유를 통해 동시대 이스라엘 사람들에게 가르쳤고, 그러한 의미에서 그는, 문자 그대로, 교사(教師)였다. 그러나 예수는 사람들에게 가르치기만 한 것은 아니었다. 그는 가르친 대로 살았다. 하나님 나라의 꿈과 비전을 그의 구체적 삶을 통해 실현하고자 했던 것이다. 그의 삶은 크게 세 가지로 요약될 수 있다: 고통의 치유, 공동 식사, 그리고 비폭력적 저항

1. 예수의 삶의 근본 특징

1) 예수의 가르침과 예수의 삶의 일치

가르치는 사람이 새로운 세상에 대한 꿈과 비전을 갖고 있다 하더라도, 그것을 사람들에게 잘 가르쳐서 동일한 꿈과 비전을 갖게 한다는 것은 결코 쉬운 일이 아니다. 좋은 교사가 되기 위해서는 가르침의 특별한 능력이 있어야 한다. 가르치는 내용이 누구나 공감할 수 있도록 설득력이 있어야 하고, 가르치는 방법이 또한 이를 효과적으로 잘 전달할 수 있어야 한다. 이 점에서 예수는 확실히 탁월한 교사였던 것으로 보인다.

하지만 아무리 잘 가르치는 교사라 하더라도 본인 자신이 가르친 대로 살지 않으면 그는 충분한 의미에서 좋은 교사라고 할 수 없다. 이러한 경우 탁월한 가르침은 '덕'이 되는 것이 아니라 '덫'이 될 수 있다. '남 가르치려고 들지 말고, 너나 잘 살라'는 비판이 날아들 수 있다는 말이다. 예수 당시에 바리새인이 그러했던 것 같다. "그들이 너희에게 말하는 것은 무엇이든지 다 실행하고 지켜라. 그러나 그들의 행실은 따르지 말아라. 그들은 말만 하고, 실행하지는 않는다."[1] 이러한 사람은 쉽게 '위선자'라는 비판을 받을 수 있다.

그러나 예수의 경우는 달랐다. 그는 가르친 대로 살았고, 그러한 의미에서 그의 가르침과 그의 삶은 하나였다. 역사적 예수를 연구하는 대표적인 세 명의 학자들은 이 점에서 하나같이 공감을 표시한다. "예수는 자신의 비전에 일치하게 행동"했다.(펑크)[2] "예수는 여기 지상에서의 하나님 나라에 대한 위대한 비전을 가지고 있었고, 또한 이 비전을 삶으로써 실천했다."(크로산)[3] "예

1) 신약성서 마태복음 23:3.
2) 펑크, 『예수에게 솔직히』, 250.
3) 크로산, 『예수는 누구인가』, 146.

수의 삶...은 자신이 가르쳤던 바로 그 길의 구현"이었다.(보그)[4] 이러한 의미에서 예수는 언행일치(言行一致)의 교사였다.

2) 하나님의 뜻과 예수의 삶의 일치

예수의 삶의 또 다른 특징 하나는, 그의 삶은 하나님의 뜻과 일치된 것이었다고 하는 것이다. 달리 말하면, 예수와 하나님은 그의 삶 속에서 하나였다는 말이다. 이것은 예수가 자신에 대해 그렇게 평가했다는 것이 아니다. 예수의 삶을 지켜본 사람들이 그렇게 평가했다는 말이다. 신약성서 요한복음은 역사적 예수에 대해 많은 정보를 제공하지는 않지만, 대신 역사적 예수에 대한 동시대의 총체적인 평가와 인식을 우리에게 간접 전달해 준다. "나와 아버지는 하나다."[5] "나를 본 사람은 아버지를 본 사람이다."[6] 예수의 삶을 깊이 들여다본 사람은 그의 삶 속에서 예수와 하나님이 하나였다는 것을 알 수 있고, 그의 삶을 움직이고 있었던 분은 바로 하나님이었다는 것을 알 수 있다는 말이다.

하나님을 전적으로 신뢰하는 사람은 매순간 하나님의 뜻을 따라 살아야 하는 것이겠지만, 시대마다 하나님의 뜻을 실현해야 할 중심 과제는 다를 수 있을 것이다. 오늘날 한국을 중심으로 생각한다면, 성차별의 문제, 노인 문제, 외국인 근로자 문제, 청소년 교육 문제, 남북갈등의 문제, 생태계 파괴와 그에 따른 기후 문제 등이 그러한 과제일 수 있다. 그러면 예수 시대에 예수가 가장 우선적으로 관심했던 문제는 무엇이었을까? 크로산은 질병과 기아

---

4) 보그, 『예수 새로 보기』, 165.
5) 신약성서 요한복음 10:30. 이곳과 다음 인용의 '아버지'는 하나님을 가리킨다.
6) 신약성서 요한복음 14:9.

의 문제가 가장 큰 시대적 과제였다고 지적한다.[7] 이것은 동시대 상황과 복음서 내용을 놓고 볼 때 틀림없는 사실일 것이다. 그러나 복음서를 잘 살펴보면, 예수에게는 이 두 가지에 덧붙여 또 다른 중요한 과제 하나가 더 있었다. 그것은 폭력의 문제이다. 그래서 이 장에서는 예수 당시 질병과 기아, 그리고 폭력의 현실을 분석해보고, 예수가 이 문제들을 어떻게 풀어갔는지를 살펴보고자 한다.

2. 예수 시대의 절박한 과제

1) 질병의 문제

예수 시대 이스라엘의 가장 큰 문제 중 하나는 가난의 문제였다. 한편으로는 과도한 세금, 다른 한편으로는 과도한 소작료가 당시 이스라엘의 90% 안팎을 차지했던 농민 계층을 가난으로 내몰았다. 과거 한국의 경우도 그랬지만, 가난은 통상 두 가지 사회 문제를 일으키게 된다. 하나는 질병의 문제이고, 다른 하나는 기아의 문제이다. 예수 시대의 이스라엘도 마찬가지였다.

예수 당시 이스라엘 안에는 무수한 질병이 있었던 것으로 보인다. 공관복음서(마태복음, 마가복음, 누가복음)에 보면, 질병 12가지 정도가 등장한다: "열병, 문둥병, 중풍병, 오그라든 손, 굽은 등, 혈루증, 귀먹음, 벙어리 증세, 앞 못 봄, 수전증, 잘려나간 귀, 죽을 병."[8] 여기에 귀신들려 미친 사람까지 합

---

7) 크로산은 예수 운동의 핵심은 "개방된 밥상과 무상의 치유"라고 하는데, 이는 가난과 질병에 대한 예수의 대안이었다고 할 수 있다. 크로산, 『예수는 누구인가』, 147.

8) 보그, 『예수 새로 보기』, 97.

하면, 질병의 숫자는 더 늘어난다. 이 중 어떤 것은 오늘날 무슨 질병에 해당하는지 애매한 것이 있기는 하지만, 열거된 질병들은 대개 당시로서는 치료하기 힘든 이른바 불치병에 속한 것으로 보인다.

이스라엘에서는 이러한 불치병에 걸리게 되면, 보통은 삼중고(三重苦)에 시달리게 된다. 첫째는 질병 자체로부터 오는 육체적인 고통, 둘째는 질병에 따른 소외에서 오는 사회심리적 고통, 셋째는 질병을 죄에 대한 하나님의 벌로 여기는 질병관에서 오는 종교적인 고통.

첫 번째, 질병 자체의 육체적 고통은 따로 설명이 필요하지 않을 것이다. 두 번째 사회심리적 고통은 불치병에 따라오는 또 다른 고통, 즉 소외의 고통이다. 불치병은 대개 치료불가능하거나 장기 치료를 요하는 만성질환이고, 이러한 만성질환(慢性疾患) 환자는 가족과 사회 모두에게 큰 짐이 된다. 그래서 가족과 사회는 이러한 환자에게 지원을 최소화하면서, 적당한 거리를 유지하려고 하고, 할 수 있으면 격리시키고자 한다. 오늘날 한국의 요양원은 가족과 사회의 이러한 요구에 대한 국가 차원의 제도적인 대응이라고 할 수 있다. 자연히 환자는 가족과 사회가 자신을 버렸다고 하는 버림받음의 느낌, 자신은 더 이상 가족과 사회의 일원이 아니라고 하는 소외감 같은 것을 느끼게 된다. 불치병이 아니더라도 심각한 만성질환을 앓아본 사람은 누구나 경험하는 것이지만, 사회심리적 고통은 결코 육체적 고통보다 작은 것이 아니다. 때로는 이 고통 때문에 자살 충동을 느끼는 때도 있고, 실제로 자살하는 경우도 많다.

세 번째 고통은 유대인의 질병관과 깊이 연관되어 있다. 유대인들은 기본적으로 인간이 죄를 지으면, 하나님이 벌을 내리신다고 하는 인과율적인 윤리관을 갖고 있었다. 이것은 질병의 경우도 마찬가지이다. 질병은 인간이 지은 죄에 대한 하나님의 벌이라는 것이다. 구약성서에 보면, 의로운 거부(巨富) 욥에 관한 이야기가 나온다. 욥이 완전히 망하게 되고, 가족들이 죽고, 본인은 불치에 가까운 피부병에 걸리자, 친구들이 찾아와 말한다. 첫 번째 방문자 엘리바스의 말이다: "잘 생각해 보아라. 죄 없는 사람이 망한 일이 있더냐? 정직한 사람이 멸망한 일이 있더냐?"[9] 두 번째 방문자 빌닷은 이렇게 말한다: "네 자식들이 주께 죄를 지으면, 주께서 그들을 벌하시는 것은 당연한 일이 아니냐?"[10] 그리고 마지막 방문자 소발이 말한다: "너는, 하나님이 네게 내리시는 벌이, 네 죄보다 가볍다는 것을 알아야 한다."[11] 욥의 질병은 그의 죄에 대한 하나님의 벌이라는 말이고, 그래서 달게 받아야 한다는 이야기다. 상처가 난 자리에 소금을 뿌리는 격이다. 신약성서 요한복음에도 보면, 제자들이 눈먼 사람과 관련하여 예수에게 이렇게 질문하는 대목이 나온다: "선생님, 이 사람이 눈먼 사람으로 태어난 것이 누구의 죄 때문입니까?"[12] 본인이 죄를 인정하든 안하든, 질병의 현실은 환자를 죄인으로 단정한다.

이 세 가지 고통이 합해지게 되면, 불치병 환자는 설 자리가 없다. 병 자체가 이미 치료 불가능한 것이기도 하지만, 가족과 사회가 또한 치료 혹은 돌봄을 포기한 상태이고, 거기에 하나님이 벌을 내리는 것이라고 하니 감히 치료하거나 돌보려고 할 수도 없다. 어쩌면 환자를 포기하고 격리시키고 싶어 하는 가족과 사회의 요구를 유대교의 율법이 종교적으로 정당화해주고 있는 것은 아닌가 싶다. 이제 불치병 환자는, 공동체가 실제로 그를 공동체 밖으로 내쫓았든 아니든, 그는 이미 공동체 밖의 사람이다.[13] 불치병 환자는 더 이상 이스라엘 사람이 아니다. 사람도 하나님도 버린 사람, 그는 더 이상 사람도 아니다. 사람이라면, 그는 죄인일 뿐이다.

---

9) 구약성서 욥기 3:7-8.
10) 구약성서 욥기 8:4.
11) 구약성서 욥기 11:6.
12) 신약성서 요한복음 9:2,
13) 복음서에 보면, 불치병 환자가 거지처럼 길가나 남의 집 대문에서 빌어먹는 모습을 볼 수 있다. 신약성서 마가복음 10:46; 누가복음 16:20 참조.

2) 기아의 문제

가난이 낳은 또 하나의 문제는 기아, 즉 배고픔의 문제이다. 물론 복음서에는 그 시대 배고픔의 문제가 문자적으로 적나라하게 드러나 있지는 않다. 그러나 앞서 언급한 것처럼, 각종 세금(종교세, 국세, 제국세)은 이미 그 자체가 35% 정도 되었고, 거기에 소작농을 하고 있는 대부분의 이스라엘 사람들, 그중에서도 갈릴리 사람들이 별도로 소작료로 내야하는 것이 2/3 정도 되었다고 하니, 당시 농민들의 가난은 이루 말할 수가 없었다. 거의 대부분 농민들이 빚을 안고 살았고, 쉽게 질병에 노출될 만큼 먹는 것이 부실할 수밖에 없었다는 말이다. 질병과 기아는 가난이 낳은 쌍둥이 형제와 같다.

복음서에 보면, "너희 가난한 사람은 복이 있다. 하나님의 나라가 너희의 것이다"라고 한 예수의 말이 나온다.[14] 그런데 여기에 나오는 '가난한'이라는 말의 그리스어는 '프토코스'(πτωχός)로서, 이는 보통 가난하다고 할 때 사용하는 그리스어 '페네스'(πένης)와 다르다고 한다. '페네스'는 "하루 벌어 하루 살아가며 근근히 생계를 이어가는 농부 가정의 상태를 말하며, '프토코스'는 질병이나 빚, 징병이나 죽음에 의해 땅에서 쫓겨나 극빈과 거지 생활로 떨어진 가정의 상태를 가리킨다"고 한다.[15] 아마 후자는 한자어의 적빈(赤貧), 즉 벌거벗은 가난을 의미한다고 볼 수 있다.

예수 시대에 대개의 민중들이 적빈 상태에서 먹을 것이 없었다고 하는 것을 암시해주는 복음서의 이야기가 있다. 우리는 흔히 예수가 빵 다섯 개와 물고기 두 마리로 오천 명을 먹였다는 이야기를 알고 있는데, 이 이야기 외에 보리떡 일곱 개와 물고기 몇 마리로 사천 명을 먹인 이야기가 하나 더 있다.

---

14) 신약성서 누가복음 6:20. 이와 관련한 병행구가 마태복음 5:3에 나오는데, 여기에는 "마음이 가난한 사람은 복이 있다"고 되어 있다. 학자들에 따르면, 이것은 경제적으로 가난한 사람을 가리켰던 예수의 말을 후에 이렇게 변형한 것이라고 한다.

15) 크로산, 『예수』, 114.

이 두 번째 이야기에 보게 되면, 이런 대목이 나온다. "저 무리가 나와 함께 있은 지가 벌써 사흘이나 되었는데, 먹을 것이 없으니 가엾다. 내가 그들을 굶은 채로 집으로 돌려보내면, 길에서 쓰러질 것이다. 더구나 그 가운데는 먼 데서 온 사람들도 있다."[16]

이 대목에서 우리는 예수의 청중과 관련하여 세 가지 정도를 짐작할 수 있다. 첫째는 예수의 청중들이 사흘씩 예수를 따라다녔다면, 그들은 매일 일해야 하는 직업이 없었다는 것을 뜻한다. 거의 무직자에 해당했던 셈이다. 둘째는 사흘씩 따라다닌 그 청중들이 먹을 것이 없었다는 것이다. 사흘을 굶었다는 이야기이다. 그래서 이들을 그냥 돌려보내면, 길에서 쓰러져 죽을지도 모른다는 것을 예수는 걱정하고 있다. 셋째는 예수의 청중 대부분이 바로 이러한 기아선상에 있었다고 하는 것이다.

예수의 청중만이 유독 그랬던 것은 아닐 것이다. 이들의 모습은 바로 예수 당시 이스라엘 민중의 현실을 대변하고 있을 것이다. 슈테게만 형제는 당시의 현실을 이렇게 설명한다: "소농들이 땅을 빼앗기고 부채를 떠안게 된 상황은 로마 통치기의 특색이다.... 자유로운 소농이 소작인으로, 다시 날품팔이로, 심지어 거지로 추락하는 일은 그리 특이한 경우가 아니었다. 한편에서는 제 땅을 갖지 못하고 소작인으로, 심지어 날품팔이로 일을 하는 사람들의 수효가 늘어나고 있었지만, 다른 한편에서는 대규모의 토지가 소수에게 집중되었다. 이런 식으로 모든 마을은 대토지 소유자들에게 예속되었다."[17]

3) 폭력의 문제

예수 시대는 폭력의 시대였다고 말할 수 있다. 폭력은 이스라엘 안팎에서 일

16) 신약성서 마가복음 8:2-3.
17) 슈테게만, 『초기 그리스도교의 사회사』, 190.

어났다. 이스라엘 밖에서는 이스라엘을 향한 로마제국의 폭력이 있었고, 이스라엘 안에서는 로마제국에 저항하는 유대인의 폭력이 있었다.

예수 당시에, 아마도 예수가 분명히 알고 있었을, 이스라엘에 대한 로마제국의 폭력은 크게 두 차례에 걸쳐 있었던 것으로 보인다. 첫 번째 폭력은 BCE 4년 유월절에 일어났다. 헤롯 대왕이 그 해에 죽고, 아들 헤롯 아르켈라오스가 남쪽 유대의 분봉왕에 오르자, 예루살렘 주민들은 아르켈라오스에게 헤롯 대왕 시절의 폐단을 시정하라고 요구했다. 내용은 이러한 것이었다: 세금감축과 관세철폐를 비롯하여,[18] 헤롯 대왕이 감금한 "수많은 정치범들을 석방"할 것, 헤롯 대왕이 "개발 사업에 자금을 대던 것을 축소"할 것, "백성들의 잔등이 휘도록 제국의 경제에 통합시키던 것을 완화"시킬 것, 헤롯 대왕이 "권력의 자리에 임명했던 인물들을 숙청하고 처벌"할 것, 그리고 헤롯 대왕이 임명했던 "대제사장을 퇴위"시키고, "좀 더 율법과 순결에 따라 봉사할 수 있는 인물로 대체"할 것.[19]

이것은 형식상 아르켈라오스를 향한 것이었지만, 실제 그 분노의 뿌리는 "유대에서의 로마제국의 권력 행사"에 있었다.[20] 유월절 대규모 군중을 배경으로 예루살렘 성전 안에서 이런 요구를 하자, 당황한 아르켈라오스는 군대를 동원했고, 시위자들은 군인들에게 돌을 던졌고,[21] 마침내 아르켈라오스는 군대를 풀어 3,000명에 달하는 대규모 시위자를 살해하게 되었다.[22] 그리고 그는 이 사건을 계기로 왕위에서 쫓겨나 유럽 골(Gaul) 지방으로 유배를 떠난다.

사건은 여기에서 끝나지 않았다. 헤롯 대왕 시절의 피해는 이스라엘 전역에서 발생했기 때문에, 예루살렘 시위의 물결은 갈릴리 지역으로까지 번졌

18) 크로산, 『역사적 예수』, 232.
19) 호슬리, 『예수와 제국』, 84.
20) Ibid., 85.
21) Ibid., 85.
22) 크로산, 『예수의 역사』, 330.

다. 그것은 예수의 고향 나사렛에서 불과 6.4km 떨어진, 헤롯 안티파스 영지의 새로운 수도 셉포리스에서 일어났다. 유대인 역사가 요세푸스의 『유대전쟁사』(Jewish War)에 따르면, 유다라는 반란자가 "상당한 추종세력을 일으켜, 왕의 무기고들을 강탈하여 무장한 후에, 다른 야심가들을 공격하여 권력을 잡았다"고 했다.[23] 이에 로마는 시리아 주둔 3개 군단(정예병력 18,000명, 기병대 2,000명, 보조 보병대 15,000명)을 셉포리스로 파병했고, 시리아 총독 바루스의 친구 가이우스는 "모든 대적자들을 궤멸시키고 사로잡았으며, 세포리스 도시를 태웠으며, 그 주민들을 노예로 만들었다."[24]

그러면 셉포리스와 가까이 있었던 당시 나사렛의 상황은 어땠을까? 크로산의 말을 들어보자: "기원전 4년에 나사렛에서는 그 지역 농민들이 잘 알고 있었던 은신처로 때맞춰 피신했던가, 아니면 남자들은 살육당하고 여자들은 강간당하고 아이들은 노예로 끌려가거나 했을 것이다. 만일 그들이 피신했다면, 그들이 돌아왔을 때는, 한 반란자가 말했듯이, 아무 것도 남아 있지 않았을 것이다. 왜냐하면 로마 군인들은 심지어 그 남은 것들마저 빼앗아갔기 때문이다."[25] 생각해 보자. 이 사건은 예수가 태어난 바로 그 즈음에 발생했고, 예수는 커가면서 예루살렘과 셉포리스와 나사렛에서 일어난 일에 대해 수도 없이 들었을 것이다. "예수가 열 두 살이 되기까지, 그는 로마인들이 덮친 날에 관해서 되풀이해서 듣지 않을 수 없었을 것"이라는 크로산의 상상은 결코 지나치지 않을 것이다.[26]

두 번째 로마의 폭력은 빌라도가 유대지역의 총독으로 부임한 CE 26-27년 즈음에 일어난 것으로 보인다. 요세푸스에 따르면, 빌라도는 40km(혹은 80km) 떨어진 곳에서 물을 끌어들이는 수로 공사에 "코보나스"(Corbonas)

23) 크로산, 『첫 번째 크리스마스』, 106.
24) Ibid., 106-107.
25) Ibid., 107.
26) Ibid., 108.

라 불리는 성전기금을 유용하여, 수 만 명의 유대인 군중들로부터 집단 항의를 받게 된다. 이에 그는 자신의 병력에 유대인 옷을 입혀 군중 속에 들어가게 한 후, 폭동에 참여한 군중들은 물론 참여하지 않은 군중들까지 곤봉으로 구타하게 된다.[27] 이것은 예수가 한참 활동을 하던 시기에 일어난 것으로, 예수는 이 사건에 대해 익히 알고 있었을 것으로 보인다.

반면, 이스라엘 안에서 일어난 유대인의 폭력은 대개가 로마 제국을 향한 것이었다. 그러나 로마 제국에 대해 직접 폭력을 가하는 것은 매우 위험 부담이 컸기 때문에, 대부분의 폭력은 로마 제국의 하수인인 헤롯 왕가에 향해졌다.

이스라엘 안에서 일어난 유대인의 폭력은 크게 두 가지 형태로 나타났다. 하나는 의적(義賊)에 의한 폭력이고, 다른 하나는 자칭 메시아에 의한 폭력이다. 하지만 의적과 메시아는 정확히 구분되지는 않았던 것으로 보인다. 경우에 따라서는 의적이 후에 자칭 메시아로 돌변하는 때도 있었기 때문이다.

의적은 집단적인 반란과는 성격이 다르다고 할 수 있다. 이들은 특정 사안에 대해 반란의 목적을 갖고 조직적으로 행동하는 대규모 집단이 아니라, "기껏해야 자신들의 가난의 운명을 감수하기를 거부하거나, 최악의 상태로는 자신들의 빈곤을 감수하기를 거부한 개별적 농민들"이었기 때문이다.[28] 이들은 의로운 뜻을 갖고 가난을 몰고 온 진원지를 찾아 공격했기 때문에, "백성들에 의해 영웅, 전사, 보복자, 정의의 투사, 심지어 해방의 지도자로 간주되고, 어떤 경우이든 존경할 사람, 도와주고 지원해야 할 사람으로 간주"되었다고 한다.[29] 크로산은 이들 의적들은 그 뜻을 실천하기 위해, 폭력을 사용했다고 한다.[30] 그러나 불행히도 유대인 역사가 요세푸스는 예수가 기억하고 있었을 시기, 즉 BCE 30년대부터 CE 30년대 사이의 일반 의적들에 관해 아무 것도 기

27) 크로산, 『역사적 예수』, 234.
28) Ibid., 292.
29) Ibid., 290.
30) Ibid., 290.

록을 남기지 않고 있다. 이 말은 당시 의적이 없었다는 뜻이 아니라, 기록에 남을 만한 의적, 즉 후에 자칭 메시아가 된 의적들만이 기록에 남았다는 것을 의미한다.

이제 의적으로 출발해서 자칭 메시아가 된 사람들로, 예수가 알고 있었을 만한 인물 셋을 소개하고자 한다. 이들은 헤롯 대왕이 죽은 BCE 4년 이후, 이스라엘 전역에서 일어난 반란의 틈바구니에서 등장했던 인물들로, 갈릴리, 베뢰아, 유대 등지에서 활동했다.

첫 번째 인물은 갈릴리의 유다(Judas)이다. 유다는 헤롯 대왕이 처형한 의적 두목 에제키아스의 아들로, 제국세 반대운동을 펼친 제4철학의 창시자 갈릴리의 유다와는 동명이인(同名異人)이다. 요세푸스에 따르면, 그는 농민 의적 두목으로 갈릴리의 셉포리스에서 추종자들을 모아 헤롯 왕궁을 공격하여 무기고를 탈취하고, 부하들을 무장시켜 재물을 탈취하여 도망갔다고 한다.[31] 그리고 이 공격에서 성공하자, 그는 자칭 메시아가 되었다고 한다.[32]

두 번째 인물은 시몬(Simon)으로 헤롯의 노예였다가 요단강 동쪽 베뢰아에서 활동했다고 한다. 그는 미남에 체격과 체력이 출중하여 지도자로서의 좋은 외적 조건을 갖추고 있었는데, 이를 이용하여 추종자들을 모으고 스스로 자기 머리에 왕관을 씌우고 왕을 자임했다고 한다. 일종의 자칭 메시아였던 셈이다. 그는 여리고에 있는 헤롯 왕궁을 불태우고 그곳의 재물을 약탈했고, 그 외의 고급 저택들도 방화하고 약탈한 후, 모두 파괴해 버렸다고 한다.[33]

세 번째 인물은 유대의 아쓰롱게스(Athronges)이다. 그는 원래 목동이었는데, 시몬처럼 체격과 체력이 모두 좋았다고 한다. 뿐만 아니라 죽음조차 두려워하지 않는 지도자로서의 남다른 조건 또한 갖추고 있었던 것으로 보인다. 그는 스스로 왕을 자임하면서, 네 명의 형제들에게는 무장한 의적들을 맡

31) Ibid., 335.
32) Ibid., 336.
33) Ibid., 336-37.

기고, 자신은 왕처럼 중대 문제만 다루었다고 한다. 그 역시 자칭 메시아였던 것이다.[34] 이상 소개한 세 인물은 모두 자칭 메시아들인데, 이들은 모두 이스라엘의 왕을 자임했고, 그 왕권을 폭력에 의존했다고 하는 점에서 동일하다고 말할 수 있다. 예수 당시에 폭력은 이처럼 로마로부터, 그리고 유대인으로부터 끊임없이 일어나고 있었다.

3. 질병과 고통의 치유

이제부터는 예수가 동시대의 과제들을 어떻게 풀어나갔는지를 살펴보도록 하자. 먼저 예수는 질병의 문제를 어떻게 해결했을까? 예수는 질병을 치료하는 일종의 의사였는가? 복음서 어디를 보아도 그러한 흔적은 없다. 그러면 예수에 의해 질병이 치료되었다는 복음서의 기록은 사실이 아닌가? 그렇지도 않다. 『예수 세미나』의 대표적인 학자들인 펑크,[35] 크로산,[36] 보그,[37] 그리고 홀슬리까지도[38] 예수가 질병을 고쳤다는 것에는 의심의 여지가 없는 것으로 보고 있다. 질병을 고치는 전문가는 아니지만, 질병을 고친 것은 사실이라는 말이다. 그렇다면 도대체 예수는 질병과 관련하여 무엇을 했던 것일까?

크로산은 이 질문에 대답하기 위해서는 '치료'(curing)와 '치유'(healing)를 구분할 필요가 있다고 한다. 그에 따르면, 치료는 육체적인 질병을 치료하는 것이고, 치유는 육체적인 질병에 따르는 정신적인 고통, 즉, 필자의 구분에

---

34) Ibid., 338.
35) 펑크, 『예수에게 솔직히』, 386.
36) 크로산, 『예수는 누구인가』, 116.
37) 보그, 『예수 새로 보기』, 89.
38) 크로산, 『하나님과 제국』, 188.

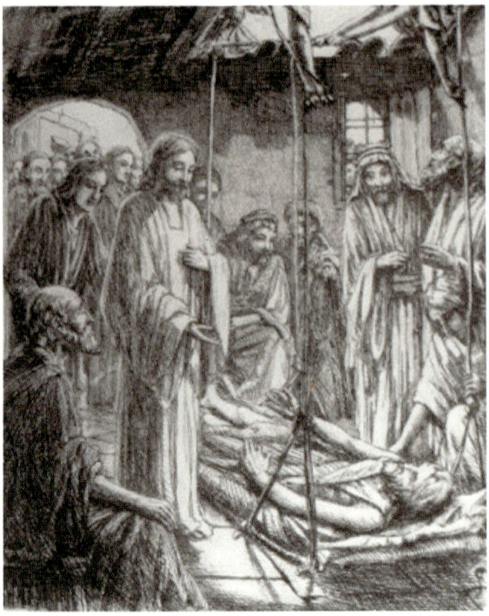

얼 스텟슨 크로포드(1877-1965)의
『중풍병자를 고치심』

따르면, 사회심리적 고통과 종교적 고통을 치유하는 것을 의미한다.[39] 그러면 예수는 이 두 가지 중 무엇을 했던 것일까? 크로산은, 예수가 하려고 했던 것, 혹은 예수가 할 수 있었던 것은 고통을 치유하는 것이었다고 한다: "그(예수)는 물리적인 세계에 개입해서 질병을 치료했던 것인가, 아니면 사회적인 세계에 간섭해서 고통을 치유한 것이었나? 그 병뿐만 아니라, 다른 어떤 병도 치료하지 않았고, 또 치료할 수도 없었던 예수는 그 질병에 따르는 종교의례적인 불결과 사회적인 배척을 인정하지 않음으로써, 그 가련한 사람의 고통을 치유했다는 것이 나의 생각이다."[40]

그러면 예수는 그 고통을 어떻게 치유했을까? 복음서에는 수많은 치유의 사례가 나오지만, 여기서는 치유의 전형을 보여준 대표적 사례 하나만을 살펴보도록 하자. 예수가 어느 날 갈릴리 바다 북쪽 연안에 있는 가버나움에 가

39) 크로산, 『예수』, 140.
40) Ibid., 143.

게 되었다. 그가 왔다는 소문이 돌자, 수많은 사람들이 예수가 머무는 집을 가득 메웠다. 그런데 그 때 네 명의 사람들이 중풍병자 한 사람을 예수에게 데려왔다. 사람들이 많아 진입이 어려워지자, 지붕으로 올라가 공기통처럼 열려진 공간을 통해 예수가 있는 곳으로 달아 내렸다. 이에 예수가 그들의 믿음을 보고, 환자를 향해 "네 죄가 용서함을 받았다"고 선언한다. 마침 그곳에 있던 율법학자 몇 명은 예수의 이 말을 듣고, "이 사람이 어찌하여 이런 말을 할까? 하나님을 모독하는구나. 하나님 한 분밖에, 누가 죄를 용서할 수 있는가?"하고 못마땅한 듯 중얼거린다. 하지만 이후 예수의 죄 용서 선언을 들은 환자는 사람들이 보는 앞에서 자리를 거두어 들고 나간다.

이 이야기의 핵심은 예수가 환자에게 죄의 용서를 선언했는데, 이 죄 용서의 선언이 환자의 고통을 치유하는 힘이 있었고, 또 환자의 질병을 낫게 하는 결과를 가져왔다는 것이다. 그러면 예수도 환자를 하나님의 벌을 받고 있는 죄인으로 생각했고, 그래서 죄의 용서를 선언한 것일까? 문자적으로 보면, 그렇게 들릴 수 있다. 그러나 만약 그랬다면, 예수는 환자의 고통을 치유하기는커녕, 환자의 반감(反感)만 샀을 것이다. 왜냐하면 지금 환자의 고통은 자신이 죄인 취급당하는 데서 오는 것인데, 예수의 치유는 바로 '환자는 죄인'이라는 전제 위에서 이루어지고 있기 때문이다.

그렇다면 이 죄 용서의 선언에서 예수가 말하고자 했던 것은 무엇일까? 그것은 한 마디로 '환자는 죄인이 아니다'라는 것이다. 말하자면, 이런 것이다: 유대인들이 말하기를, 질병은 너희들이 지은 죄에 대한 하나님의 벌이라고 하더냐? 그래서 너희 환자들을 죄인처럼 취급하고, 가족과 사회로부터 격리시키고, 치료를 아예 포기하더냐? 그렇다면 내가 말하마. '너희 죄는 용서되었다.' 상당히 해학적이면서도 정곡을 찌르는 선언이 아닌가! 이 선언이 말하고자 하는 것은, 첫째, 환자를 죄인 취급해서도 안 되고, 둘째, 불치라 하더라도 치료(curing) 혹은 돌봄(caring) 자체를 포기해서도 안 되고, 셋째, 환자를 가정과 공동체로부터 격리시켜서도 안 된다는 것이다. 예수의 선언은 단순하지만, 복합적인 의미를 함축하고 있는 것이다. 어떤가? 예수의 죄 용서 선언한 마디가 환자의 사회심리적 고통과 종교적 고통을 동시에 완벽하게 치유하고 있지 않은가?

그런데 복음서에 보면, 예수의 죄 용서 선언은 고통만 치유하는 것이 아니라, 질병 자체를 낫게 하는 결과를 가져온 것으로 되어 있다. 그러면 이는 어떻게 이해해야 하는가? 고통의 치유는 질병의 치료를 가능하게 할 수 있다는 것인가? 대답은 'Yes.' 생각해보자. 예수의 치유 선언, 즉 불치병 환자는 죄인이 아니라는 선언은, 불치병 환자도 엄연한 하나의 인간이고 공동체의 일원이라는 것, 그러므로 가정과 사회로부터 격리시키려 하지 말고, 불치병의 치료를 위해 끝까지 최선을 다해야 한다는, 그리고 치료가 안 되더라도 돌봄 자체를 포기해서는 안 된다고 하는, 일종의 '환자권리선언'과 같은 것 아니겠는가? 만약 이것이 예수의 죄 용서 선언의 핵심이라고 한다면, 이 선언이 실천될 경우, 고통의 치유는 결국 질병을 치료하는 결과를 가져올 수 있지 않겠는가? 고통의 치유는 치료의 포기가 아니라, 치료의 시작이 아니냐 하는 것이다.

제일 바람직하기로는, 환자의 고통이 치유되는 시점과 질병이 치료되는 시점이 동시적이면 좋을 것이다. 복음서는 거의 대부분 이러한 사례들뿐이다. 치유 받은 환자의 믿음과 치유하는 예수의 능력이 하나로 결합되어, 즉각 질병이 치료되는 결과를 만들어낸다. 고통의 치유는 불치병 환자에게 자신도 나을 수 있다는 강한 믿음을 불러일으킬 수 있고, 그 믿음의 기초 위에 예수의 치유의 능력이 불치병 치료를 가능하게 할 수 있다는 말이다.[41)]

그러나 일반적 환경에서 환자의 치유가 치료까지 이어지려면, 먼저 본인은 물론 가족과 사회가 환자를 보는 시각과 태도가 바뀌어야 하고, 그것에 따라 환자에 대한 치료와 돌봄이 구체적으로 시작되어야 한다. 환자의 고통이 치유되는 것과 환자의 질병이 치료되기 시작하는 것 사이에는 시간적 거리가 있을 수밖에 없다는 말이다. 경우에 따라 그 기간이 길 수도 있을 것이다. 그

---

41) 『예수 세미나』의 주요 학자들, 즉 펑크, 크로산, 보그는 이러한 가능성에 대해 긍정적이다. 펑크, 『예수에게 솔직히』, 386; 크로산, 『예수는 누구인가』, 116; 보그, 『예수 새로 보기』, 99 참조.

러나 언젠가 환자를 보는 가족과 사회의 시각이 근본적으로 바뀌어, 불치병 환자를 제대로 인간 대우하게 되는 날, 불치병 환자에 대한 치료와 돌봄은 시작될 것이다. 그리고 여기저기에서 기적이 일어날 것이다.[42] 물론 치유 받은 모든 불치병 환자가 완치되는 것은 아닐 것이다. 그러나 완치가 안 된다고 미리 포기하는 것과, 지금까지는 완치가 안 되었지만 완치를 위해 최선을 다하는 것은 전혀 다른 이야기이다. 후자의 경우에는 완치가 안 된다 하더라도, 심지어는 치료를 받다 죽게 된다 하더라도, 그 치유의 힘이 결코 약화되는 것은 아닐 것이다. 마지막 죽는 순간까지, 자신도 자기를 버리지 않았고, 가족도 의사도 자신을 버리지 않았고, 더욱이 사회도 자신을 버리지 않았다는 이 확신을 갖고, 주변 모든 사람들이 자신의 치료를 위해 최선을 다하는 가운데 죽을 수 있었다면, 불치병 환자에게 그보다 더 행복한 죽음이 어디 또 있겠는가?

이제 고통의 치유가 질병의 치료를 가져온 현대적 사례 하나를 살펴보도록 하겠다.[43] 필자가 원목실장 겸 교목실장으로 일했던 신촌 세브란스 병원에서 일어난 일이다. 신＊＊은 간호대 3학년 봄, 축제를 하다 갑자기 쓰러졌다. 포항의 한 병원 응급실에서 잠시 깨어났다가 혼수상태에 들어가고, 대구 모 병원에서 잠시 깨어났다가 또다시 혼수상태에 들어간다. 그리고 의사로부터 깨어나도 소용이 없을 것이란 말을 듣는다. 목숨은 붙어있어도 의식이 없는 중증장애인이 될 것이란 뜻이다. 이 상태에서 신＊＊은 신촌 세브란스병원으로 옮겨진다. 다시 검사했지만, 아무 이상이 없고, 그에 따라 치료할 일도 없었다. 단지 의식 없이 숨만 쉬고 있을 뿐이다. 결국 주치의는 비용관계도 있으니, 지방병원에서 그냥 산소호흡기만 달고, 사는 날까지 살도록 하는 것이 좋겠다는 권유를 한다. 의사도 포기한 셈이다. 그러나 신＊＊ 어머니는, 이것은 신＊＊이를 포기하는 것이라 생각하여 받아들이지 않는다.

42) 치유가 치료의 기적을 낳은 현대적 사례로, 연세의료원 환자 30명의 이야기가 『쿵쿵』이라는 책에 소개되어 있다.

43) 고진하, 『쿵쿵: 다시 뛰는 생명의 북소리』(서울: 넥서스크로스, 2014), 72-82 참조.

이 시기에 신＊＊ 어머니는 병원에서 원목실 여전도사님 한 분을 만난다. 그리고 하소연한다. 병원비도 다 떨어져가고, 간호할 힘도 없고, 가정은 엉망이 되어가는데, 이제 내가 무얼하면 좋겠느냐고.... 솔직히 손을 놓고 싶은 심정이었을 것이다. 세브란스 병원에서만 1년 이상을 입원한 상태였다. 그런데 그 여전도사님으로부터 아주 간단한, 특별할 것도 없는 제안을 받게 된다. 함께 금식을 하자고. 금식만은 아니었다. 금식하면서, 이 여전도사님은 신＊＊ 어머니와 함께 예배를 드렸다. 이 과정에서 신＊＊ 어머니는 다시 힘을 얻게 되었고, 신＊＊을 완전히 하나님께 내맡기게 된다.

그런데 놀랍게도 이 때부터 신＊＊에게 변화가 일어난다. 처음에는 호흡이 좋아져 인공호흡기를 떼고, 그 다음에는 중환자실에서 일반 병실로 옮기게 된다. 그리고 의식이 없던 신＊＊이가 옆의 환자와 눈을 마주치고, 딸기를 먹겠냐는 질문에 입을 벌린다. 아기에게 노래를 불러주는 옆 병상 아주머니를 따라 노래까지 부른다. 그러면서 의식이 완전히 돌아와, 재활치료를 받고, 학교로 복학하고, 간호사가 되고, 그리고 마침내 결혼하여 아이까지 낳게 된다. 그는 지금 건강한 아이 엄마가 되었다.

신＊＊의 경우, 고통의 치유란 무엇이었을까? 더욱이 신＊＊은 의식이 없지 않았는가? 그럼에도 불구하고 고통의 치유랄 것이 있었을까? 당연히 그렇다고 본다. 그것은 그 어머니가 어떠한 경우에도 딸의 손을 놓지 않고, 그 옆을 지키며, 끝까지 치료를 위해 최선을 다하고 있었다는 것, 그리고 원목실의 여전도사님 한 분이 이 어머니가 지치지 않도록 그 오른손을 잡아주고, 함께 금식하면서 하나님께 간절히 기도를 드렸다는 것, 바로 이것이 그의 고통의 치유가 아니고 무엇이겠는가? 물론 신＊＊이 이 모든 것을 의식적으로 알고 있었던 것은 아니다. 그러나 그는 이 모든 것을 느꼈을 것이다. 그리고 이 치유가 치료의 기적을 일으켰을 것이다. 이 일이 있은 후, 원목실 원목의 말이 흥미롭다: “무엇이 ＊＊ 씨를 낫게 했을까요? 어머니의 지극한 사랑과 기도? 네 맞아요. 그러나 제가 병원에 있으면서 경험한 바로는, 누가 기도한다고 죽을 사람이 다 살아나는 건 아니에요. 기도를 했는데도 불구하고, 무수히 많은 사람이 죽어요. 매일같이. 그런데 동시에 또 하나의 진실이 있어요. 틀림없이 죽을 사람이라고 생각했던 사람인데, 그 사람을 위해서 끝까지 포기하지 않고, 그 당사자가 어머니든 전도사님이든, 아니면 의사나 간호사든, 아무튼 누군가가 포기하지 않고, 그 사람을 위해서 정성을 다해 드린 기도가 그 사람을 낫게 한다는 것도 또한 진실이라는 거예요. 이 두 가지가 동시에 진실이에요."[44]

예수에게 있어 환자 치유의 자리는 하나님 나라가 선포되는 자리이기도 했고, 동시에 하나님 나라가 이루어지는 자리이기도 했다. 복음서에 보면, 예수는 그 자신이 환자들을 치유하는 자리에서 반드시 하나님 나라에 관해 말했을 뿐만 아니라,[45] 제자들을 보내어 환자를 치유하는 경우에도 꼭 하나님 나라가 가까이 왔다는 것을 선포하도록 당부했다.[46]

그러면 불치병 환자들의 세계 속에서 하나님 나라는 어떻게 이루어지는 것일까? 첫째로, 환자는 중죄를 지어 불치병이라는 중벌을 받고 있는 죄인이 아니라, 건강한 사람과 똑같은 인간인데 단지 아플 뿐이라는 것, 이러한 의식에로 환자 본인은 물론 그 가족과 사회 전체의 의식이 바뀔 때, 하나님 나라는 이루어질 것이다. 둘째로, 불치병이라 하더라도 치료가 안 된다고 미리 단정하여 환자의 치료를 포기하지 말고, 환자와 가족과 의료진이 불치병의 치료와 돌봄을 위해 끝까지 최선을 다하게 될 때, 바로 그곳에 하나님 나라는 이루어질 것이다. 셋째로, 불치병이기 때문에 장애인일 수밖에 없고 또한 사회생활 하기가 힘들다 하여, 가정과 사회로부터 배척하거나 격리시키지 않고 공동체 안에서 더불어 함께 살아갈 때, 하나님 나라는 그곳에서 이루어질 것이다. 이러한 곳에서는, 복음서의 내용에서 나오듯, 환자의 고통이 치유되는 것과 환자의 질병이 치료되는 것은 동시적인 사건이 될 수 있을 것이다.

---

44) Ibid., 81.
45) 신약성서 마태복음 4:23 참조.
46) 신약성서 누가복음 10:9 참조.

4. 기아와 공동 식사

그러면 예수가 동시대 배고픔의 문제는 어떻게 해결했을까? 여러 가지 가능성을 생각해 볼 수 있을 것이다. 첫째는 예수가 스스로 돈을 많이 벌어 배고픈 사람들에게 식사를 제공하는 것이다. 그러나 복음서의 어디에서도 예수가 돈을 벌어 식사를 제공했다는 기사는 찾아볼 수 없다. 예수 역시도 가난했고, 배고픈 사람들 중의 하나였다. 둘째는 예수가 먹거리를 모아 배고픈 사람들에게 식사를 제공하는 것이다. 예를 들면, 한국에서 음식은행(Food Bank)을 개설하여 대형 음식점에서 음식을 모은 후, 그것을 배고픈 사람들에게 나누어 주는 것과 같은 형태를 말하는 것이다. 그러나 복음서에는 예수가 음식은행(Food Bank) 같은 것을 개설했다는 흔적이 전혀 없다. 셋째는 예수가 돈 많은 부자들을 설득하여, 그들이 배고픈 사람들을 위해 식사를 제공하도록 하는 것이다. 그러나 이것은 가능하지도 않을 뿐더러, 예수가 시도했다는 흔적 또한 없다. 이것은 위 세 가능성들이 예수가 시도했던 것과는 전혀 거리가 먼 것들이라는 것을 의미한다.

그러면 예수는 도대체 동시대 배고픔의 문제를 어떻게 해결했을까? 크로산에 따르면, 예수는 배고픈 사람의 식사 문제를 무상(無償)의 치유와 연결지어 해결했다고 한다.[47] 말하자면, 예수는 질병에 걸린 사람들의 고통을 치유해 주면서, 그 환자와 가족들로부터 아무런 보상을 받지 않는 대신, 환자와 그 가정은 예수와 그의 일행, 그리고 예수를 보러온 그 지역의 배고픈 청중들에게 식사를 제공했다는 것이다.[48] 예수가 치유의 대가로 음식을 요구했다는

---

47) 크로산, 『역사적 예수』, 544.

48) 크로산이 인용한 도마복음에 보면, 이런 대목이 나온다: "어떤 지역을 지나갈 때면, 그 시골 한가운데로 통과해가며, 사람들이 너희를 영접하면 그들이 주는 것을 먹고 그들 가운데 병든 이들을 고쳐주어라." 크로산, 『예수』, 178. 신약성서 마태복음과 누가복음에도 치유와 공동식사가 연결되어 있었음을 암시하는 구절들이 있다. 마태복음 10:7-11; 누가복음 10:8-9 참조. 이 세 구절은 복음서에 치유의 현장마다 공동식사가 있었다는 언급이 없다 하더라도, 늘 치유와 공동식사가 연결되었다는 것을 암시한다.

것이 아니라, 예수가 환자를 치유하는 일과 환자의 가정이 음식을 내놓는 일이 아주 자연스럽게 동시적으로 이루어졌다는 말이다. 물론 환자가 있는 그 가정도 가난한 가정이고, 먹거리가 넉넉한 것은 아닐 것이다. 그러나 그 가정은 지금 집이 있고, 가난하지만 극빈자는 아니다.[49] 그러므로 그 가정은 가난하기는 해도 음식을 제공할 만한 여유가 있고, 이 음식은 그 자리에 함께 한 지역 극빈자들에게도 제공된다는 것이다.[50] 그 식사는 "이것이 아니고는 식사의 기회가 전혀 없었던 사람들을 위한 것"이기도 한 것이다.[51] 이것이 예수가 말하는 공동 식사, 열린 식탁의 핵심인 것이다.

그런데 문제는 이러한 공동 식사가 만약 한 집에서만 열린다고 한다면, 그 가정이 매일 그것을 감당하는 것도 어려운 일이지만, 이스라엘의 수많은 배고픈 사람들이 혜택을 받을 수가 없다. 그래서 이 문제를 해결하는 예수의 해법이 바로 유랑생활, 즉 '순회 치유 활동'이라는 것이다. 예수가 한 집에 머물러서 이스라엘 전역으로부터 환자들을 받는 일종의 '중앙치유센터'를 차리는 것이 아니라, 이스라엘 전역을 순회하면서 환자 가정으로부터 초대를 받아 그곳에서 치유하고, 치유가 끝나면 그 지역에서 함께 한 배고픈 청중들과 식사를 대접받고, 또 그것이 끝나면, 바로 다른 지역으로 이동하는, 이른바 '이동치유센터'를 운영한 것이다. 크로산은 예수의 이러한 순회 치유 활동은 우발적으로 일어난 것이 아니라, 처음부터 "계획된 순회"였다고 말한다.[52] 예수는 이러한 '계획된 순회'를 통해 치유와 함께 배고픔의 문제를 해결했고, 이를 통해 이스라엘 "사회를 밑바닥에서부터 다시 일으켜 세우려고" 했던 것이다.[53]

---

49) 크로산, 『예수의 역사』, 196.

50) 한 대표적인 예로, 예수가 베드로의 장모를 치유한 베드로의 집에 "온 동네 사람이 문 앞에 모여들었다"고 한다. 신약성서 마가복음 1:33.

51) 크로산, 『예수는 누구인가』, 191.

52) 크로산, 『예수』, 167.

53) 크로산, 『예수의 역사』, 198.

그러면 이러한 예수의 공동식사와 그의 하나님 나라는 어떤 연관성이 있을까? 먼저 예수를 중심으로 공동식사가 펼쳐지는 자리는, 치유의 자리가 그랬던 것처럼,[54] 하나님 나라의 꿈과 비전을 나눌 수 있는 더 없이 좋은 기회였다는 것이다. 조태연은 이렇게 말한다: "예수의 식탁 교제는 그의 번뜩이는 통찰력을 구수한 대화로 풀어 가기에 더없이 좋은 기회였다. 그의 아주 많은 가르침은 바로 이 식탁에서 나왔다. 치유와 축귀의 기적이 하나님 나라 능력의 실존적 경험이었다면, 식탁에서의 가르침이란 사람들을 자극하여 하나님의 나라를 일깨우는 깨우침의 방편이었다."[55]

이것만이 아니었으리라. 공동식사의 바로 그 자리는, 매 끼니를 걱정해야 할 만큼 배고픈 민중이었지만 부나 권력과 결탁하지 않고, 오히려 적은 것을 나눔으로 함께 살아가는 길을 선택했던, 그래서 가장 힘든 상황에서도 하나님을 저버리지 않았던 이 배고픈 민중들이 바로 하나님 나라의 주인공으로 선포되는 자리, 그리고 공동식사가 베풀어지고 있는 바로 여기에 하나님 나라가 있다고 선포되는 자리였을 것이다.[56] 하나님의 나라는 부자가 가난한 사람을 구제하는 빈민구제소가 아니라, 가난한 사람이 가난한 사람과 더불어 나누어 먹음으로 함께 살아가는 상생의 공동체라는 말이다. 그래서 예수는 말하지 않았던가? "너희 가난한 사람은 복이 있다. 하나님의 나라가 너희의 것이다. 너희 지금 굶주리는 사람은 복이 있다. 너희가 배부르게 될 것이다."[57]

그리고 이 공동식사의 자리는 또한 계급에 의한 차별에 도전하고, 평등사회를 구현하는 자리이기도 했다. 공동식사의 자리에는 병든 사람과 건강한 사람, 남자와 여자, 어른과 아이, 의인과 죄인, 고상한 직업을 가진 사람과 천

54) 신약성서 누가복음 9:11 참조.

55) 조태연 외 2인, 『뒤집어 읽는 신약성서』, 57.

56) 신약성서 마태복음 저자는 그래서, 하나님 나라는 의에 주리고 목마른 사람, 의를 위하여 박해를 받은 사람들의 것이라고 말한다. 신약성서 마태복음 5:6, 10 참조.

57) 신약성서 누가복음 6:20-21.

한 직업을 가진 사람이 아무런 차별이 없이 다 같이 초대되고, 다 같이 참여하고, 다 같이 음식을 나눈다. 특별히 유대인 사회에서 소외되고 차별받고 있던 "그들과의 식사는 그들을 받아들일 수 없는 사람으로 선언한 사회의 질서를 깨뜨리는 행위일 수도 있었으며, 아웃캐스트로 하여금 그들도 하나님께 받아들여질 수 있음을 깨닫게 하는 행위일 수도 있었다. 그러나 그것은 그의 적대자들의 사회적 세계를 철저히 위협하는 것이었다. 그것은 종교적인 도전이었을 뿐만 아니라, 문화적인 도전이기도 했다. 카리스마적 인물이 그의 가르침과 행동을 통해서 하나님은 아웃캐스트도 받아들이신다고 말하는 것은 정한 자/부정한 자, 거룩한 자/속된 자, 의인/악인의 구별에 근거한 유대교의 사회적 세계에 대한 도전이며 위협이었다. 예수의 식탁 친교는 사회의 문화적 동력이었던 거룩의 정치학에 의문을 제기하는 것이었다"[58]

5. 폭력과 비폭력적 저항

예수는 동시대 폭력의 문제에 대해 어떤 생각을 갖고 있었을까? 폭력에 무관심했던 것일까? 아니면 폭력에 대한 구체적 대안을 갖고 있었던 것일까? 먼저 폭력과 관련이 있는 몇 가지 예수의 말을 들어보자. 첫 번째 살필 것은 '원수'에 대한 예수의 태도이다. 그는 이렇게 말한다: "너희의 원수를 사랑하고, 너희를 박해하는 사람을 위하여 기도하여라."[59] 폭력을 직접 언급한 것은 아

58) 보그, 『예수 새로 보기』, 185. 여기에서 '거룩의 정치학'이라는 것은 '거룩'이라는 이데올로기를 가지고 소위 속된 사람들을 지배하고 통제하려는 사회지배체제를 가리킨다고 말할 수 있다. 아웃캐스트는 유대교 사회에서 버림받고 소외된 사람을 가리킨다.

59) 신약성서 마태복음 5:44. 누가복음은 이 대목 후반부를 이렇게 기록하고 있다. "너희를 미워하는 사람들에게 잘 해주고, 너희를 저주하는 사람을 축복하고, 너희를 모욕하는 사람을 위하여 기도하여라."(6:27-28)

니지만, 폭력에 대한 예수의 생각을 아주 극명하게 드러내준다. 폭력을 휘두르며 원수를 사랑하거나, 폭력을 행사하면서 박해하는 사람을 위해 기도하는 경우는 찾아보기 힘들 것이다.

두 번째로 살필 것은 '악' 혹은 '악한 사람'에 대한 예수의 태도와 관련한 것이다. 예수는 이렇게 말한다: "악한 사람에게 맞서지 말아라."[60] 이 말은 한국에서 흔히 정부를 비판하지 말고 정부가 하는 일에 잠자코 복종하라는 의미로 줄곧 사용되어온 구절이다. 이 말이 과연 그런 뜻일까? 여기에 '맞서다'는 뜻의 그리스어는 '안티스테미'(ἀνθίστημι)인데, 이 말 뜻은 "폭력적으로 저항하다, 폭동을 일으키다, 혹은 반란을 일으키다, 저항하여 봉기한다"는 뜻이라고 한다. 정리하면,[61] 악한 사람에게 잠자코 복종하라는 말이 아니라, 폭력으로 저항하지 말라는 뜻이다.

세 번째로 살필 것은 이른바 주기도문 속에 나오는 "우리를 시험에 빠지지 않게 하시고"라는 대목의 '시험'에 대한 예수의 생각이다.[62] 문제는 이 시험이 무엇을 가리키느냐 하는 것이다. 크로산에 따르면, 이 시험은 "그 의도가 매우 구체적이며, 그 내용이 매우 정확한 것이며, 1세기 이스라엘이 로마제국과 대결하는 구체적인 역사적 상황 속에 깊이 뿌리내리고 있는 것"이라고 한다.[63] 바꾸어 말하면, 이 시험은 "로마의 폭력적인 지배에 대해 폭력적으로 저항할 유혹"을 가리킨다는 것이다.[64] 앞서도 살핀 것처럼, 로마의 폭력적 지배에 유대인들 중 일부, 특히 의적들과 자칭 메시아들은 폭력으로 맞섰다. 말

60) 신약성서 마태복음 5:39
61) 월터 윙크, 『사탄의 체제와 예수의 비폭력』, 한성수 역(고양: 한국기독교연구소, 2004), 293.
62) 새번역 주기도문을 참고로 싣는다: "하늘에 계신 우리 아버지, 아버지의 나라가 거룩하게 하시며, 아버지의 나라가 오게 하시며, 아버지의 뜻이 하늘에서와 같이 땅에서도 이루어지게 하소서. 우리가 우리에게 잘못한 사람을 용서하여 준 것 같이 우리 죄를 용서하여 주시고, 우리를 시험에 빠지지 않게 하시고, 악에서 구하소서. 나라와 권능과 영광이 영원히 아버지의 것입니다. 아멘." 여기에서 시험은 '유혹'이라는 말로 번역해도 좋을 것이다.
63) 크로산, 『가장 위대한 기도』, 253.
64) Ibid., 254.

하자면, 예수는 이러한 구체적 사례들을 염두에 두고, 로마의 폭력에 유대인들이 폭력으로 맞서는 것을 경계했다는 것이다. 설혹 그 폭력이 이스라엘에 하나님의 나라를 이루기 위한 방편이라 하더라도 말이다.

우리는 예수가 말한 위의 세 가지 구절들을 통해 한 가지 결론을 얻을 수 있다. 로마 혹은 유대인의 폭력에 대한 예수의 대안은 '비폭력'이라는 것이다. 그러면 이 '비폭력'은 '무저항'을 의미하는 것인가? 흔히 인도의 간디를 빗대어, 예수의 정신은 '비폭력 무저항' 정신이라고 말한다. 이것은 과연 예수에 대한 바른 이해일까? 이에 대한 예수의 생각을 잘 보여주는 대목 하나를 살펴보자: "또 눈은 눈으로, 이는 이로 갚으라 하였다는 것을 너희가 들었으나, 나는 너희에게 이르노니, 악한 자를 대적하지 말라. 누구든지 네 오른편 뺨을 치거든 왼편도 돌려 대며, 또 너를 고발하여 속옷을 가지고자 하는 자에게 겉옷까지도 가지게 하며, 또 누구든지 너로 억지로 오 리를 가게 하거든 그 사람과 십 리를 동행하고, 네게 구하는 자에게 주며 네게 꾸고자 하는 자에게 거절하지 말라."[65)]

방금 인용한 구절에는 악한 자에게 맞서지 말라는 말 다음에 세 가지 사례가 나오는데, 이를 하나씩 살펴보자. 이와 관련해서는 윙크(Walter Wink)의 연구와 설명이 단연 탁월하다. 첫 번째, 왜 오른쪽 뺨인가? 오른손잡이의 세계에서는 상대방이 왼쪽 뺨을 맞게 된다. 그리고 오른쪽 뺨을 때리기 위해 왼손을 사용하는 것은 유대인 세계에서는 금물이다.[66)] 그러므로 오른쪽 뺨을 때리기 위해서는 오른손 등을 사용해야 한다. 그런데 유대인 세계에서 손등으로 때린다고 하는 것은 주먹싸움을 하려는 것이 아니라, 상대방을 모욕하려는 뜻을 함축한다고 한다. "손등으로 상대방을 때리는 행동이 명백히 의도하는 바는 상대방에게 상처를 입히자는 것이 아니라, 수치스럽게 만들자는 것

65) 신약성서 마태복음 5:39-42.

66) 대표적인 사례로, 쿰란(Qumran) 공동체에서는 왼쪽 손으로 손짓만 해도 열흘간 속죄의 고행으로 처벌을 받아야 했다고 한다. 윙크, 『사탄의 체제와 예수의 비폭력』, 278.

이며, 상대방이 자기의 꼬락서니를 알아서 자기 분수를 지키라고 훈계하려는 것"이라는 뜻이다.[67]

그런데 예수가 여기에 자진해서 응하라는 것이다. 때리는 사람은 누구이고, 맞는 사람은 누구이겠는가? 때리는 사람은 로마인이든 유대인이든 폭력을 쓸 만한 힘 있는 사람이고, 맞는 사람은 맞고도 쉽게 저항하지 못하는 힘없는 유대인 민중이다. 그런데 그 모욕 앞에 자진해서 자신을 노출시키라는 것은 무엇을 말하는가? 윙크는 이렇게 설명한다: "다른 쪽 빰을 돌려대는 사람은 사실상 이렇게 말하는 것이다. '어디 한 번 더 때려봐. 네가 처음 때린 것이 의도했던 효과가 실패했단 말이야. 나는 네가 나를 모욕하려는 힘을 거부한다. 나도 너와 마찬가지로 사람이란 말이다. 네 신분이 그 점을 변경하지는 못해. 너는 내 품격을 떨어뜨리지 못해.'"[68]

두 번째 사례는 마태복음의 내용과 누가복음의 내용이 다르다. 마태복음에는 속옷을 달라는 고소인에게 겉옷까지 주라고 기록되어 있고, 누가복음에는 겉옷을 달라는 고소인에게 속옷까지 주라고 기록되어 있다. 상식적으로 볼 때, 이것은 누가복음의 기록이 맞다고 본다. 아무리 피고소인이 힘이 없어도 속옷부터 내놓으라는 고소인은 없을 것이다. 이런 전제하에 내용을 살펴보자. 내용은 이런 것이다. 고소인이 겉옷을 달라 하거든, 피고소인은 속옷까지 내주라는 것이다. 가난한 민중이 아마도 빚 관계로 고발을 당했는데, 고발자가 고발당하지 않으려면 겉옷이라도 내놓으라고 한다는 것이다. 그러면 속옷까지 기꺼이 내주라는 것이다.

예수는 도대체 무슨 생각을 하고 있는 것일까? 왜 예수는 그들의 속옷까지도 벗어주라고 권고하는 걸까? 윙크의 설명을 들어보자: "이는 곧 있는 옷을 다 벗어주고 법정에서 벌거벗고 걸어 나가라는 말이지 않은가? 이 말에 대하여 갑작스럽게 터져 나올 웃음을 상상해 보라. 거기에는 가난한 채무자의 겉

---

67) Ibid., 278.
68) Ibid., 279.

옷을 한 손에 들고, 다른 손에는 속옷을 들고, 창피한 모습으로 채권자가 서 있다. 입장이 채권자 쪽으로 불리하게 전환된 것이다. 법이 채권자에게 유리하게 되어 있으니, 채무자로서는 이길 희망이 전혀 없다. 그러나 가난한 사람은 그를 모욕하려는 상대의 의도를 초월하여 버렸다. 그는 창피를 넘어서서 일어섰다. 이와 동시에 그는 자기가 빚을 지도록 만들어버린 제도에 항거하는 놀라운 저항을 제기한 것이다. 그는 실제적으로 이렇게 말한 것이나 다름없다. '너 내 옷을 원해? 자, 여기 있으니 모두 가져가라! 너는 이제 내 몸뚱어리를 빼놓고는 모두 차지하였구나. 다음엔 내 몸뚱이를 가져갈 참인가?'"[69]

세 번째 사례는, 누가 억지로 오 리를 가자하거든, 기꺼이 십 리를 가주라는 것이다. 이 말은 당시 상황을 모르면, 이해하기 쉽지 않은 구절이다. 윙크에 따르면, 이 말은 당시 "로마 점령군이 정복지의 사람들에게 부과할 수 있는 강제노역(angareia)의 분량을 1 마일로 제한한, 상대적으로 부담을 가볍게 한 당시의 관행에서 그 예를 들었다"고 한다.[70] 로마제국은 지중해 연안 일대의 국가들을 정복하면서, 도보로 이동하는 병사의 체력을 감안, 정복지 사람에게 1마일(1.6km, 약 오 리)에 한해 병사의 배낭(60~85파운드, 27kg~38kg, 무기를 제외한 무게)을 들어주도록 '강제노역' 규정을 만들었다고 한다.[71] 병사의 체력도 감안했지만, 정복지 주민의 반발도 감안한 적절한 수준의 규정이라는 뜻이다.

예수는 그의 유대인 청중에게, 만약 당신이 이런 요청을 받았다면, 상대방이 요청하지 않더라도, 기꺼이 오 리를 더 가겠다고 하라는 것이다. 도대체 무엇을 의도한 것일까? 역시 윙크의 말을 들어보자: "1마일을 다 가서 다음 마일 도로 표지가 있는 곳에 이르러, 이제 로마 병사가 배낭을 돌려받게 되었는데, 민간인이 말하기를, '아니요. 내가 1 마일을 더 지고 가지요' 하고 말했

69) Ibid., 283.
70) Ibid., 285.
71) Ibid., 286.

을 때, 그 로마 병사의 표정이 얼마나 놀랄지 상상해 보라. 왜 이 녀석은 이렇게 하려는 것일까? 무슨 짓을 하려는 속셈인가? 보통이라면 로마 병사들이 사람들에게 자기들의 짐을 지고 가라고 강요하는 것이지만, 이 유태인은 자진하여 기뻐하면서 멈추지 않고 더 가겠다니! 이거 도발하는 거야 뭐야? 이 친구 로마군단의 힘을 모욕하는 건가? 친절을 베푸는 것인가? 징발의 규칙을 어겼다고 내가 얼차려를 받도록 만들 셈인가? 이 민간인이 불평신고를 할 것인가? 문제를 복잡하게 만들 작정인가?"[72]

지금까지 예수가 제시한 세 가지 사례를 살펴보았는데, 질문은 이것이다. 이러한 예수의 제안이 '비폭력 무저항'을 제안한 것인가 하는 것이다. 사례 자체가 이미 시사하고 있듯이, 예수는 결코 무저항을 가르친 것이 아니었다. 윙크의 결론처럼, "예수는 무저항주의를 가르치지 않았다. 그보다는 오히려 그는 폭력적 저항을 부정하고, 비폭력적 저항(非暴力的 抵抗)을 택했다."[73] 예수는 이러한 저항의식을 감추려고도 하지 않았고, 그렇다고 공개적으로 드러내려고 하지도 않았다. 예수의 비폭력적 저항은 "은폐된 저항과 공개적인 저항을 나누는 경계선 바로 위에 위치"했다고 볼 수 있다.[74]

그러면 예수가 비폭력적 저항을 선택한 이유는 무엇이었을까? 그는 비폭력적 저항을 통해 무엇을 의도했던 것일까? 첫째로, 폭력에 폭력으로 맞서면, 또 다른 폭력을 낳게 되고, 폭력은 악순환 된다고 하는 것이다. 앞서 살폈듯이, 헤롯 대왕 죽음 직후, 예루살렘 주민들은 유대의 새 분봉왕 아르켈라오스에게 헤롯 대왕 시절의 폐단을 시정해달라고 요구한 적이 있었다. 유월절 예루살렘 성전 안에서 일어난 일이라, 당황한 아르켈라오스가 군대를 동원하자, 시위자들은 군인들에게 돌을 던지기 시작했다. 그리고 그 일로 예루살렘 주민 3,000여 명이 아르켈라오스에게 살해당하게 된다. BCE 4년의 일이니,

72) Ibid., 288.
73) Ibid., 356.
74) 크로산, 『예수』, 176.

아마도 예수는 이 사건을 알고 있었을 것이다.

둘째로, 폭력을 당하는 유대인 민중에게 폭력 앞에 비굴하게 굴종하지도 말고, 폭력으로 맞서려고 하지도 말고, 폭력을 사용하지 않으면서도 당당하게 맞서라는 것이다. 윙크가 적절히 지적했듯이, "예수는 무대응이나 폭력을 모두 싫어했다. 그는 자기 백성들의 투쟁의 역사를 통해 얻은 지혜로, 악을 그대로 반사하지 않고도 악에 대항하는 길, 흉내 내지 않고도 억압자를 반대하는 길, 파괴시키지 않고도 적을 물리치는 길을 설명해냈다."[75] "주인 앞에서는 굽실거리면서 평생을 살아온 사람들에게, 예수는 노예적 행동과 노예적 정신 상태에서 해방되도록 새로운 길을 제시"한 것이다.[76]

셋째로, 비폭력적 저항을 통해, 폭력을 사용하는 사람에게 변화의 기회를 주어야 한다는 것이다. 비폭력적 저항의 근본 정신은 원수 사랑이다. 그리고 원수 사랑의 기본 신앙은 원수들 안에도 하나님이 살아 계시다고 하는 것을 믿는 것이다. 윙크가 지적하듯이, "원수의 정체를 규정하는 것은 그들의 역할을 응고(凝固)시키고 그들의 전향(轉向)을 막아버릴 위험이 있다."[77] 그러나 원수처럼 보이는 폭력자 속에서 하나님이 살아계시다는 것을 믿게 되면, "사람들은 변할 수 있고 또 변한다. 그리고 그 변화가 근본적인 차이를 만들어낼 수 있다. 우리는 원수들을 위하여 기도해야만 하는데, 그들 속 어딘가에는 우리 모두에게 있는 하나님의 원천(the divine Source of us both)에 동조하기를 원하는 심오한 염원이 있을 것이기 때문이다. 그리고 그들 가운데 깊은 곳에서, 그 원천은 그들이 올바르게 되고 싶은 소망을 자극하려고 노력할 것이기 때문이다."[78]

넷째로, 비폭력적 저항이야말로 폭력이 없는 새로운 세상, 즉 하나님 나

75) 윙크, 『사탄의 체제와 예수의 비폭력』, 299.
76) Ibid., 289.
77) Ibid., 419.
78) Ibid., 422-23.

라를 이룰 수 있다고 하는 것이다. 사람들은 흔히 비폭력적 저항이 성공할 수 있으며, 또 폭력 없는 세상을 가져올 수 있겠느냐고 묻는다. 그러나 역사는 그 가능성에 대해 웅변적으로 증거하고 있다. 먼저 예수 당시의 사례 하나를 들어보자. 이 사건은 CE 26-27년 겨울 사이 빌라도가 총독으로 임명된 직후 일어난 것으로, 시기적으로 보아 예수가 알고 있었을 것으로 생각된다. 빌라도가 로마 황제의 흉상(bust 胸像)을 붙인 군기(軍旗)를 밤에 예루살렘으로 들여왔다. 이것을 알게 된 유대인 군중들이 멀리 지중해 연안 가이사랴(Caesarea)에 있는 빌라도의 본영(本營)으로 몰려가, 군기를 제거해 달라고 탄원한다. 빌라도가 거절하자, 군중들은 그 자리에 엎드려서 닷새 낮과 밤을 버텼다. 엿새째 되는 날, 빌라도는 대답을 준다는 구실로 군중들을 경기장으로 불러낸다. 그런데 빌라도는 대답 대신 병정들로 하여금 그들을 3열로 둘러쌌다. 유대인들은 일치된 행동으로 땅바닥에 한 몸같이 엎어져서, 목을 길게 늘이고는 외치기를, 자기들은 율법을 어기느니 차라리 죽을 준비가 되어 있다고 했다. 그 엄청난 종교적 열정에 놀란 나머지, 빌라도는 예루살렘에서 군기를 제거하라고 즉시 명령을 내리게 된다.[79]

이 뿐만이 아니다. 윙크에 따르면, 1989년 한 해에만도, 전 세계 인구의 32%가 넘는, 13개국의 16억 9천 5백 십만 명의 사람들이 비폭력적 혁명을 경험했고, "만일 1986년 이래 주요한 비폭력 행동이 있었던 나라들(필리핀, 한국, 남아프리카, 이스라엘, 미얀마, 뉴칼레도니아, 뉴질랜드)과 금세기의 비폭력 운동을 한 다른 나라들을—인도와 가나의 독립운동, 이란에서 샤(Shah) 정권을 무너뜨림, 아르헨티나와 멕시코에서 독재정권 및 대토지 소유주들에 대항한 투쟁, 미국의 민권운동, 연합농장 노동자, 베트남전쟁 반대, 핵무기 반대 투쟁들—모두 합치면, 참가자들은 물경 33억 7천 4백만 명"에 이르고, "이것은 전 세계 인구의 64%"에 해당한다고 한다.[80]

79) Ibid., 280 참조.
80) Ibid., 403. BCE 1350년 이래 현재까지 비폭력 저항 운동의 사례들을 살펴보려면, 윙크가 만든 연표를

우리는 위에서 비폭력적 저항에 함축된 예수의 의도 네 가지를 살폈는데, 이러한 비폭력적 저항이 예수의 삶 속에서 가장 극적으로 구현된 것은 바로 그의 십자가 사건이었다고 생각된다. 예수는 체포될 당시 칼을 쓰고자 하는 제자들에게, 칼로 일어나는 자는 칼로 망한다고 말함으로써,[81] 폭력의 악순환을 막고자 했다. '유대인의 왕'이 되려 했다는 내란음모죄로 고발되어 이를 심문하는 빌라도 앞에서도, 구차하게 변명하지 않고, 당당하게 죽음을 받아들였다.[82] 십자가에 못이 박힌 상태에서도 자신을 죽음으로 몰고 가는 사람들을 저주하지 않고, 저들을 용서해달라고 하나님께 기도했다.[83] 이 모든 것들은 그 역사적 사실성 여부를 떠나, 예수의 비폭력 저항 정신을 잘 드러내고 있다고 생각된다. 그리고 무엇보다 중요한 것은 십자가 처형으로 이스라엘 안에서 예수의 하나님 나라 운동이 실패로 끝난 것처럼 보였지만, 사실은 바로 그 십자가 처형 때문에 예수의 하나님 나라 운동이 이스라엘의 울타리를 넘어 세계에로 나아가는 전환점이 되었다고 하는 것이다. 이것이 예수의 비폭력적 저항의 힘이 아니고 무엇이겠는가? 그래서 윙크는 이렇게 말한다: "십자가는 비폭력의 궁극적인 패러다임(Paradigm 전형)이다."[84]

참조하기 바람. Ibid., 378-387 참조.

81) 신약성서 마태복음 26:52.

82) 신약성서 마가복음 15:1-5 참조.

83) 신약성서 누가복음 23:34.

84) 윙크, 『사탄의 체제와 예수의 비폭력』, 231.

5장

예수의 동시대인 읽기

함께 아파함과 냉혹한 비판

예수 시대에 예수가 직면했던 가장 큰 사회적 문제 가운데 하나는 차별의 문제였다. 이것은 질병과 기아, 그리고 폭력의 문제와는 다른, 또 하나의 사회적 병폐라고 할 수 있다.

1. 예수 시대의 차별주의

예수 시대에 예수가 직면했던 가장 큰 사회적 문제 가운데 하나는 차별의 문제였다. 이것은 질병과 기아, 그리고 폭력의 문제와는 다른, 또 하나의 사회적 병폐라고 할 수 있다. 이 장에서는 차별의 현실과 그에 대한 예수의 대처 방안을 구체적 사례를 통해 살펴보고자 한다. 종교, 혈연, 성별에 따른 차별은 앞서 2장에서 이미 살핀 것이지만, 여기에서 다시 한 번 간단히 요약한다.

우선 유대 사회는 유대인과 비유대인을 구별하여, 비유대인을 차별했다. 비유대인은 크게 보면 유대교를 믿지 않는 외국인을 가리키는 말이지만, 보다 정확히 말하면, 이스라엘 사람 중에도 유대인이 아닌 사람, 즉 북쪽의 사마리아인을 가리키는 말이기도 하다. 그리고 같은 유대인이라 하더라도, 그 사이에 차별이 존재한다. 이것은 예루살렘 성전에 유대인들이 들어갈 수 있는 구획에서 정확히 드러난다. 대제사장과 제사장이 구분되고, 제사장과 레위인이 구분되고, 레위인과 유대인 남자가 구분되고, 유대인 남자와 유대인 여자가 구분되고, 유대인 여자와 이방인(외국인과 사마리아인)이 구분된다. 그리고 이 모든 구분 속에 차별이 존재한다.[1)]

혈연에 의한 차별의 문제는 종교에 의한 차별의 문제와 상당 부분 중첩되지만, 이것은 엄연히 또 다른 차별의 근거가 된다. 유대인은 우선 유대인의 혈통을 가진 셈족과 비셈족을 엄격히 구분하고, 비셈족은 차별했다. 그러나 차별은 여기에서 그치지 않는다. 왜냐하면 셈족 중에서도 그 혈통을 순수하게 보존한 유대인이 있는가 하면, 혈통이 불순해진 유대인이 있기 때문이다. 앞서 살핀 것처럼, 제사장과 레위인, 그리고 혈통상에 아무런 흠이 없는 평민 이스라엘 사람들은 '합법적인 혈통의 가문'으로 인정을 받았지만, 같은 제사장 가문이라도 비합법적인 제사장의 자녀들은, 외국인 개종자들이나 해방노

---

1) 이 책 2장 4절 2항 참조.

예들과 같은 수준에서 '비합법적인 혈통이긴 하지만, 혈통상의 결함이 가벼운 가문'으로 별도로 구분되었다. 그리고 사생아, 성전노예, 아버지 없는 사람, 주워온 아이, 고자 등은 같은 유대인이라도 '비합법적인 혈통인 동시에 혈통상의 결함이 큰 가문'으로 철저히 차별했다.[2)]

<table>
<tr><td rowspan="4">유대인</td><td rowspan="3">셈족</td><td>합법적 혈통 가문</td><td colspan="2">제사장, 레위인, 평민</td></tr>
<tr><td rowspan="2">비합법적
혈통 가문</td><td>가벼운 결함</td><td>비합법 제사장 자녀
외국인 개종자
해방노예</td></tr>
<tr><td>무거운 결함</td><td>사생아
성전노예
아버지 없는 사람
주워온 아이
고자</td></tr>
<tr><td>비셈족</td><td></td><td></td><td></td></tr>
</table>

성별에 의한 차별의 문제는 전형적인 가부장 사회였던 이스라엘의 또 다른 문제였다. 사람 개개인의 개별적 차이를 무론하고, 남성은 무조건 우대하고, 여성은 무조건 차별하였다. 유대인은 이것을 창세기의 창조신화와 레위기의 정결법을 통해 정당화했고, 사회생활 한 가운데에서 그 차별을 구체화했다. 핵심은 이것이다: 여성은 아무리 뛰어나도, 가장 열등한 남성보다 못하다. 이것이 성차별의 현실이다.[3)]

유대인의 차별은 주로 이 세 가지 기준에 의해 이루어졌지만, 이것 이외에도 유대인 사회의 실질적인 차별을 만들어내는 또 다른 기준들도 있었다. 첫째는 부를 기준으로 한 차별이다. 당연한 일이겠지만, 이스라엘 사회에서 부자는 대우받고, 가난한 사람은 천대를 받았다. 그런데 이것은 단순한 경제적 부의 문제만은 아니었다. 당시의 부자는 대개가 정치 및 종교계의 권력자들

2) 이 책 2장 4절 3항 참조.

3) 이 책 2장 4절 4항 참조.

이었고, 제국의 하수인들이었기 때문이다. 이들의 부는 헤롯정권과 대제사장 가문, 그리고 로마제국에 의해 뒷받침된 것이기에, 누구도 감히 손댈 수 있는 것이 아니었다. 게다가 부는 율법을 잘 지킨 유대인에 대한 하나님의 축복이고, 가난은 율법을 잘 지키지 못한 유대인에 대한 하나님의 벌이라는 유대교의 윤리관은 가난한 사람들의 고통을 더욱 가중시켰다.[4] 가난한 사람은 '죄인'이라는 뜻이다.

둘째는 율법을 기준으로 한 차별이다. 율법사회였던 이스라엘에서는 율법을 잘 지킨 사람은 대우 받았고, 율법을 잘 지키지 못한 사람은 차별 대우를 받았다. 이러한 맥락에서 제사장과 율법학자 집단은 의인으로서 대우 받았고, 율법을 지키지 못한 범법자는 죄인으로서 차별 대우를 받았다. 율법을 지키지 않은 유대인은 "시민권과 종교권"을 빼앗기고, "지역회의에 참석할 수 있는 권리"도 박탈당했으며, "내세에서 아브라함의 자녀로서의 자리마저도 잃게" 되었다고 한다.[5] 특별히 예수 당시에는 율법의 하위법이라 할 수 있는 '정결법'이 있었는데, 이는 율법학자들이 만든 것으로, 농민계층, 장인계층, 일일노동자, 아니면 거의 거지나 다름없는 생활을 했던 민중들의 입장에서는 실제로 지키기 어려운 규정이었고, 이 때문에 민중계층은 대부분 죄인 취급을 받았다. 예를 들면, 음식을 먹을 때 손을 씻는 것과[6] 시장에서 돌아와 정결하게 하고 음식을 먹는 일 등이 그것인데,[7] 이는 그 직업 혹은 그 삶의 여건상 민중들이 지킬 수 있는 규정은 아니었다. 이것은 민중들을 죄인 취급하기 위해 만들어 놓은 일종의 올가미와 같은 것이었다.

---

4) 예를 들면, 구약성서 잠언 10:22. "주께서는 복을 주셔서 부유하게 되는 것인데, 절대로 근심을 곁들여 주시지 않는다."

5) 보그, 『예수 새로 보기』, 128.

6) 신약성서 마가복음 7:2; 마태복음 15:2; 눅 11:38 참조. 이 장에서는 공관복음서(마태복음, 마가복음, 누가복음)에서 많은 전거가 제시될 예정이다. 세 개의 공관복음서를 전거로 제시할 때에는, 신약성서의 순서와 상관없이 제일 먼저 쓰여진 마가복음을 먼저 제시하고, 이어 다른 두 복음서를 제시하도록 하겠다.

7) 신약성서 마가복음 7:4 참조.

셋째는 나이를 기준으로 한 차별이다. 대부분의 가부장적 사회가 그렇듯이, 전형적인 가부장 사회였던 이스라엘에서도 어른은 대우받고, 아이는 차별 대우를 받았다. 더욱이 힘없고 가난한 사회에서 가장 취약한 계층은 어린아이이다. 만약 누군가가 희생되어야 한다면, 어린아이가 그 첫 희생양이 될 가능성이 크다. 구약성서에 보면 그런 사례가 나온다. 롯이라는 남자가 소돔성에 있을 때, 두 천사가 집에 손님으로 들어온다. 이것을 알고 소돔 남자들이 그들을 내놓으라 하자, 롯은 이렇게 말한다: "이것 보게, 나에게 남자를 알지 못하는 두 딸이 있네. 그 아이들을 자네들에게 줄 터이니, 그 아이들을 자네들 좋을 대로 하게. 그러나 이 남자들은 나의 집에 보호받으러 온 손님들이니까, 그들에게는 아무 일도 저지르지 말게."[8] 또 욥기에 보면 이러한 대목이 나온다: "아버지 없는 어린아이를 노예로 빼앗아 가는 자들도 있다. 가난한 사람이 빚을 못 갚는다고, 자식을 빼앗아 가는 자들도 있다."[9] 힘없는 아이들은 성폭행의 희생자가 되기도 하고, 노예로 팔려가기도 한다. 이처럼 적빈상태의 이스라엘 사회 속에서 어린아이는 아버지가 임의로 처리할 수 있는 소유물처럼 취급당했고, 또 이스라엘 공동체의 숫자에도 들지 못했다.[10] 복음서에 보면, 어린아이는 심지어 예수에게 접근하는 것조차 허락되지 않고 있다.[11]

마지막으로 살필 것은 직업을 기준으로 한 차별이다. 종교국가인 이스라엘에서 대우받는 직업은 성직(聖職)이다. 대제사장과 제사장, 그리고 율법학자는 당연히 대우받는다. 반면 이스라엘 안에서 천대받는 직업은, 복음서를 중

---

8) 구약성서 창세기 19:8.

9) 구약성서 욥기 24:9.

10) 구약성서와 신약성서에 보면, 이스라엘 공동체의 숫자를 세는 데, 여성과 아이들은 제외하고 세는 것을 볼 수 있다. 대표적 사례는 다음과 같다. 구약성서 출애굽기 12:37(이집트를 탈출한 이스라엘 사람이 아이들 빼고 장정만 60만이라고 표현했다); 신약성서 마태복음 14:21(물고기 두 마리와 빵 다섯 개로 군중을 먹인 이야기에서, 모인 숫자가 여자와 어린아이 빼고 남자 어른만 5,000명 쯤 되었다고 표현했다).

11) 신약성서 마가복음 10:13; 마태복음 19:13; 누가복음 18:15.

심으로 살핀다면, 혈통, 율법, 그리고 제국주의와 연관이 있다. 대표적인 사례가 매춘여성과 세리(稅吏)이다. 매춘여성은 두 가지 점에서 천대를 받았다. 하나는 이스라엘의 혈통을 불순하게 만드는 진원지라는 것이고, 다른 하나는 율법의 간음 규정을 직업적으로 위반하는 죄인이라는 것이다.[12] 세리는 로마를 대신해 제국세를 걷는 말단 유대인 세관원을 말하는데,[13] 이들 또한 두 가지 점에서 천대를 받았다. 하나는 배고픈 동족에게서 세금을 짜내어 부당이익을 취하는 매국노같은 존재라는 것이고, 다른 하나는 세금 걷는 과정에서 부당이익을 취한 것이 드러날까 두려워 십일조를 속이는 율법 위반자, 즉 죄인이라는 것이다. 이 점에서 세리는 부자라 하더라도 철저히 멸시를 당했다. 그래서 세리의 경우는 통상, "세금징수관과 도둑, 세리와 강도, 세금징수관과 강도, 환전상인과 세리, 세리와 죄인, 세리와 이방인, 세리와 창녀들, 간부(姦夫)와 세리, 살인범과 강도와 세리 등의 병렬구처럼, 세리를 죄인으로 언급"하는 것이 통상적이었다고 한다."[14]

우리는 위에서 일곱 가지 측면에서 이스라엘 내 차별의 현실을 살펴보았다. 문제는 이러한 차별이 어디에서부터 비롯되는가 하는 것이다. 그것은 크게 보아 세 가지로 요약할 수 있다. 첫째는 유대교라는 종교체제이고, 둘째는 헤롯의 독재체제이고, 셋째는 로마 제국주의이다. 이 셋은 서로 얽히고설켜, 이스라엘 안에 다양한 형태의 차별주의를 양산해 내었던 것이다.

그러면 예수는 이러한 차별의 현실 속에서, 차별받는 사람과 차별하는 사람들에 대해 어떠한 입장과 태도를 가지고 있었을까? 흔히 사람들은 예수가 모든 사람들을 보편적으로 그리고 무조건적으로 사랑했을 것이라는 선입견을 갖고 있다. 누구에게나 우호적으로 대했을 것이라는 말이다. 그러나 복

---

12) 간음 금지 규정은 유대교 십계명의 제7계명이다. 구약성서 출애굽기 20:14; 신명기 5:18 참조.

13) 넬슨-폴마이어는 이들 세리는 "통행세 청부업자들에 의해 고용된 호구지책 수준의 임금 고용인들"이라고 한다. 넬슨-폴마이어, 『예수를 배반한 기독교』, 386.

14) 예레미아스, 『예수시대의 예루살렘』, 391.

음서를 자세히 살펴보면, 예수는 차별받는 사람과 차별하는 사람에 대한 태도가 분명하게 다르다. 차별받는 사람에 대해서는, 보그의 표현을 빌리면, 'compassion,' 즉 함께 아파하는 마음을 갖고 그 편을 들어주었는가 하면,[15] 차별하는 사람에 대해서는 냉혹하게 비판을 가했다. 예수는 어떤 면에서 편애(偏愛)를 했다고 말할 수 있다. 이제 그 하나하나의 사례를 살펴보도록 하자.

2. 함께 아파했던 사람들

1) 불치병 환자

예수가 동시대에 가장 마음 아파했던 사람들은 불치병 환자였다. 그만큼 그의 짧은 활동 기간 동안 가장 많이 만났던 사람도 불치병 환자였다. 크지 않은 분량의 복음서에 예수가 불치병 환자들을 만났던 사례는 자그마치 19회나 등장한다. 불치병의 종류만도 크게 보아 육체적 질병이 열 가지가 넘었고, 정신 질환 또한 다양했다. 가버나움에서 만난 미친 사람,[16] 거라사에서 만난 군대 귀신 들린 사람,[17] 두로에서 만난 귀신 들린 딸,[18] 지역을 알 수 없는 곳에서 만난 말 못하게 하는 귀신에 사로잡힌 아들,[19] 그리고 일곱 귀신으로부

15) 보그, 『예수 새로 보기』, 181. 'Compassion'은 흔히 '자비'로 번역되지만, 그 그리스 어원은 com(together)과 pathos(feeling 혹은 suffering)의 합성어로, '함께 느끼다' 혹은 '함께 아파하다'는 뜻이다. 예수가 이 말을 썼을 때는 아픔을 가지고 있는 동시대 민중들의 아픔을 함께 아파했다는 뜻을 함축했다고 볼 수 있다.

16) 신약성서 마가복음 1:21-28; 누가복음 4:31-37 참조.

17) 신약성서 마가복음 5:1-20; 마태복음 8:28-34; 누가복음 8:26-39 참조.

18) 신약성서 마가복음 7:24-30; 마태복음 15:21-28 참조.

19) 신약성서 마가복음 9:14-29; 마태복음 17:14-20; 누가복음 9:37-43 참조.

터 놓여난 막달라라는 마리아.[20] 예수는 가는 곳마다 무수히 많은 불치병 환자들을 만나게 되었고, 그들을 만날 때마다 예수는 그 손을 뿌리치지 않고 치유해 주었다. 복음서에 보면, 예수는 그들의 치유 요청을 받았을 때, 그들을 보고 "불쌍히" 여겼다고 기록하고 있다.[21]

예수는 이러한 환자들을 치유함에 있어, 한 곳에 자리 잡고 환자들이 찾아오도록 하지 않았다. '중앙치유센터'를 차린 것이 아니라는 말이다. 계획적으로 전국을 순회했고, 치유의 요청이 있는 곳에는 항상 기쁜 마음으로 달려갔다. 치유가 끝나면, 곧바로 그 자리를 떠나 다른 곳으로 이동했고, 이러한 이동은 계속해서 반복되었다. 질병의 성격상, 혹은 거리 때문에, 환자가 예수를 찾아오는 것이 쉽지 않음을 배려하고, 전국의 모든 환자들이 골고루 혜택을 받을 수 있도록 한 예수의 탁월한 선택이었다. 일종의 '이동치유센터'를 운영했던 셈이다.

뿐만 아니라, 예수는 불치병 환자를 만났을 때, 불치병 환자의 사회적 조건에 따라 차별하지 않았다. 어떤 사람은 치유해 주고, 어떤 사람은 치유를 거절하는 그런 일은 없었다는 뜻이다. 중풍에 걸린 로마 백부장의 종도 치유해 주었고,[22] 눈먼 거지도 치유해 주었고,[23] 혈루증으로 앓던 여성도 치유해 주었다.[24] 상대가 로마인이든, 거지이든, 여성이든, 그 사회적 위치에 상관없이, 불치병에 걸려있고, 또 치유받기를 원하는 사람은 누구든지 치유해 주었다. 예수는 치유에 있어 모든 사람을 평등하게 대했다.

예수의 하나님 나라는 바로 이러한 치유의 현장에서 실현되기 시작했던 것이다. 불치병 환자도 건강한 사람과 똑같은 하나의 인간으로 대접받는 세상, 불치병으로 알려져 있지만, 그 치료를 위해 끝까지 최선을 다하고, 치료가 안

20) 신약성서 누가복음 8:2 참조.
21) 신약성서 마가복음 1:41; 마태복음 9:36; 14:14 참조.
22) 신약성서 마태복음 8:5-13; 누가복음 7:1-10 참조.
23) 신약성서 마가복음 10:46 참조.
24) 신약성서 마가복음 5:25-34.

되더라도 끝까지 환자를 돌보아 주는 가슴 따뜻한 세상, 불치병으로 신체장애를 갖고 있기 때문에 가정과 사회에 온갖 불편을 주더라도, 가정과 사회로부터 내치지 않고 공동체 안에서 자기 삶의 자리를 찾아갈 수 있도록 최선을 다해 배려해주는 세상, 바로 이러한 세상이 예수의 하나님 나라였고, 그 나라는 치유의 현장 속에서 서서히, 그러나 끊임없이 실현되고 있었던 것이다.

2) 가난한 사람

앞서 언급했듯이, 질병과 기아는 가난이 낳은 쌍둥이 형제와 같다. 질병에 걸린 사람은 대개 제대로 먹지 못한 가난한 사람들이고, 가난한 사람은 쉽게 질병에 노출된다. 예수가 치유와 식사를 의도적으로 연결시킨 것은 바로 이 때문이다. 예수가 환자를 치유하는 현장에는 항상 그 지역의 다른 환자들과 배고픈 민중들이 모여들었다. 예수는 이들을 환자 가족이 베푸는 식사에 초대함으로, 그들의 배고픔의 문제를 해결해 주었던 것이다. 무상의 치유가 배고픔의 문제를 해결하는 기회로 활용되었다는 뜻이다.

이 뿐만이 아니었다. 예수가 하나님 나라의 기쁜 소식이 전달되는 대상을 언급할 때 등장하는 부류는 항상 불치병 환자와 가난한 사람이었다: "눈먼 사람이 보고, 저는 사람이 걷고, 나병 환자가 깨끗해지고, 귀먹은 사람이 듣고, 죽은 사람이 살아나고, 가난한 사람이 복음을 듣는다."[25] 하나님 나라의 잔치 비유에서 초대받은 손님이 오지 않자, 새로 초대된 손님들도 불치병 환자와 가난한 사람이었다: "어서 시내의 거리와 골목으로 나가서 가난한 사람들과 지체에 장애가 있는 사람들과 눈먼 사람들과 다리 저는 사람들을 이리로 데려 오너라."[26] 그리고 예수 또한 잔치에 손님을 초대할 때에는, 불치병 환자와

25) 신약성서 마태복음 11:5. 누가복음 7:22 참조
26) 신약성서 누가복음 14:21.

가난한 사람을 부르라고 직접 요구하고 있다: "잔치를 베풀 때에는, 가난한 사람들과 지체 장애자들과 다리 저는 사람들과 눈먼 사람들을 불러라."[27] 그만큼 예수는 가난한 사람의 배고픔에 대해 함께 아파하는 마음을 갖고 있었고, 그들의 배고픔을 덜어주기 위해 최선을 다해 노력했던 것이다.

그리고 예수는 여기에서 한 걸음 더 나아가 부자가 변화의 가능성을 보일 때면, 여지없이 그들의 부를 가난한 사람에게 돌릴 수 있도록 촉구했다. 한 번은 부자 젊은이가 예수에게 어떻게 하면 영생(永生)을 얻겠느냐고 물은 적이 있었다. 예수가 십계명을 잘 지켰는지 묻자, 그는 잘 지켰다고 대답했다. 그러자 예수는, "가서, 네가 가진 것을 다 팔아서, 가난한 사람에게 주어라.... 그리고 와서, 나를 따르라"고 주문한다.[28] 불행히도 그 부자 젊은이는 예수의 요구를 받아들이지 못했다. 재산이 너무 많았기 때문이다. 그렇지만 이 대목에서 유념할 것은, 예수가 부자의 변화 가능성을 가난한 사람의 배고픔을 해결하는 절호의 기회로 삼고자 했다는 것이다. 이 경우는 성공하지 못했지만, 앞서 언급했던 세리장 삭개오의 경우는, 예수와의 만남을 통해 재산의 절반을 가난한 사람에게 돌리고, 세금 착취한 것을 네 배로 갚겠다고 하지 않았던가! 예수가 무슨 말을 했는지 전해지는 것은 없지만, 예수가 그의 불의한 부를 가난한 사람에게 돌리기 바란다는 점을 삭개오는 익히 알고 있었을 것이다.

예수는 하나님 나라라고 하는 것은 바로 이들 가난한 사람, 배고픈 사람들의 것이라고 거침없이 선포한다: "너희 가난한 사람은 복이 있다. 하나님의 나라가 너희의 것이다. 너희 지금 굶주리는 사람은 복이 있다. 너희가 배부르게 될 것이다. 너희 지금 슬피 우는 사람은 복이 있다. 너희가 웃게 될 것이다."[29] 이처럼 예수의 하나님 나라는 가난한 사람이 가난에서 해방되고, 굶주

---

27) 신약성서 누가복음 14:13.
28) 신약성서 마가복음 10:21.
29) 신약성서 누가복음 6:20-21.

렸던 사람이 배고픔을 해결하고, 가난 때문에 늘 울 수밖에 없던 사람이 웃음을 되찾게 되는 나라인 것이다.

3) 하급 세관원 세리

세리는 로마 제국세의 징수를 대행하는 유대인 말단 세관원으로, 아마도 유대인을 직접 대면하여 세금 걷는 일을 했을 것이다. 적빈 상태의 유대인 민중에게서 제국세를 갈취하여 중간에서 가로채고, 수입의 노출을 꺼려 십일조를 속이는 세리는, 유대인들이 가장 미워하는 유대인이다. 그래서 복음서에 보게 되면, 세리와 죄인은 대개 짝을 지어서 함께 언급된다.[30] 세리는 율법을 어긴 죄인이나 다름없다는 뜻이다.

그런데 예수는, 세리가 어떤 사람인지, 그리고 유대인들이 세리를 어떤 시각에서 보고 있는지 잘 알고 있었음에도 불구하고, 이 세리에 대해 결코 어떤 선입견이나 편견을 갖지 않았다. 오히려 세리의 남모르는 아픔을 꿰뚫어보고, 그 아픔을 함께 아파한다. 그래서 스스로 의롭다고 생각하는 바리새파 사람들을 향해, 예수는 비유 하나를 들며 묻는다. 바리새파는 이렇게 기도한다. "나는 토색하는 자나 불의한 자나 간음하는 자같은 다른 사람들과 같지 않으며, 또는 이 세리와도 같지 않습니다. 나는 이레에 두 번씩 금식하고, 내 모든 소득의 십일조를 바칩니다."[31] 그런데 세리는 멀찍이 서서 하늘을 우러러볼 엄두도 못 내고, 가슴을 치며 이렇게 기도한다. "아, 하나님, 이 죄인에게 자비를 베풀어 주십시오."[32] 그리고 예수가 묻는다. 누가 하나님으로부터 의롭게 인정받았겠는가?

30) 신약성서 마태복음 11:19; 누가복음 7:34 참조.
31) 신약성서 누가복음 18:11-12.
32) 신약성서 누가복음 18:13.

물론 세리가 부당이익을 취하고, 십일조를 속이는 것을 생각하면, 유대인들로서는 용서할 수 없는 매국노이자 죄인일 것이다. 그러나 세리 또한 이러한 것을 모르는 것이 아니다. 자신이 세리라는 직업을 택할 경우, 식사조차 같이 하지 않고 완전 죄인 취급하는 것을 뻔히 알면서도, 세리가 이 직업을 택하게 될 때에는, 남모르는 속사정이 있을 것이다. 이 직업이라도 택하지 않으면 생존 자체가 어려웠을 것이다. 오죽하면 그 모든 수모를 감수하고, 세리라는 직업을 택했겠는가?

그래서 그럴까, 예수가 있는 곳에는, 특히 예수가 일행과 식사하는 자리에는 세리가 함께 한 경우가 많았다.[33] 스스로 왔든 초대를 했든, 세리가 예수와 함께 식사를 한다고 하는 것은, 예수가 이들을 편견 없이 받아들였다는 것을 의미한다. 바리새파 사람들과 율법학자들은 예수의 제자들에게, 어떻게 예수가 세리와 죄인들과 함께 식사를 하느냐고 따지지만, 예수는 전혀 개의치 않는다.[34] 세리와 죄인의 친구라는 비아냥에도 개의치 않는다.[35] 이 뿐만이 아니다. 예수는 세관에 앉아있는 세리를 자신의 제자로 부르기도 하고,[36] 또 자신을 만나고 싶어 하는 세관장 삭개오의 집에서 기꺼이 식사도 한다. 그래서 무엇이 달라지느냐고? 이것이 궁금하다면, 다음 이야기에 주목해보라. 이미 소개했던 내용이지만, 다시 한 번 상기해보자.

어느 날 예루살렘 동북부에 위치한 여리고를 지나다가, 예수를 보고 싶어 했던 세리장 삭개오를 만나, 예수가 그의 집에 머물게 된다. 이를 보고 사람들이, 예수가 죄인의 집에 머문다고 수군거리지만, 예수는 개의치 않는다. 삭개오의 집에서 예수와 삭개오 사이에 무슨 일이 있었는지는 모르지만, 삭개오가 그의 결심을 예수에게 밝힌다. 자기 소유의 절반을 가난한 사람에게 돌

---

33) 신약성서 마가복음 2:15; 마태복음 9:10; 누가복음 5:29 참조.
34) 신약성서 마가복음 2:16; 마태복음 9:11; 누가복음 5:30 참조.
35) 신약성서 마태복음 11:19; 누가복음 7:34 참조.
36) 신약성서 마가복음 2:14; 마태복음 9:9; 누가복음 5:28 참조.

려주고, 강탈한 세금은 네 배로 갚겠다고. 무엇을 의미하는가? 더 이상 악덕 세리 행각을 지속하지 않겠다는 것 아닌가? 아니, 이제부터는 하나님의 뜻을 따라 인생 한번 바로 살아보겠다는 결심이 아닌가? 그러자 예수는 이 집에 구원이 임했다고 하면서, 이 삭개오도 이스라엘 조상 아브라함의 자손이라고 선언한다.[37] 바로 이 집에 지금 하나님의 나라가 임했다는 말이 아닌가?

4) 죄인

율법을 어긴 죄인들에 대해서는 예수가 어떤 입장과 태도를 취했을까? 먼저 율법에 대한 예수의 기본 입장을 들어보자: "내가 율법이나 예언자들의 말을 폐하러 온 줄로 생각하지 말아라. 폐하러 온 것이 아니라 완성하러 왔다. 내가 진정으로 너희에게 말한다. 천지가 없어지기 전에는 율법은 일점 일획도 없어지지 않고 다 이루어질 것이다."[38] 이 말은 율법을 어긴 죄인들에 대해 예수도 죄인 취급 했다는 것을 함축하는 것일까? 그것은 아닌 것 같다. 왜냐하면 예수가 세리와 죄인들과 식사한다고 문제제기를 받았을 때, 그는 "나는 의인(義人)을 부르러 온 것이 아니라, 죄인(罪人)을 부르러 왔다"고 말하고 있기 때문이다.[39]

그렇다면 예수는 율법을 어긴 죄인들에 대해 어떤 입장을 취했을까? 우선 대표적인 사례 하나를 함께 살펴보자. 간음하다 현장에서 잡힌 한 여성이 율법학자들과 바리새파 사람들의 손에 이끌려 예수 앞에 왔다. 이런 경우 율법에서는 돌로 쳐서 죽이라 했는데, 어찌하면 좋으냐는 것이다. 죄인들을 편드는 예수를 시험대에 올려놓은 것이다. 예수가 한참 뒤, 너희 가운데 죄 없는

37) 신약성서 누가복음 19:1-10 참조.
38) 신약성서 마태복음 5:17-18.
39) 신약성서 마가복음 2:17; 마태복음 9:13.

이가 먼저 이 여성에게 돌을 던지라고 한다. 그런데 이 말이 떨어지자, 사람들이 나이 든 순서로 하나 둘 사라지고 아무도 없다. 그러자 예수가 말한다. "나도 너를 정죄하지 않는다. 가서, 이제부터 다시는 죄를 짓지 말아라."[40] 예수가 율법의 간음 규정을 어긴 여성을 죽음에서 살린 것이다.

신약성서 요한복음에 나오는 이 이야기는 그 객관적 사실성에 있어서 문제제기가 될 수 있다. 왜냐하면 공관복음서(마태복음, 마가복음, 누가복음)에는 이 이야기가 전혀 언급되지 않기 때문이다. 그러나 이 이야기 속의 예수의 태도는 그의 진심이 담겨있다고 생각한다. 예수는 율법의 간음 규정과 관련하여 말하면서, "여자를 보고 음욕을 품는 사람은, 누구나 이미 마음으로 그 여자와 간음한 것"이라고 말하고 있기 때문이다.[41] 지금 율법학자들과 바리새파 사람들이 간음하다 들킨 여성을 향해 돌로 쳐 죽여야 하는 것 아니냐며 흥분하고 있지만, 그들 또한 몸으로건 마음으로건 다 간음했던 사람들 아니냐 하는 것이다. 그러니 죄 없는 사람이 먼저 돌을 던지라 할 때, 나이든 순서로 사라질 수밖에 없는 것은 어쩌면 당연한 일일 것이다.

그렇다면 율법 자체를 보는 예수의 시각은 어떤 것이었을까? 구체적 사례를 통해 살펴보자. 한번은 안식일에 예수와 함께 가던 그의 제자들이 배가 너무 고픈 나머지 밀밭에서 밀 이삭을 잘라 먹게 되었다. 이것을 본 바리새파 사람들이, 당신 제자들이 왜 안식일에 해서는 안 될 일을 하느냐고 문제를 제기한다. 그러자 예수는 이스라엘의 2대 왕 다윗도 성전에서 배가 고픈 나머지 제사장만 먹는 제단 빵을 먹은 적이 있다는 점, 그리고 제사장들은 안식일을 범해도 죄가 되지 않는다는 율법 규정을 들며 이렇게 반박한다: "안식일이 사람을 위하여 생긴 것이지, 사람이 안식일을 위하여 생긴 것이 아니다."[42] 생각해보라. 가난했던 시절, 밀가루에 소금만 넣고 반죽해서 구운 개떡을 먹

40) 신약성서 요한복음 8:1-11 참조.
41) 신약성서 마태복음 5:28.
42) 신약성서 마가복음 2:27.

어본 적 있는가? 오죽하면 '개'떡인가? 반죽한 그런 개떡도 아니고, 밀가루도 아니고, 껍질 있는 밀이삭을 훑어 그 밀알을 우물우물 씹어 굶주린 배를 채우고 있는데, 바리새파 사람들은 안식일 규정을 들이대며, 지금 율법을 어기고 있는 것 아니냐고, 지금 죄를 짓고 있는 것 아니냐고 을러댄다. 이에 대한 예수의 대답이 무엇을 의미했겠는가? 안식일 규정은 물론 존중되고 지켜져야 하는 것이지만, 굶주린 생명을 살리는 일이라면, 안식일을 과감히 범해도 죄가 되지 않는다는 것 아닌가? 굶주린 죄인을 위해 예수가 지금 얼마나 도발적이면서도 위험한 발언을 하고 있는 것인가?

어디 이뿐이랴. 예수 역시 환자 치유를 위해 율법을 어기는 일이 종종 있었다. 한번은 안식일에 한쪽 손이 오그라든 사람을 고쳐주었다. 바리새파 사람들이 고발할 구실을 찾는 것을 보고, 예수가 말한다: "안식일에 선한 일을 하는 것이 옳으냐? 악한 일을 하는 것이 옳으냐? 목숨을 구하는 것이 옳으냐? 죽이는 것이 옳으냐?"[43] 선한 일을 위해서라면, 안식일을 범할 수도 있는 것 아니냐는 도전적 되치기이다. 또 한 번은 안식일에 18년 동안 등이 굽은 여자를 치유해준 적이 있었다. 그러자 회당장이 분개하여, 고치려면 평일 중 아무 날이나 하고, 안식일에는 하지 말라고 명령하듯 말한다. 이에 예수가 대답한다: "너희 위선자들아, 너희는 저마다 안식일에도 소나 나귀를 외양간에서 풀어내어 끌고 나가서, 물을 먹이지 않느냐? 그렇다면, 아브라함의 딸인 이 여자가 열여덟 해 동안이나 사탄에게 매여 있었으니, 안식일에라도 이 매임에서 풀어 주어야 하지 않겠느냐?"[44] 예수는 생명을 살리는 일이라면, 안식일을 범하는 것은 죄가 되지 않는다는 매우 과감한 선언을 하고 있는 것이다. '내가 안식일의 주인'이라는 도발적인 그의 발언은 아마도 이것을 두고 하는 말일 것이다.[45]

---

43) 신약성서 마가복음 3:4.
44) 신약성서 누가복음 13:15-16.
45) 신약성서 마가복음 2:28; 마태복음 12:8; 누가복음 6:5.

5) 여성

여성은 그 존재 자체가 남성보다 열등하게 창조되었다고 보는 유대교의 성차별주의에 대해 예수는 어떤 태도를 취했을까? 이 또한 사례를 통해 접근해 보도록 하자. 한 번은 예수가 사람들에게 이야기를 하고 있는 중, 무리 속에서 한 여성이 목소리를 높여 예수에게 외쳤다: "당신을 밴 태와 당신을 먹인 젖가슴은 참으로 복이 있습니다!"[46] 예수의 어머니에 대한 예찬이었던 것으로 보인다. 예수같이 훌륭한 인물을 낳고 키운 그 어머니는 얼마나 행복할까! 그런데 이 '어머니 예찬론'에 대한 예수의 화답이 생뚱맞다. 어쩌면 찬물을 끼얹은 듯하다: "오히려, 하나님의 말씀을 듣고 지키는 사람이 복이 있다."[47]

무슨 말일까? 이 대화를 이해하려면, 아마도 예수 당시 이스라엘이 가부장 사회였다는 점을 이해하는 것이 중요할 듯하다. 가부장 사회에서는 한 아이가 잉태되는 과정에서, 아버지는 씨를 제공하고, 어머니는 씨를 받는 씨받이 역할을 하게 된다. 어머니의 공헌은 튼튼한 자궁 속에 태아를 10개월 동안 잘 키우고, 태어난 다음에는 넉넉한 젖으로 아이를 잘 먹이는 일, 이것이 어머니가 할 일이고, 이것을 잘 할 때 그 어머니가 행복하다. 아이가 어떤 인품을 지닌 인물로 성장하느냐, 그것은 아버지의 씨가 결정한다. 그 여인은 이러한 가부장적 의식을 자신도 모르는 사이에 노출시켰고, 예수는 그것을 간파한 것이다. 한 어머니의 복됨은 단순히 튼튼한 자궁에 있는 것이 아니라, 하나님의 뜻을 따라 올바로 사는 것, 그리고 하나님의 뜻을 따라 아이를 올바르게 키우는 것, 바로 여기에 있다는 것이다. 이 말을 남성과의 관계에서 적극적으로 해석해 본다면, 하나님의 뜻을 따라 사는 여성이 하나님의 뜻을 거슬러 사는 남성보다 훨씬 복되고 위대하다는 것이다. 이것은 얼핏 들으면 당연한 듯 보이지만, 예수 당시의 가부장 사회에서는 가히 혁명적이라고 할 수 있을 것이다.

---

46) 신약성서 누가복음 11:27.
47) 신약성서 누가복음 11:28.

이것을 보완하는 또 하나의 사례가 있다. 한번은 예수가 어떤 마을에 들어갔다가, 마르다라는 여성의 초대로 그 집에 들어가게 된다. 그런데 마르다는 예수를 대접하느라 분주하게 일하는데, 그녀의 동생 마리아는 예수의 발 곁에서 예수의 이야기를 경청하고 있다. 아마도 하나님 나라에 대한 그의 꿈에 대해 들었으리라. 이에 마르다가 시기하듯 불평한다: 왜 나 혼자 일하는 것을 못 본 척하고, 동생더러 거들어주라고 말하지 않느냐? 그러자 예수가 대답한다: "마르다야, 마르다야, 너는 많은 일로 염려하며 들떠 있다. 그러나 필요한 일은 하나뿐이다. 마리아는 좋은 몫을 택하였다. 그러니 그는 그것을 빼앗기지 않을 것이다."[48] 마르다는 전형적인 가부장적 여성이다. 예수를 초대했으니, 잘 대접하는 것이 중요하다. 그러나 마리아는 그 가부장적 여성의 역할을 포기하는 대신, 하나님 나라의 가르침을 선택했고, 예수는 그 마리아를 편들었다. 여성을 보는 예수의 시각이 가부장 사회와 근본적으로 다르다.

이제 여성은 어엿한 하나님 나라 운동의 동반자이다. 여성과는 눈도 마주치지 않고, 한 자리에 앉지도 않고, 말을 걸지도 않고, 함께 일을 도모하지도 않는 가부장 사회에서, 여성들이 예수와 함께 이스라엘 전역을 순회하면서 하나님 나라를 선포하는 일에 함께 한다: "예수께서 성과 마을을 두루 다니시면서, 하나님의 나라를 선포하며, 그것을 복음으로 전하셨다. 열 두 제자도 예수와 동행하였다. 또한 악령과 질병에서 고침을 받은 몇몇 여자도 동행하였는데, 일곱 귀신이 떨어져 나간 막달라라고 하는 마리아와 헤롯의 청지기인 구사의 아내 요안나와 수산나와 그 밖에 여러 다른 여자였다. 그들은 자기들의 재산으로 예수의 일행을 섬겼다."[49] 여성들은 예수와 동행하는 일뿐만 아니라, 자신들의 재산으로 하나님 나라 운동에 직접 동참하기까지 한다.

이뿐이랴! 예수의 죽음과 관련하여, 누구보다 예수의 가는 길을 잘 이해했던 사람은 남성이 아니라 여성이었다. 예수가 예루살렘에서 동쪽으로 2km

48) 신약성서 누가복음 10:41-42.
49) 신약성서 누가복음 8:1-3

쯤 떨어진 베다니라는 곳에 머물 때의 일이다. 식사 중 한 여성이 들어와 매우 값진 순 나드향 한 옥합을 깨어, 예수의 머리에 부은 일이 있었다. 그러자 그곳에 있던 사람들이, 차라리 삼백 데나리온은 넉넉히 받을 그 값비싼 향유를 팔아서 가난한 사람에게 주는 편이 낫겠다며, 그녀의 행위를 나무란다.[50] 그러자 예수가 가난한 사람은 늘 너희 곁에 있어 언제든 도울 수 있지만, 이 여성은 이제 나의 장례를 위해 이 일을 한 것이니, 오늘 이 여성이 한 일은 온 세상에 전해져 모든 사람들이 이 일을 기억하게 될 것이라 말하면서 이 여성의 편을 들어준다.[51] 이 여성은 지금 예루살렘 입성을 앞두고 죽음 앞에서 어쩌면 흔들리고 있을지 모를 예수에게, 굳건히 자기 길을 가라고 무언의 주문을 하고 있는 것인지 모른다. 이 여인과 베드로를 비교해보라. 예수가 자신의 죽음을 예고하자, 베드로는 그런 일이 일어나서는 안 된다며 예수에게 항의하다, 사탄이라는 소리까지 듣게 되지 않았던가![52] 예수가 십자가에 처형되던 날은 또 어떠했던가! 그 많던 남성 제자들은 어디론지 사라지고, 공포의 골고다 형장에는 멀리 갈릴리에서 예루살렘까지 따라온 여성들만이 그 자리를 지키지 않았던가![53] 그리고 그가 처형된 후, 그의 주검이 있는 자리를 찾아가 시신에 향료를 발라 드리려 했던 이들도 모두 여성들이 아니었던가![54]

50) 삼백 데나리온은 노동자 삼백 명의 일일 품삯에 해당한다고 한다.
51) 신약성서 마가복음 14:3-9; 마태복음 26:6-13; 요한복음 12:1-8 참조.
52) 신약성서 마가복음 8:33; 마태복음 16:23 참조.
53) 신약성서 마가복음 15:40-41; 마태복음 27:56; 누가복음 23:49 참조.
54) 신약성서 마가복음 16:1-2; 마태복음 28:1; 누가복음 23:55-56 참조.

6) 어린아이

앞에서 이미 지적한 것처럼, 어른들이 힘이 없거나 경제적으로 능력이 없을 때, 만약 집안에서 누군가가 희생되어야 한다면, 가장 먼저 희생되는 것이 어린아이이고, 어린아이 중에서도 딸이 먼저 희생된다. 여기에서도 성차별주의는 작용한다. 자기 집 어른 손님을 보호하기 위해 동네 불량배들에게 어린 딸들을 내주어 성폭행 당하게 하는 경우도 그랬고, 궁핍한 집안 살림을 위해 어린아이를 노예로 파는 경우도 그랬다.

여기에 더하여 이제 또 하나의 사례를 살펴보자. 이집트 카이로 남쪽 190km 지점 나일강 둑에서 발견된 파피루스에 나오는 편지 내용이다. 노동자 남편 힐라리온이 아내 알리스에게 BCE 1년 6월 18일에 보낸 편지에서, 남편은 아내에게 이렇게 당부한다: "아이를 낳게 되면, 아들이면 그대로 두고, 여자아이라면 [죽도록] 내어버리시오."[55] 절대적 빈곤상태에서는 갓난아기가 부모에 의해 죽임을 당할 수도 있다는 것이고, 이 경우에도 여자 아이가 먼저 살해당한다는 것이다. 이집트 경우를 소개하는 것은, 단지 그 증거가 남아있지 않을 뿐, 예수 당시 이스라엘의 형편 또한 그에 못지않았다는 것이다. 이 당시 어린아이는, "그 아버지가 가족의 일원으로 받아들이지 않는 한, 빈민굴이나 쓰레기 더미에 내버려 죽게 만들거나, 다른 사람이 데려가 노예로 부리게 만들어, 말 그대로 아무 것도 아니었다."[56] 어린 아이는 가부장 사회에서 숫자에도 들지 않는 아무 것도 아닌 존재, 말 그대로 'nobody'였던 것이다.

이러한 어린아이들에 대해 예수가 가졌던 생각과 태도는 어떤 것이었을까? 복음서에 나오는 두 가지 사례를 함께 살펴보자. 갈릴리 바다 북단 가버나움에서의 일이다. 제자들이 자기들 중 누가 큰 사람인지를 놓고 다투었다. 이에 예수가, 누구든지 첫째가 되고자 하면, 모든 사람의 꼴찌가 되어 모든

---

55) 크로산, 『예수』, 117.
56) Ibid., 118.

사람을 섬겨야 한다며, 어린아이 하나를 데려다 껴안으면서 이렇게 말한다: "누구든지 내 이름으로 이런 어린이들 가운데 하나를 영접하면, 나를 영접하는 것이요, 누구든지 나를 영접하면, 나를 영접하는 것보다, 나를 보내신 분을 영접하는 것이다."[57] 어린아이를 껴안았다는 말이 정겹다. 게다가 어린아이를 받아들이는 것은 예수를 받아들이는 것이고, 결국은 하나님을 받아들이는 것과 같다고 하니, 어린아이를 하나님처럼 대해야 한다는 것 아닌가!

또 한 번은 사람들이 어린아이를 데려와, 예수가 쓰다듬어 주기를 바란 적이 있었다. 제자들이 그 사람들을 꾸짖자, 예수가 노하여서 이렇게 말한다: "어린이들이 내게 오는 것을 허락하고, 막지 말아라. 하나님의 나라는 이런 사람들의 것이다. 내가 진정으로 너희에게 말한다. 누구든지 어린이와 같이 하나님의 나라를 받아들이지 않는 사람은 거기에 들어가지 못할 것이다."[58] 하나님 나라는 이스라엘 공동체의 숫자에도 들지 못하는, 유사시에는 버려도 좋은, 아무것도 아닌 사람들의 나라이고, 이런 사람들이야 말로 하나님 나라를 있는 그대로 받아들인다는 말이다. 이 말 끝에 예수는 어린아이들을 껴안으시고, 그들에게 손을 얹어 축복해 주었다고 했다.[59]

7) 외국인

유대인은 비유대인 혹은 비셈족을 부를 때, 오늘날처럼 외국인이라 부르지 않았다. 그들은 이방인이다. 이 말 속에는 "하나님의 선택받은 백성과 하나님의 선택받지 못한 백성"이라는 차별의식이 내재되어 있다.[60] 그래서 예수 시

57) 신약성서 마가복음 9:37. 마태복음 18:5; 누가복음 9:48 참조.
58) 신약성서 마가복음 10:14-15. 마태복음 19:14; 누가복음 18:16-17 참조.
59) 신약성서 마가복음 10:16.
60) 존 쉘비 스퐁, 『만들어진 예수 참 사람 예수』, 이계준 역(고양: 한국기독교연구소, 2011), 346.

대에 "유대인들은 이방인들과 함께 먹지 않았다. 이방인들과는 결혼하지 않았다. 심지어 이방인들과는 인간관계를 맺지도 않았다. 예수 시대에 유대인들의 인간성은 이런 부족의 경계선을 그 특징으로 했다."[61)]

이러한 대접을 받고 있던 외국인에 대한 예수의 태도는 어떠한 것이었을까? 복음서에 나와 있는 두 가지 사례를 통해 알아보자. 이 둘은 모두 치유와 연관되어 있다. 갈릴리 북쪽 지중해 연안 두로 지역에서 있었던 일이다. 외국에서 일어난 일이라는 뜻이다. 한 집에 머무르며 조용히 지내려는데, 악한 귀신 들린 딸을 둔 한 여성이 예수의 소문을 듣고 찾아왔다. 성서에는 수로보니게 출생이라 했는데, 우리들이 알 수 있는 말로 하면, 시리아-페니키아 출생을 의미한다. 이스라엘 북쪽 지역의 외국인이라는 말이다. 그녀가 딸의 치유를 부탁한다.

그런데 예수의 반응이 예사롭지 않다. "아이들이 먹을 빵을 집어서 개들에게 던져 주는 것은 옳지 않다"고 하는 것이다.[62)] 아무리 좋게 생각해도 외국인을 개로 취급하는 듯한 인상을 받는다. 마태복음에는 이 말 앞에 마가복음에 없는 예수의 말이 하나 더 있다: "나는 오직 이스라엘 집의 길을 잃은 양들에게 보내심을 받았을 따름이다."[63)] 표현의 문제는 잠시 접어두고, 예수가 외국인 환자의 치유에는 관심이 없다는 뜻을 강조한 것으로 들린다. 지금 이 이야기는, 마가복음에서 예수가 외국인 환자를 치유한 유일한 경우이다. 예수로서는 처음 경험하는 이야기라는 말이다. 어쩌면 예수의 이 말은, 그 당시 예수가 넘을 수 없었던 한계를 보여주고 있는지도 모른다. 예수가 제자들을 선교 활동하러 보낼 때에도, 이방인의 길로는 가지 말라고 했다는 마태복음의 기록은 이것을 뒷받침하고 있는 것이 아닌가![64)]

---

61) Ibid., 346.
62) 신약성서 마가복음 7:27; 마태복음 15:26.
63) 신약성서 마태복음 15:24.
64) 신약성서 마태복음 10:5.

그런데 예수의 이러한 한계에 이 외국인 여성이 도전한다: "주님, 그러나 상 아래에 있는 개들도 아이들이 흘리는 부스러기는 얻어먹습니다."[65] 유대인들이 외국인을 어떻게 생각하고 있는지 잘 알지만, 자기 딸을 위해 치유의 문을 열어달라는 간곡한 청원이다. 마가복음은 이 청원에 예수가 곧바로 응한 것으로 되어있지만, 마태복음은 이렇게 부언한다: "여자야, 참으로 네 믿음이 크다. 네 소원대로 될 것이다."[66] 외국인을 향해 예수의 마음을 열게 했던 것은 이 여성의 믿음이었다는 것이다. 이스라엘 안에서 불치병 환자를 치유할 때, 예수의 마음을 움직였던 것도 바로 환자 자신이나 그 보호자의 믿음이 아니었던가! 치유되기를 간절히 원하고, 또 치유해 줄 수 있을 것이라고 확실히 믿고 있는 이 어머니의 호소를, 예수는 그가 외국인이라 하여 뿌리치지 않고, 종교와 인종의 장벽을 뛰어넘어 기꺼이 그 아픔을 치유해 주었던 것이다.

우리는 마가복음에 없는 또 하나의 사례를 마태복음과 누가복음에서 발견할 수 있다. 그것은 다른 민족도 아니고, 이스라엘을 식민지화한 로마 제국의 백부장 종(從)을 치유한 경우이다.[67] 백부장이 자신이나 자기 가족의 고통을 호소한 것이 아니라, 자기 종의 아픔을 호소했다는 점에 유념하기 바란다. 그 종이 중풍에 걸려 지금 집에서 괴로워하고 있으니, 도와달라는 것이다. 이에 예수는 그 집에 가서 고쳐주겠다고 기꺼이 나선다. 이미 예수가 순회 치유에 있어, 이스라엘이라는 경계를 훌쩍 뛰어 넘었음을 느끼게 한다. 그런데 그 백부장의 다음 말이 감동적이다: "주님, 나는 주님을 내 집에 모셔 들일 만한 자격이 없습니다. 그저 말씀만 해주십시오. 그러면 내 종이 나을 것입니다. 나도 상관을 모시는 사람이고, 내 밑에도 병사들이 있어서, 내가 이 사람더러 가라고 하면 가고, 저 사람더러 오라고 하면 옵니다. 또 내 종더러 이것을 하

65) 신약성서 마가복음 7:28.

66) 신약성서 마태복음 15:28.

67) 로마제국의 백부장은 부하 100명을 지휘하는 장교이니 한국군의 중대장과 비슷한 계급일 것이다.

라고 하면 합니다."[68] 이스라엘의 종주국인 로마제국의 장교이니, 예수에게 명령하듯 치유를 요청했을 수도 있을 것이다. 어쩌면 그것이 자연스러운 장면인지 모른다. 그런데 그의 태도가 의외이다. 이스라엘을 강제로 점령한 로마제국의 장교가 무슨 염치로 예수 같은 분을 자기 집까지 오라고 하겠느냐는 것이다. 장교가 병사에게 명령하면 움직이듯, 그저 한 말씀만 해달라는 것이다.

예수가 이 말에 놀랐다고 했는데, 정말 놀랄 만하다. 로마제국의 장교에게서 들을 수 있는 말이 아니다. 마태복음과 누가복음은 공히 예수의 심경을 이렇게 표현한다: "나는 지금까지 이스라엘 사람 가운데서는 아무에게서도 이런 믿음을 본 일이 없다."[69] 이 경우도 예수의 마음을 감동시킨 것은 외국인들의 믿음이다. 예수가 말씀만 하면 나을 수 있다는 이 믿음은 예수로 하여금 이스라엘의 경계를 넘어 외국인에게까지, 아니 더 나아가 로마제국의 장교에게까지 예수의 마음을 열도록 했던 것이다.

그래서 그랬을까? 예수가 십자가에 처형되어 숨을 거두는 순간, 그 자리에 있던 한 백부장은 예수를 향해 "참으로 이 분은 하나님의 아들이셨다"고 고백한다.[70] 이 백부장이 위의 백부장과 같은 사람인지는 알 수 없지만, 외국인으로서 예수에 대해 이런 신앙고백을 한 것은 이 로마제국의 백부장이 처음이다. 예수가 로마제국의 백부장에게 마음을 열었듯이, 로마제국의 백부장 역시 예수에게 마음을 열었던 것이다.

68) 신약성서 마태복음 8:8-9. 누가복음 7:6-8 참조.
69) 신약성서 마태복음 8:10; 누가복음 7:9.
70) 신약성서 마가복음 15:39; 마태복음 27:54. 누가복음은 "참으로, 이 사람은 의로운 사람이었다"고 고백한 것으로 기록되어 있다. 누가복음 23:47.

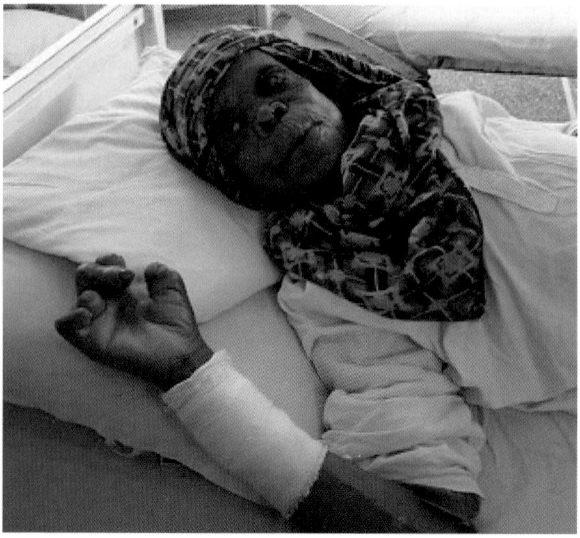

나병(한센병) 환자

8) 사마리아인

예수는 외국인에 대해서뿐만 아니라, 사마리아인에 대해서도 적극적인 만남을 시도하지는 않은 것으로 보인다. 선교활동을 나가는 제자들에게, 이방 사람의 길로도 가지 말고, 또 사마리아 사람의 도시에도 들어가지 말고, 이스라엘 집의 잃은 양떼에게로 가라고 권고하기 때문이다.[71] 왜 그랬을까? 크게 두 가지 이유가 있었던 것으로 보인다. 한편으로는 선교의 우선순위를 이스라엘에 두고 있었고, 다른 한편으로는 사마리아인과의 불필요한 충돌을 피하고자 했던 것으로 보인다. 복음서에 보면, 두 차례의 충돌이 있었다. 한번은 갈릴리에서 예루살렘으로 가는 길에, 예수와 그 일행이 사마리아에서 묵고자 하는데, 이들이 유대인들인 것을 알고 받아들이지 않았다. 그러자 제자 야고보

71) 신약성서 마태복음 10:5 참조.

와 요한이, "주님, 불이 하늘에서 내려와 그들을 태워 버리라고 우리가 명령하면 어떻겠습니까?"하고 그 화난 심정을 표출한다.[72] 또 한 번은 반대로 유대 예루살렘 쪽에서 갈릴리로 돌아가다, 사마리아 수가라는 동네를 지나가게 되었다. 예수가 목이 말라 '야곱의 우물'이 있는 곳으로 가, 사마리아 여성에서 물을 좀 달라고 요청한다. 그러자 그 여성은 "선생님은 유대 사람인데, 어떻게 사마리아 여자인 나에게 물을 달라고 하십니까?" 하고 쏴붙이듯 대꾸한다.[73] 이 두 사건은 그 사실성 여부를 떠나, 유대인과 사마리아인 사이의 갈등 분위기를 보여주고 있는데, 이런 분위기에서는 사마리아인에게 하나님 나라 운운하기에는 적절치 않았을 것이다.

그러나 이러한 험한 분위기 속에서도 예수는 기회가 있을 때마다, 사마리아인을 치유해 준 것을 볼 수 있다. 갈릴리에서 예루살렘으로 가는 도중, 갈릴리와 사마리아 접경 지대에서, 예수는 나병환자 10명을 만나, 그들의 고통을 치유해준다. 그런데 치유를 받은 10명 중 예수에게 와서 감사를 표현한 사람은 단 한 사람뿐이었다. 그가 사마리아인이었던 것이다.[74] 예수에게 치유를 원하고 치유될 수 있다고 믿고 있는 사람은, 그가 사마리아인이라 하더라도 기꺼이 치유해 주었던 것이다.

어디 이뿐이랴! 그 유명한 사마리아인의 비유는 유대인들로 하여금 사마리아인에 대한 어떠한 선입견이나 편견도 갖지 말도록 강력히 요청하고 있다. 강도 만나 죽어가고 있는 유대인을, 유대인의 영적 아버지격인 제사장도 피해 지나가고, 레위인도 피해 지나가고, 사마리아인만이 그를 도와 살려 주었다면, 과연 누가 이 강도 만난 유대인의 이웃이냐고 묻는 예수의 질문은, 모든 사람이 다 유대인의 이웃이 될 수 있다 해도, 사마리아인만은 절대 유대인의 이웃이 될 수 없다는 유대인들의 그 뿌리 깊은 편견에 예리한 일침을 가하

72) 신약성서 누가복음 9:54.
73) 신약성서 요한복음 4:9.
74) 신약성서 누가복음 17:11-19.

고 있다. 그래서 그랬을까? 요한복음에 보면, 유대인들이 예수를 놓고 "사마리아 사람이라고도 하고, 귀신이 들렸다고도 하는데,"[75] 이는 그가 사마리아 사람에 대해 얼마나 깊은 애정과 배려를 하고 있었는지 간접적으로 노출시키는 것이 아닌가 싶다.

3. 냉혹하게 비판했던 대상들

1) 종교지도자: 바리새파와 율법학자를 중심으로

우리는 지금까지 예수가 함께 아파하는 마음으로 우호적으로 대했던 사람들을 살펴보았다. 그러면 예수는 모든 사람들에게 우호적으로 대했던 것일까? 그렇지는 않다. 어떤 사람들에 대해서는 냉혹하리만치 비판적이었다. 그렇다면 동시대에 예수가 비판적으로 대했던 대상들은 어떤 사람들 혹은 어떤 집단들이었을까? 크게 네 부류를 언급할 수 있을 것이다. 첫째는 유대교 지도자, 둘째는 헤롯 독재정권, 셋째는 로마 제국주의, 넷째는 부자.

당시 유대교 지도자 집단 중, 예수에게 비판의 대상이 되었던 집단은 주로 바리새파와 율법학자, 그리고 사두개파와 제사장 집단이었다. 이 중 후자는 우리가 다음 장에서 예수의 십자가 처형과 관련하여 다룰 것이기 때문에, 여기에서는 바리새파와 율법학자를 중심으로 다루고자 한다.

복음서에는 예수가 바리새파나 율법학자와 갈등 관계에 있던 것으로 보이는 구절들이 상당히 많이 있다. 대개의 경우, 바리새파 사람과 율법학자가 예

75) 신약성서 요한복음 8:48.

수에게 시비를 걸고, 예수가 이들을 비판한다. 그런데 유대인 신학자로 역사적 예수 연구에 깊이 관심한 샌더스(E. P. Sanders)라는 학자는 이에 대해 이의를 제기한다. 그는 자신을 소개하기를, "나는 예수와 바리사이들…사이에 어떤 실질적인 상반점들이 있었다는 점을 의심하는, 점점 많아지고 있는 학자들 중 하나"라고 하면서,[76] 예수가 "'율법과 갈등을 일으키고 있는' 구절들 대부분이 후대의 창작문"이라고 주장한다.[77] 그러면서 특히 "'서기관과 바리사이 위선자들아'라는 반복구와 마태복음 23장 23절 말씀은 누군가 바리사이들의 위선과 율법주의를 비난했음을 보여주지만,… 예수가 했던 것이 아니라고" 말한다.[78] 예수는 율법과 갈등을 일으키지 않았기 때문에, 바리새파와 율법학자가 예수에게 시비 걸 일도 없고, 예수가 그들을 비판 할 일도 없었다는 뜻이다.

물론 바리새파나 율법학자들은, 앞서 살폈던 것처럼, 유대교의 근간이 되는 율법의 연구, 해석, 실천, 그리고 재판과 교육, 더 나아가서는 제국에 의해 율법이 유린당할 때 목숨 걸고 이를 지키려했다는 점에서, 유대인 민중들로부터 인정을 받고 또 존경을 받았던 것은 사실일 것이다. 유대인 역사가 요세푸스는, "바리새파 사람들은 '종교 관습에 있어서 그들 민족 가운데 누구보다도 뛰어나다는 평판을 받는 일단의 유대인들이며, 또한 율법의 정확한 해석자들'이며, 또한 '바리새파 사람들은…그들 나라의 율법에 있어서는 누구도 추종할 수 없는 전문가들이라는 평판을 받는다'고 말하고" 있는데,[79] 이는 당시 바리새파와 율법학자에 대한 가장 시의적절한 평가일 것이다.

---

76) E. P. 샌더스, 『예수운동과 하나님 나라』, 이정희 역(천안: 한국신학연구소, 1997), 480. 인용구에서 '바리사이들'은 '바리새파 사람들'을 가리킨다.

77) Ibid., 494.

78) Ibid., 502. 마태복음 23:23의 내용은 다음과 같다: "율법학자들과 바리새파 사람들아, 위선들아, 너희에게 화가 있다! 너희는 박하와 회향과 근채의 십일조는 드리면서, 정의와 자비와 신의와 같은 율법의 더 중요한 요소들은 버렸다. 그런 것들도 반드시 했어야 하지만, 이것들도 소홀히 하지 말았어야 했다."

79) 시몬, 『예수시대의 유대교 종파들』, 42.

예수도 바리새파나 율법학자 집단을 무조건 비판했던 것은 아닌 듯하다. 한 번은 율법학자 한 사람이 예수에게 모든 계명 중 으뜸 가는 계명이 무엇이냐고 물었다. 예수가 하나님을 사랑하고, 이웃을 사랑하는 것이라고 대답하자, 율법학자가 "선생님, 옳은 말씀입니다. 하나님은 한 분이시오, 그밖에 다른 이는 없다고 하신 그 말씀은 옳습니다. 또 마음을 다하고 지혜를 다하고 힘을 다하여 하나님을 사랑하는 것과, 이웃을 자기 몸 같이 사랑하는 것이, 모든 번제와 희생제보다 더 낫습니다" 하고 응수한다.[80] 그러자 예수가 그 율법학자를 향해, "너는 하나님의 나라에서 멀리 있지 않다"고 칭찬한다.[81] 이 칭찬은 다른 구절들에서 예수가 이들에게 퍼부었던 비판을 생각하면, 거의 극찬에 해당할 수 있을 것이다.

하지만 그렇다고 하여 복음서에 나오는 바리새파와 율법학자의 예수에 대한 숱한 문제제기와 이들에 대한 예수의 비판을 모두 후대의 창작으로 돌리기에는 다소 무리가 있는 듯 보인다. 예수 당시에 율법과 정결법을 금과옥조처럼 생각했던 바리새파와 율법학자가 존재했던 것이 사실이고, 이들 율법과 정결법에 의해 '세리와 죄인'으로 낙인찍혔던 '시대의 천덕꾸러기들'이 존재했던 것도 사실이고, 예수가 또한 이들 편에 서서 그들을 하나님 나라의 당당한 일원으로 선포했던 것 또한 사실일진대, 어찌 바리새파와 율법학자의 예수에 대한 문제제기와 그들에 대한 예수의 비판만은 후대의 것이라고 할 수 있겠는가? 혹 항간의 의혹처럼, 샌더스가 유대인 신학자이기 때문에, 예수와 유대교 사이의 갈등을 최소화하려는 의도가 너무 앞서간 것은 아닌가 싶기도 하다.

이제 바리새파와 율법학자가 예수에게 시비를 건 사례들을 살펴보자. 이 사례들은 이미 사건별로 검토했던 것이기에, 여기에서는 마가복음에 기록된 사건들만 간단히 열거하기로 한다: 예수가 중풍병 환자에게 죄의 용서를 선

80) 신약성서 마가복음 12:32-33.
81) 신약성서 마가복음 12:34.

언하자, 이들은 죄 용서는 하나님밖에 할 수 없는 것이기에, 하나님을 모독한 것이라고 비난한다[82]; 예수가 세리와 죄인들과 식사를 하자, 예수의 제자들에게 어찌 예수가 이들과 어울려 음식을 먹느냐고 비난한다[83]; 예수의 제자들이 금식을 하지 않으니, 세례 요한의 제자들과 바리새파 사람들의 제자들은 금식하는데, 왜 당신 제자들은 금식하지 않느냐며 비난한다[84]; 안식일에 굶주린 예수의 제자들이 밀 이삭을 잘라 먹자, 안식일 법을 어겼다며 예수를 비난한다[85]; 예수가 귀신을 내쫓아 귀신 들린 사람을 치유하자, 예수는 귀신 두목의 힘을 빌어 귀신을 내쫓는다며 비난한다[86]; 예수의 제자들이 손을 씻지 않고 빵을 먹으니, 정결법을 따르지 않는다고 비난한다.[87] 율법과 정결법을 금과옥조처럼 생각했던 바리새파와 율법학자라면, 당연히 비난할 만하지 않은가!

예수는 이러한 바리새파와 율법학자에게 매우 냉혹한 비판을 가한다. 그 모든 비판이 모아진 것이 〈마태복음 23:3-36〉에 나오는 것이리라. 자그마치 33절에 걸쳐 비판이 이어진다. 경문곽을[88] 크게 만들어 차고 다니고, 옷 술을 길게 늘어뜨리고, 잔치에서는 윗자리에, 회당에서는 높은 자리에 앉기를 즐기고, 장터에서는 인사받기를, 사람들로부터는 선생이라 불려지기를 즐긴다. 하나님 나라에 자신도 들어가지 않고, 들어가려는 사람도 못 들어가게 한다. 성전을 두고 맹세하면 아무래도 좋으나, 성전의 금을 두고 맹세하면 지켜야 하고, 제단을 두고 맹세하면 아무래도 좋으나, 제단의 제물을 두고 맹세하면 지켜야 한다고 말한다. 박하와 회향과 근채의 십일조는 드리면서, 정의와 자

82) 신약성서 마가복음 2:1-12 참조.
83) 신약성서 마가복음 2:13-17 참조.
84) 신약성서 마가복음 2:18-22 참조.
85) 신약성서 마가복음 2:23-28 참조.
86) 신약성서 마가복음 3:20-30 참조.
87) 신약성서 마가복음 7:1-23 참조.
88) 경문곽은 율법을 넣은 작은 곽으로 이마나 팔에 차고 다닌다.

비와 신의와 같은 율법의 더 중요한 요소들은 버린다. 잔과 접시의 겉은 깨끗이 하지만, 그 안은 탐욕과 방종으로 가득 채운다. 겉으로는 사람에게 의롭게 보이지만, 속에는 위선과 불법이 가득하다. 예언자들의 무덤을 만들고 기념비를 세우면서, 우리가 그 때 살았다면 예언자가 피 흘리는 일은 없었을 것이라고 하지만, 바로 이들이 예언자를 죽이고, 십자가에 못 박고, 회당에서 채찍질하고, 뒤쫓으며 박해할 사람들이다. 들어보면 냉혹하기 이를 데 없다. 도망갈 곳이 없다.

요지는 이것이다. 바리새파와 율법학자는 말만하고 실행하지는 않는 위선자라는 것이다. 음악에 추임새를 넣듯, 이들을 비판하는 한 무더기의 내용이 나오고 나면, "율법학자들과 바리새파 사람들아, 위선자들아, 너희에게 화가 있다!"라는 말로 새로운 비판을 시작한다.[89] 때로는 두 번씩이나 "눈먼 인도자"라고 비판하고,[90] 심한 경우에는 "뱀들아, 독사의 자식들아"라는 표현까지 사용한다.[91] 샌더스의 지적처럼, 이러한 비판의 일정 부분은, 특별히 바리새파 사람과 율법학자들을 '위선자,' '눈먼 인도자,' '뱀'과 '독사의 자식' 같은 독설적 언어로 표현한 것 등은 예수가 죽은 이후, 혹은 대로마 유대 1차 전쟁이 일어난 66-70년 이후 율법학자 중심의 유대교에 대한 기독교의 부정적 정서와 무관하지는 않을 것이다. 그러나 그러한 것들을 빼놓는다 하더라도, 마태복음이 그 기본 자료로 사용하고 있는 마가복음의 내용은 바리새파 사람들과 율법학자 집단에 대한 예수의 비판을 잘 정리해놓고 있지 않은가!: "율법학자들을 조심하여라. 그들은 예복을 입고 다니기를 좋아하고, 장터에서 인사받기를 좋아하고, 회당에서는 높은 자리에 앉기를 좋아하고, 잔치에서는 윗자리에 앉기를 좋아한다. 그들은 과부들의 가산을 삼키고, 남에게 보이려고

89) 신약성서 마태복음 23:13, 23, 25, 27, 29.
90) 신약성서 마태복음 23:16, 19.
91) 신약성서 마태복음 23:33.

길게 기도한다. 이런 사람들이야말로 더 엄한 심판을 받을 것이다."[92] 이러한 사람들을 '위선자'라고 표현하지 않으면, 뭐라고 표현할 수 있을까?

2) 정치지도자: 헤롯가

예수의 고향 갈릴리를 통치한 분봉왕은 헤롯 대왕의 아들 헤롯 안티파스였다. 안티파스는 후에 예수를 죽이는 데에도 관여했지만, 무엇보다 예수의 스승 세례 요한의 죽음에 직접적인 책임이 있다. 문제의 발단은 세례 요한이 안티파스의 재혼에 문제제기를 한 데서 비롯되었다. 앞서 언급한 것처럼, 안티파스는 아버지 헤롯 대왕처럼 하스몬 왕가와 인연을 맺어 왕조의 정통성을 드러내고자, 현재 아내 나바티안 공주와 이혼하고, 하스몬 왕가의 후손 헤로디아와 재혼했다.[93] 복음서에는 세례 요한이 "헤롯에게 동생의 아내를 차지하는 것은 옳지 않다고 여러 차례 말"했다고 되어 있지만,[94] 세부적으로 살피면, 그의 재혼은 몇 가지 문제를 안고 있었다. 첫째, 재혼을 위해 현재의 아내를 버렸다는 것이고, 둘째, 어머니 미리암네의 손녀, 그러니까 자기의 조카가 되는 여성과 결혼하여 근친상간을 범했다는 것이고, 셋째, 무엇보다 심각한 것은, 자기 이복 동생 빌립의 아내 헤로디아를 강제로 가로챘다는 것이다.[95]

세례 요한을 가장 죽이고 싶어 했던 것은 헤로디아였다. 그러나 민중의 동요를 우려한 정치가 안티파스는 세례 요한을 일단 감옥에 감금해둔다. 그러다가 뜻하지 않게 자신의 생일날 세례 요한을 처형하게 된다. 사태는 이렇게 전개되었다. 안티파스의 딸이 아버지를 위해 춤을 추었는데, 이것을 본 안티

92) 신약성서 마가복음 12:38-40.
93) 크로산, 『하나님과 제국』, 164.
94) 신약성서 마가복음 6:18, 마태복음 14:4 참조.
95) 이 이복동생 빌립은 갈릴리 오른편 지역을 통치했던 헤롯 빌립인 것으로 보인다.

파스가 딸의 소원을 물으며 무엇이든 들어주겠다고 맹세한다. 헤로디아가 이것을 보고, 딸로 하여금 세례 요한의 머리를 지금 당장 베어 쟁반에 담아달라고 요청하게 한다. 자신의 맹세와 또 그 맹세를 지켜본 가신들을 의식하여, 결국 안티파스는 세례 요한의 목을 베어 쟁반에 담아오게 한다. 세례 요한은 안티파스의 생일날 딸의 생일선물로 참수형을 당하게 된 것이다.

그런데 흥미로운 것은 이 사건이 있고 난 뒤, 헤롯 안티파스가 예수에 대한 소문을 듣고, 이 예수가 자신이 목을 벤 세례 요한이 다시 살아난 것이 아닌가 생각하게 된다.[96] 왜 그랬을까? 무엇이 세례 요한과 그렇게 비슷했을까? 예수가 어느 날 남쪽 유대지방으로 갔다가 요단 강 건너편으로 가게 된 일이 있었다. 그곳은 갈릴리와 더불어 안티파스가 통치하는 베뢰아 지역으로, 그 남부에는 세례 요한이 갇혔던 마카이루스 감옥이 있다. 그런데 그곳에서 바리새파 사람들이 예수를 시험하려 이런 질문을 한다. "남편이 아내를 버려도 됩니까?"[97] 뜬금없는 질문이다. 예수가 모세는 어떻게 명령했더냐 하니, 이혼장을 써주고 이혼하는 것은 허락했다고 대답한다. 그러자 예수가 이렇게 말한다: "모세는 너희의 완악한 마음 때문에, 이 계명을 써서 너희에게 준 것이다. 그러나 하나님께서는 창조 때로부터 '사람을 남자와 여자로 만드셨다.' '그러므로 남자는 부모를 떠나서, 자기 아내와 합하여 둘이 한 몸이 된다.' 따라서, 그들은 이제 둘이 아니라, 한 몸이다. 그러므로 하나님이 짝지어 주신 것을, 사람이 갈라놓아서는 안 된다."[98] 이혼해선 안 된다는 말이지만, 뭔가 석연치가 않다.

집으로 돌아온 제자들이 설명을 요구한다. 그러자 예수가 부언한다: "누구든지 아내를 버리고 다른 여자에게 장가드는 남자는, 아내에게 간음하는 것

96) 신약성서 마가복음 6:16; 마태복음 14:1-2 참조.
97) 신약성서 마가복음 10:2.
98) 신약성서 마가복음 10:5-9.

이요, 또 아내가 남편을 버리고 다른 남자에게 시집가면, 간음하는 것이다."[99] 마태복음 저자는 이 대목에서, "누구든지, 음행한 까닭이 아닌데도 아내를 버리고 다른 여자에게 장가드는 사람은, 간음하는 것이다" 라고 부언하듯 기록하고 있다.[100] 누군가를 지칭하는 듯한 강한 인상을 받게 된다. 누굴까? 크로산은 그 주인공은 바로 헤롯 안티파스라고 한다. 이 대목은 간음에 대한 일반적인 반대 입장을 표명한 것이 아니라, 헤롯 안티파스의 불의한 재혼을 간음으로 규정하고 비판하는 내용이라는 것이다. 그것도 단순한 "도덕적 비판이 아니라, 안티파스가 왕위에 등극하려는 것에 대한 정치적 훼방"의 목적이 있다는 것이다.[101] 그러니 이런 예수의 의중을 전해 들었을 헤롯으로서는 이 예수가 다시 살아난 세례 요한으로 생각되지 않았을까?

예수는 헤롯 안티파스에 대해 그의 불의한 재혼에 대해서만 비판했던 것은 아니었다. 예수는 오히려 안티파스의 전체적인 정치적 행보에 대해 크게 일침을 놓기도 했다. 아마도 예루살렘 성전으로 가는 길이었던 듯싶다. 몇몇 바리새파 사람이 예수에게 중요한 정보를 준다. 헤롯이 당신을 죽이려고 하니, 여기를 속히 떠나라는 것이다. 그런데 예수의 태도가 단호하다: "가서, 그 여우에게 이 말을 전하여라. '보아라, 오늘과 내일은 내가 귀신을 내쫓고 병을 고칠 것이요, 사흘째 되는 날에는 내 일을 끝낸다. 그러나 오늘도 내일도 그 다음날도, 나는 내 길을 가야 하겠다. 예언자가 예루살렘이 아닌 다른 곳에서는 죽을 수 없기 때문이다.'"[102] 죽으면 죽으리라는 예수의 단호한 태도도 돋보이는 대목이지만, 지금 우리가 유념해야 할 것은 '여우'라는 호칭이다.

기억하는가? 2장에서 헤롯 안티파스를 소개할 때, 그는 아버지 헤롯 대왕

99) 신약성서 마가복음 10:11-12.

100) 신약성서 마태복음 19:9.

101) 크로산, 『가장 위대한 기도』, 192. 실제로 안티파스는 틈만 나면, 로마제국으로부터 정식 왕의 호칭을 얻기를 원했고, 또 이스라엘 전체의 유일한 왕이 되기를 바라고 있었다. 예수는 이것을 알고 있었고, 이것을 막기 위해 간음문제를 들고 나온 것이라는 뜻이다.

102) 신약성서 누가복음 13:32-33.

을 닮아, 로마와 유대를 동시에 만족시키고자 했다는 것. 그는 한편, 로마를 만족시키기 위해, 세금의 재원이 풍부한 셉포리스와 티베리아스에 로마 양식을 따른 새 수도를 두 번이나 만들면서, 그 도시명을 황제의 이름을 따서 지었다. 그리고 다른 한편, 유대인을 만족시키기 위해서는 유대인의 정통 왕조 하스몬 왕가의 헤로디아와 재혼을 시도했던 것이다. 왜냐하면 헤롯가는 원래 유대의 남쪽 이두매(옛 에돔) 출신으로, 엄밀히 말해 이방인이었기 때문이다. 그런데 안티파스의 이러한 이중적인 정치적 행보에 대해 예수가 '여우'라는 별명으로 일침을 가했던 것이다. 복음서에 보면, 안티파스는 분명 예수의 소문을 들었고, 그래서 그를 보고 싶어 했다고 하는데, 왜 안 그랬겠는가![103) 안티파스가 당시 빌라도 총독과 함께 예수를 죽이는 일에 의기투합했던 것은 결코 우연이 아닐 것이다.[104)

3) 로마제국

예수는 로마제국의 식민지 지배에 대해서는 어떤 생각을 갖고 있었을까? 복음서에는 예수가 이 문제에 대해 직접 문자적으로 언급한 곳은 찾아보기 어렵다. 그러나 두 군데에서 이에 대한 예수의 입장과 태도를 보여주는 단서를 발견할 수 있다. 예수가 예루살렘에 입성하고 제자들과 마지막 만찬을 할 즈음이다. 제자들이 자기들 중 누가 가장 큰 사람인가를 놓고 설전이 벌어졌다. 그러자 예수가 말한다: "민족들을 지배하는 왕들은 백성들 위에 군림한다. 그리고 백성들에게 권세를 부리는 자들은 은인으로 행세한다. 그러나 너희는 그래서는 안 된다. 너희 가운데서 가장 큰 사람은 가장 어린 사람과 같이 되

103) 신약성서 누가복음 23:8 참조.

104) 신약성서 누가복음 23:12. "헤롯과 빌라도가 전에는 서로 원수였으나, 바로 그 날에는 서로 친구가 되었다." '그 날'은 헤롯이 예루살렘에서 예수를 심문하던 날이다.

어야 하고, 또 다스리는 사람은 섬기는 사람과 같이 되어야 한다."[105] 문제는 '민족들을 지배하는 왕들'이 누구를 가리키느냐 하는 것이다. 일본 신학자 다가와 겐조는 이렇게 말한다: "예수가 알고 있는 세계에서, 그 당시 '제 국민을 지배하는 자'는 로마 제국의 지배자 이외에는 존재하지 않았다."[106] 더 나아가 '로마의 평화'(Pax Romana)를 통해 식민지 백성에게 은인 행세를 한 것도 로마 제국이었다. 예수는 지금 로마 제국의 식민지 지배를 비판하고 있다는 것이다.

두 번째 단서는 첫 번째 것을 보완하고 확실하게 하고 있다. 헤롯 빌립이 통치하고 있던 데가볼리 거라사 지방에서 일어난 일이다.[107] 귀신 들린 어떤 사람이 있었는데, 힘이 얼마나 세었는지, 쇠사슬과 쇠고랑을 채워도 이를 끊고 부수었다. 그리고는 무덤과 산속을 오가면서, 괴성을 지르고 몸에 상처를 내곤 했다. 그러던 그가 예수를 만났는데, 자기를 괴롭히지 말라고 한다. 이름이 무어냐고 물으니, '군대'(legion)라 한다. 숫자가 많기 때문에 붙은 이름이란다. 그러면서, 자기들을 그 지역에서 쫓아내지 말고, 차라리 돼지들 속에 들어가게 해달란다. 예수가 허락하니 그 귀신들이 돼지 2,000 마리 속으로 들어가, 바다로 뛰어들어 몰살한다. 그러면서 귀신 들린 사람이 정상을 회복한다.[108]

이 귀신 축출 사건을 이해하자면, 거라사 지역에 대한 기본적인 전이해가 필요하다. 거라사는 그리스의 알렉산더 황제가 세운 헬라 도시 10개가 모여

---

105) 신약성서 누가복음 22:25-26.

106) 겐조, 『예수라는 사나이』, 100.

107) 복음서에는 거라사 지역이 애매하다. 지도상으로 보면, 데가볼리 안에 거라사가 둘이다. 하나는 갈릴리 바다 우측에 있고, 다른 하나는 갈릴리 바다 우측 하단에 있다. 이야기의 내용상 갈릴리 바다 우측에 있는 거라사가 복음서에 나오는 거라사일 것이다. 그런데 그 이름 또한 두 가지로 불린다. 마가복음과 누가복음은 거라사라는 이름을 사용했고, 마태복음은 가다라라는 이름을 사용한다. 그러나 이 둘은 같은 지역의 서로 다른 이름일 뿐이다.

108) 신약성서 마가복음 5:1-20; 마태복음 8:28-34; 누가복음 8:26-39 참조.

있는 데가볼리(Decapolis) 중 하나의 도시이다.[109] 로마제국 당시, 여기에는 올림푸스의 제우스 신에게 바쳐진 신전이 있었고, BCE 22-23년에는 로마 황제 숭배를 위한 신전이 봉헌되었다.[110] 전형적인 로마화된 도시라는 말이다. 그런데 이 거라사는 다른 도시에 비해 유독 "독립과 자치권에 대한 열망"이 컸다고 한다.[111] 그만큼 로마에 적대적이었던 것이다. 로마도 그것을 알고 있었고, 그만큼 거라사에 대한 로마의 태도가 잔인하다. 제1차 유대전쟁 중, 베스파시안 황제는 루시우스 안니우스(Lucius Annius)로 하여금 예루살렘을 공격하기 전, 거라사를 먼저 치게 했다고 한다. 주민들은 성문을 걸어 잠궜고, 안니우스는 수천 명의 젊은이를 칼로 죽이는 것을 비롯, 거라사와 주변 도시들을 약탈하고 방화했다고 한다.[112] 반로마적 저항에 대한 철저한 보복이었다. 그래서 크로산은 이 귀신축출 이야기가 유대전쟁(CE 66-73) 중 만들어졌다고 확신한다.[113]

융의 분석심리학에 정통했던 윙크는 "외부적인 개인적 마귀 들림은, 사회 전체를 괴롭히는 집단적인 만성질환에 상응하는 개인적인 현상"이라고 한다.[114] 크로산도 여기에 호응하여 거라사 광인(狂人)의 이야기는 "식민지 착취가 개인적인 차원에서 귀신 들림으로 구체화된 것"으로, "귀신축출은 개인화된 상징적 혁명"의 성격을 갖는다고 한다.[115] 다시 말해, 광인에게 들어온 귀신은 바로 거라사 주민뿐 아니라 모든 유대인을 끊임없이 괴롭혀 온 로

---

109) 데가볼리는 데카폴리스의 성서적 표현으로, 데카폴리스는 10을 의미하는 deca와 도시를 의미하는 polis의 합성어이다.

110) 월터 윙크, 『사탄의 가면을 벗겨라: 인간의 삶을 결정하는 보이지 않는 힘들』, 박만 역(고양: 한국기독교연구소, 2005), 119.

111) Ibid., 121.

112) Ibid., 120.

113) 크로산, 『예수』, 153.

114) 윙크, 『사탄의 가면을 벗겨라』, 131. '외부적인 개인적 마귀들림'이란 표현이 다소 모호한데, 외부의 거대한 힘에 짓눌려 한 개인이 미치게 되는 것을 말하는 것으로 보인다.

115) 크로산, 『예수』, 156.

마군대의 화신(化身)이었고, 귀신이 돼지 속으로 들어가 바다에 빠져 죽음으로 광인이 치유되는 것은, "자유를 추구하는 모든 유대인 독립 투사들의 가장 열렬한 꿈, 즉 로마인들이 지중해로 내던져져 빠져죽는 것"을 투사한 것이라는 말이다.[116] 귀신의 정체가 '군대'(legion)라는 것이 이를 뒷받침한다. 이 이야기가 실제로 일어난 일이든, 아니면 크로산이 주장하듯, 창작된 이야기이든,[117] 이 이야기 속에서 예수는, 로마제국이라는 귀신이 유대인들을 집단적으로 미치게 하고 있다는 것, 그리고 이 제국 귀신이 유대인들 속에서 사라지게 될 때에만 유대인들은 치유될 수 있다는 것을 은연 중 말하고 있다는 것이다. "그는 단순히 개인을 치유했던 것만이 아니라, 점령 권력에 대항하는 상징적 혁명에 개입하고 있었다는 말"이다.[118] 복음서 저자가 거라사 이야기를 기록으로 남긴 것은 예수에게서 바로 이러한 반제국주의적 성향을 읽었기 때문이 아니었을까?

4) 부자

예수가 동시대에 비판했던 대상은 단순히 종교, 정치, 제국의 권력자만이 아니었다. 가난의 문제에 깊이 관심했던 만큼, 상대적으로 부자에 대해서도 매우 비판적이었다. 물론 부자 중에는 정직한 부자, 이른바 청부(淸富)가 있을 수 있을 것이다. 남을 속이거나 가난한 사람을 등치지 않고 부자가 된 그런 사람 말이다. 그러나 경제 문제는 일정한 파이를 놓고 나눠먹는 것이기 때문에, 한쪽이 많이 먹으면, 반드시 다른 한쪽은 적게 먹기 마련이다. 직접적으로 가난한 사람의 몫을 빼앗지 않았다 하더라도, 결과적으로는 가난한 사람

116) 크로산, 『예수는 누구인가』, 128.
117) 크로산, 『예수』, 155.
118) 크로산, 『예수는 누구인가』, 129.

의 몫을 가져간 결과가 된다는 말이다. 엄밀히 말해, 청부라는 것은 존재할 수 없다는 뜻이다.

예수 당시에는 이것이 더욱 심했다. 당시 부자는 단순한 상업 종사자가 아니라, 종교, 정치, 제국과 연결된 권력자들이었고, 그들의 부는 바로 세금과 토지를 통해 가난한 사람의 주린 배를 쥐어짠 결과였기 때문이다. 그러나 부자의 문제는 단순히 불의한 방법으로 재물을 모은 데만 있는 것은 아니다. 앞서 예로 든 부자 젊은이의 경우, 그가 율법의 계명을 다 지켰음에도 불구하고, 한 가지 부족한 것은 그의 부를 가난한 사람과 나눌 줄 몰랐다는 것이었다. 좀 더 정확하게 말하면, 가난한 사람들의 본래 몫을 그들에게 돌려줄 줄 몰랐다는 것이다. 자신도 구원을 얻고자 예수에게 왔으면서도, 재물을 가난한 사람에게 돌리고 다시 오라고 했을 때, 그는 다시 돌아오지 않았다. 구원의 기회를 놓친 것이다. 이야기 끝에 예수는 제자들에게 "재산을 가진 사람은 하나님의 나라에 들어가기가 참으로 어렵다"고 하면서, "부자가 하나님의 나라에 들어가는 것보다 낙타가 바늘귀로 지나가는 것이 더 쉽다"고 부언했다.[119)]

왜 그럴까? 왜 부자가 하나님 나라 들어가기가 어려울까? 이에 대해 예수는 아주 명쾌한 대답을 갖고 있었다. 예수의 말을 들어보자: "아무도 두 주인을 섬기지 못한다. 한쪽을 미워하고 다른 쪽을 사랑하거나, 한쪽을 중히 여기고 다른 쪽을 업신여길 것이다. 너희는 하나님과 재물을 함께 섬길 수 없다."[120)] 하나님과 재물을 동시에 섬길 수 없다는 말은, 재물에 뜻을 둔 사람은 하나님의 뜻에 관심이 없다는 말일 것이다. 재물을 모을 수 있다면, 언제든지 하나님의 뜻을 거슬러 살 준비가 되어 있다는 뜻이다. 좀 더 현실적으로 말하면, 가난한 사람을 부의 축적을 위한 희생 제물로 삼을 준비가 되어 있다는 뜻이다.

---

119) 신약성서 마가복음 10:23, 25; 마태복음 19:23-24; 누가복음 18:24-25.
120) 신약성서 마태복음 6:24. 누가복음 16:13 참조.

그래서 그럴까, 앞서도 예로 들었던 부자와 거지 나사로의 경우, 예수는 이 비유를 들면서 부자가 부를 축적한 배경을 문제 삼지 않는다. 당시 부자는 당연히 가난한 사람들의 주린 배를 쥐어짜서 부를 축적했겠지만, 그보다 더욱 문제인 것은 가난한 사람을 매일 코앞에서 보고 있으면서도, 자신의 부를 그들에게 돌리거나, 최소한 나누기조차 하지 않았다는 것이다. 착취한 부를 돌려주지 않은 죄, 그것은 불의하게 재물을 모은 죄 못지않게 큰 것이다. 이 비유에서 말하듯, 부자는 살아있는 동안 아무리 주변에서 그 문제를 지적해도, 이를 시정할 가능성이 거의 없다. 왜냐하면 재물이 곧 그의 신(神)이기 때문이다. 그래서 재물을 맘몬(Mammon), 즉 부(富)의 신이라 하지 않았던가!

6장

십자가에 처형된 예수

일벌백계(一罰百戒)

우리는 지금까지 예수의 삶의 자리 속에서 그의 가르침과 삶, 그리고 동시대인에 대한 그의 태도를 살펴보았다. 공간적으로 보면, 그의 모든 행보는 주로 북쪽 갈릴리를 중심으로 그 인근에서 이루어졌다고 볼 수 있다. 그러던 그가 어느 유월절에 즈음하여 남쪽 예루살렘 성전을 찾게 된다. 처음부터 계획되고 준비된 방문이었던 것으로 보인다. 그리고 이 방문을 끝으로 예수는 그의 짧은 인생을 마감하게 된다. 십자가에 처형된 것이다. 왜 예수는 십자가에 처형되었을까?

예수가 십자가에 처형된 직접적인 원인은 예루살렘 성전에서의 그의 자극적인 발언과 행동에서 찾을 수 있을 것이다. 역사적 예수를 연구하는 거의 대부분 학자들이 이 점에 공감한다.[1] 그러나 동시대에 십자가형이 가장 잔인한 최고의 극형이었다는 점을 감안하면, 성전 사건 하나 때문에 예수가 곧바로 십자가에 처형되었다고 보기에는 무리가 있다. 오히려 예수를 십자가형에 처할 만한 사유들이 그 이전부터 계속 누적(累積)되어 왔는데, 성전 사건이 그 결정적인 빌미를 제공했다고 보는 것이 옳을 것이다. 혐의는 있으나 물증이 없어 처형하지 못하다가, 성전 사건에서 그 결정적 증거를 확보했다고나 할까. 크로산이 적절히 지적했듯이, "그의 죽음은 죽기 직전의 며칠 동안의 일들과 연관지어 보는 것보다는 그의 생애 전체와 연관지어 볼 때 훨씬 더 확실해진다."[2] 그의 전체 "삶은 그가 죽을 이유"였던 것이다.[3]

---

1) 펑크, 『예수에게 솔직히』, 334; 크로산, 예수, 215; 샌더스, 『예수운동과 하나님 나라』, 533.
2) 크로산, 『예수』, 310.
3) 크로산, 『가장 위대한 기도』, 171.

1. 예수의 혐의

예수는 사실 예루살렘 성전에 들어와 문제를 일으키기 전에도, 이미 위험 인물로 낙인찍힐 만한 충분한 혐의를 갖고 있었다. 그것만으로 사형을 시킬 수는 없다 하더라도, 죽이고 싶을 만큼, 혹은 죽여야겠다고 생각할 만큼의 충분한 물의를 일으켰다고 볼 수 있다. 그의 하나님 나라에 대한 가르침은, 오늘날 표현으로 말하면, 불순 사상에 해당했고, 그의 무상 치유와 공동 식사는 불법 집회에 해당했고, 유대교 율법과 헤롯 안티파스의 독재와 로마의 식민지배에 대한 비판은 체제 도전에 해당했다.

1) 불순 사상

앞서 언급했듯이, 예수 당시에 유대인들이 기대했던 하나님 나라는 다양했다. 크게 보면, 상류계층에서 나온 묵시종말적 하나님 나라와 지혜의 하나님 나라, 그리고 하류계층에서 나온 묵시종말적 하나님 나라와 지혜의 하나님 나라가 있었다. 이 중 상류 전통은 주로 문서로 뜻을 전달하기 때문에 상대적으로 덜 위험하다고 말할 수 있다. 문제는 행동으로 말하는 하류 전통이다. 좀 더 구체적으로 말하면, 세례 요한과 같은 예언자가 말하는 묵시종말적 하나님 나라와 예수가 말하는 지혜의 하나님 나라가 문제인 것이다.

그렇다면 세례 요한의 하나님 나라는 어느 정도의 위험성을 내포하고 있었을까? 세례 요한은 헤롯 안티파스의 재혼 문제를 간음으로 규정하고 문제 제기를 하기는 했지만, 그의 하나님 나라 사상 자체는, 엄밀히 말해, 지배 권력자들을 크게 위협하지는 않았던 것으로 보인다. 그의 하나님 나라는 분명 새로운 세상을 꿈꾸고 있는 것이기는 하지만, 그래서 위협적일 수는 있지만, 그 세상은 먼 훗날 하나님에 의해 열린다고 믿기에, 그래서 사람들은 그 세상을 수동적으로 기다리고 있기에, 적어도 지금은 걱정할 것이 없다. 지금 당장 세상에 달라질 것은 아무 것도 없기 때문이다. 권력자들은 이러한 묵시종말론을 크게 두려워하지 않고, 오히려 다행스럽게 생각할 수 있다는 말이다.

그러나 예수의 하나님 나라는 달랐다. 물론 예수도 세례 요한과 마찬가지로 하나님이 통치하는 새로운 세상을 꿈꾸었다. 그러나 그 세상은 먼 미래에 이루어질 세상이 아니라, 지금 여기에서 이루어질 세상이기 때문에 기존 권력자들에게는 위협적일 수밖에 없다. 첫째는 현재 지배 권력자들의 통치권을 부정하기 때문에 위험하고, 둘째는 그들에 의해 통치되고 있는 세상을 부정하기 때문에 위험하고, 셋째는 기존하는 세상과 다른 세상을 만들려고 하기 때문에 위험하다.

그렇기 때문에 예수가 설혹 하나님의 나라를 선포하면서 스스로 왕이 되려 하거나, 혹은 새로운 정권을 세우려 의도하지 않았다 하더라도, 기존 지배 권력자들 입장에서는 그렇게 의심할 충분한 이유가 있는 것이다.[4] 이미 예수 이전에 출현했던 자칭 메시아들이 스스로 왕을 자처하고, 실제로 새로운 정권을 세우려 하지 않았던가![5] 게다가 예수의 제자 중 야고보와 요한 형제 같은 경우에도, 예수의 하나님 나라가 이루어지면, 하나는 오른쪽에 하나는 왼쪽에 세워달라고 청탁까지 하지 않았던가![6] 그렇다면, 예수의 하나님 나라 선언은, 그의 실제 의도와는 상관없이, 그가 왕이 되어 새로운 정권을 세우려했다고 몰아세울 수 있는 충분한 혐의가 있었던 것이다.

4) 크로산, 『예수의 역사』, 333. 크로산은 이렇게 말한다: "만일 당신이 하나님의 나라를 선포하고 나선다면, 그것은 곧 당신이 바로 그 나라의 왕이 된다는 주장으로 오해되기 쉽다."

5) 크로산, 『역사적 예수』, 333-338 참조.

6) 신약성서 마가복음 10:35-37; 마태복음 20:20-21 참조.

2) 불법 집회

만약 예수의 하나님 나라라는 것이 하나의 사상으로 그치고, 운동으로 확산되지 않았다면, 그래도 예수는 덜 위험했을 수 있다. 불순 사상 유포 혐의로 그쳤을 수 있다는 말이다. 그런데 예수가 더 위험했던 것은, 그는 하나님 나라 사상을 혼자 간직한 것이 아니라, 많은 사람들이 모인 자리에서 적극 유포시켰고, 운동의 차원으로 확대시켜 나갔던 것이다. 무상의 치유와 공동 식사가 그것이다. 사실 환자의 질병을 치유하고, 배고픈 사람과 음식을 나누는 것 자체는 위험할 것이 없다. 그것은 덕스러운 일에 속한다. 문제는, 이것이 하나님 나라 운동과 연관되어 있었다고 하는 데에 있는 것이다. 그러면 이것이 왜 위험한 일이었는지 세부적으로 살펴보자.

첫째, 무상의 치유와 공동 식사가 있던 자리에는 많은 사람이 운집했다. 베드로의 장모를 치유했을 때에는, "온 동네 사람이 문 앞에 모여들었다"고 했다.[7] 나병 환자를 치유했을 때에는, 외딴 곳에 머물러 있는데도 불구하고, "사람들이 사방에서 예수께로 모여들었다"고 했다.[8] 중풍병자를 치유했을 때에는, "많은 사람들이 모여들어서, 마침내 문 앞에서조차도 들어설 자리가 없었다"고 했다.[9] 환자 치유의 자리는 대개 공동 식사의 자리이기도 했기 때문에, 공동 식사에 관해 따로 언급할 필요는 없을 것이다. 예수를 따르는 사람들은 굳이 치유와 식사가 이루어지는 자리가 아니어도, 예수가 가는 곳이면 항상 그를 둘러싸고 있었다.[10] 다소 과장이 있다 하더라도, 4천명,[11] 5천명이[12] 모였다는 기사는, 당시로서는 엄청나게 많은 인원이 모였다는 뜻일 것이다.

---

7) 신약성서 마가복음 1:33.
8) 신약성서 마가복음 1:45.
9) 신약성서 마가복음 2:2.
10) 신약성서 마가복음 3:7-8 참조.
11) 신약성서 마가복음 8:1-10 참조.
12) 신약성서 마가복음 6:30-44 참조.

수적으로 이미 위협적이다.

둘째, 무상의 치유와 공동 식사가 있던 자리에서는 하나님 나라가 선포되었다. 예수가 치유하고 식사하는 자리에서도 하나님 나라가 선포되었지만,[13] 예수가 그 일을 위해 제자들을 파견할 때에도, 예수는 하나님 나라가 가까이 왔다는 것을 선포하도록 당부했다.[14] 예수의 의도적인 전략인 것이다. 가난한 사람들에게 지금의 권력자들이 통치하는 세상을 부정하고, 하나님의 뜻에 의해 다스려지는 새로운 세상에 대한 꿈을 심어준 것이다. 가난한 사람이 가난 때문에 고통 받지 않는 새로운 세상, 아니 그들이 중심이 되는 새로운 세상이 곧 온다고 선포한 것이다. 더욱 위협적이다.

셋째, 무상의 치유와 공동 식사의 자리에 있던 사람들은 주로 하류 계층 농민 집단이었다. 좀 더 정확히 말하면, 그들은 적빈(赤貧)상태에 있던 사람들이었다. 이들이 지금 어떤 저항을 목적으로 모인 것은 아니지만, 지배 권력자들의 입장에서 볼 때에는, 언제든지 농민반란으로 돌변할 가능성이 높은 위험 집단이다. 거기에다가 예수가 지금 이들에게, 현 세상을 부정하고 하나님 나라라는 새로운 세상에 대한 꿈을 심어주고 있으니, 이들은 시한폭탄과 같을 수 있다. 권력자들이 볼 때 그렇다는 말이다. 크로산에 따르면, 예수 동시대에 "거의 모든 농민 운동들은 로마의 지배에 맞선 것이었을 뿐 아니라, 노골적으로 혹은 암묵적으로 성전과 대제사장직에 맞선 행동들이었다"고 한다.[15] 하물며 예수 주변에 모인 수많은 하류 계층 농민집단이 하나님 나라 사상으로 무장되었으니, 권력자들에게 이들은 충분히 위협적인 집단이 아니었겠는가!

---

13) 신약성서 마태복음 4:23 참조.
14) 신약성서 누가복음 10:9.
15) 호슬리, 『예수와 제국』, 96.

3) 체제 도전

예수의 혐의는 그의 불순 사상과 불법 집회에 머물지 않는다. 그에게는 체제 도전이라는 또 하나의, 더 위협적인 혐의가 있다. 율법학자의 율법 체제와 헤롯 안티파스의 독재 체제와 로마의 제국주의에 대한 도전이다. 이와 관련해서는 이미 어느 정도 언급되었었기 때문에, 여기에서는 간단히 정리하고자 한다.

첫째, 예수는 율법 체제에 도전했다고 볼 수 있다. 특별히 안식일법을 중심으로 하는 율법의 권위에 도전했고, 율법의 하위법인 정결법의 권위에 도전했다. 안식일이 사람을 위해 있는 것이지, 사람이 안식일을 위해 있는 것이 아니라는 말은 백 번 지당한 말이지만,[16] 이것은 율법학자 입장에서 볼 때에는 율법의 권위에 대한 명백한 도전이다. 정결법을 위반한 제자들을 문제 삼은 바리새파 사람들과 율법학자들에게 "무엇이든지 사람 밖에서 몸 속으로 들어가는 것으로서 그 사람을 더럽히는 것은 아무 것도 없다. 사람에게서 나오는 것이 그 사람을 더럽힌다"는 말도 당연히 사리에 맞는 말이지만,[17] 이 또한 정결법의 권위에 대한 명백한 도전이다. 이러한 도전이 얼마나 바리새파 사람들과 율법학자들의 존립 기반을 흔들어 놓았는지, 예수가 안식일 치유와 관련하여 이들을 비판하자, "바리새파 사람들은 바깥으로 나가서, 곧바로 헤롯 당원들과 함께 예수를 없앨 모의를 하였다"고 복음서는 기록하고 있다.[18]

둘째, 예수는 헤롯의 독재 체제에 도전했다고 볼 수 있다. 그는 하스몬 왕가와 줄을 대어 왕조의 정통성을 확립하고자 하는 헤롯 안티파스를, 그의 스승 세례 요한과 마찬가지로, 간음으로 규정했다. 문제는 이 비판이 단순한 도덕적 비판이 아니라, 이스라엘 전체의 왕이 되고자 하는 헤롯 안티파스에게

16) 신약성서 마가복음 2:27 참조.

17) 신약성서 마가복음 7:15-16. 마태복음 15:11 참조.

18) 신약성서 마가복음 3:6. 마태복음 12:14; 누가복음 6:11 참조.

정치적 훼방을 놓았다고 하는 점이다. 여기에서 더 나아가, 로마와 유대를 동시에 만족시키기 위해 이중적 정치 행각을 벌이는 그에게, 예수는 '여우'라는 뼈있는 별명으로 일침을 놓았다. 이러한 예수를 헤롯이 보고 싶어 했다는 것은 아마도 예수를 '손'보고 싶어 했다는 뜻이 아니겠는가!

셋째, 예수는 로마의 식민지배에도 도전했다고 말할 수 있다. 여러 민족들 위에 군림하는 제국을 비판했고, 유대인의 집단적 정신질환, 즉 유대인 전체가 미칠 수밖에 없는 그 궁극적 원인이 로마제국의 식민지배에 있다는 것을 거라사 광인의 치유를 통해 보여주었다. 뿐만 아니라, 로마에 바치는 제국세 문제와 관련하여 질문을 받았을 때에는, '황제의 것은 황제에게, 하나님의 것은 하나님께'라고 대답함으로,[19] 그 함의가 무엇이든, 제국세 납부에 대한 거부감을 우회적으로 표시했다. 후에 예수가 재판을 받고, 그 죄가 열거될 때에 제국세를 거부했다는 죄목이 들어간 것은 결코 이와 무관하지 않을 것이다.[20]

2. 십자가 처형의 직접적인 원인

이처럼 예수는 반드시 십자가형은 아니라 하더라도 어떤 형태로든 죽이고 싶어 할 만큼 위험한 인물이라는 혐의는 충분히 갖고 있었다. 그러나 그것만으로 예수를 죽일 수는 없었다. 예수를 죽일 수 있는 충분한 물증이 필요했던 것이다. 그런데 그 예수가 자기 발로 예루살렘 성전을 찾아왔고, 예루살렘 성전 안에서 그를 죽일 만한 충분한 빌미를 제공했다. 그것이 이른바 '예루살렘 성전의 상징적 파괴 행위'였다.

---

19) 신약성서 마가복음 12:17; 마태복음 22:21; 누가복음 20:25 참조.
20) 신약성서 누가복음 23:2.

1) 예루살렘 성전의 상징적 파괴

예수는 왜 예루살렘에 갔을까? 모든 유대인들처럼, 유월절 절기를 지키기 위해 순례자로서 방문한 것인가? 그랬다가 예루살렘 성전 안에서 벌어지고 있는 종교적 행태를 보고, 갑자기 분노하여 문제를 일으킨 것인가? 그것은 아닌 것 같다. 예수는 예루살렘 성전에 들어가기 전, 이미 모종의 준비를 갖추고 있었다.[21] 들어갔다가 우연히 문제를 일으키게 된 것이 아니라, 문제를 일으키기 위해 계획적으로 예루살렘 성전에 들어간 것이다.[22] 다시 말하면, "성전 파괴라는 예수의 상징적 행동은 그가 가르쳐왔던 것, 그가 치유를 통해 말하고자 했던 것, 그리고 그가 개방된 밥상의 실천 속에서 이루고자 했던 것을 강화"시키는 예수의 마지막 행보였던 것이다.[23]

이러한 의미에서 유월절이라는 절기는 문제를 제기할 수 있는 안성맞춤의 시기라고 할 수 있다. 유월절은 BCE 13세기 중반 경 이스라엘이 이집트의 노예 상태에서 모세의 인도로 탈출한 사건을 기념하는 유대인 최대의 절기이다. 대략 30만에서 40만 명 정도의 순례자들이 예루살렘에 모여드는데,[24] 유월절은 하루 동안 계속되지만, 무교절이 7일간의 축제로 계속 이어져, 소요와 반란이 일어날 수 있는 적절한 때라고 할 수 있다. 특별히 유월절의 해방적 함의 때문에, 이때가 되면, 예루살렘 성전 당국이나 로마 총독부는 잔뜩 긴장을 하게 되고, 평시 가이사랴에 있던 총독도 예루살렘으로 오게 된다.

성전 당국이나 총독부가 이렇게까지 긴장을 하는 것은 과거에도 유월절에 대규모 시위가 있었기 때문이다. BCE 4년에는 남쪽 유대 지방의 분봉왕이

---

21) 복음서에 따르면, 예수는 올리브 산 근처인 베바게와 베다니 가까이에서 이미 새끼 나귀를 준비하고 어떻게 입성할 것인지 계획적으로 준비하고 있었다. 신약성서 마가복음 11:1-11; 마태복음 21:1-11; 누가복음 19:28-37 참조.

22) 크로산, 『하나님과 제국』, 212.

23) 크로산, 『예수는 누구인가』, 171-72.

24) 펑크, 『예수에게 솔직히』, 336.

된 아르켈라오스에게 헤롯 대왕 시절의 학정을 시정해 달라는 유대인의 대규모 시위가 있었고, 이 때문에 그는 군대를 풀어 3,000명을 살해한 적이 있었다.[25] 그 후 50년 뒤에는 로마 행정장관 쿠마누스에게 유대인을 모욕한 병사의 처벌을 요구하는 대규모 시위가 있었고, 이 때문에 그는 유대인 30,000명을 살해한 적이 있었다.[26] 유월절은 이처럼 위험한 절기인데, 이 위험한 절기에 예수는 모종의 계획을 갖고 예루살렘에 들어간 것이다.

무슨 계획을 갖고 있었을까? 두 가지를 준비했던 것 같다. 하나는 새끼 나귀를 타고 예루살렘에 들어가는 것이고, 다른 하나는 예루살렘 성전 안에서 예루살렘 성전에 대한 상징적 파괴 행위를 하는 것이다. 전자의 경우는 식민지 도시를 파괴하고, 병거나 군마를 타고 의기양양하게 입성하는 제국의 지배자를 염두에 둔 의도적인 연출이라 할 수 있다. 통치자란 모름지기 공의롭고 화평을 도모하고 겸손해야 한다는 것을 구약성서 스가랴서를 원용(援用)하여 시위의 형태로 드러낸 것이다.[27] 이것은 그래도 온건했다.

문제는 후자, 즉 예루살렘 성전을 상징적으로 파괴하는 일이었다.[28] 복음서에 보면, 예수는 성전에 들어가서, 성전 뜰 안에서 팔고 사는 사람들을 내쫓으면서, 돈을 바꾸어주는 사람들의 상과 비둘기를 파는 사람들의 의자를 둘러엎고, 성전을 가로질러 물건을 나르는 것을 금했다고 했다.[29] 그런 후, 이렇게 선언했다고 한다: "기록된 바 '내 집은 만민이 기도하는 집이라고 불릴 것이다' 하지 않았느냐? 그런데 너희는 그 곳을 '강도들의 소굴'로 만들어 버렸다."[30]

---

25) 크로산, 『예수의 역사』, 330.
26) Ibid., 331.
27) 구약성서 스가랴 9:9-10 참조.
28) 크로산, 『하나님과 제국』, 210. 크로산은 예루살렘 성전에서의 예수의 행위를 "상징적으로 성전을 파괴한 사건"이라고 표현한다.
29) 신약성서 마가복음 11:15-16. 마태복음 21:12; 누가복음 19:45 참조.
30) 신약성서 마가복음 11:17. 마태복음 21:13; 누가복음 19:46 참조.

이 두 가지 시위 중, 예수를 직접 죽음으로 몰고 간 것은 두 번째, 즉 예루살렘 성전을 파괴하는 듯한 그의 상징적 행위에 있었다. 성전 안에서 상행위하는 사람을 내쫓고, 성전세를 바치기 위해 환전하는 책상을 뒤집어엎고, 희생제사를 위해 흠 없는 제물을 파는 사람의 의자를 둘러엎는 것도 문제였지만, 그보다 더욱 문제가 되었던 것은 예루살렘 성전을 '강도들의 소굴'이라고 매도한 것이었다. 이 사건이 얼마나 충격적이었으면, "대제사장들과 율법학자들이 이 말씀을 듣고서는, 어떻게 예수를 없애버릴까 하고 방도를 찾고 있었다"고 복음서는 기록한다.[31]

2) 왜 예루살렘 성전이 문제인가?

예루살렘 성전의 무엇이 문제이기에, 예수는 이처럼 난동에 가까운 행동과 거친 말들을 거침없이 쏟아낸 것일까? 수십만 명의 순례자가 오면, 당연히 필요한 것들을 공급하는 상행위가 일어날 수밖에 없고, 외국돈을 갖고 오면 환전해 주어야 하는 것도 불가피하고, 또 멀리서 희생제사 드릴 짐승을 일부러 가져 올 것 없이 성전 앞에서 준비할 수 있으면 그만큼 좋은 일 아니겠는가? 도대체 예수는 이런 행위들 속에서 무엇을 보았기에, 그토록 심각하게 문제를 삼은 것일까?

흔히 예수의 상징적 성전 파괴 행위를 놓고 '성전숙정사건,' 혹은 '성전정화사건'이라고 부른다. 성전의 본래 업무, 즉 기도하고 예배하는 행위를 어지럽히는 무질서한 상행위를 정리함으로, 예루살렘 성전의 예배 질서를 바로 잡으려 했다는 것이다. 말하자면, 예루살렘 성전의 종교적 기능을 정상화하자는 것이었다는 말이다. 물론 예수의 문제 제기 속에는 이러한 의도도 당연히

---

31) 신약성서 마가복음 11:18. 누가복음 19:47 참조.

포함되었을 것이다. 그러나 그것은 문제 제기의 발단은 되었을지 모르나, 문제 제기의 궁극적 목적은 아니었던 것으로 보인다. 왜냐하면 예수는 그러한 문제 제기의 끝에 성전을 강도들의 소굴로 매도하고 있기 때문이다.

문제의 핵심은, 예루살렘 성전에서 일어나고 있는 이러한 종교적 파행들이 예루살렘 성전 종교권력자들의 부를 축적하는 일과 연관되어 있었다는 것이다. 예루살렘 성전에서의 장사는 아무나 들어와서 할 수 있는 일이겠는가? 허락을 받아야 하고, 그 과정에서 성전당국에 바쳐야 하는 자릿세 같은 것이 있었을 것이다. 성전세도 마찬가지다. 성전세 납부시 반드시 사용하도록 되어있는 두로의 반 세겔로 바꾸어주기 위해, 성전당국은 환전상을 고용했고, 환전상은 반 세겔마다 8%의 환전 비용을 따로 떼었다.[32)]

희생 제물을 성전에서 파는 것도 성전의 횡포에 가깝다고 할 수 있다. 흠 없는 짐승을 바쳐야 하는데, 이를 심사하는 것은 제사장들이다. 성전에서 준비한 짐승은 검토할 것도 없이 흠 없는 짐승이니, 여기서 준비하면 틀림없다는 것이다. "일종의 원 스톱 정결 시장"이 들어선 것이다.[33)] 이것도 일종의 장사다. 왜 이익금이 없겠는가? 이처럼 예수 당시 "종교와 상업은 항상 서로 기생하는 관계"였고, 그래서 이 둘의 야합을 분리시키려는 예수의 시도는 "가장 위험한 작업이었을 것"이다.[34)]

예루살렘 성전에서의 상업 행위에 파괴적 행동을 한 것은 예루살렘 성전을 '강도의 소굴'로 매도한 것과 무관하지 않을 것이다. 강도라는 것이 무엇인가? 힘들이지 않고 손쉽게 돈 버는 사람, 게다가 사람의 생명까지 위협하여 강제로 재물을 취하는 사람 아닌가? 누구를 가리키는 것이겠는가? 당연히 대제사장들을 겨냥한 말일 것이다. 이들은 예루살렘 성전 안에서 힘들이지 않고 손쉽게 장사꾼과 환전상과 제물 판매자들로부터 상당한 부를 챙겼을

32) 슈테게만, 『초기 그리스도교의 사회사』, 206.
33) 마이어스, 『예수를 교회로부터 구출하라』, 194.
34) Ibid., 194.

것이다.

그러나 예루살렘 성전에서의 상행위에 따른 수익금은 성전 및 제사장들과 연관되어 있기 때문에, 대제사장의 독점 수입은 아니었을 것이다. 대제사장의 보다 큰 부의 원천은 다른 곳에 있었다는 말이다. 그것이 제국세 대행업이다. 로마제국은 식민지 백성과의 불필요한 마찰을 피하기 위해, 식민지 권력자들에게 제국세 대행업을 맡겼다. 로마 총독이 통치하는 남쪽 유대는 분봉왕이 없었기 때문에, 대제사장이 그 일을 맡은 것이다.

제국세 대행업은 대제사장 개인의 사업에 해당하기 때문에, 예루살렘 성전에서의 수익금에 비해 비교할 수 없을 만큼 컸을 것이다.[35] 그리고 그들은 그 부를 이용해 대토지를 소유했고, 또 그 대토지를 통해 높은 이율의 소작농 토지 이용료를 챙겼었기 때문에, 그들의 부는 눈덩이처럼 불어났을 것이다. 성전의 상행위를 통한 부의 축적이 종교권력자와 상업종사자의 야합에 따른 것이라면, 제국세 대행업을 통한 부의 축적은 종교권력자와 로마제국의 야합에 따른 것이라고 할 수 있을 것이다. 예수는 이렇게 부를 축적했던 종교권력자들을 '강도'로 규정했고, 예루살렘 성전은 바로 그들의 소굴이 되었다고 비판했던 것이다.

3) 예수의 행위는 죽여야 할 만큼 치명적인가?

예수의 이러한 행위와 말이 예수를 죽여야 할 만큼 종교권력자들에게, 특별히 대제사장에게 치명적이었을까? 이제 잠시 예수의 행동과 비판을 대제사장의 입장에서 생각해보자. 앞서 인용했듯이, 예수의 이러한 행동과 비판이 있자, "대제사장들과 율법학자들이 이 말씀을 듣고서는, 어떻게 예수를 없애

---

35) 잭 넬슨-폴마이어, 『예수를 배반한 기독교』, 314; 보그, 『예수 새로 보기』, 121; 슈테게만, 『초기 그리스도교의 사회사』, 200 참조.

버릴까 하고 방도를 찾고 있었다"고 했다.[36] 그만큼 치명적이었던 것이다.

무엇이 이토록 대제사장과 율법학자들을 분노하게 했을까? 무엇보다 예루살렘 성전 질서를 혼란에 빠뜨린 예수에게 화가 났을 것이다. 무엇이 문제인가? 아무 문제없이 모든 것이 질서 있게 잘 돌아가고 있지 않은가? 지금 상황을 보라! 성전을 무질서하게 만든 것은 성전 당국자가 아니라, 예수가 아닌가? 종종 예루살렘 성전에서 예언자적인 발언을 한 사람들은 있었어도, 행동으로 이렇게 쑥대밭을 만들어놓은 사람은 일찍이 없었다. 이를 어찌 묵과할 수 있겠는가!

그러나 이보다 더욱 이들을 분노하게 한 것은, 예수가 이들을 '강도들'로 규정하고, 성전을 '강도들의 소굴'로 매도한 가시 돋친 말일 것이다. 성전을 이용한 부의 축적, 제국을 이용한 부의 축적, 예수는 이것을 알고 있었고, 이것을 강도행각으로 몰아세운 것이다. 알 만한 사람들은 누구나 다 알고 있는 비밀이었지만, 예루살렘 성전 한 가운데서, 대낮에, 그것도 유월절 대규모 순례객들 앞에서, 이 비밀을 드러내놓고 폭로한 사람은 일찍이 없었다. 대제사장들과 율법학자들을 벌건 대낮에 유월절 순례객들 앞에 벌거벗겨 놓은 셈이다.

당연히 죽이고 싶었을 것이다. 이것은 한편으로 성전 종교권력자들의 경제비리에 대한 비판이기도 하지만, 다른 한편, 보다 큰 시각에서 보면, 로마제국의 식민지배에 협력하는 이들의 매국 행위에 대한 비판이라고도 볼 수 있다. 크로산은 이러한 의미에서 "예수가 계획한 시위는 어디까지나 로마의 제국주의적 통치에 유대인이 종교적으로 협력하는 것에 반대하는" 성격을 갖고 있었다고 지적한다.[37] 예수는 지금 절대 건드려서는 안 될 예루살렘 성전 종교권력자들의 아킬레스건을 건드린 것이다.

---

36) 신약성서 마가복음 12:18.

37) 크로산,『하나님과 제국』, 208.

3. 예수의 죄와 벌

1) 예수의 죄

(1) 예수에 대한 심문: 메시아 혹은 유대인의 왕인가?

예루살렘 성전 사건 이후, 예수는 어찌 되었을까? 복음서에 기록된 대로, 체포되었고, 재판받았고, 그리고 처형되었다. 예수는 예루살렘 성전 안에서 한 차례 소동을 피운 이후, 예루살렘 근방 겟세마네라는 동산에 머물렀다고 한다. 불행히도 제자 중 유다라는 사람의 배신이 있었고, 그의 인도로 대제사장들과 율법학자들과 장로들이 보낸 무리가 예수를 체포했다.[38] 그리고 예수는 산헤드린 의장인 대제사장 가야바 앞에 끌려갔다.

어떤 방식의 재판이 있었는지는 분명치 않다. 그러나 대제사장의 심문이 있었던 것은 분명한 듯하다. 대제사장은 예수를 죽일 수 있는 단적인 증거를 찾았지만, 여러 증언들이 일치하지 않았다고 한다.[39] 성전난동 사건 때문에 당장 죽이고 싶었겠지만, 그것만으로는 사형시킬 수 없었다는 뜻이기도 하다. 그러던 중 대제사장의 직접 심문에서 증거 하나를 얻는다. 질문의 요지는, 예수가 그리스도, 즉 메시아냐 하는 것이었다.

가장 먼저 기록된 복음서 마가복음에는 예수가 이렇게 대답한 것으로 되어 있다: “내가 바로 그이요. 당신들은 인자가 전능하신 분의 오른쪽에 앉아 있는 것과, 하늘의 구름을 타고 오는 것을 보게 될 것이오.”[40] 그러나 인용구 앞부분이, 마태복음에는 “당신이 말하였소” 라고 기록되어 있고,[41] 누가복음에

38) 신약성서 마가복음 14:43-50. 마태복음 26:47-56; 누가복음 22:47-53 참조.
39) 신약성서 마가복음 14:56. 누가복음 26:60 참조.
40) 신약성서 마가복음 14:62.
41) 신약성서 마태복음 26:64.

는 "내가 그라고 너희가 말하였다"라고 기록되어 있다.[42] 예수가 메시아 여부를 묻는 질문에 어떻게 대답했든, 대제사장은 후반부가 중요했고, 그것으로 예수를, 하나님을 모독한 것으로 단정 짓는다. 신성모독죄니 사형에 해당한다는 뜻이다. 대제사장은 산헤드린 의원들에게 의중을 묻고, 그들은 사형에 동조한다.[43]

그러나 예수 당시 로마 총독 치하에 있던 유대에서는 사형에 관한 한 총독부 책임 하에 있었다고 한다. 이에 따라 예수는 당시 로마 총독 빌라도에게 넘겨진다. 그리고 심문이 이어진다. 질문의 요지는, 예수가 유대인의 왕인가 하는 것이었다. 그러나 예수는 "당신이 그렇게 말하였소" 하고 간단히 대답하고는 아무런 변명을 하지 않는다. 그렇게 심문은 끝났다.[44]

그런데 누가복음서에는 다른 복음서에 없는 또 하나의 심문 과정을 기록하고 있다. 그것은 빌라도가 심문을 마친 후, 마침 예루살렘에 와 있던 갈릴리의 분봉왕 헤롯 안티파스에게 예수를 보낸다. 예수가 갈릴리 사람이기 때문이다. 그러나 예수는 안티파스의 질문에 아무 대답도 하지 않았고, 결국 다시 빌라도에게 보내진다. 그리고 그 날로 그 동안 원수처럼 지냈던 두 사람, 즉 빌라도와 안티파스가 친구가 되었다고 한다.[45] 안티파스와도 내적인 공조가 이루어졌다는 뜻일 것이다. 이렇게 하여 산헤드린 의장 가야바 대제사장, 갈릴리 분봉왕 헤롯 안티파스, 그리고 로마총독 빌라도 사이에 완벽한 공조 체제가 이루어진 것이다.

(2) 예수의 죄목: 유대인의 왕

예수에게 내려진 최종 죄목은 "유대인의 왕"을 자처했다는 것이었다. 판결 과

42) 신약성서 누가복음 22:70.
43) 신약성서 마가복음 14:53-65; 마태복음 26:57-68; 누가복음 22:54-55, 63-71 참조.
44) 신약성서 마가복음 15:1-5; 마태복음 27:1-2, 11-14; 누가복음 23:1-5 참조.
45) 신약성 누가복음 23:6-12.

정은 기록되어 있지 않지만, 예수의 십자가에 걸린 죄패에 "유대인의 왕"이라고 적혀있는 것이 이를 말해준다.[46] 그러나 누가복음에 보면, 대제사장을 비롯한 산헤드린 의원들이 빌라도에게 예수를 고발할 때, 세 가지를 지적했다고 한다. 예수가 "민족을 오도하고, 황제에게 세금 바치는 것을 반대하고, 자칭 그리스도, 곧 왕이라고" 했다는 것이다.[47] 이 기록 자체의 객관적 사실성 여부를 떠나, 이 죄목들은 충분히 예수에게 붙여질 수 있는 죄목들이었다.

예수는 적빈 상태에 있는 가난한 사람들에게 치유와 식사의 자리에서 하나님 나라를 가르쳤고, 이를 제자들을 통해 운동 차원으로 확산시켰다. 지금 이스라엘을 통치하고 있는 총독과 분봉왕의 통치권을 부정하고, 그들이 통치하고 있는 현 세상을 부정하고, 그리고 지배권력자들의 뜻이 아닌 하나님의 뜻에 따르는 새로운 세상의 도래를 선포했다. 이 모든 일들은 당시 지배권력자들의 입장에서 보았을 때에는, 분명 민족을 오도한 죄에 해당할 것이다.

제국세 문제는 다소 모호하다. 제국세를 내야 하느냐는 바리새파 사람들의 질문에 대한 예수의 대답은, "황제의 것은 황제에게, 하나님의 것은 하나님께"라는 단 한마디뿐이었다. 이 말을 해석하는 학자들의 의견이 분분하다.

크로산은 예수의 대답에서 중요한 것은 황제의 동전을 보여 달라고 한 예수의 말에서 암시한 것처럼, "카이사르에게 세금을 납부해야 하느냐가 아니라, 카이사르의 동전을 가지고 있느냐는 것"이라고 한다.[48] 대답 자체는 황제에게 세금을 내라는 뜻처럼 들릴 수 있지만, 예수의 말 속에는 세금 낼 돈이 없는데, 무엇으로 세금을 내느냐는 반문이 함축되어 있다는 뜻인 듯하다.

보그는 예수의 대답이 "암묵적으로 세금 납부를 승인하는 것이었고, 이것은 무장 저항운동의 핵심적인 신념 중 하나에 대한 거부를 뜻하는 것"이었다

46) 신약성서 마가복음 15:26; 마태복음 27:37; 누가복음 23:38.
47) 신약성서 누가복음 23:2.
48) 크로산, 『예수의 역사』, 280.

고 해석한다.[49] 비폭력을 지향한 예수가 폭력을 수반하는 제국세 거부 운동에 반대의 뜻을 표했다는 의미인 듯하다. 그러나 제국세 거부 운동이 반드시 폭력을 수반했던 것은 아닌 듯하다.

『로마의 평화』를 쓴 벵스트는 또 다른 해석을 내놓는다. CE 6년 로마제국이 남쪽 유대 분봉왕 아르켈라오스를 유대인 집단 살해에 대한 책임을 물어 폐위시켰을 때, 유대인들은 로마의 직접 지배를 자청했다. 그 결과 총독이 임명되었고, 총독은 인구 조사에 기초한 제국세를 부여했다. 자충수를 둔 셈이다. 이러한 배경에서 볼 때, 제국세 문제에 대한 예수의 모호한 대답은 "지배자와 타협한 사람들에 대한 도전"의 성격을 지녔다는 것이다.[50]

남쪽 유대의 선택으로 황제의 직접 통치를 불러들였으면, 황제에게 세금을 내는 것이 마땅하지 않느냐? 그러나 만약 하나님을 섬기는 유대인이 황제에게 세금 내는 것을 온당치 않게 생각한다면, 지금이라도 로마제국 통치의 상징인 로마의 화폐, 즉 "모든 데나리온을 황제에게 되돌려" 줌으로써, 동전 및 통화 자체를 거부하라는 것이다.[51] 예수는 세금을 내고 안 내고 하는 문제보다 더 근원적인 문제, 즉 로마제국과의 타협에 문제를 제기한 것이고, "동전 및 통화 거부"를 통해 로마제국의 손길에서 벗어날 때에만, 제국세 문제는 해결될 수 있다는 것을 암시했다는 것이다.

호슬리는 예수의 입장은 당시 제4철학의 입장과 동일했던 것으로 해석한다. "만일 하나님만이 주님이고 주인이라면...모든 것은 하나님에게 속해 있기 때문에, 카이사르에게 세금을 바치는 것은 명백한 불법이 된다. 예수는 여기서 분명하게 또한 단순하게, 하나님이 그들의 사실상의 왕이며 주인이기 때문에, 카이사르든 아니면 다른 어떤 제국의 통치자이든, 이스라엘 백성에 대해 권리를 주장할 수 없다는 이스라엘의 원리를 다시 주장하고 있는 것이

49) 보그, 『예수 새로 보기』, 196.
50) 벵스트, 『로마의 평화』, 137.
51) Ibid., 136.

다."[52]

마지막으로 검토할 것은 일본 신학자 다가와 겐조이다. 그는 제국세가 총독 통치를 받는 유대의 문제이고, 갈릴리의 문제는 아니라는 점에 초점을 맞춘다. 갈릴리의 문제는 종교세, 즉 십일조, 성전세, 그리고 성전예물로 대표되는 예루살렘 성전에 바치는 세금이 문제이다. 이 세금이 만만치가 않다. 그런데 아마도 반로마운동에 앞장선 샴마이파일 것으로 보이는 바리새파 사람이 질문을 하는 것이다.[53] 로마에 제국세를 바쳐도 되느냐고....

이에 대한 예수의 대답은 이것이었다는 것이다. 너희 유대 사람들은 지금 황제의 것이라고 일컫는 제국세를 로마에 바치는 것이 옳으냐고 묻고 있지? 물론 옳지 않겠지. 그러면 너희들이 하나님의 것이라 하여 가난한 갈릴리 사람들로 하여금 예루살렘 성전에 바치게 하는 그 엄청난 종교세는 바쳐도 된다는 것이냐? "민중에 대하여 거대한 경제적 착취 기구로서 성전이 있는데, 어찌하여 그것을 내버려두고 로마제국의 세금만을 문제 삼을 수 있을 것이냐"는 것이 예수의 반문이었다는 것이다.[54] 예수의 대답은 반어법적인 일종의 야유, 혹은 역설의 성격을 띠고 있었던 것이다.

이상 다섯 명의 학자들 의견을 종합하면, 보그 한 사람을 제외하면, 예수가 제국세 납부에 긍정적이었던 것은 아닌 것으로 보인다. 그리고 예수가 "황제의 것은 황제에게, 하나님의 것은 하나님께"라는 말로 무엇을 의도했든, 산헤드린 의원들이 예수의 죄목 속에 제국세 거부를 포함시킨 것을 보면, 당시 제국세 대행업을 하던 대제사장이나 율법학자들은 예수가 제국세를 거부한 것으로 파악했던 것 같다.

그러나 예수의 죄목 중에 가장 결정적인 것은 예수가 '유대인의 왕'을 자처했다는 것이다. 고발 과정에서는 어떤 죄목들이 열거되었든, 예수에게 최종

52) 호슬리, 『예수와 제국』, 166-67. 본문에 '하느님'으로 번역된 것을 일관성을 위해 '하나님'으로 고쳤음.
53) 겐조, 『예수라는 사나이』, 83.
54) Ibid., 89.

적으로 적용된 죄는 바로 이것이었다. 대제사장은 '메시아'인지를 물었고, 빌라도는 '유대인의 왕'인지를 물었지만, 예수 당시 이 둘은 거의 동의어였기 때문에, 대제사장과 빌라도는 같은 질문을 한 셈이다. 왜냐하면 당시에 자칭 메시아를 표방한 사람들은 자신을 '유대인의 왕'으로 자처했기 때문이다. BCE 4년 경에 나타난 갈릴리의 유다와 시몬과 아쓰롱게스가 그러했다.[55]

그러면 예수도 메시아 혹은 유대인의 왕을 자처했는가? 이에 대답하기 위해서는 예수 당시 유대인들이 생각한 메시아가 어떤 존재냐 하는 것을 아는 것이 중요하다. "기원전에서 기원후로 시대가 바뀔 무렵에 유대인들의 메시아니즘의 공통적인 핵심을 이룬 것은 다윗 왕과 같은 전사 왕(warrior king), 즉 이스라엘의 원수들을 파멸시키고 영원한 평화의 시대를 시작할 분이라는 개념이었다. 다윗 왕과 같은 메시아라는 개념이 주도적이었는데, 그는 왕으로서 이스라엘 왕국을 회복시킬 분이었다. 이런 메시아 개념이 기원전에서 기원후로 바뀔 무렵에 일반적 유대교의 한 부분이었다."[56]

요약하자면, 유대인의 메시아는 이스라엘을 제국의 식민지배에서 해방시켜 독립을 가져다 줄 전사(戰士)같은 왕, 즉 새로운 유대인 왕을 가리킨다. 그러면 예수가 이러한 메시아, 이러한 유대인의 왕이 되기를 원했는가? "비록 그[나사렛 예수]가 다윗 왕과 같은 메시아라는 주장이 신약성서 안에 가득하지만, 그는 다윗 왕과 같은 메시아의 전형적인 모습(프로필)에는 맞지 않는다."[57] "군사적 메시아에 대한 유대인들의 기대와 일치하는 예수상은 복음서 안에서 찾아볼 수 없다."[58] 바꾸어 말하면, 예수는 폭력을 통해 이스라엘을 로마제국으로부터 해방시키려는 그러한 메시아, 그러한 유대인의 왕이 되려는 뜻이 전혀 없었다는 것이다.

---

55) 크로산, 『역사적 예수』, 335-338 참조.
56) 크로산, 『비유의 위력』, 173.
57) Ibid., 174.
58) 보그·크로산, 『첫 번째 크리스마스』, 181.

십자가 위에 명시된 예수의 죄패

그런데 왜 예수에게 '유대인의 왕'이라는 죄패가 붙게 되었을까? 물론 예수에게 이러한 죄를 적용할 만한 혐의는 있다. 그는 하나님 나라를 선포하면서, 지금의 통치권자와 그들이 다스리는 세상을 부정하고, 새로운 세상을 꿈꾸지 않았는가? 그리고 얼마나 많은 사람들이 그를 추종하고 있는가? 그가 폭력을 사용하지 않고, 왕을 자처하지 않았을 뿐이지, 이것이 사실상 '유대인의 왕'을 도모한 것이 아니고 무엇이겠는가? 적어도 당시 지배 권력자들, 즉 갈릴리 분봉왕 헤롯 안티파스나 대제사장 가야바나 로마 총독 빌라도의 눈에는 그렇게 보였을 것이다.

그러나 예수에게 '유대인의 왕'이라는 죄목을 붙인 데에는 이보다 더 큰 이유가 있다고 본다. 성전난동 사건 때문에 당장이라도 예수를 죽이고 싶었겠지만, 그것으로 사형시킬 수는 없으니, 확실하게 사형시킬 수 있는 죄목이 필요했던 것이다. 그것도 십자가형에 처할 수 있는 확실한 죄목 말이다. 그것이 바로 '유대인의 왕'이라는 죄목이다. 무슨 말이겠는가? 예수가 현 갈릴리 분봉왕 헤롯 안티파스를 제치고, 그리고 현 로마 총독 빌라도도 제치고, 유대인의 왕이 되겠다는 쿠데타, 내란 음모를 꾀했다고 몰아가는 것이다. 게다가 이미 그럴듯한 혐의도 있지 않았는가?

예수를 합법적으로 죽이기 위해서는, 예수는 '유대인의 왕'이어야만 하는 것이다. '유대인의 왕'이라는 죄목은 결국 내란음모죄라는 말이 아닌가? 보그가 적절히 지적하고 있듯이, "처형 방식과 십자가에 걸린 명패('유대인의 왕,'

즉 가이사에 대항하는 왕)는 그가 대역죄 혹은 반란 죄목으로 빌라도에 의해 사형 선고를 받았으며, 로마인들에 의해 처형되었음을 가리키고 있다. 역사적 예수에 관해 무엇보다 분명한 사실은 그가 정치적 반역자로서 처형당했다는 사실이다."[59]

2) 예수의 벌: 십자가형

(1) 로마 총독 빌라도와 십자가형 판결

그러면 누가 예수를 죽인 것일까? 예수의 죽음에 실질적인 책임이 있는 사람들은 누구인가? 복음서는 대제사장들과 율법학자들과 장로들, 그 중에서도 대제사장들이 가장 앞장섰던 것으로 기록하고 있다. 왜 안 그렇겠는가! 성전 난동 사건으로 분노가 하늘을 찌를 듯했던 사람들이 바로 대제사장들이 아닌가! 예수를 직접 심문했던 것도 대제사장이었고, 빌라도에게 고발한 것도 대제사장들이었고, 헤롯에게 고발한 것도 대제사장들이었고, 예수를 십자가에 처형하라고 군중을 선동한 것도 대제사장들이었다.

그렇다면 예수의 최종 판결 과정에서 로마 총독 빌라도는 어떤 역할을 한 것일까? 물론 빌라도는 사형 판결의 최종 책임을 지고 있었기 때문에, 예수의 처형에 직접적인 책임이 있다. 그러나 복음서는 상대적으로 빌라도에 대해 매우 우호적이다. 역사적으로 신빙성이 없는 사례이지만, 복음서에는 유월절 특사에 관한 이야기가 나온다.[60] 유월절에는 사형수들 중 군중들이 원하는 사람 한 명을 석방하는 제도가 있었다는 것이다. 빌라도는 군중에게 누구

---

59) 보그, 『예수 새로 보기』, 244.

60) 크로산에 따르면, 유월절 특사는 그 당시 기록을 살펴볼 때 불가능했던 것으로 본다. 단지 유월절에 가능했던 것은 사형선고를 연기해 주는 것과 십자가에 처형된 시신을 가족들이 매장할 수 있도록 허락해주는 두 가지 뿐이었다고 한다. 크로산, 『역사적 예수』, 620.

를 석방하기 원하는지 묻고, 대제사장이 선동한 무리들이 의적 두목으로 보이는 바라바를 석방하도록 요청한다.[61] 예수를 죽이는 데 있어 빌라도는 소극적이고, 대제사장은 적극적이다.

마태복음에서는 마가복음에 없는 이야기가 등장한다. 유월절 특사를 결정하는 날, 빌라도의 아내가 빌라도에게 전갈을 보내어, "당신은 그 옳은 사람에게 아무 관여도 하지 마십시오. 지난 밤 꿈에 내가 그 사람 때문에 몹시 괴로움을 받았으니까요" 하고 말한다. 대제사장의 적극적인 역할은 빠지고, 대신 빌라도 아내의 적극적인 역할이 등장한다. 빌라도는 여기서도 군중의 요청에 수동적으로 응하면서, 민란의 가능성을 우려하여 바라바를 특사로 결정하고, 예수의 죽음에 책임이 없다는 표시로 손까지 씻는다. 백성들은 예수의 피에 대해서는 자신들이 책임진다고 응답한다.[62]

누가복음에는 또 다른 각도에서 마가복음에 없는 이야기가 등장한다. 빌라도는 예수를 심문해 보았지만, 죄가 없었다는 것이고, 헤롯도 죄를 찾지 못해 빌라도에게 돌려보냈다는 것이다. 그래서 사형시킬 이유가 없으니, 매질이나 해서 풀어주겠다고 한다. 대제사장과 지도자들과 백성들이 반대하자, 빌라도는 예수를 십자가에 못 박으라는 요청을 무마시키기 위해 세 번씩이나 그의 무죄를 호소하다, 마지막에는 할 수 없이 군중의 요구대로 십자가에 처형하기로 결정한다.[63]

그런데 복음서가 보여주는 빌라도의 모습과 역사 속에 나타난 빌라도가 상당히 달라 보인다. 우선 역사가의 일반적인 평가부터 들어보자. 유대인 역사가 필로의 평가이다: "매우 강직한 기질을 가진, 완고하며 무자비한 사람...그의 타락과 오만한 행동, 강탈, 사람들을 모욕하는 습성, 잔인성, 재판도 없이 사람들을 계속 죽인 일, 이유도 없이 이어지는 악하기 짝이 없는 무자비

61) 신약성서 마가복음 15:6-15 참조.

62) 신약성서 마태복음 27:15-26 참조.

63) 신약성서 누가복음 23:13-25 참조.

함...역사상 가장 사나운 혈기를 지녔던 사람."[64]

빌라도는 역사상 어떤 일들을 행했기에 이러한 평가를 받았을까? 대표적 행적 세 가지만 살펴보자. 첫째, 빌라도는 총독으로 임명된 직후인 CE 26-27년 사이, 유대인의 금기사항인 황제의 흉상이 달린 군기를 한밤중에 예루살렘으로 들여오다, 유대인의 강력한 저항에 부딪친다. 이때에는 빌라도가 한 발 물러선다.[65] 둘째, 빌라도는 위와 비슷한 시기에 수로를 건설하기 위해 코보나스(Corbonas)라 불리는 예루살렘 성전 기금을 유용하다, 수만 명의 유대인 군중들로부터 집단 항의를 받게 된다. 이에 그는 군인들을 유대인 복장으로 입혀 군중 속에 투입한 후, 시위에 참가한 군중은 물론 참여하지 않은 군중들까지 무차별 구타한다.[66] 셋째, 빌라도는 한 사마리아 예언자가 군중을 이끌고 신성한 그릇들을 보여주겠다며 그리심 산에 오르려는 것을 기병대와 중무장한 보병으로 차단, 중요 지도자와 영향력 있는 사람들을 처형한다.[67] 이 일로 빌라도는 자신의 직속 상급자인 시리아 총독 비텔리우스에 의해 해임된다.

크로산의 말처럼, 이것은 다른 총독들에 비해 "빌라도가 특별히 극악무도한 사람"이었다는 것을 말하는 것은 아닐 것이다. 그러나 분명한 것은, 빌라도는 "유대인들의 종교적 민감성을 아랑곳하지 않았고, 무장하지 않은 채 항의하거나 저항하는 군중들에게까지 잔인한 무력을 통상적인 해결책으로 행사한 인물이었다"는 것이다.[68] 이것은 보그에 의해서도 뒷받침 된다: "빌라도는 아주 뻔뻔스러운 사람으로 알려져 있다. 그를 임명한 사람은 셈족에 적대적이었기 때문에, 그의 통치 기간 십년은 특별히 가혹했다. 심문하는 동안 망설이다가 어쩔 수 없이 유대교 지도자들에게 예수를 넘겨주는 모습은 그의 품성에 맞지 않는다. 그것이 설사 실제 역사를 반영한 것이라 해도, 이것은

64) 크로산, 『예수의 역사』, 346.
65) 크로산, 『예수』, 223.
66) Ibid., 224.
67) Ibid., 225.
68) Ibid., 227.

동시에 로마에게서 혐의를 벗겨주려는 초대교회의 대체적 경향의 산물일 것이다."[69]

이러한 모든 것을 종합해볼 때, 필로의 종합적 평가는 대체로 역사적 사실에 부합하는 것으로 보인다. 대제사장들과 율법학자들을 중심으로 한 산헤드린 의원들의 적극적인 고발과 예루살렘 군중의 사형 요청만으로 빌라도가 예수를 사형에 판결할 인물은 아니라는 말이다. "우리가 로마의 팔레스타인 정책과 특별히 빌라도의 성품에 대한 정보를 종합해 보면, 체포, 심문, 그리고 처형에 이르는 모든 시나리오의 책임이 전적으로 로마에 있음을 확실히 알 수 있다."[70] 예수에게 사형 판결을 내리는 중심에는 분명히 빌라도가 있었다는 말이다.

빌라도 총독은 대제사장 임명에 권한이 있었고, 더구나 사형 판결의 최종 권한을 갖고 있었기 때문에, 대제사장이나 예루살렘 군중에게 휘둘릴 사람이 아니다. 그는 당연히 예수에 대한 충분한 정보를 보고 받았을 것이고, 그래서 예수를 '유대인의 왕'이라는 죄목, 즉 내란음모죄로 처형해도 좋을 만큼 충분히 위험한 인물이라는 정치적 판단을 했을것이다. 예수의 사형 판결은 빌라도의 자기결정이라는 말이다. 그러므로 "예수의 죽음은 십중팔구 유대교 종교지도자들과 관료집단...의 협의체(산헤드린, 필자주)와 로마 총독이 공모한 결과"였다고 하는 것이 역사적으로 옳은 판단일 것이다.[71]

---

69) 보그, 『예수 새로 보기』, 245-46. 복음서가 로마총독 빌라도에 대해 우호적 입장에서 기록한 것은, 이스라엘이 로마와의 1차 전쟁(CE 66-73)에서 패망한 이후, 로마제국으로 뻗어나간 기독교의 선교적 상황을 반영하는 것이라는 뜻이다. 빌라도를 기독교의 주적(主敵)으로 몰고서는 로마제국 안에서 기독교 선교를 할 수 없었을 것이라는 말이다.

70) Ibid., 245. 예수 시대의 '이스라엘'은 CE 135년 대로마 유대 2차 전쟁에서 패망한 이후, 로마 하드리아누스 황제에 의해 '팔레스타인'이라는 호칭으로 바뀌었다. 이스라엘이라는 존재를 이 지구상에서 말살시키기 위해서였다.
http://www.maozisrael.org/site/PageServer?pagename=maoz_korean_0214 참조.

71) 보그, 『예수 새로 보기』, 250.

(2) 예수 시대의 십자가 처형

현 대제사장이자 산헤드린 의장인 가야바의 고발과 로마 총독 빌라도의 판결로 예수에 대한 사형이 결정되었다. 사형 방법은 십자가형이었다. 복음서에는 예루살렘 군중의 요구로 빌라도가 십자가형을 결정한 것처럼 기록되어 있지만,[72] 예수의 십자가형은 그의 죄목에 따른 결정이라고 보아야 할 것이다. 예수 당시 로마 형법에 따르면, 십자가형은 다음의 경우에 해당했다고 한다: "적에게 투항하는 자, 비밀 누설자, 반역을 선동하는 자, 살인자, 통치자의 번영에 대하여 불길한 예언을 하는 자, 야간에 음란한 행위를 하는 자, 마술을 행하는 자, 절박한 상황에서 변절한 자."[73] 예수는 '반역을 선동하는 자'에 해당하는 것이다. 십자가형은 예수 이전에도 그 이후에도 이러한 사람들에게 내려졌다.[74]

로마 제국이 실시한 사형 방법 가운데 가장 잔인한 형벌은 세 가지가 있었다고 한다: 십자가형, 화형, 교수형. 그리고 교수형은 종종 야수에 찢겨 죽이는 형벌로 대체되기도 했다고 한다.[75] 이 형벌들이 잔인했던 것은 죽음의 순간에는 최고의 고통을 겪고, 죽어서는 시체의 흔적을 남기지 않는다고 하는 것이다. 이 세 가지 형벌 중에서도 가장 잔인했던 것은 십자가형이었고,[76] 예수는 골고다라는 곳에서 이 형벌에 처해진 것이다.

십자가형은 십자 모양으로 만들어진 틀 위에 양팔은 가로로 묶어 손바닥에 못을 박고, 양발은 포개어 발목 위에 못을 박고, 엉덩이는 미끄러지지 말라

72) 신약성서 마가복음 15:13; 마태복음 27:22; 누가복음 23:23.

73) 마르틴 헹엘, 『십자가 처형』, 김명수 역(서울: 대한기독교서회, 1996), 53.

74) BCE 4년 셉포리스에서 반란이 일어났을 때, 시리아의 총독 바루스는 반란자 2,000명을 십자가에 처형했고, 유대의 총독 펠릭스와 페스투스는 수많은 비적을 십자가에 처형했고, 유대의 마지막 총독 플로루스는 유대 1차 전쟁 중 상류층 유대인까지 십자가에 처형했고, 유대 1차 전쟁 말미에 티투스는 예루살렘을 탈출하는 주민을 매일 500명씩 처형하여 십자가가 모자랄 지경이었다고 한다. 호슬리, 『예수와 제국』, 57 참조.

75) 헹엘, 『십자가 처형』, 52.

76) Ibid., 52.

영화 『패션 오브 크라이스트(Passion of Christ)』의 한 장면

고 만든 의자같은 것에 걸치게 했다고 한다. 이렇게 하여 십자가가 세워지면, 죄수는 그 위에서 서서히 죽어가며 고통을 온 몸으로 느끼게 되는 것이다. 이 죽음의 과정을 기록한 현존하는 유일한 한 문헌에는 이렇게 기록되어 있다: "단번에 숨을 거두기보다 방울방울 피를 흘리며, 사지가 갈기갈기 찢기며, 고통 가운데서 서서히 죽어가기를 원하는 사람을 발견할 수 있는가? 저주받은 나무에 묶여 오랜 고통에 시달리고, 몰골은 흉악해졌고, 채찍으로 맞은 자국이 어깨와 가슴에 부풀어 오르고, 단말마의 고통 가운데서 마지막 숨을 몰아쉬기를 원하는 사람을 발견할 수 있는가?"[77)]

십자가형의 잔인성은 여기서 그치지 않는다. 죄수가 십자가 위에서 죽게 되면, 그 때부터 "그들의 시체는 새들의 먹이가 되고, 개들은 모질게 씹어 먹는다"고 한다.[78)] 이것이 십자가형과 관련된 규정이었다는 것이다.[79)] 당연히 십자가형을 받은 사람은 그 온전한 시신을 수습할 수가 없었을 것이다. 그래서 예수를 포함하여 그 전후 시대에 수많은 사람들이 십자가에 처형되었지

77) Ibid., 50.
78) Ibid., 23.
79) 크로산, 『예수의 역사』, 373.

만, 오늘날 발견되는 유골은 오직 하나밖에 없었다고 한다.[80] 맹금과 맹수에게 그 시신을 다 뜯겼기 때문이다. 예수도 예외가 아니었을 것이라는 말이다. 만약 예수가 매장되었다고 한다면, 그는 총독부 관계자들에 의해 허술한 무덤에 묻혔을 것이고, 뜯기고 남은 시신은 또 다른 굶주린 동물들의 먹이가 되었을 것이라고 한다.[81]

4. 십자가 앞에서의 예수

1) 예수는 죽음을 예감했을까?

예수는 과연 자신의 죽음을 예감했을까? 복음서에 보면, 예수가 세 번에 걸쳐 자신의 죽음을 예고하는 장면이 나온다. 첫 번째 장면에서는 "인자가 반드시 많은 고난을 받고 장로들과 대제사장들과 율법학자들에게 배척을 받아 죽임을 당하고서, 사흘 뒤에 살아나야 한다는 것"을 예고한다.[82] 그러면서 "누구든지, 나를 따라오려거든, 자기를 부인하고, 자기 십자가를 지고 나를 따라 오너라" 하고 당부한다.[83] 두 번째 장면에서도 같은 예고를 한다.[84] 세 번째 장면에서는 예루살렘으로 올라가는 중에 두려워하는 제자들에게 같은 예고

---

80) 그것이 1968년 6월 예루살렘 북동쪽 기브앗 하미브타르에서 발견된 CE 1세기 경의 인물 여호하난의 유골이다. 크로산, 『예수』, 203.

81) 크로산, 『예수』, 256. 복음서에는 예수의 시신이 온전히 보존된 채로 돌무덤에 잘 매장된 것으로 기록되어 있는데, 이것은 예수 주검의 수치스러움을 감추기 위한 후대의 첨부라 한다.

82) 신약성서 마가복음 8:31. 마태복음 16:21; 누가복음 9:22 참조.

83) 신약성서 마가복음 8:34. 마태복음 16:24; 누가복음 9:23 참조.

84) 신약성서 마가복음 9:31; 마태복음 17:22-23; 누가복음 9:44 참조.

를 한다.[85] 부활에 대한 언급이 함께 나오는 것으로 보아, 후대의 첨부일 가능성이 크다. 그러나 이 세 번의 예고 이야기가 암시하는 것은 자신이 하고 있는 일이 당시 지배권력자들의 눈에 어떻게 비칠 것인지, 그리고 그에 따라 자신의 말로가 어떻게 될 것인지 예수가 미리 예측하고 있었다는 것이다. 문자적으로는 사실이 아닐 수 있지만, 역사적으로는 진실이라 할 수 있을 것이다.

이보다 직접적으로 자신의 죽음을 예감하게 하는 일이 예루살렘으로 가는 도중 그 가까운 곳에서 일어난다. 예수에 대해 우호적이었던 바리새파 사람 몇몇이 헤롯 안티파스가 예수를 죽이려고 한다는 정보를 알려준다.[86] 갈릴리 분봉왕인 안티파스가 예루살렘에 와 있었던 것이다. 이 기사는 누가복음에만 기록되어 있기 때문에, 역사적 신빙성에는 의문을 제기할 수 있겠지만, 이 역시 예수가 십자가 처형 이전에 자신의 죽음을 예감하고 있었음을 암시하는 데에는 충분할 것이다.

그러나 이것보다 중요한 것은, 예수 자신의 예감이다. 자신의 가르침과 행동이 갖는 역사적 함의를 생각할 때, 예수는 자신의 여정이 권력자들에 의한 죽음으로 끝날 수 있다는 예감을 분명 가졌을 것이다. 갈릴리 일대에서의 그의 가르침은 바리새파 사람들과 율법학자들로 하여금 그를 죽여야겠다고 생각하기에 충분한 분노를 일으켰고,[87] 예루살렘 성전에서의 그의 행동 또한 사두개파와 대제사장들로 하여금 그를 죽여야겠다고 생각하기에 충분한 분노를 일으켰다.[88]

게다가 이러한 일들을 했던 과거의 예언자들이나 메시아들이 어떤 말로를 맞았었는지 예수는 잘 알고 있었을 것이다. 얼마 전 안티파스에 의해 참수형

85) 신약성서 마가복음 10:33-34; 마태복음 20:18-19; 누가복음 18:32-33 참조.

86) 신약성서 누가복음 13:31.

87) 예수는 안식일에 회당에서 손 오그라든 사람을 고친 일이 있었는데, 이 일이 있자, "바리새파 사람들은 바깥으로 나가서, 곧바로 헤롯 당원들과 함께 예수를 없앨 모의를 하였다"고 기록하고 있다. 신약성서 마가복음 3:6. 마태복음 12:14; 누가복음 6:11 참조.

88) 신약성서 마가복음 11:18; 누가복음 19:47 참조.

을 당한 그의 스승 세례 요한이 그 대표적인 사례가 아니겠는가! 예수는 자신의 하나님 나라 가르침과 그에 따른 치유와 식사, 그리고 예루살렘에서의 그의 계획된 행동과 비판이 어떤 결과를 가져올지 잘 알고 있었지만, 그에 개의치 않고 자신의 길을 갔다는 말이다. 겐조의 말처럼, 예수는 "처절한 죽음이 예기되었는데도, 감히 그것을 회피하지 않고 살아내었다."[89] 헤롯의 음모를 알려온 바리새파 사람들에게 예수가 말하지 않았던가! "그러나 오늘도 내일도 그 다음날도, 나는 내 길을 가야하겠다."[90]

2) 죽음의 두려움을 넘어서서

하지만 이러한 단호한 결심을 하고 자신의 길을 걸어갔다 하더라도, 그것이 때 이른 죽음으로, 그것도 동시대 가장 잔인한 십자가형으로 끝난다고 할 때, 예수는 과연 죽음이 두렵지 않았을까? 어찌 두렵지 않았겠는가! 복음서는 예수의 이러한 심경을 아주 솔직하게, 그리고 구체적으로 그리고 있다. 예루살렘 성전에서의 소동 사건이 있은 이후, 예수는 겟세마네 동산에서 유숙하게 되었다. 이 때 예수의 심경을, 마가복음 저자는 "두려워하며, 괴로워하셨다"고 하면서, 제자들에게 "내 마음이 괴로워 죽을 지경"이라고 토로한 것으로 기록하고 있다.[91] 마태복음 저자는 "근심하며 괴로워하셨다"고 했고,[92] 누가복음 저자는 "고뇌에 차서 더욱 간절히 기도하시니, 땀이 핏방울같이 되어서 땅에 떨어졌다"고 했다.[93] 고뇌에 차서 땀이 핏방울같이 되어 땅에 떨어졌다는 말이 가슴 저리도록 아프게 느껴진다. 누가 이 말을 듣고, 그것이 사실이

89) 겐조, 『예수라는 사나이』, 274.
90) 신약성서 누가복음 13:33.
91) 신약성서 마가복음 14:33-34.
92) 신약성서 마태복음 26:38.
93) 신약성서 누가복음 22:44.

냐고 물을 수 있겠는가!

그러나 예수의 두려움은 두려움으로 끝나지 않았다. 예수의 마지막 기도는 이것이었다: "아바, 아버지, 아버지께서는 모든 일을 하실 수 있으시니, 내게서 이 잔을 거두어 주십시오. 그러나 내 뜻대로 하지 마시고, 아버지의 뜻대로 하십시오."[94] 복음서마다 약간씩 표현은 다르지만, 할 수만 있으면 지금 이 죽음의 순간을 피하고 싶다는 것이 예수의 솔직한 심정이었다는 것이고, 그러나 예수는 그 다음 순간 죽음의 두려움을 넘어서서, 지금 이 죽음의 길이 하나님의 뜻을 따르는 길이라면, 기꺼이 그 길을 가겠다고 하는 단호한 결심으로, 예수를 체포하러 온 사람들을 맞게 되었다는 것이다. 제자들은 자고 있었으니 이 기도를 들을 수 없었겠지만, 심문과 처형과정에서 보여준 예수의 의연한 태도는 이것이 역사적 진실임을 입증하고 있지 않은가!

5. 예수에게 내려진 십자가형의 기대 효과

당시 지배권력자들은 예수를 십자가의 극형에 처함으로써 무엇을 기대했던 것일까? 그것은 크게 두 가지로 요약할 수 있을 것이다. 하나는 당시 지배체제에 정면 도전했던 예수를 내란음모자로 몰아 그가 저지른 일에 대한 혹독한 대가를 치르도록 한다는 것이고, 다른 하나는 십자가형의 잔인성을 예수의 추종자들에게 보여 줌으로써 그 추종자들을 해산시키고, 더 이상 예수와 같은 길을 가는 사람들이 나타나지 못하도록 하겠다는 것이다.

일단 첫 번째 목적은 성공적으로 달성한 것 같다. 예수를 '유대인의 왕'이라는 죄패를 씌워 내란음모자로 모는 데 성공했고, 사형 판결을 내리도록 하

94) 신약성서 마가복음 14:36. 마태복음 26:39; 누가복음 22:42 참조.

는 데 성공했고, '십자가형'이라는 극형으로 결정하는 데 성공했고, 그리고 마침내 십자가 위에서 충분히 고통스럽고 모욕적으로 죽이는 데 성공했다. 이렇게 예수를 죽이는 데 있어, 대제사장과 율법학자, 헤롯 안티파스, 그리고 빌라도는 완벽한 공조체제를 유지했고, 그들은 하나였다.

두 번째 목적은 어떨까? 추종자들을 해산시키고 예수와 같은 길 가지 못하도록 하려는 목적도 달성된 것일까? 그것도 성공적으로 달성한 것 같다. 예수가 체포되자 곧바로 벌어진 상황은 제자들의 도주였다. 마가복음서는 이렇게 기록한다: "제자들은 모두 예수를 버리고 달아났다."[95] 그나마 맨 몸에 홑이불을 두른 어느 젊은이가 예수를 따라갔다고 하는데, 예수를 체포하러 온 이들이 그를 붙잡으려 하자, 그도 "홑이불을 버리고, 맨 몸으로 달아났다."[96] 예수에 대한 심문이 있었던 산헤드린 법정에는 예수의 수제자로 알려진 베드로만이 군중 틈에 끼어 들어갔던 것으로 보이나, 그도 대제사장의 하녀가 예수와 함께 다닌 사람 아니냐는 질문에 세 번이나 모른다고 예수를 부정한다.[97] 예수가 십자가에 처형된 골고다 현장에는 제자들은 아무도 없었다. 그리고 이름을 알 수 없는 예수의 두 제자는 다시 고향으로 돌아간다.[98] 예수의 십자가 처형은 이렇게 성공적인 듯 끝났다.

---

95) 신약성서 마가복음 14:50. 마태복음 26:56 참조.

96) 신약성서 마가복음 14:51-52 참조.

97) 신약성서 마가복음 14:66-72; 마태복음 26:69-75; 누가복음 22:56-62 참조.

98) 신약성서 마가복음 16:12. 누가복음 24:13-35 참조.

7장

다시 살아난 예수

그러나 아직 끝나지 않았다

예수는 십자가 위에서 죽었고, 제자들은 어디론가 도망갔고, 청중들은 제각각 흩어졌다. 그에 따라 예수의 하나님 나라 운동도 끝났다. 하나님 나라를 언급하는 사람도 없고, 환자를 치유하는 사람도 없고, 함께 모여 식사하는 사람도 없다. 갈릴리도 조용해졌고, 예루살렘도 조용해졌다. 모든 것이 끝났다. 적어도 예수를 처형하는 데 가담했던 권력자들의 눈에는 그렇게 보였다. 그러나 정말 끝난 것이었을까? 복음서는 한결같이, 예수는 십자가에 처형된 후, 다시 살아났다고 전한다. 부활했다는 말이다. 도대체 무슨 일이 일어난 것일까?

1. 유대교의 일반적 부활 이해

우리는 예수에게서 무슨 일이 일어났는지 알아보기 전에, 유대교의 일반적인 부활 이해를 먼저 살피고자 한다. 유대인들이 말하는 부활과 예수의 부활이 어떻게 다른지 알기 위해서다. 유대인들에게는 원래 부활 사상이 없었다고 한다. 적어도 "이스라엘 역사의 초기 천 년 동안에는 이스라엘 사람들이 사후의 삶을 믿지 않았으며, 영혼의 불멸이나 육체의 부활도 믿지 않았다"고 한다.[1] 이스라엘 사람들 사이에서 부활 사상이 본격적으로 논의되기 시작한 것은 BCE 160년 대 중반, 그러니까 그리스제국의 시리아 왕조 안티오커스 에피파네스에 의해 이스라엘 사람들이 극심한 박해를 받았던 바로 그 때부터였다고 한다.[2]

1) 다니엘서의 부활 이해

유대인들에게는 이른바 '신명기적 신학'에 기초한 독특한 역사 이해가 있었다. 구약성서 신명기서에 나오는 것으로, 율법을 잘 지키면 복을 받고, 율법을 잘 지키지 않으면 화를 입는다는 것이다: "내가 오늘 너희에게 명하는 대로, 너희가 주 너희의 하나님을 사랑하고, 그의 길을 따라가며, 그의 명령과 규례와 법도를 지키면, 너희가 잘 되고 번성할 것이다. 또 너희가 들어가서 차지할 땅에서, 주 너희의 하나님이 너희에게 복을 주실 것이다."[3] 신명기서 안에는 이러한 취지의 역사관이 수차례 반복된다. 이것이 유대인들이 갖고 있던 일반적인 역사관이었다.

---

1) 크로산, 『예수의 역사』, 387.
2) Ibid., 388.
3) 구약성서 신명기 30:16.

그런데 이러한 역사관에 회의를 가질 만한 중대 사건이 발생했다. BCE 160년 대 중반의 일이다. 그리스제국의 안티오커스 에피파네스가 이스라엘 예루살렘을 침략하게 되었다. 약탈, 방화, 포로, 살육이 잇따랐고, 이스라엘은 처참히 파괴되었다. 그런데 이것으로 끝이 아니었다. 폭력에 기초한 강제적인 헬라화가 시작된 것이다. 이스라엘 사람들의 육체뿐만 아니라, 그 영혼까지 철저히 붕괴시키려던 것이었다. 칙령은 이렇게 내려졌다:

유대인들은 이교도들의 관습을 따를 것.
성소 안에서 번제를 드리거나 희생 제물을 드리거나,
술을 봉헌하는 따위의 예식을 하지 말 것.
안식일과 기타 축제일을 지키지 말 것.
성소와 성직자들을 모독할 것.
이교의 제단과 성전과 신당을 세울 것.
돼지와 부정한 동물들을 희생 제물로 잡아 바칠 것.
사내아이들에게 할례를 주지 말 것.
온갖 종류의 음란과 모독의 행위로 스스로를 더럽힐 것.
이렇게 하여 율법을 저버리고 모든 규칙을 바꿀 것.
이 명령을 따르지 않는 자는 사형에 처한다.[4)]

유대인의 정신적 뿌리는 유대교이고, 유대교의 핵심 기둥은 성전 예배와 율법 준수였다. 그런데 성전 예배도 금하고, 율법 준수도 금하면서, 그리스 종교로 개종할 것을 명한 것이다. 어기면 죽이겠다는 것이다. 당연히 "많은 유대인들이 율법을 버리고 그들에게 가담하여 방방곡곡에서 나쁜 짓을 마구

4) 구약성서 외경 마카베오 상 1:44-50. 이 본문은 외경에 들어있는 것으로 한국 개신교와 천주교가 공동번역한 '공동번역 개정판'에서 인용했다. 본문에는 '유다인'으로 번역된 것을 용어사용의 일관성을 위해 '유대인'으로 고쳐 인용했다. 이하 동일.

저질렀다."[5] 그리고 그들은 살아남았다. "그러나 이에 꺾이지 않고 부정한 것을 먹지 않기로 굳게 결심한 이스라엘 사람들도 많았다. 그들은 부정한 음식을 먹어서 몸을 더럽히거나 거룩한 계약을 모독하느니, 차라리 죽음을 달게 받기로 결심하였고, 사실 그들은 그렇게 죽어갔다."[6]

이런 일들이 반복되면서, 유대인들 사이에 회의가 오기 시작했다. 신명기 역사관이 지금 이 상황에서도 맞는가 하는 것이다. 하나님의 계명을 잘 지키면, 복을 주시겠다 했는데, 지금 성전 예배를 드리고, 율법을 준수하면, 가차없이 죽임을 당하게 된 것이다. "과연 신명기 신학은 이 순교자들의 운명을 어떻게 설명할 수 있을까? 하나님께 순종하는 것이 곧 죽음을 의미하며, 불순종이 살아남는 것을 의미하는 곳에서, 하느님의 공의(公義)는 어디에 있는가?" 유대인의 부활 사상은 바로 이러한 물음 속에서 잉태한 것이다.[7]

오늘날 우리가 읽고 있는 구약성서 다니엘서는 이 물음에 답하기 위해 씌어졌다. 내용 자체는 바벨론 포로 상황 속에서 일어난 일을 기록하고 있지만, 그것을 읽고 있는 독자는 지금 그리스제국 치하에서 박해받는 사람들이다. 다니엘서는 이들에게 메시지를 전하려는 것이다. 하나님께 순종하는 사람은 죽고, 불순종하는 사람은 사는 불의한 세상 속에서, 하나님의 정의(正義)는 어디에 있느냐고 묻는 순교자들에게 다니엘서는 대답한다:

"그 때에 너의 백성을 지키는 위대한 천사장 미가엘이 나타날 것이다. 그리고 나라가 생긴 뒤로 그 때까지 없던 어려운 때가 올 것이다. 그러나 그 때에 그 책에 기록된 너의 백성은 모두 피하게 될 것이다. 그리고 땅 속 티끌 가운데서 잠자는 사람 가운데서도, 많은 사람이 깨어날 것이다. 그들 가운데서, 어떤 사람은 영원한 생명을 얻을 것이며, 또 어떤 사람은 수치와 함께 영원히 모욕을 받을 것이다. 지혜 있는 사람은 하늘

5) 구약성서 외경 마카베오 상 1:52.
6) 구약성서 외경 마카베오 상 1:62-63.
7) 크로산, 『예수의 역사』, 388.

의 밝은 빛처럼 빛날 것이요, 많은 사람을 옳은 길로 인도한 사람은 별처럼 영원히 빛날 것이다.[8]

부활이 그 대답인 것이다. 부활은 다름 아닌 하나님의 정의 물음에 대한 대답이었다.[9] 하나님의 정의는 여전히 그대로 살아 있는데, 단지 그 시간이 연장되고 그 장소가 바뀐 것뿐이다. "신명기적 패러다임을 무덤 너머에로 연장시킨 것이다."[10] 이 세상에서 이루어지지 않은 하나님의 정의는 저 세상에서 부활의 때에는 반드시 이루어진다는 것이다. 그 때가 되면, 모든 죽은 사람들이 살아나, 목숨 걸고 유대교를 지킨 사람은 영원한 생명을 얻고, 유대교를 버리고 목숨을 건진 사람, 특별히 유대교를 능욕한 그리스제국은 영원한 수치를 당한다는 것이다. 그러므로 죽음의 위협이 있다 하더라도, 끝까지 성전예배를 고수하고 율법 준수를 포기하지 말라는 것이다. 다니엘서는 이렇게 끝난다: "너, 다니엘아, 너는 끝까지 신실하여라. 너는 죽겠지만, 끝 날에는 네가 일어나서, 네게 돌아올 보상을 받을 것이다."[11]

2) 예수 시대 유대교 종파의 부활 이해

예수 시대의 유대교에도 부활 사상이 있었을까? 먼저 펑크의 말을 들어보자: "신약성서의 문서들이 기록되었을 즈음에는, 몸의 부활에 대한 믿음이 폭넓게 퍼져있었다. 쿰란의 에세네파, 바리새파, 그리고 예수운동은 이 믿음을 받아들였지만, 사두개파는 받아들이지 않았던 것으로 보인다. 이런 사상을 받

8) 구약성서 다니엘서 12:1-3.
9) 크로산, 『예수의 역사』, 392.
10) 펑크, 『예수에게 솔직히』, 420.
11) 구약성서 다니엘서 12:13.

아들이게 된 동기는 인간의 정의감이 이 세계 속에 만연한 불의를 누군가, 하나님 혹은 신들이, 바로잡아 줄 것을 요구했기 때문이었다. 정의가 회복되면 배상이 따라야 한다. 즉 상처를 입은 사람들은 그들의 고통에 대해 보상받을 권리가 있는 것이다. 반대로 이 세상에서 악의 대리자였던 사람들은 다음 세상에서 벌을 받아야만 하는 것이다."[12]

사두개파와 제사장 집단은 당시에 이미 충분한 기득권을 누리고 있었기 때문에, 굳이 사후(死後) 보상으로서의 부활이 필요하지 않았을 것이다. 부활은 이들에게 심판의 때일 수 있기 때문에, 오히려 껄끄러웠을 것이다. 그러나 그리스제국 시절 목숨 걸고 성전과 율법을 지키려고 했던 사람들, 이른바 하시딤에[13] 그 정신적 연원을 두고 있던 에세네파나 바리새파는 부활을 믿고 있었다.[14] 이 세상에서 성전과 율법을 지키려다 목숨을 잃은 사람에게는 사후에 보상을, 이를 버리고 호사를 누린 사람에게는 사후에 징벌을 내려야 하나님의 정의가 확립될 수 있다는 것이다. 이 점에서 에세네파와 바리새파는 하시딤 전통을 따랐던 것으로 보인다.

예수의 경우는 어떠했을까? 예수도 하나님의 정의가 실현되는 시점을 죽음 이후로, 그리고 그 장소를 저 세상으로 생각했던 것일까? 우선 예수의 가르침과 그의 삶을 놓고 볼 때, 예수는 그렇지 않았던 것으로 보인다. 그의 하나님 나라는 죽은 다음에 저 세상에서 이루어질 나라가 아니라, 지금 여기에서 이루어져야 할 나라이다. 지금 여기에서 병들고, 굶주리고, 차별받고 있는 사람들은, 죽음 이후에 보상받아야 하는 것이 아니라, 지금 여기에서 고침을 받고, 배고픔을 해결하고, 평등하게 살 수 있어야 한다. 그것이 하나님의 나라이다. 예수의 하나님 나라는 현재적인 하나님 나라인 것이다.

---

12) 펑크, 『예수에게 솔직히』, 419.

13) 슈테게만은 하시딤을 이렇게 정의한다: "사회사적으로 하시딤 사람을 토라에 충실하여 헬레니즘화에 반대하는 저항 운동으로 규정하는 것 이상으로 자세히 설명하는 것은 거의 불가능"할 것이다. 슈테게만, 『초기 그리스도교의 사회사』, 246.

14) 시몬, 『예수시대의 유대교 종파들』, 29; 슈테게만, 『초기 그리스도교의 사회사』, 244.

2. 예수의 부활에 대한 동시대의 이해

그러면 예수 자신의 부활에 대해서는 동시대인들이 어떻게 이해했을까? 예수의 부활도 유대인들의 부활 이해의 연장선상에서 이해했던 것일까? 예수의 부활도 죽은 다음 저 세상에서 일어날 부활, 즉 하나님이 그곳에서 예수를 부활시키셔서, 그의 불의한 죽음을 보상해주고, 그럼으로써 하나님의 정의를 확립하는 것으로 이해했던 것일까? 그런 것 같지는 않다. 왜냐하면 신약성서는 예수가 이미 부활했다고 증언하기 때문이다. 예수의 부활은 미래의 일이 아니라 현재의 일이라는 말이다. 아니 좀 더 정확히 말하면, 예수의 부활은 과거의 일이고, 현재의 일이고, 동시에 미래의 일이다. 부활의 패러다임이 변화한 것이다.

1) 일반 역사가들의 부활 이해

예수 동시대 사람들이 예수의 부활을 어떻게 이해하고 있었는지 알아보기 위해, 먼저 일반 역사가들의 증언을 살펴보고, 이어 헤롯 안티파스의 부활 이해를 살펴보고자 한다. 안티파스의 경우는 예수의 부활을 직접 언급한 것은 아니지만, 동시대 권력자들이 예수의 부활을 어떻게 이해했을지를 가늠할 수 있는 좋은 사례가 된다고 본다. 그리고 끝으로 베드로에게 있어 예수의 부활은 어떤 것이었는지 살피고자 한다.[15]

비기독교인 역사가의 눈에 비친 예수의 부활은 어떤 것이었을까? 이를 암시해주는 중요한 증언이 두 역사가에 의해 전해지고 있다. 하나는 유대인 요

15) 물론 바울도 예수의 부활에 관해 언급하지만, 그는 현 터키 길리기아 다소 출신의 이민 2세 유대인이기 때문에, 역사적 예수와의 직접적인 연관성 속에서 부활을 이해하고 있지는 않은 듯하다. 그의 부활 이해는 여기에서는 생략하도록 한다.

세푸스의 『유대고사』에 나오는 증언이다:

"이 무렵에 예수라는 지혜로운 사람이...살았다. 그는 기적을 행한 사람이었고, 진리를 기쁜 마음으로 받아들인 사람들의 스승이었기 때문이다. 그는 수많은 유대인들과 그리스인들을 끌어들였다...우리 쪽의 고관들이 그를 고발하였고, 그에 따라 빌라도가 그에게 십자가형을 선고했는데, 그때에도 처음부터 그를 사랑했던 사람들은 그에 대한 애정을 포기하지 않았다...그리고 그의 이름을 따라 기독교인이라고 불려지게 된 이 무리들은 오늘까지도 여전히 사라지지 않고 있다."[16]

인용구에서 중요한 것은 "애정을 포기하지 않았다"는 말과 "이 무리들은 오늘날까지도 여전히 사라지지 않고 있다"는 말이다. 예수의 십자가 처형으로 도망가고 흩어졌던 제자들 혹은 추종자들이 어느 날부턴가 다시 모습을 드러내고, 예수가 갔던 그 길을 다시 가기 시작한 것이다. 예수가 다시 살아난 것이다. 끝난 줄 알았는데, 끝이 아니었던 것이다. 예수가 부활한 것이다.

또 하나의 기록은 110년 대 혹은 120년 대에 쓰인 로마인 역사가 타키투스(Cornelius Tacitus)의 『연대기』(Annals)에 등장한다. 그의 증언을 들어보자:

"그리하여 이 소문을 잠재우기 위해 네로는, 대중들에 의해 기독교인이라고 불려지고 악덕으로 인해 미움을 사고 있던 일단의 사람들을 범인으로 지목하고는 용의주도하고도 잔혹하게 처형했다. 이 이름의 창시자인 그리스도는 티베리우스 때에 본디오 빌라도 지방행정관의 판결에 의해 사형을 당했는데, 이 해로운 미신은 잠시 주춤했다가 이제는 이 질병의 본산지인 유대에서 뿐만이 아니라 세상의 온갖 끔찍하거나 수치스러운 것들이 다 모여들고 유행하는 수도에서까지, 한 번 더 터져 나오려는 찰나에 있다."[17]

16) 크로산, 『예수』, 258.
17) Ibid., 259.

장 레옹 제롬의 『순교당하는 기독교인의 최후의 기도』(1883)

타키투스의 글에서 유념할 것은 "이 해로운 미신이 잠시 주춤했다가 이제는" "유대에서 뿐만이 아니라...수도에서까지, 한 번 더 터져 나오려는 찰나에 있다"는 표현이다. 십자가 처형의 충격으로 예수의 하나님 나라 운동이 잠시 주춤하더니, 이제 이 운동이 유대에서만이 아니라, 로마 제국의 수도 로마에까지 퍼지기 시작한 것이다. 예수를 십자가에 처형하면 끝날 줄 알았는데, 끝이 아니었던 것이다. 네로에 의해 십자가형 못지않은 잔인한 죽임을 당하면서도, 예수의 길을 이어가는 사람은 계속 나타났고, 그의 하나님 나라 운동은 이제 로마에까지 퍼져나간 것이다.[18] 예수도, 그리고 그가 시작했던 하나님 나라 운동도 다시 살아난 것이다. 그래서 꺼진 불도 다시 보라고 하지 않았던가!

2) 안티파스의 부활 이해

헤롯 안티파스는 갈릴리 분봉왕으로, 앞서 언급한 것처럼, 자기 생일날 세례

18) 크로산은 이것을 "예상하지 못했던 지속성"이라는 말로 표현했다. 크로산, 『예수는 누구인가』, 201.

요한을 참수형에 처한 인물이다. 그는 물론 예수의 부활과 관련하여 어떤 말이나 글도 남긴 것이 없다. 그러나 예수에 관한 소문을 듣고 그가 내뱉은 한마디의 말은, 당시 권력자들이 부활이라는 말을 어떻게 이해하고 있었을지를 강하게 암시하고 있다.

그가 들은 소문은 이것이었다: 사람들은 말하기를, "'세례자 요한이, 죽은 사람들 가운데서 살아났다. 그 때문에 그가 이런 놀라운 능력을 발휘하는 것이다' 하고, 또 더러는 '그는 엘리야다' 하고, 또 더러는 '옛 예언자들 가운데 한 사람과 같은 예언자다'"라고 한다는 것이다.[19] 이 소문을 듣자, 안티파스는 곧바로 이렇게 반응한다: "내가 목을 벤 그 요한이 살아났구나."[20] 방금 인용한 마가복음과는 달리, 마태복음은 조금 더 직설적으로 표현하고 있다: "이 사람은 세례자 요한이다. 그가 죽은 사람 가운데서 살아났다. 그 때문에 그가 이런 놀라운 능력을 발휘하는 것이다."[21]

조금 과장하면, 예수 동시대에 헤롯 안티파스만큼 부활을 정확히 이해한 사람은 없을 것이다. 그는 분명 세례 요한을 죽였다. 그것도 목을 잘라 죽였다. 확실하게 죽였다는 말이다. 그런데 그가 다시 살아난 것이다. 안티파스는 이것을 어떻게 알았을까? 목 봉합수술을 받고, 다시 돌아다니는 세례 요한을 보고 알았을까? 아니었다. 예수를 보고 알았다. 예수의 "놀라운 능력"을 보고, 달리 말하면, 세례 요한이 갔던 길과 너무나 비슷한 길을 가고 있는 이 예수를 보고, 세례 요한이 다시 살아난 줄 알게 된 것이다. 다시 살아난 세례 요한은 바로 예수였던 것이다. 그러면 예수를 십자가에 처형한 빌라도는 예수가 다시 살아난 것을 어떻게 알았을까?

19) 신약성서 마가복음 6:14-15.
20) 신약성서 마가복음 6:16.
21) 신약성서 마태복음 14:2.

3) 베드로의 부활 이해

베드로는 예수의 수제자이다. 예수가 예루살렘 근처에서 제자들과 마지막 만찬을 갖던 날, 제자들이 자신을 버릴 것이라는 말을 하자, 베드로는 이렇게 답한다: "모두가 버릴지라도, 나는 그렇지 않을 것입니다." 그러자 예수가 오늘 밤 닭이 두 번 울기 전에, 베드로가 예수를 세 번 부인할 것이라고 말한다. 이에 베드로는 이렇게 답한다: "내가 선생님과 함께 죽는 한이 있을지라도, 절대로 선생님을 모른다고 하지 않겠습니다."[22] 수제자다운 모습이었다. 문자적 사실성과 상관없이, 베드로의 진심이 담긴 이야기로 보여진다.

그러나 예수가 체포되던 날, 베드로는 자신도 예측하지 못한 또 다른 자신을 보게 된다. 산헤드린 뜰에서 너도 예수와 한 패가 아니냐는 대제사장 하녀의 갑작스런 질문에 세 번 모른다고 답한 것이다. 마가복음서에는 세 번째 확인 질문에 이렇게 말했다고 한다: "저주하고 맹세하여 말하기를, '나는 당신들이 말하는 그 사람을 알지 못하오' 하였다."[23] 대답 한 마디에 살고 죽는 것이 결정될 수 있는 긴박한 상황이었다. 베드로는 예수가 십자가에 처형된 골고다 형장에도 나타나지 못했다.

그리고 얼마의 시간이 흘렀다. 기독교 절기로 예수 부활 후 50일째 되는 오순절(五旬節)이라 했으니, 예수가 죽은 후 50여 일이 지난 시점이리라. 아마도 예수가 십자가에 처형되고 난 이후, 처음 있는 일이었던 듯싶다. 베드로를 비롯한 예수의 제자들과 신도들이 다른 곳도 아닌 예루살렘 성 안의 한 다락방에 모였던 것이다. 그것도 120명이나 되었다고 한다.[24] 이 자리에서 이들은 집단적으로 아주 특별한 경험을 했던 것으로 보인다. 보통 사람들로서는

---

22) 신약성서 마가복음 14:29, 31. 마태복음 26:31-35; 누가복음 22:31-34 참조.

23) 신약성서 마가복음 14:71.

24) 여기에는 "여인들과 예수의 어머니 마리아와 예수의 동생들"도 있었다고 한다. 신약성서 사도행전 1:14.

니콜라 푸생의 『앉은뱅이를 치유하는 베드로와 요한』(1655)

갖기 힘든, 예컨대 죽음의 위협 앞에서도 굴하지 않을 수 있는 어떤 강한 힘을 하나님으로부터 부여받게 된다. 이른바 '성령체험'이라는 것이다.[25] 그리고 이 체험 후 베드로는 처음으로 예수의 부활을 선언한다. 유대인들이 빌라도의 손을 빌려 십자가에 못 박도록 한 예수를, 하나님이 다시 살리셨다는 것이다.

우리로서는 이 날 어떤 경험들을 했는지 정확히 알 길이 없다. 그러나 확실히 알 수 있는 것은 이 체험 후의 제자들의 모습, 특별히 베드로의 달라진 모습이다. 죽음의 두려움 때문에 예수를 세 번 부인하고, 형장에도 나타나지 못했던 베드로가 전혀 다른 사람이 된 것이다. 베드로의 예수 부활 선언은 그 자신의 변화와 무관하지 않은 것으로 보인다.[26]

어느 날 베드로가 요한과 함께 예수처럼 성전을 향해 들어가게 되었다. '아

25) 사도행전은 그 때의 경험을 이렇게 기술하고 있다: "그 때에 갑자기 세찬 바람이 부는 듯한 소리가 하늘에서 나더니, 그들이 앉아 있는 온 집안을 가득 채웠다. 그리고 그들에게 불길이 솟아오르는 것과 같은 혀들이 갈래갈래 갈라지면서 나타나더니, 각 사람 위에 내려앉았다." 신약성서 사도행전 2:2-3.

26) 스퐁은 예수 부활의 부정할 수 없는 역사적 사실성은 "예수의 십자가 처형에 뒤이어 거대하고 의미심장한 사건, 즉 극적이고 삶의 변화를 일으키는 사건이 발생했다는 사실"이라고 말한다. 존 쉘비 스퐁, 『만들어진 예수, 참 사람 예수』, 이계준 역(고양: 한국기독교연구소, 2009), 184.

름다운 문'이라는 이름이 붙은 성전 문을 통과하는데, 나면서부터 앉은뱅이인 한 사람이 구걸을 한다. 베드로는 그에게 이렇게 말한다: "은과 금은 내게 없으나, 내게 있는 것을 그대에게 주니, 나사렛 예수 그리스도의 이름으로 일어나 걸으시오."[27] 그러면서 그의 오른손을 잡아 일으키자, 그가 일어나 걷게 되었다.

이 일 후 베드로는 '솔로몬 행각'이라는 곳에서 예루살렘 주민을 향해 연설을 하게 된다. 요지는 예루살렘 주민들이 십자가에 처형하라고 외쳤던 예수를 하나님이 다시 살리셨다는 것이다. 그러니 지금이라도 회개하고 돌아와 죄씻음을 받으라는 것이다. 이렇게 연설을 하는 도중, 제사장들과 성전 수위대장과 사두개파 사람들이 몰려와 베드로를 체포하게 된다. 문제가 된 것은 베드로가 가르치는 것과 병자를 치유하는 것과 예수의 부활을 선포하는 것이었다.

대제사장들과 율법학자들과 장로들이 모인 자리에서 심문이 시작된다. 무슨 권세와 누구의 이름으로 이런 일을 하느냐는 것이다. 베드로가 대답한다:

"우리가 오늘 신문을 받는 것이, 병자에게 행한 착한 일과, 또 그가 누구의 힘으로 낫게 되었느냐 하는 문제 때문이라면, 여러분 모두와 모든 이스라엘 백성은 이것을 알아야 합니다. 이 사람이 성한 몸으로 여러분 앞에 서게 된 것은, 여러분이 십자가에 못박아 죽이고, 하나님이 죽은 사람들 가운데서 살리신 나사렛 예수 그리스도의 이름을 힘입어서 된 것입니다."[28]

베드로의 증언을 들은 예루살렘 종교지도자들은 이들의 치유 행각이 예루살렘 주민들 사이에 이미 널리 퍼진 것을 감안, 이런 말을 덧붙여 훈방 조치

27) 신약성서 사도행전 3:6.
28) 신약성서 사도행전 4:9-10.

한다: "절대로 예수의 이름으로 말하지도 말고 가르치지도 말라."[29] 이에 대한 베드로의 대답이 담대하다. "하나님의 말씀을 듣는 것보다 당신들의 말을 듣는 것이, 하나님 보시기에 옳은 일인가를 판단해 보십시오. 우리로서는 보고 들은 것을 말하지 않을 수 없습니다." 베드로의 치유 행각은 계속 이어졌고, 베드로는 또 다시 체포된다. 이 때 베드로는 이렇게 말한다: "사람에게 복종하는 것보다, 하나님께 복종하는 것이 마땅합니다. 우리 조상의 하나님은, 그대들이 나무에 달아 죽인 예수를 살리셨습니다."[30]

베드로는 오순절 사건 이후 계속 예수의 부활을 선언하며, 치유 행각을 계속한다. 어디 이뿐인가? 아예 함께 생활을 하며 식사도 공동으로 한다.[31] 베드로가 분명 달라졌다. 예수의 이름을 모른다고 했던 그가 예수의 이름으로 가르치고, 치유를 하고, 그의 부활을 선언한다. 산헤드린 의원들의 말을 듣는 것보다 하나님께 복종하는 것이 마땅하다고 웅변하듯 외친다. 예수를 극형에 처했던 것은 이런 류의 사람들이 다시는 나타나지 못하도록 하고, 나타나면 예수처럼 죽을 수 있다는 것을 엄중 경고하려던 것 아니었던가! 예수 처형 후 얼마간 세월이 흘렀다고 하지만, 이 위협은 여전히 엄존하던 때가 아닌가! 그런데 베드로는 더 이상 죽음을 두려워하지 않는 것이다.

대제사장들과 율법학자들과 장로들의 눈에 이 베드로가 어떻게 보였을까? 헤롯 안티파스의 눈에 예수가 다시 살아난 세례 요한으로 보였다면, 이들의 눈에는 베드로가 다시 살아난 예수로 보이지 않았겠는가? 베드로가 다시 살아났다고 끊임없이 외치고 있는 그 예수는 바로 베드로가 아니었는가 하는 것이다. 베드로의 가르침과 삶은 예수가 부활했음을 보여주는 살아있는 증거였던 것이다.

---

29) 신약성서 사도행전 4:18.
30) 신약성서 사도행전 5:29-30.
31) 신약성서 사도행전 2:42 참조.

3. 예수의 부활에 대한 우리들의 이해

이제 예수의 부활에 대한 우리들의 이야기로 돌아오고자 한다. 우리의 질문은 이것이다. 만약 예수의 부활을 역사적 예수에 초점을 맞추어 이해한다면, 그 부활은 대체 어떤 것이었을까? 이 질문에 대해서는 사건 보도의 육하원칙을 적용하여 대답하는 것이 유용할 것이라 생각된다. 누가, 언제, 어디서, 어떻게, 왜 부활했으며, 그래서 부활은 무엇인가 하는 것이다.

1) 누가 부활한 것인가?

누가 부활했는가? 물론 예수가 부활했다. 그러나 이것으로 끝난 것이 아니다. 이 질문의 의미는 어떤 예수가 다시 살아났느냐 하는 것이다. 다시 말해, 살아 생전에 어떻게 살다가 어떻게 죽은 예수가 부활했느냐 하는 것이다. 다시 살아난 것 자체가 중요한 것이 아니라, 어떻게 살았다 어떻게 죽었던 사람이 살아났느냐가 중요하다는 말이다. 예수의 부활에서는 이것이 강조되어야 그 의미를 제대로 포착할 수 있다.

가령 예를 들어, 예수가 평생 불치병을 앓다 노환으로 숨졌다고 가정해보자. 이 예수의 부활이 기뻐할 만한 일이겠는가? 아마 많은 사람들은 예수에 대한 연민으로, 예수가 조용히 영면하길 바랄 것이다. 혹은 예수가 험난한 인생을 비관하여 자살했다고 가정해보자. 그 예수가 부활했다는 것이 관심거리가 되겠는가? 아마 이 예수의 부활에 귀 기울일 사람은 거의 없을 것이다. 최악의 경우, 예수가 정말 어떤 악질적인 살인죄를 저질러 사형을 받았다고 가정해보자. 만약 이 예수가 부활한다면, 희생자 가족을 중심으로 수많은 사람들이 힘을 모아, 그 예수의 부활을 막으려 할 것이다. 이 가정들은 예수에게 적용하기에 불경스러운 것들이지만, 그러나 예수 부활의 의미를 이해하는 데에는 도움이 된다.

그러면 부활한 예수는 어떤 예수인가? 적어도 세 가지 점은 강조되어야 한다고 본다. 첫째, 부활한 예수는 빌라도와 헤롯 안티파스, 그리고 대제사장 가야바에 의해 파행으로 치닫고 있던 이스라엘 한가운데에서, 하나님 나라를 가르치고, 하나님 나라를 삶으로써 실천했던 그 예수라는 것이다. 이스라엘은 로마총독 빌라도와, 갈릴리 분봉왕 헤롯 안티파스, 그리고 예루살렘 성전의 수장이자 산헤드린 의장인 대제사장 가야바에 의해, 하나님의 뜻과는 정반대되는 방향으로 치닫고 있었다. 예수는 이러한 이스라엘 안에 하나님의 뜻에 의해 통치되는 새로운 세상, 하나님 나라를 선포했고, 그 시대의 희생자였던 불치병 환자의 무상(無償) 치유와 굶주린 민중의 공동 식사를 통해 차별 없는 새 시대, 평등한 새 세상을 열기 시작했다. 마지막에는 그 모든 불의의 온상지인 예루살렘 성전을 상징적으로 파괴하고, 그들의 비리를 혹독하게 비판했다. 그 예수가 다시 살아 돌아온 것이다.

둘째, 부활한 예수는 자신의 가르침과 삶과 비판 때문에 당시 지배권력자들에 의해 살해의 위협이 있는 한가운데서도 이에 굴하지 않고, 자신의 길을 끝까지 지켰던 그 예수라는 것이다. 폭력적인 권력이 지배하는 시대에 하나님 나라를 가르치고, 무상 치유와 공동 식사를 행하고, 비리를 폭로한다는 것만도 결코 쉬운 일이 아니었다. 그러나 이보다 훨씬 어려운 것은 죽임의 현실 앞에서 지금까지 자신이 지켜온 그 길을 부정하지 않고 끝까지 가는 것이다. 목숨이 어디 두 개이던가! 얼마나 많은 사람들이 인생의 참 길을 외치고 살아오다, 죽음의 위협 앞에서 변절했는가! 그러나 예수는 달랐던 것이다. 그는 자신의 길을 지키기 위해, 죽음조차 넘어선 것이다. 이 예수가 다시 살아 돌아온 것이다.

셋째, 부활한 예수는 동시대 지배권력자들에 의해 '유대인의 왕'이 되기를 도모했다는 이유로 십자가에 처형되었던 그 예수라는 것이다. 물론 예수는 '유대인의 왕'을 꿈꾼 적도 없고, '유대인의 왕'이 되려고 도모한 적도 없고, 새로운 유대정권을 창출하려 한 적도 없다. 쿠데타나 내란 음모를 꾀한 적이 없다는 말이다. 그러나 그를 죽이고 싶어 했던 권력자들은 그에게 내란음모죄를 씌워 십자가에 처형했다. 그럼으로써 문제의 인물 예수에게 철저한 응징을 가하고, 예수 중심의 하나님 나라 운동을 해체하려 했다. 누구도 예수가 갔던 그런 길을 가지 못하도록 확실한 문단속을 한 것이다. 누가 부활했느냐고? 바로 이렇게 죽었던 예수가 다시 살아서 돌아온 것이다.

2) 예수가 부활한 것을 어떻게 확인할 수 있을까?

이렇게 부활한 예수를 어떻게 확인할 수 있을까? 제자들이 부활한 예수를 만났으면, 그가 예수인 줄 알았을까? 상식적으로 예수와 동행했던 제자들은 부활한 예수를 금방 알아보았을 것으로 생각하지만, 그렇지 않았던 것으로 보인다. 마가복음에 보면, 예수의 두 제자가 시골로 내려가다가 예수를 만났는데, 그 예수는 "다른 모습으로 그들에게 나타나셨다"고 한다.[32] 누가복음은 예수의 두 제자가 예루살렘에서 11km 정도 떨어진 엠마오로 가는 도중에 예수를 만난 이야기를 전하고 있는데, "그들은 눈이 가리어서 예수를 알아보지 못하였다"고 한다.[33] 요한복음은 또 다른 이야기를 전한다. 마리아는 예수의 무덤 앞에서 부활한 예수를 만나지만, "그분이 예수이신 줄은 알지 못하였다"고 한다.[34] 갈릴리 바다에서는 베드로를 비롯한 7명의 제자들이 물고기를 잡고 있는데, 동틀 무렵 바닷가에 나타난 부활한 예수를 보고도, "제자들은 그가 예수이신 줄을 알지 못하였다"고 한다.[35] 이 모든 기록의 공통점은 예수의 얼굴을 알고 있던 사람들이 부활한 예수를 보고도 그가 예수인 줄 몰랐다는 것이다.

---

32) 신약성서 마가복음 16:12.
33) 신약성서 누가복음 24:16.
34) 신약성서 요한복음 20:14.
35) 신약성서 요한복음 21:4.

어떻게 된 것일까? 왜 제자들은 부활한 예수를 보고도, 그가 예수인 줄 몰랐던 것일까? 대답은 하나다. 부활한 예수는 생전의 그 예수가 아닌 것이다. 예수가 얼굴을 변장해서 못 알아 본 것이 아니라, 사람 자체가 다른 것이다. 어쩌면 위에 예시된 네 경우에 나타난 부활한 예수가 모두 다른 사람일 수도 있다. 그런데 그 사람들에게서 다시 사신 예수를 만나게 된 것이다. 누군가에게서 예수가 다시 살아난 것을 알게 된 것이다.

그러면 예수의 얼굴을 갖지 않은 그들이 다시 살아난 예수인 것을 어떻게 알게 되었을까? 복음서들이 이에 대해 암시를 주고 있다. 먼저 누가복음의 엠마오 이야기를 다시 살펴보자. 두 제자는 엠마오로 가는 도중, 최근 예루살렘에서 처형된 예수 이야기를 예수와 계속 이야기를 나누면서도, 상대방이 예수인 줄을 모른다. 그런데 저녁에 그들 집에 초대를 받아 식사를 하는 중, 예수가 "빵을 들어서 축사하시고, 떼어서 그들에게" 주시자, "그제서야 그들의 눈이 열려서, 예수를 알아보았다"고 한다.[36] 계속해서 요한복음의 물고기 잡던 제자들 이야기를 살펴보자. 새벽 동이 텄는데도 부활한 예수를 알아보지 못했던 제자들은, 예수가 숯불 위에 생선과 빵을 올려놓고, 아침을 먹으라고 식사에 초대했을 때, 비로소 그가 다시 살아난 예수인 것을 깨닫게 된다.[37]

이 두 이야기는 모두, 누군지 알 수 없었던 그 사람이 예수가 살아있을 때 했던 일, 즉 빵을 축사한 후 떼어 주고, 생선과 빵을 나누는 것을 보고, 그가 다시 살아난 예수인 줄을 알게 된다.[38] 굳이 생선과 빵이어야만 하는 것은 아닐 것이다. 십자가 처형의 충격으로 모두가 지하로 잠적하거나 고향으로 되

---

36) 신약성서 누가복음 24:30-31.

37) 신약성서 요한복음 21:9-12.

38) 대표적인 사례는 물고기 두 마리와 빵 다섯 개로 5천 명을 먹인 이야기에 등장한다: "빵 다섯 개와 물고기 두 마리를 손에 드시고, 하늘을 우러러 감사 기도를 드리신 뒤에, 빵을 떼어서 제자들에게 주시면서, 사람들에게 나누어 주게 하셨다"(신약성서 마가복음 6:41). 크로산은 이와 관련하여 이렇게 말한다. "예수의 현존과 능력부여(the presence and empowerment of Jesus)는 그 일반적인 공동체가…빵과 물고기의 식사를 함께 나눌 때 그 공동체 안에서 지속된다." 크로산, 『예수』, 274.

돌아간 상태에서, 누군가가 하나님 나라를 다시 가르치기 시작하고, 예수의 무상 치유와 공동 식사를 이어가기 시작했다면, 그리고 그 일을 위해 죽음도 마다하지 않았다면, 사람들은 예수가 다시 살아나기 시작한 것을 느꼈을 것이다.[39] 그 당사자가 예수와는 전혀 다른 얼굴을 하고 있어도, 그가 바로 다시 살아난 예수인 것을 깨달았을 것이다.

예수가 부활한 것을 어떻게 알 수 있느냐고? 살아 생전 예수가 갔던 그 길을, 십자가의 엄청난 충격에도 불구하고, 계속 이어가고 있던 제자들을 보고 예수가 부활한 것을 알지 않았겠는가? 헤롯 안티파스였다면, 당장 그렇게 말했을 것이다. 베드로, 너는 바로 예수가 다시 살아난 것이라고. 예수의 부활을 가장 빨리 감지하는 사람은 예수를 처형하고 그 이후를 예의주시했던 권력자들이 아니었겠는가? 예수가 하나님 나라를 가르치고, 무상 치유와 공동 식사를 행하고, 지배 체제에 도전하는 것을 처단하기 위해 그를 십자가에 처형했는데, 누군가가 다시 그 길을 이어가고 있다면, 그는 예수가 다시 살아난 것이 아니고 무엇이겠는가? 달리 더 적절한 표현이 있는가?[40] 예수는 그의 길을 이어가는 제자들 속에서 다시 살아난 것이다.[41]

3) 예수는 죽은 후 얼마 만에 부활했는가?

예수는 십자가 처형 후, 얼마 만에 부활했을까? 복음서는 한결같이 3일 만에 부활했다고 증언한다. 그러나 예수가 부활했음을 감지하게 하는 일들은 예수가 죽은 후 50여 일 지난 오순절 때 발생한다. 앞서 언급한 마가의 다락방에

---

39) 크로산, 『예수는 누구인가』, 212.
40) 크로산은, 부활이란 것은 "예수가 그 추종자들 중에 계속 현존하고 있음을 시사하는 회화적 기술"이라고 적절히 묘사하고 있다. Ibid., 202.
41) 마이어스, 『예수를 교회로부터 구출하라』, 117.

서 말이다. 이것은 무엇을 말하는가? 죽음에서 부활까지의 기간은 그 숫자가 중요한 것이 아니라, 그 사이 제자들의 변화 과정이 중요하다는 것을 의미한다. 크로산의 말대로, "예수의 십자가 처형은 예수를 따랐던 사람들의 희망에 끔찍한 충격을 주었다"[42] 그만큼 "십자가 처형이 예수의 제자들에게 가져온 내적 갈등과 긴장은 확연했고 격렬했으며 끝이 없었다. 이처럼 해결되지 않는 긴장 때문에 십자가 처형...과 부활...사이에는 상당한 시간이 필요했다." "'3일'은 그 시간의 길이를 나타내는 예배적인 상징"에 불과한 것이다.[43]

생각해보라. 제자들은 예수의 하나님 나라 가르침과 환자 치유 및 공동 식사에 공감하여 예수의 길에 동참했다. 새로운 세상이 머지않아 올 것을 기대하며 꿈에 부풀어 있었을 것이다. 그런데 이 예수가 내란음모죄로 몰려 십자가라는 극형에 처해진 것이다. 이것이 어찌 예수에게만 해당 되겠는가! 만약 예수의 십자가 처형 이후에도 이들이 예수의 제자임을 드러내고, 그의 가르침과 그의 한 일을 공개적으로 지속한다면, 제자들에게도 곧 불어 닥칠 일 아니겠는가? 제자들로서는 갈등하지 않을 수 없었을 것이다. 예수를 부인하고 살아남을 것인가, 아니면 죽기를 각오하고 예수의 길을 이어갈 것인가?

'3일 후 부활'은 이러한 갈등을 극복하고, 죽을 각오로 예수의 길을 이어가기까지의 기간에 대한 상징적 숫자일 것이다. 그것이 3일이었다면, 짧은 기간일 것이다. 갈등이 심하면 심할수록, 예수 부활의 기간은 늘어날 것이다. 어떤 사람에게 예수의 부활은 3일 만에 일어날 수 있지만, 어떤 사람에게 예수의 부활은 3년 만에 일어날 수도 있고, 어떤 사람에게는 예수의 부활이 죽을 때까지 일어나지 않을 수도 있다.[44] 예수가 부활하는 기간은 제자들이 부

42) 크로산, 『예수는 누구인가』, 188.
43) 스퐁, 『만들어진 예수, 참 사람 예수』, 400.
44) 크로산은 이것을 이렇게 표현한다: "예수의 죽음으로 인해 약해지기는커녕 더 강해진, 하나님 나라의 이 지속적인 체험이 바로 기독교 신앙 혹은 부활신앙이다. 그런데 이것은 오후 한나절 사이에 이루어진 일이 아니었으며, 또 일 년 사이에 되어진 일도 아니었다." 크로산, 『예수』, 257.

활하는 기간이고, 예수의 부활은 곧 제자들의 부활인 것이다.[45)]

4) 부활한 예수는 어디에서 만날 수 있나?

그러면 부활한 예수를 어디에서 만날 수 있을까? 마가복음에 따르면, 막달라 마리아와 야고보의 어머니 마리아와 살로메가 예수 죽음 후 3일 만에 예수의 무덤을 찾아간다. 그 때 무덤 안에서 웬 남자를 만나게 되는데, 그는 이 세 여성에게 이렇게 말한다: "그대들은 가서, 그의 제자들과 베드로에게 이르십시오. 그는 그들보다 앞서서 갈릴리로 가십니다. 그가 그들에게 말씀하신 대로, 그들은 거기에서 그를 볼 것이라고 하십시오."[46)] 그런데 흥미로운 것은, 마태복음은 이 전승을 따르는데,[47)] 누가복음은 이 전승을 받아들이지 않는 듯 보인다. 예수가 부활 후 갈릴리로 간다는 말이 없다는 뜻이다. 이것은 무엇을 의미하는 것일까?

예수의 부활이 예수의 길을 이어가며, 하나님 나라 운동을 계속 확장시켜 나갈 사람들의 끊임없는 출현을 의미하는 것이라면, 아마도 그 중심지는 북쪽 갈릴리가 될 수 있을 것이다. 예수가 갈릴리 출신이고, 그의 중심 활동지가 갈릴리이고, 또한 초기 제자들이 갈릴리 출신이었기 때문이다. 그러나 누가복음 저자는 조금 생각이 달랐던 것 같다. 그는 예수 죽음 후 부활의 역사는 남쪽 예루살렘으로부터 시작되어야 한다고 본 듯하다. 누가복음과 동일한 저자가 쓴 사도행전 초반에 보면, 부활한 예수가 제자들에게 예루살렘을 떠나지 말라고 당부하고,[48)] "성령이 너희에게 내리시면, 너희는 권능을 받고,

45) 존 셸비 스퐁·대니얼 스피로, 『그리스도교 신앙의 뿌리와 날개』, 김준우 역(고양: 한국기독교연구소, 2003), 126.
46) 신약성서 마가복음 16:7.
47) 신약성서 마태복음 28:7 참조.
48) 신약성서 사도행전 1:4.

예루살렘과 온 유대와 사마리아에서, 그리고 마침내 땅 끝에까지, 나의 증인이 될 것"이라고 말한다.[49] 예수의 길을 이어가는 새로운 역사의 시작은 예루살렘이 되어야 한다는 것이다.

로마 제국에서 예수운동의 확산

그러나 부활한 예수를 만날 수 있는 장소가 어디 갈릴리와 예루살렘뿐이겠는가? CE 66-73에 있었던 대로마 유대 1차 전쟁 이후, 이스라엘 안에서 예수의 길을 이어가던 사람들은 차츰 이스라엘을 떠나 외국으로 나아가게 되었고, 현 터키 출신의 이민 2세 사도인 바울의 전도를 통해, 외국인들 중에 예수의 길을 이어가는 사람들이 나타나기 시작하지 않았던가! 그래서 기독교의 새로운 중심지로 현 터어키, 시리아 접경지대에 위치한 안디옥이 부상하

49) 신약성서 사도행전 1:8.

윗줄 왼쪽부터 슈바이쳐 박사, 마틴루터 킹 목사, 테레사 수녀, 로메로 주교, 이태석 신부

게 되었고,[50] "2세기 초엽에는 예수운동이 로마에까지 도달"하게 되었고,[51] 4세기 초에는 로마제국 전체의 10% 정도가 기독교인이 되었다고 하지 않는가![52] 물론 '기독교인'이라 불리는 사람들이 모두 예수의 길을 가는 사람들은 아닐 것이고, 그러한 의미에서 그들이 모두 다시 살아난 예수라고 할 수는 없을 것이다. 그러나 숫자보다 중요한 것은 장소이다. 예수의 길을 이어가는 사람들이 당시의 전 세계, 즉 로마제국 전체에서 나타나게 되었다는 것이다.

어디 거기에서 끝날 일이겠는가! 부활한 예수는 미국의 흑인 마틴 루터 킹에게서도 나타나고, 인도에서 활동한 우크라이나 여성 마더 테레사에게서도

50) 사도행전 저자는, "안디옥은 그들이 선교 활동을 하려고, 하나님의 은총에 몸을 내맡기고 나선 곳이다"라고 기록하고 있다. 여기에서 '그들'은 바울과 그의 협력자 바나바를 가리킨다. 신약성서 사도행전 14:26.

51) 마이어스, 『예수를 교회로부터 구출하라』, 116-17.

52) 바트 어만, 『예수 왜곡의 역사』, 강주헌 역(서울: 청림출판, 2010), 328.

나타나고, 엘살바도르의 대주교 로메로에게서도 나타나고, 아프리카에서 활동한 독일의 슈바이쳐에게서도 나타나고, 최근에는 남수단에서 활동한 한국의 이태석 신부에게서도 나타나지 않았던가! 예수는 지금 이 시간에도 우리가 알지 못하는 장소에서 끊임없이 다시 살아나고 있을 것이다. 이 세상을 지배하는 권력자들의 폭력에도 불구하고, 하나님의 뜻이 지배하는 새로운 세상을 꿈꾸고, 이를 실현하기 위해 목숨 바쳐 애쓰는 사람들이 존재하는 한, 그곳이 어디이든지, 예수는 끊임없이 되살아날 것이다.[53]

5) 예수는 왜 부활해야 하는가?

흔히 기독교는 '부활의 종교'라고 말한다. 예수의 부활은 기독교의 기초라는 말일 것이다. 만약 예수의 부활이 없었다면, 어떻게 되었을까? 예수의 가르침은 시간의 흐름 속에서 서서히 잊혀지게 되었을 것이고, 예수의 환자 치유와 공동 식사는 더 이상 이루어지지 않게 되었을 것이고, 지배체제의 폭력에 비폭력으로 저항하는 사람도 더 이상 나타나지 않았을 것이다. 당연히 예수의 하나님 나라 운동도 해체되었을 것이고, 예수의 죽음과 더불어 그에 관한 기억도 서서히 사라지게 되었을 것이다. "만일 예수의 지상 생애 동안에 예수를 받아들였던 사람들이, 그가 십자가에 처형된 이후에도, 계속해서 그를 따르고, 믿고, 그의 임재를 체험하지 않았다면, 모든 것은 끝장이 나고 말았을 것이다."[54] 따라서 기독교라는 종교도 탄생하지 않았을 것이다.

기독교는 예수가 다시 살아남으로써, 비로소 탄생한 종교이다. 예수의 부

---

53) 크로산은 이것을 이렇게 표현한다: "예수에게 현존했고, 한 때는 예수와 접촉을 가졌던 갈릴리와 유대 사람들에게 제한되었던 바, 인간을 힘 있게 만드시는 하나님의 능력은 이제 예수 안에서 하나님을 발견하는 사람이면 이 세상 어느 누구, 어느 곳에서라도 가능하게 되었다." 크로산, 『예수는 누구인가』, 208-9.

54) 크로산, 『역사적 예수』, 640.

활이 없었으면, 기독교도 없었을 것이라는 말이다. 기독교가 '부활의 종교'라는 말은, 기독교는 예수의 가르침과 삶, 심지어는 그의 죽음까지 이어가는 종교, 예수의 하나님 나라 운동을 계승하는 종교라는 뜻이다. 이것이 기독교의 참된 정체성이다. 예수의 길과 그의 운동을 이어가지 못하는 기독교는 참된 의미의 기독교라 할 수 없고, 오래 지속하지 못할 것이다. 그러나 예수의 길과 그의 운동을 이어가는 기독교는 참된 의미의 기독교라 할 수 있고, 그 행진이 지속되는 한, 영원히 존속하게 될 것이다.

왜 예수가 부활해야 하느냐고? 물론 예수가 부활해야 기독교가 생존할 수 있다. 그것은 분명한 사실이다. 그러나 예수의 부활 문제는 단순히 기독교의 생존에 관한 문제가 아니다. 이것은 참 인간의 생존 문제, 참 세상의 생존에 관한 문제이다. 예수가 부활해야만 하는 참된 이유는, 그래야만 이 세상 안에서 정말 인간이라 부를 수 있는 인간다운 인간들을 만나볼 수 있고, 인간이 정말로 살아볼 만한 참 세상이 존재할 수 있기 때문이다. 만약 기독교가 이 세상에 살아남아야 할 참된 이유가 있다면, 바로 이것 때문이고, 그래서 기독교는 '부활의 종교'이어야 하는 것이다.

6) 제자들의 예수 부활 선언은 무엇을 말하고자 하는 것인가?

그러면 제자들은 예수의 부활을 선언함으로써 무엇을 말하고자 했던 것일까? 그리고 대제사장들을 비롯한 산헤드린 의원들은 무엇이 두려워 예수가 부활했다는 말을 하지 말라고 입단속을 했던 것일까? 제자들의 부활 선언은, 한 동안 지하에 잠적했던 제자들이 지상으로 나오면서 공개적인 성명서를 발표한 것과 같다고 할 수 있다. 한편으로는 아직도 지하에 숨어 지내는 다른 제자들 혹은 예수의 추종자들을 향해, 그리고 다른 한편으로는 예수를 살해한 지배권력자들을 향해 무언가 메시지를 전달하고 있었다는 말이다. 그것은 무엇이었을까? 크게 세 가지 각도에서 생각해 볼 수 있을 것이다.

첫째로, 부활 선언은, 지배권력자들의 시각에서 보면 예수의 가르침과 삶이 예수를 죽여야 될 만큼 잘못되었을지 모르나, 하나님의 기준으로 보면 그의 가르침과 삶은 옳았고 정당했다는 선언이라 할 수 있다. 베드로가 예루살렘에 거주하는 유대인들을 향해, "여러분은 그(예수)를 무법자들의 손을 빌어서 죽였습니다. 그러나 하나님께서 그를 죽음의 고통에서 풀어서 살리셨습니다"라고 강조했던 것은 바로 이것을 말하고자 했던 것이다.[55] 예수의 가르침과 삶에 대해, 동시대 지배권력자들이 십자가 처형을 통해 'No'라고 말했다면, 하나님은 그의 부활을 통해 'Yes'라고 선언했다는 것이다. 베드로를 비롯한 제자들은 지금 하나님을 대신하여 그 선언을 하고 있는 것이다.

둘째로, 부활 선언은, 지배권력자들이 예수를 십자가에 처형함으로 해체되기를 바랐던 하나님 나라 운동이 이제 제자들을 통해 이어져가기 시작했다는 선언이라 할 수 있다.[56] 지배권력자들이 예수를 극형에 처함으로 의도했던 것 중 하나는, 예수의 하나님 나라 운동을 해체하고, 더 이상 예수의 길을 이어가는 사람들이 나타나지 못하도록 하는 것이었다. 그리고 그것은 한 동안 유효했다. 그러나 제자들이 그 충격과 절망의 늪을 빠져나와, 다시 예수의 길을 이어가고, 예수의 하나님 나라 운동을 계승하겠다고 공개적으로 선언한 순간, 지배권력자들의 의도는 실패로 돌아갔다. 죽인 것은 예수 한 명이었는데, 다시 살아난 예수는 120명이나 되었기 때문이다. 그래서 부활은 기적이다.[57]

셋째로, 부활 선언은, 예수가 체포되는 순간 죽음에 대한 두려움으로 도망갔던 제자들이 이제는 순교할 준비와 각오가 되어있음을 만천하에 알리는 비장한 선언이라 할 수 있다.[58] 예수의 제자들이 유독 유약하거나 비겁해서가

---

55) 신약성서 사도행전 2:23-24. 괄호는 저자의 것임.

56) 마이어스, 『예수를 교회로부터 구출하라』, 117.

57) 크로산, 『예수』, 302.

58) 스퐁은 이것을 이렇게 설명한다: "부활절이 무엇이었던지 간에, 그것 때문에 제자들은 목숨이 두려워 다락방에 문을 걸어 잠근 채 숨어 지내다가, 죽을 각오로 박해를 감수할 작정으로 담대하게 나서게 되어, 마침내는 순교자로 죽게 되었습니다." 스퐁·스피로, 『그리스도교 신앙의 뿌리와 날개』, 124.

아니다. 느닷없이 찾아온 죽음의 공포 앞에서 아직 준비가 되어있지 않았던 제자들은 도주할 수밖에 없었다. 이렇게 지하에 잠적했다가, 마가의 다락방에 다시 모이기까지, 제자들은 남모르는 깊은 고뇌의 과정이 있었을 것이다. 내가 예수의 가르침과 삶을 따라 그와 같은 길을 가고 있다는 것 때문에, 예수처럼 때 이른 죽음이 찾아올 때, 나는 과연 이것을 감내할 수 있을 것인가? 결코 쉬운 질문이 아니다. 부활 선언은 이 질문에 대한 비감한 대답이라고 할 수 있다. 예수와 함께라면, 죽으면 죽으리라!

4. 예수는 육체적으로 부활했는가?

사람들은 흔히 예수는 육체적으로 부활했느냐고 묻는다. 지금까지의 논의는 사실상 이 질문에 이미 대답을 한 셈이다. 그럼에도 불구하고 이 질문은 여전히 중요하다고 생각한다. 왜냐하면 복음서는 부활한 예수를 볼 수 있고,[59] 대화할 수 있고,[60] 몸을 만질 수 있고,[61] 함께 식사도 할 수 있다고 말하기 때문이다.[62] '육체적으로 부활'했다는 문자적 표현은 없지만, 그런 의미를 담고 있다는 뜻이다.

통상 예수가 육체적으로 부활했느냐는 질문은, 예수의 부활은 정신적인 부활을 의미하는 것 아니냐는 반문(反問)을 동반한다. 그의 육체가 다시 살아난 것이 아니라, 그의 정신을 계승하는 것이 부활이 아니냐 하는 것이다. 이 말은 일면 일리가 있지만, 경계해야 할 측면이 있다. 기독교인들 중에는 예수

59) 유다를 제외한 열한 제자가 갈릴리에서 예수를 보았다고 한다. 신약성서 마태복음 28:17 참조.
60) 엠마오 가는 길에서 부활한 예수는 두 제자와 대화를 나눈다. 신약성서 누가복음 24:13-35 참조.
61) 의심 많은 제자 도마는 부활한 예수의 손과 옆구리를 만졌다고 한다. 신약성서 요한복음 20:24-29 참조.
62) 엠마오에 이르러 부활한 예수는 두 제자와 음식을 나눈다. 신약성서 누가복음 24:30.

의 정신을 받아들이기만 하고, 그 정신을 따라 살지는 않는 경우가 너무 많기 때문이다. 예수를 믿기만 하고, 예수를 살지 않는다는 말과 같은 뜻일 것이다. 물론 정신적인 부활을 말하는 사람이 예수의 정신만 계승하고, 예수처럼 살지는 않겠다고 하는 것은 아닐 것이다. 그러나 이 말 속에는 부지불식간에 그러한 속내가 담겨있을 수 있다는 말이다.

어떤 사람이 예수의 정신을 계승하고 있는지를 어떻게 알겠는가? 본인이 그렇다고 말하는 것으로 확인할 수 있는 일이겠는가? 예수의 정신을 이어가고 있는지 아닌지는 그의 육체로 상징되는 그의 삶 전체를 통해 확인할 수 있는 것 아니겠는가? 베드로가 다시 살아난 예수라는 말은 그가 단순히 예수의 정신만 계승한 것이 아니라, 그의 삶 전체를 통해 예수의 정신을 살아내었다고 하는 것 아니냐 하는 것이다. 이것을 놓고, 예수가 육체적으로 부활했다고 하는 것 아니겠는가! 베드로를 비롯하여, 마틴 루터 킹, 마더 테레사, 로메로, 슈바이쳐, 이태석 신부와 같은 사람들은 우리들이 볼 수 있고, 만날 수 있고, 만질 수 있고, 함께 음식을 나눌 수 있는, 다시 말해 육체적으로 부활한 예수가 아니냐 하는 것이다. 이러한 의미에서 육체적인 부활은 정신적인 부활의 완성이라고 할 수 있을 것이다.

5. 부활은 기쁜 소식인가?

미국에서는 부활절 인사를 'Happy Easter'라고 한다. '행복한 부활절'이라는 뜻이라기보다는 '기쁜 부활절'이라는 말일 것이다. 중고등학교 시절 부활절 일요일 아침이 되면, 환한 얼굴로 교인들 간에 부활의 기쁨을 나누라는 목사님을 보며, 예수가 부활했는데 우리가 왜 기뻐해야 하나, 그리고 예수가 부활한 것이 정말로 기뻐할 일인가 자문했던 기억이 있다. 예수의 부활은 정말 기쁜 소식일까? 만약 예수의 부활이 기쁜 소식이라면, 모든 사람에게 기쁜 소식일까?

예수의 부활은 동시대 상황에서 보면, 결코 모든 사람에게 기쁜 소식은 아니었던 것 같다. 누군가에게는 기쁜 소식이었겠지만, 누군가에게는 불길한 소식이었던 것으로 보인다. 그러면 누구에게 기쁜 소식이었고, 누구에게 불길한 소식이었을까? 이 질문에 대해서는 부활 소식을 듣는 사람의 입장에서 대답하는 것이 좋을 듯싶다. 본인의 이해관계와 직접 맞닿아 있기 때문이다. 우리 모두 상상의 나래를 펴고 같이 생각해보자.

예수 동시대에 예수의 부활 소식을 듣고 전혀 기뻐하지 않았을 사람, 아니 보다 정확히 말해, 예수의 부활 소식을 듣고 아주 불길하게 생각했을 사람들은 누구였을까? 아마도 대제사장들을 비롯하여 율법학자들, 헤롯 안티파스, 그리고 빌라도 총독이 아니었을까? 예수를 십자가에 처형하는 데 앞장섰던 사람들 아니냐 하는 것이다. 예수를 죽이고 모든 것이 끝났다고 안심했던 이 권력자들이, 마가의 다락방에 120명의 제자들이 모여 예수의 부활을 선언하고, 베드로와 요한이 예루살렘 성전에 나타나 다시 하나님 나라를 가르치고, 환자를 치유하고, 가난한 사람들과 공동 식사를 하기 시작했다는 소식을 들었을 때, 이들의 심정이 어땠을까? 불길하다는 생각을 넘어 섬찟하지 않았겠는가? 예수 하나를 죽임으로 모든 것이 끝난 줄 알았는데, 여기저기에서 또 다른 예수들이 나타나기 시작한 것이다. 예수가 제자들 속에 살아나, 제자들이 예수가 된 것이다. 이 얼마나 불길하고 섬찟한 소식인가!

반면, 예수의 부활이 정말로 기쁜 소식이었던 사람들은 누구였을까? 아마도 예수가 함께 아파했던 민중들이 아니었을까 싶다. 불치병 환자, 가난한 사람, 세리, 범법자, 여성, 어린아이, 외국인, 사마리아인 등. 이들은 예수가 십자가에 처형되었다는 소식을 듣고, 그 누구보다 큰 절망에 빠졌을 것이다. 자신들의 남모르는 아픔을 예수 자신의 것인 양 함께 아파하며, 차별받는 자신들을 평등한 한 인간으로 예우해주었던 사람이, 이스라엘 안에 또 누가 있었는가? 그러한 분을 잃었으니 그 절망감이 얼마나 컸겠는가? 게다가 그 예수를 극형으로 다스렸으니, 누가 예수의 길을 이어 가겠는가? 이제 이들은 예수를 만나기 이전으로 다시 돌아가는 것 아닌가, 또 다시 차별받고 배척당하는 과거로 되돌아가는 것 아닌가 생각했을 것이다.

그런데 예수가 부활했다는 것이다. 이들인들 죽은 시신이 살아났다고 생각했겠는가? 제자들 중 누군가가 십자가 처형의 충격을 딛고, 예수의 길을 이어가기 시작했구나 하는 것을 직감했을 것이다. 예수의 길을 이어가는 당사자는 매우 힘든 길을 가는 것이겠지만, 절망에 빠진 민중들에게는 이들의 출현이 얼마나 기쁜 소식이었겠는가? 예수가 처형됨으로 차별 없는 평등한 세상은 끝났구나 생각했는데, 다시 희망의 불씨가 지펴진 것이다. 구원의 방주와 같은 예수의 하나님 나라가 다시 그 깃발을 올리게 되었으니, 그 얼마나 기뻤겠는가? 하나님 나라가 다시 선포되기 시작했고, 치유와 식사가 다시 행해지기 시작한 것이다. 차별 없는 평등한 세상에로 향한 길이 다시금 활짝 열린 것이다. Happy Easter!

8장

하나님이 된 예수

니케아 별장의 야합

십자가 처형으로 영원히 잊혀질 줄 알았던 예수가 그의 길을 이어가는 제자들 속에서 다시 살아난 후, 예수의 위상은 점차 높아지기 시작했다. 공식적인 활동을 시작하기 전에는 갈릴리 나사렛 출신의 천한 목수였던 그가 살아있는 동안에는 그런대로 랍비나 예언자 정도의 존경을 받았다. 그러나 그의 부활 사건이 있은 후, 예수는 메시아 혹은 하나님의 아들로, 하나님의 외아들로, 그리고 마침내 하나님으로까지 높여지게 되었다. 점차 신격화되어갔던 것이다. 이제 그 과정을 살펴보자.

1. 공식 활동 이전의 예수

1) 나사렛 사람 예수

예수는 본래 이스라엘 북단 갈릴리의 서남쪽 끝에 위치해 있는 나사렛 출신이다. 그래서 신약성서에서도 예수는 '나사렛 사람 예수'라고 불리었고,[1] 오늘날에도 많은 사람들이 '나사렛 예수'라고 부른다. 나사렛은 CE 4세기에 기독교가 로마제국의 국교가 된 이후, 전 세계 기독교인들 사이에 모르는 사람이 없을 정도로 유명해졌지만, 예수 당시의 나사렛은 아주 보잘 것 없는 무명의 촌락에 불과했다. 이름 앞에 '나사렛'이라는 출신지를 표시하는 것이 결코 그 이름을 높여줄 수 있는 것이 아니었다는 말이다.

한국도 그렇지만, 예수 당시 이스라엘의 "주요 도시는 작은 도시들을 포함하고, 작은 도시들은 성읍들을 포함하고, 성읍들은 촌락들"을 포함했다고 한다.[2] 그 중에서 나사렛은 촌락, 한국으로 치면 리(里)에 해당하는 것이다. 가장 작은 규모의 마을 공동체라는 뜻이다. 인구는 "기껏해야 200~400명 정도의 주민이 살았던 작은 유대인 정착지"로,[3] "공공건물이 없는 수수한 마을"이었다고 한다.[4]

그래서, 크로산에 따르면, 거의 1500년에 걸친 유대 문헌들 속에는 나사렛에 관한 언급이 전혀 없다고 한다.[5] 그의 이야기를 들어보자: "복음서들과 또 이것들을 따르는 초기 기독교 문서들을 제외하면, 콘스탄티누스 이전의 문헌 중에서 나사렛에 관해 언급하는 경우를 찾아볼 수 없다. 유대교 랍비들의

---

1) 신약성서 마가복음 1:24, 10:47, 14:67, 16:6; 누가복음 4:34, 18:37 참조.
2) 크로산, 『역사적 예수』, 78.
3) 크로산, 『예수의 역사』, 61.
4) Ibid., 60.
5) 크로산, 『역사적 예수』, 75.

가르침이나 토론이 미슈나와 탈무드에 들어 있는데, 랍비들은 63곳에 달하는 갈릴리 마을들에 대해 인용하면서도 나사렛에 대해서는 한 마디도 언급하지 않는다. 유대인 역사가로서 C.E. 66-67에 일어났던 제1차 유대인 반란 때 갈릴리를 지배했던 장군인 요세푸스는 그곳에 있는 45개의 지명을 언급하고 있으나, 나사렛에 대해서는 한마디도 하지 않는다. 이 마을은 기독교의 구약성서에도 등장하지 않는다. 비록 성서에서 나사렛 근처에 있는 15개 가량의 하부 갈릴리 지역들을 스불론 지파의 몫으로 거론하고 있음에도, 나사렛이란 지명은 어디에도 나오지 않는다(여호수아 19:10-15). 나사렛은 완전히 하찮은 곳이었다."[6]

신약성서 요한복음 안에서도 당시 나사렛이라는 마을이 어느 정도의 위상을 갖고 있었는지를 보여주는 재미있는 일화가 소개되고 있다. 예수가 갈릴리로 떠나려던 참에, 빌립이라는 제자가 나다나엘이라는 사람을 만나서 예수를 만난 이야기를 전하며, 자신이 만난 예수를 "나사렛 출신으로, 요셉의 아들 예수"라고 소개한다. 그랬더니 나다나엘이 대뜸 "나사렛에서 무슨 선한 것이 나올 수 있겠소?" 하고 비웃듯 대꾸한다.[7] 그러자 예수가 이를 받아, "보아라, 저 사람이야말로 참으로 이스라엘 사람이다. 그에게는 거짓이 없다"하고 나다나엘의 반응에 수긍한다.[8] 나다나엘도 예수도 나사렛 출신이 무엇을 의미하는지 잘 알고 있다는 뜻이다. 예수 이전에도 그렇고 예수 당시에도 그렇고, 나사렛에서 무슨 선한 것이 나올 수 있겠는가?

6) 크로산, 『예수의 역사』, 42.
7) 신약성서 요한복음 1:46.
8) 신약성서 요한복음 1:47.

2) 목수 예수

예수는 공식적인 활동을 시작하기 전, 이 나사렛에서 무슨 일을 했을까? 신약성서 마가복음은 예수를 목수로 소개하고,[9] 마태복음은 목수의 아들로 소개한다.[10] 얼핏 들으면, 이 둘은 서로 다른 듯하지만, 실은 같은 이야기를 하고 있는 것이다. 왜냐하면 당시에는 직업이 세습되었기 때문이다.[11] 목수의 아들은 목수인 것이다. 당시에 목수가 하는 일은 "문짝, 문틀, 천장 들보, 가구, 장롱, 상자, 멍에, 쟁기 등의 목제품"을 만드는 일을 했다고 한다.[12]

예수 당시에 목수는 어느 정도의 사회적 위치에 있었을까? 고대 이스라엘에는 사회가 상층 계급과 하층 계급으로 양분화되어 있었다고 한다. 중산층이 없었다는 뜻이다. 상층 계급에는 지배자, 성직자, 군대 장군과 전문 관료, 그리고 상인이 속해 있고, 하층 계급에는 농민, 장인, 천민 계층과 소모 계층이 있었다고 한다.[13] 그 중 농민은 자작농보다는 "소작농"이나 "그 이상의 심각한 처지"에 있는 사람이 많았고,[14] 장인은 "일반적으로 재산을 다 잃어버린 사람들로 채워지기 때문에 사회계층상 농민들 아래"에 속했다고 한다.[15] 천민 계층은 "혈통, 직업, 신분으로 인해 떠돌이가 된 사람들"이 많았으며, 소모 계층은 "거지와 탈법자로부터 불량배, 날품팔이, 노예" 등으로 이루어졌다고 한다.[16]

그러면 목수는 이 중 어디에 속할까? 목수는 당연히 장인계급에 속하고, 그에 따라 예수는 농민과 천민 계층 혹은 소모 계층 사이에 위치해 있었던 것

9) 신약성서 마가복음 6:3.
10) 신약성서 마태복음 13:55.
11) 크로산, 『예수』, 62.
12) 보그, 『미팅 지저스』, 49.
13) 크로산, 『예수』, 63-64 참조.
14) Ibid., 63.
15) Ibid., 63-64.
16) Ibid., 64

이다. 예수가 세례 요한의 문하생으로 들어가 공식적인 활동을 시작하기 전, 그는 이스라엘의 어느 문헌에도 등장하지 않는 보잘 것 없는 고을 나사렛에서, 소작농이나 농노보다 못한 처지의 목수로서 살아갔던 것이다. 예수에게 이런 무명(無名)의 시절이 있었다.

2. 공식 활동 중 예수

1) 랍비로서의 예수

젊은 시절 목수로 살았던 예수는 30세 즈음에 목수 일을 접고 출가를 한 것으로 보인다. 결혼을 하지 않은 채 가정을 떠나, 처음에는 세례 요한의 문하생이 되었다가, 세례 요한이 체포된 후에는 독자적인 길을 걷게 된다. 하나님 나라에 대해 가르치고, 환자 치유와 공동 식사를 중심으로 하나님 나라 운동을 펼친 것이다. 이러한 예수를 가장 가까이에서 경험했던 제자들 혹은 추종자들은 이 예수를 어떻게 이해했을까? 복음서에 따르면, 예수는 한편 랍비로, 다른 한편 예언자로 사람들에게 이해되었던 것 같다.

'랍비'란 어떤 뜻을 갖고 있으며, 어떤 사람을 가리키는 것일까? '랍비'(ῥαββεί)라는 말은 본래 아람어로서, "선생님"(teacher) 혹은 "주인"(master)이라는 뜻을 갖고 있다고 한다.[17] 예수 당시에 '랍비'라는 호칭은 아직 특정 전문인을 지칭하는 "정식 칭호"로는 사용되지 않았고, 단지 "학식 있는 현인에 대해 존경을 표시하는 비공식 칭호로" 사용되었다고 한다.[18] 그리고 처음 이

17) Stephan M. Wylen, *The Jews in the Time of Jesus*(New York: Paulist Press, 1996), 164.
18) Ibid.

호칭을 받은 사람은 1세기의 산헤드린 의원들이었던 것으로 보인다.[19)]

흔히는 '랍비'라는 표현을 율법학자에 대한 존칭어로 알고 있지만, 이것은 CE 74년 대로마 유대 1차 전쟁 이후의 일이고,[20)] 예수 당시에는 율법학자에게만 이 호칭을 붙여주었던 것은 아니었다. 랍비는 어떤 직업을 갖고 있든, 혹은 예수처럼 특정 직업이 없다 하더라도, 학식 있는 현인으로 존경 받을 수 있는 사람이면, 누구에게나 붙일 수 있는 일반적 호칭이었다는 말이다. 한국에서 국민적 존경을 받는 분을 그 직업과 상관없이 '선생'이라 부른 것과 비슷하다고 볼 수 있다.

공관복음서(마태복음, 마가복음, 누가복음)에는 예수가 여섯 번에 걸쳐 랍비라는 호칭을 받은 것으로 기록되어 있다. 첫 번째는 이른바 변화산에서 베드로가 예수를 랍비라고 불렀고,[21)] 두 번째는 여리고에서 소경 바디매오가,[22)] 세 번째는 예루살렘에서 베드로가,[23)] 네 번째는 최후의 만찬 자리에서 가룟 유다가,[24)] 다섯 번째와 여섯 번째는 마가복음과 마태복음에서 각각 가룟 유다가 예수를 배신하고 적에게 예수를 알려주기 위해 입맞춤을 하며 랍비라고 불렀다.[25)]

요한복음에는 공관복음서의 내용과 상관없이, 사람들이 예수를 랍비로 부른 일곱 가지 사례가 등장한다. 첫 번째는 요단강 건너편 베다니에서 세례 요

---

19) https://www.jewishvirtuallibrary.org/jsource/Judaism/Rabbis.html

20) Wylen, *The Jews in the Time of Jesus*, 163. 대로마 유대 1차 전쟁으로 성전이 파괴되면서, 사두개파와 대제사장은 더 이상 이스라엘의 지도자 역할을 할 수 없게 되었고, 엣세네파, 열심당, 시카리파 등은 이 전쟁에 깊이 개입했기 때문에, 전쟁 종식과 함께 점차 사라지게 되었다. 단지 율법학자만이 회당을 중심으로 유대교의 전통을 이어가면서, 흩어진 유대인들을 돌보는 목회자 역할을 하게 된 것이다. 달리 말하면, 율법학자는 이 전쟁 이후 유일하게 남은 '학식 있는 현인'에 해당되었고, 그에 따라 '랍비'는 점차 '율법학자'와 동일시된 것이다.

21) 신약성서 마가복음 9:5.

22) 신약성서 마가복음 10:51.

23) 신약성서 마가복음 11:21.

24) 신약성서 마태복음 26:25.

25) 신약성서 마가복음 14:45; 마태복음 26:49.

한의 두 제자가 예수를 찾아와 랍비라는 호칭으로 예수를 불렀고,[26] 두 번째는 같은 곳에서 나다나엘이,[27] 세 번째는 예루살렘에서 산헤드린 의원 니고데모가,[28] 네 번째는 사마리아 땅 수가에서 제자들이,[29] 다섯 번째는 가버나움에서 그 지역 사람들이,[30] 여섯 번째는 실로암에서 예루살렘 사람들이,[31] 그리고 마지막으로는 예루살렘 인근 베다니에서 제자들이 또 다시 예수를 랍비라고 불렀다.[32]

그러면 예수가 랍비라고 불리울 수 있었던 근거는 무엇이었을까? 그가 '학식 있는 현인'으로 불릴 만한 어떤 직업을 갖고 있었기 때문인가? 무명의 목수가 사회적으로 '랍비'라고 불릴 이유는 없을 것이다. 그러면 예수가 율법학자였기 때문인가? 그렇지도 않은 것 같다. 예수 당시에 율법학자는 크게 샴마이파와 힐렐파로 나뉘어 있었는데,[33] 예수는 그 어디에서도 교육받은 흔적이 없다. 크로산은, 예수가 농민보다 못한 장인 계급에 속했기 때문에, 거의 교육받은 적이 없는 문맹에 가까웠을 것으로 추측한다.[34] 한껏 더 나아가, 예수가 나사렛 회당 소속의 학교에서 율법을 배웠다고 치더라도,[35] 그것으로 율법학자가 될 수 있는 것은 아니었다.

그렇다면 예수를 랍비로 호칭한 것을 어떻게 이해하면 좋을까? 최소한 예수가 율법학자였기 때문에, 그에 대한 존경으로 랍비라 불렸던 것은 아닌 것

26) 신약성서 요한복음 1:38.
27) 신약성서 요한복음 1:49.
28) 신약성서 요한복음 3:2.
29) 신약성서 요한복음 4:31.
30) 신약성서 요한복음 6:25.
31) 신약성서 요한복음 9:2.
32) 신약성서 요한복음 11:8.
33) 겐조, 『예수라는 사나이』, 83. 샴마이파는 전통주의를 고수하고, 힐렐파는 자유주의를 표방했다고 한다.
34) 크로산, 『예수』, 64.
35) 보그, 『미팅 지저스』, 49; 마이어스, 『예수를 교회로부터 구출하라』, 67. 보그는, 예수가 "아마도 나사렛에 있는 회당 소속의 학교에 다녔을 것"이고, "그곳에서는 토라를 주교본으로 하여 읽기와 쓰기를 중점적으로 가르쳤을 것"이라고 주장한다. 마이어스도 이 주장에 동의한다.

같다. 그러면 예수가 율법학자 못지않게 율법에 대해서 해박하고 그 문리를 잘 터득해서 랍비로 불렸던 것인가? 물론 복음서 안에는 예수가 율법에 대해 해박하고 그 뜻을 잘 해득하고 있음을 보여주는 장면들이 있다.[36] 그러나 이 때문에 율법학자만 못하지 않다는 의미에서 랍비라 호칭한 것은 아닌 듯하다. 오히려 예수에게 붙여진 '랍비' 호칭은, 예수가 율법학자 과정을 거쳤느냐 아니냐, 혹은 예수가 율법에 정통했느냐 아니냐와 상관없이, 예수의 가르침과 삶에 대한 인격적 존경의 표시라고 볼 수가 있다. 말하자면, 당대 율법학자들의 전문적인 율법 지식과는 상관없이, 예수가 하나님 나라에 대해 가르치고, 무상 치유와 공동 식사를 시행하고 있는 것을 보고, 동시대에 예수의 제자들을 비롯한 지인들은 예수를 '랍비'라고, 오늘날 한국에서 사용하는 용어로 말하면 '선생님'이라고 불렀던 것이다. 실제로 한국어 번역성경을 기준으로 볼 때, 4개 복음서 전체에서 예수를 '랍비'로 호칭한 경우는 6회에 불과한 데 비해, '선생님'으로 호칭한 경우는 102회나 된다. 강조점이 율법학자 여부 혹은 율법에 대한 정통 여부에 있는 것이 아니라, 그에 대한 인격적인 존경에 있었다는 반증인 셈이다.

2) 예언자로서의 예수

예수가 공식 활동을 시작한 이후, 그에게 붙여진 또 하나의 호칭은 '예언자'였다. 그는 일반적으로 유대인들 사이에 예언자로 인식되었던 것으로 보이며,[37] 예수와 만났던 일부 사람들 중에도 예수를 예언자로 지칭한 사례들을 찾아볼

36) 그 대표적인 사례가 신약성서 마태복음에 나오는 산상설교라고 할 수 있다. 여기에서 예수는 율법의 조항을 먼저 언급하고, 그에 대한 예수의 대안적 교훈을 제시하고 있다. 신약성서 마태복음 5:3-7:29 참조.

37) 신약성서 마태복음 16:14(누가복음 9:8, 마태복음 병행구); 마태복음 21:21;46, 요한복음 7:40.

수 있다. 엠마오로 가던 두 제자가 예수를 예언자로 호칭했고,[38] 사마리아 여인도 예수를 예언자로 호칭했고,[39] 눈을 뜨게 된 소경도 예수를 예언자로 호칭했다.[40]

그러면 이스라엘 안에서 예언자라는 호칭은 무엇을 가리키는 것일까? 우선 오해를 불식시키기 위해 아닌 것부터 말하면, 이스라엘의 예언자는 개인 혹은 사회의 미래 운명을 미리 말하는 점쟁이 같은 존재는 아니라고 하는 것이다. 이런 사람은 영어로 'foreteller,' 즉 미래에 일어날 일을 미리 말하는 사람이라고 부른다. 그러나 히브리어로 'nabi'(영어로는 'prophet')라 불리는 이스라엘의 예언자는 미래를 말하기는 하지만, 그 관심은 현재에 집중되어 있다.

보그(Marcus Borg)에 따르면, 이스라엘 예언자의 예언은 크게 세 가지 메시지를 포함했다고 한다: 고발, 위협, 변화의 요청.[41] 여기에서 고발은 "지배 엘리트들, 즉 국가의 역사적 운명을 형성하고 그 방향을 잡아나갈 책임이 있는 권력자, 부자, 종교인들을 고발"하는 것을 의미한다.[42] 위협은 "최후의 심판이나 종말이 아니라, 그들의 사회적 세계가 역사적 파국을 통해 끝장날 것이라는 위협적 종말"을 고하는 것을 말한다.[43] 끝으로 변화의 요청은 "단순히 개개인의 삶의 변화가 아니라, 이스라엘의 집단적인 삶의 변화"를 요청하는 것을 말한다.[44] 이를 종합하면 예언이란 이런 것이다: 지금 이스라엘이 그 지도자들의 타락으로 국가 전체가 존폐 위기에 처해 있다. 그러므로 나라가 망하지 않으려면, 지금 당장 지도자들이 변화해야 한다. 이러한 변화의 요청이

---

38) 신약성서 누가복음 24:19.
39) 신약성서 요한복음 4:19.
40) 신약성서 요한복음 9:17.
41) 보그, 『예수 새로 보기』, 207.
42) Ibid., 208.
43) Ibid., 210.
44) Ibid., 210.

"위협과 고발의 목적"이었던 것이다.[45)]

예수의 활동 중에도 실제로 예언자적인 활동이라 할 수 있는 것이 있는가? 보그는 크게 세 가지를 지적하고 있다. 첫째는 예루살렘에서 예루살렘 성전과 그 당국자를 고발한 일, 둘째는 부자의 재물에 대해 비판한 일, 그리고 셋째는 율법학자의 정결법에 대해 비판한 일이다.[46)] 이것만은 아닐 것이다. 여기에 더해, 헤롯 안티파스와 로마제국에 대한 예수의 우회적인 비판 또한 가히 예언자적이라 할 수 있을 것이다. 어느 경우이든 예수의 예언은 단순히 어떤 한 개인의 도덕성만을 비판한 것이 아니라, 그와 더불어 그 시대의 온갖 불의를 만들어내는 사회구조적인 악 혹은 지배체제의 모순에 대해서도 동시에 고발하고 있다는 것이다. 한 개인의 도덕성의 변화도 중요하지만, 그 개인의 악을 끊임없이 확대재생산하고 있는 그 시대의 사회구조적인 모순 또한 근본적으로 해결하지 않으면 안 된다고 하는 것이다. 이러한 의미에서 보그는, "예수가 속해 있던 전통 속에 등장했던 그 어떤 인물도 예수만큼 이스라엘의 고전적인 예언자들과 닮은 사람은 없었다"고 평가한다.[47)]

3. 부활 사건 후 신격화 과정

그러나 불행히도 예수는 바로 그의 예언자적 활동 때문에 십자가에 처형된다. 보그는 이렇게 말한다: "나는 예수가 십자가에서 처형당한 것이 바로 사회적 예언자로서의 그의 활동 때문이었다고 확신한다."[48)] 하지만 그렇게 처

45) Ibid., 211.
46) 마커스 보그·톰 라이트, 『예수의 의미』, 김준우 역(고양: 한국기독교연구소, 2001), 125.
47) 보그, 『예수 새로 보기』, 204.
48) 보그·라이트, 『예수의 의미』, 126.

형된 예수는 그의 제자들 속에 다시 살아난 이후, 제자들을 포함한 초기 기독교인들에 의해 새로운 지위를 얻게 된다. 그 과정은 크게 3단계로 나누어 생각할 수 있다: '메시아' 혹은 '하나님의 아들'로 호칭된 단계, '하나님의 외아들'로 호칭된 단계, 마지막으로 '하나님'으로 호칭된 단계.

1) 공관복음서의 예수: 메시아 혹은 하나님의 아들

(1) 메시아로서의 예수

예수의 부활 사건 이후 예수가 처음으로 얻은 새로운 호칭은 메시아 혹은 하나님의 아들이었다.[49] 이것은 주로 공관복음서가 기록된 CE 70여 년부터 대략 90년 전후 사이의 일이라고 할 수 있다.[50] 메시아가 이스라엘과의 연관 속에서 얻어진 호칭이라면, 하나님의 아들은 로마제국과의 연관 속에서 얻어진 호칭이라 할 수 있다. 그러나 복음서에서는 이 두 개의 호칭이 거의 같은 의미로 교체 사용되는 것을 볼 수 있다.[51]

간혹 학자들 중에는 복음서를 근거로 예수가 메시아라는 자의식을 갖고 있었던 것으로 주장하는 사람들이 있다. 그러나 복음서 어디에도 예수가 자신을 메시아라고 주장하거나 생각했다는 흔적은 없다. 단지 유일하게 한번 가이사랴 빌립보라는 지역에서 예수가 베드로에게, 너는 나를 누구라고 생각하느냐고 물은 적이 있었다. 이에 베드로가 "선생님은 그리스도이십니다" 하고 대답을 하자, 예수는 "그들에게 엄중히 경고하시기를, 자기에 관하여 아무에

49) 펑크, 『예수에게 솔직히』, 366; 보그·라이트, 『예수의 의미』, 93 참조. 『예수 세미나』의 대표적인 학자 펑크와 보그는 예수를 메시아로 고백하기 시작한 것은 예수의 부활 사건 이후라고 주장한다. 이러한 주장은 동 세미나의 대부분 학자들이 공감하는 듯하다.

50) 펑크, 『예수에게 솔직히』, 196. 여기에서 펑크는, 마가복음은 70-80년 대, 마태복음과 누가복음은 80-90년 대에 기록된 것으로 제시하고 있다.

51) 신약성서 마태복음 16:16; 누가복음 4:41.

게도 말하지 말라"고 주의를 준다.[52] 물론 베드로나, 혹은 야고보와 요한 형제가[53] 예수를 메시아가 아닌가 생각했을 수는 있다. 그러나 예수는, 앞서 언급했던 것처럼, 유대인들이 기대하는 메시아와 그 이미지가 전혀 달랐고,[54] 메시아로 동일시되는 것을 원치도 않았으며,[55] 더 나아가 메시아를 자칭하는 사람들의 출현을 경계했다.[56] 유대인들이 기대하는 메시아와는 다른 길을 갔다는 말이다.

그런데 흥미롭게도, 예수 자신의 이러한 의도와는 상관없이, 예수의 부활 사건 이후 초기 기독교인들은 예수를 메시아로 고백했다. 이를 어떻게 이해하면 좋을까? 상당히 비판적인 시각을 가진 펑크(Robert Funk) 같은 학자는 예수에 대한 메시아 고백을 "선교적 선전을 위한" 일종의 메시아 마케팅으로 이해한다.[57] 유대인들의 '메시아'라는 호칭이 예수를 소개하는 과정에서 그 선교적 효과가 컸기 때문에, 예수의 이미지와는 맞지 않지만, 이를 채택했다는 뜻일 것이다. 아마 그런 측면도 없지는 않았을 것이다.

그러나 이것을 다른 시각에서 긍정적으로 이해할 수도 있을 것이라 생각한다. 예수에 대해 유대인의 메시아 호칭을 사용하기는 했지만, 메시아에 대한 새로운 관점에서 예수를 메시아로 고백했다고 볼 수 있지 않느냐 하는 것

52) 신약성서 마가복음 8:29-30. 마태복음 16:16, 20; 누가복음 9:20 참조. 여기에서 그리스도는 '메시아'의 그리스어 번역이다.

53) 야고보와 요한 형제는 예수에게 하나님 나라가 오게 될 때, 하나는 오른쪽에, 하나는 왼쪽에 앉게 해달라는 일종의 인사 청탁을 한 적이 있다. 예수를 정치적 의미의 메시아로 생각했다는 뜻이다. 신약성서 마가복음 10:35-37; 마태복음 20:20-21 참조.

54) 앞서 지적했듯이, 유대인들이 기대했던 메시아는 "다윗 왕과 같은 전사 왕(warrior king), 즉 이스라엘의 원수들을 파멸시키고 영원한 평화의 시대를 시작할 분"이었다. 크로산, 『비유의 위력』, 173.

55) 윙크는 이에 대해 이렇게 지적한다. "예수 자신도 메시아주의(messianism)의 위험성을 잘 알았기 때문에, 메시아에 대한 사람들의 희망에 자신이 동일시되는 것을 피하려고 노력한 것 같다. 메시아에 대한 예수의 태도는 대부분의 기독교인들의 태도와는 날카롭게 어긋나고 있다." 월터 윙크, 『참사람: 예수와 사람의 아들 수수께끼』, 한성수 역(일산: 한국기독교연구소, 2014), 245.

56) 신약성서 마가복음 13:6, 21-22; 마태복음 24:5, 23-26; 누가복음 21:8 참조.

57) 펑크, 『예수에게 솔직히』, 366.

이다. 크로산의 지적처럼, 물론 예수를 메시아로 고백한 것이 "메시아에 대한 일반적인 합의에서 볼 때 그 틀에서 벗어난(atypical) 것"은 사실일 것이다. 그러나 그것을 굳이 부정적으로 보지 않고, "당시 유대인들의 일반적인 합의 안에서 벌어진 패러다임의 변화"로 보는 것도 또한 가능하지 않겠는가 하는 것이다.[58] 호칭을 동일하게 사용했다고 반드시 그 호칭의 본래 뜻대로만 사용해야 하는 것은 아닐 것이다.

그렇다면 복음서에서 예수를 메시아로 고백할 때에 그 달라진 패러다임은 어떤 것이었을까? 크게 두 가지로 요약될 수 있을 것 같다. 하나는, 예수는 '비폭력적인 메시아'라는 것이고, 다른 하나는, 예수는 '고난 받는 메시아'라는 것이다. 예수 당시 유대인들이 기대했던 메시아는 로마제국의 식민 지배를 종식시키고, 이스라엘을 독립시켜 줄 전사(戰士)와 같은 인물이었다. 이 메시아는 당연히 폭력을 사용했고, 이 메시아가 사용하는 폭력은 정당화되었다. 그러나 예수는, 앞서 지적했던 것처럼, '비폭력적 저항'을 사람들에게 가르쳤고, 그 자신 또한 비폭력적인 방법으로 지배 체제에 저항했다. 이미 "일부 유대인들에게 예수는 비폭력적인 다윗 가문의 메시아"로 인식되었고, 그러므로, 크로산은 주장하기를, "1세기 유대교 안에서 다윗 가문의 메시아니즘에 대한 중대한 변화가 일어났다는 사실을 완전히 받아들일 필요가 있다"는 것이다.[59] 예수는 메시아인데, 비폭력적인 메시아라는 것이다.

메시아에 대한 또 하나의 새로운 패러다임은 '고난 받는 메시아'라고 하는 것이다. 유대인들이 기대하는 메시아는 일종의 승리하는 메시아라고 할 수 있다. 로마제국과 투쟁하여 실패하거나 살해되는 메시아는 메시아가 아니다. 실패하고 살해된 것 자체가 그가 메시아가 아님을 입증하는 것이다. 예수 동시대에 여러 명의 메시아들이 출현했고, 스스로 메시아임을 자처했지만, 그들이 유대인 사회에서 메시아로 인정받지 못하는 것은 그들이 승리하지 못했

58) 크로산, 『비유의 위력』, 174.
59) 보그·크로산, 『첫 번째 크리스마스』, 182.

기 때문이다.

그러면 예수는 어떠했는가? 어만(Bart Ehrman)이 적절히 지적하듯이, “예수는 로마군을 쫓아내지 못했다. 오히려 로마군이 그를 짓눌러 죽였다. 예수를 메시아라 부른다는 것은 대부분 유대인에게 어불성설이었다.... 예수가 메시아라고? 십자가에 못 박혀 죽은 설교자가 메시아라고? 포복절도할 일이었다.”[60] 그런데 초기 기독교인들은 이 예수를 메시아로 고백했던 것이다. 패러다임이 바뀐 것이다. 유대인들의 기대에는 부응하지 못하지만, 하나님의 뜻을 이 땅 위에 실현하려다가 권력자들의 미움을 받아 십자가에 처형된 이 예수는 기독교인들이 인정하는 참된 메시아, 즉 ‘고난 받는 메시아’였던 것이다. 제국주의와 독재와 종교적 파행의 시대에 하나님의 뜻에 기초하여 새로운 세상을 일구려고 하는 사람이 어찌 고난을 받지 않을 수 있겠는가? 이 고난 받는 예수를 메시아라고 부르는 데 무슨 문제가 있는가!

(2) 하나님의 아들로서의 예수

초기 기독교에서 하나님의 아들이라는 호칭은 메시아라는 호칭과 교체되어 사용되기는 했지만, 그 용처가 달랐다. 유대인과 관련하여 예수를 소개할 때에는 메시아라고 했지만, 로마제국과 관련하여 예수를 소개할 때에는 하나님의 아들이라고 했던 것이다. 그러면 초기 기독교인들이 예수를 하나님의 아들로 소개할 때, 이들은 어떤 의도를 갖고 있었던 것일까? 예수가 로마제국 사람들에게 어떻게 이해되기를 바랐던 것일까?

흔히 기독교인들은 하나님의 아들이라는 용어가 기독교에서 처음 사용한 것처럼 생각하는 경향이 있다. 그러나 이 용어는 예수에 대해 사용하기 이전에 이미 로마제국에서 먼저 사용된 용어였다고 한다. 크로산의 말을 들어보자: “1세기에는 ‘신,’ ‘신의 아들,’ ‘신이 보낸 신’이라고 불리는 인간, ‘주,’ ‘구

60) 어만, 『예수 왜곡의 역사』, 313.

속자,' '해방자,' '세상의 구주'라는 직함을 가진 인간이 있었다. 그 사람은 누구인가? 서양의 전통을 아는 사람들은 대부분 너무나 뻔한 이 질문에 별 경계심을 품지 않고 나사렛 예수라고 대답할 것이다. 그리고 대부분의 기독교인들은 그 칭호들이 원래 그리스도를 위해 마련된 것이고, 유일하게 그에게만 적용되었다고 생각한다. 그러나 예수가 존재하기 전에, 그 모든 용어들은 이미 카이사르 아우구스투스에게 속해 있었다."[61]

앞서도 소개했던 것처럼, 카이사르 아우구스투스는 200여 년 동안 계속된 로마의 내전을 종식시키고 이른바 '로마의 평화'(Pax Romana)를 가져 온 로마제국의 실질적인 창시자이다. 그는 그의 탁월한 업적 때문에, 살아서는 하나님의 아들로, 죽어서는 하나님으로 높임을 받았다.[62] 그래서 고대 프리에네(Priene) 유적지의 신전 건물들이 아테나 여신과 아우구스투스 황제에게 봉헌될 때에는, 그 문지방 대들보에 "하나님의 아들 카이사르 황제, 하나님 아우구스투스께"라는 비문을 새겨 넣었다고 한다.[63] 이 뿐만이 아니다. 아우구스투스가 살아있을 때에는 시인 프로페르티우스에 의해 "세상의 구세주"라는 찬양을 받았고,[64] 죽은 후에는 여기에서 한 발 더 나아가, 터키 카리아 지역의 할리카르나수스 비문을 통해 "인류의 구세주"라는 찬양을 받았다.[65]

로마인들은 살아서 이미 하나님의 아들 호칭을 받은 아우구스투스에게 죽은 지 한 달 만에 하나님이라는 호칭을 부여했지만, 공관복음서가 기록될 당시 초기 기독교인들은 예수를 하나님으로까지 높이지는 못했던 것으로 보인다. 예수는 아직 '하나님의 아들'이었다. 대신 공관복음서는 하나님의 아들이

61) 크로산, 『하나님과 제국』, 51.

62) 크로산, 『예수』, 30. "로마 원로원은 8월 19일 아우구스투스가 죽자, 채 한 달도 지나지 않은 기원후 14년 9월 17일에 그를 신으로 인정했다"고 한다. Ibid., 33.

63) 보그·크로산, 『첫 번째 바울의 복음』, 137.

64) 보그·크로산, 『첫 번째 크리스마스』, 208.

65) Ibid., 209.

라는 용어와 같은 의미로 '구주'와 '주님'이라는 용어를 사용했다.[66] 예수는 하나님의 아들이고, 구주이고, 주님이라는 것이다. 그런데 초기 기독교인들이 사용한 '하나님의 아들,' '구주,' '주님'이라는 칭호가 기독교에 의해 처음 만들어진 것이 아니라, 아우구스투스에게 적용했던 칭호를 예수에게 의도적으로 붙였다는 것이다. 왜 그랬을까?

생각해보자. 초기 기독교인들이 로마제국의 황제에게 붙였던 존엄한 칭호를, 로마제국이 내란음모죄로 처형한 유대인 목수 예수에게 붙였다면, 로마제국의 권력자들은 이것을 어떻게 이해했을까? 단순히 약자들의 자기만족을 위한 일종의 허풍이나 풍자 정도로 이해했을까? 크로산은 이렇게 말한다: 초기 기독교인들이 로마제국 안에서 "예수 그리스도를 그 칭호들로 부르는 것은 그 칭호로 불리는 아우구스투스를 부정하는 것이었다."[67] 보그 또한 이에 공감을 표시한다. "예수가 주님이라고 고백하는 것은 이 세상의 다른 모든 수령(首領)들을 거부하는 것이다."[68] 무슨 말일까? 폭력적인 승리를 통해 로마의 평화를 가져온 아우구스투스가 우리의 구세주나 주님인 것이 아니라, 비폭력적인 정의를 통해 이스라엘과 이 세상에 평화를 가져온 예수가 진정한 우리의 구세주이고 주님이라는 것이다.[69] 다시 말해, 예수가 하나님의 아들이라는 고백은 적어도 CE 1세기 후반의 기독교인들에게는 로마제국과 그 황제의 지배에 대한 거부를 의미했던 것이다. 그 고백 자체가 반역적이었던 셈이다. 이러한 의미에서 초기 기독교인들이 CE 64년 네로 황제의 박해를 시작으로 CE 313년 콘스탄티누스에 의해 기독교가 공인받을 때까지 근 250년 동안 로마제국으로부터 끊임없이 박해를 받았던 것은, 기독교인들의 이런 고백과 무관하지 않을 것이다.

---

66) 한글 성경으로 조회했을 때, 공관복음서에서 구주는 누가복음 2:11에서 한 번, 주님은 56회 등장한다.
67) 크로산, 『하나님과 제국』, 51.
68) 마커스 보그, 『기독교의 심장』, 김준우 역(고양: 한국기독교연구소, 2010), 91.
69) 보그·크로산, 『첫 번째 크리스마스』, 207.

2) 요한복음서의 예수: 하나님의 외아들

로마제국이 아우구스투스 황제를 하나님의 아들로 고백하고 있는 상황에서, 공관복음서가 예수를 같은 호칭으로 고백하는 것은 그것 자체가 충분히 도전적이고 반역적이었다. 그런데 CE 90-100년 어간에 기록된 요한복음서에 보게 되면,[70] 초기 기독교인들이 여기에서 한 단계 더 나아간 것을 볼 수 있다. 예수를 하나님의 외아들, 독생자(獨生子)로 고백한 것이다.

먼저 성서의 전거를 살펴보자:

"말씀이 육신이 되어 우리 가운데 사셨다. 우리는 그의 영광을 보았다. 그 영광은 아버지께서 주신 독생자의 영광이며, 그 안에는 은혜와 진리가 충만하였다."[71]

"일찍이 하나님을 본 사람이 없으나, 아버지의 품속에 계시는 독생자이신 하나님이 그분을 나타내 보이셨다."[72]

"하나님이 세상을 이처럼 사랑하셔서 독생자를 주셨으니, 누구든지 그를 믿으면 멸망하지 않고 영생을 얻을 것이다."[73]

"아들을 믿는 사람은 심판을 받지 않는다. 그러나 믿지 않는 사람은 이미 심판을 받았다. 그것은 하나님의 독생자의 이름을 믿지 않았기 때문이다."[74]

위 인용에서 중요한 것은 그 내용이 아니라, '독생자'라는 표현이다. 요한

---

70) 펑크, 『예수에게 솔직히』, 196. 펑크는 요한복음의 기록시기를 CE 90-100년 사이로 본다.
71) 신약성서 요한복음 1:14.
72) 신약성서 요한복음 1:18.
73) 신약성서 요한복음 3:16.
74) 신약성서 요한복음 3:18.

복음 21개 장 중에 네 번밖에 등장하지 않는 표현이지만, 이것은 그것만으로도 충분히 문제가 될 소지가 있다. 예수를 하나님의 아들이라고 고백했을 때만 해도, 하나님의 아들 아우구스투스와 하나님의 아들 예수는 경쟁관계에 있었다. 둘 다 하나님의 아들인데, 누가 정말 참다운 의미에서 하나님의 아들인가 하는 것이다. 그런데 예수를 하나님의 외아들 독생자라고 고백하게 되면, 사태가 달라진다. 경쟁 상대가 없어지고, 경쟁 자체가 의미가 없어진다. 하나님의 아들은 예수 하나뿐이기 때문이다.

로마제국 안에는 하나님의 아들들이 얼마나 많은가? 어디 아우구스투스라는 황제 칭호를 받은 옥타비아누스 하나뿐이랴! 옥타비아누스를 이어 황제에 오른 많은 이들은 모두 하나님의 아들로 혹은 더 나아가 하나님으로 높여지기를 원했고, 죽은 뒤에는 그 승계자에 의해 거의 대부분 신격화되었다. 그래서 황제 숭배는 로마제국의 종교가 되었다. 그러나 예수가 하나님의 외아들로 선포되는 순간, 이제부터 이들은 모두 하나님의 가짜 아들들이다. 하나님의 아들로서의 자격 자체가 없다. 왜냐하면 하나님의 아들은 처음부터 예수 하나뿐이기 때문이다.

이러한 것을 함축하는 요한복음서가 로마인들, 특히 로마의 권력자들 손에 쥐어졌다고 가정해보라. 예수를 하나님의 아들로 선포한 것만도 충분히 도발적이고 반역적인데, 이제 하나님의 외아들이라고 선언한 것은 로마제국의 모든 황제들의 신적 권위를 근본적으로 무시하고, 로마제국에 정식으로 반기를 든 것이 아니고 무엇이겠는가? 기독교인의 입장에서는 황제 숭배를 거부한 것이 그 명백한 증거이고, 로마제국의 입장에서는 황제 숭배를 거부한 기독교인들을 죽인 것이 바로 그 반증이 아니고 무엇이겠는가!

3) 니케아 신조의 예수: 하나님과 동일 본질

요한복음이 기록될 1세기 전후만 해도, 초기 기독교인들은 황제에게 적용했던 '하나님'이라는 호칭을 예수에게 붙이지는 못했다. 예수가 황제만 못하다 생각해서 그런 것은 아니었을 것이다. 아마도 유일신론(唯一神論)을 종교적 기초로 했던 유대교적 배경 때문에, 한 인간인 예수를, 그가 아무리 높은 경지에 이른 존재라 하더라도, 감히 하나님으로까지 부를 생각은 못했을 것이다. 그런데 요한복음 안에 예수를 하나님으로 호칭한 대목이 두 군데 등장한다.

하나는 요한복음 서두에 예수를 총체적으로 소개하는 대목에 등장한다. 예수가 어떤 사람이냐 하는 것이다. 위에 제시된 바, 독생자에 관한 요한복음 네 전거 중 하나와 중첩된다: "일찍이 하나님을 본 사람이 없으나, 아버지의 품 속에 계시는 독생자이신 하나님이 그분을 나타내 보이셨다."[75] 독생자와 하나님이 동급으로 언급된 첫 번째 사례이다. 그러나 여기에서 유념해야 할 것은 예수가 하나님인 것을 어떻게 아느냐 하는 것이다. 힌트는 예수가 하나님을 "나타내 보이셨다"는 말에 있다. 어떻게 나타내 보였을까? 예수의 가르침과 삶과 죽음, 이 모든 생애의 과정 속에서 예수의 중심에는 하나님이 계셨다는 것을 드러내 보여주었다는 말이 아니겠는가? 예수가 하나님이라는 것은 불변하는 본질의 일체성을 가리키는 말이 아니라, 예수가 하나님을 그 삶의 중심에 받아들인 한, 예수 안에서 하나님을 볼 수 있다는 것이다. 말을 바꾸어 말하면, 예수가 만약 그 삶의 중심에 하나님을 받아들이지 않았으면, 아무리 예수라 하더라도 예수 안에서 하나님 볼 일은 없을 것이라는 말이다.

두 번째 전거는 예수 부활 후 일어난 한 일화에 등장한다. 제자 중 도마라는 이가 있었다. 다른 제자들이 주님을 보았다는 말을 전하자, 자기 눈으로 손의 못자국을 보고, 그 못자국과 창에 찔린 옆구리에 손가락을 넣어보기 전에는 믿지 못하겠다고 한다. 그 일이 있고 여드레 뒤, 도마가 예수를 만나는 경험을 한다. 예수가 도마에게 네 손가락으로 손도 만져보고 옆구리에도 넣어보라고 한다. 그리고 더 이상 의심하지 말고 믿음을 가지라고 한다. 그러자

75) 신약성서 요한복음 1:18.

필립 잭슨의 콘스탄티누스 동상

도마가 고백하듯 예수에게 이렇게 말한다: "나의 주님, 나의 하나님!"[76]

한 개인이 예수를 직접 하나님으로 고백한 것은 신약성서 전체를 통틀어 이것이 처음이자 마지막이다. 예수를 하나님으로 고백한 흔적은 남겼으나, 그것이 CE 1세기 말 기독교인들의 일반적 고백은 아니었던 것이다. 예수를 하나님으로 고백해야 한다는 주장이 기독교 지도자들에 의해 본격적으로 제기되기 시작한 것은 그로부터 200년 이상 뒤, 그러니까 대략 300년 대 초엽으로 보인다. 콘스탄티누스 황제가 기독교를 공인하고, 사두체제(四頭體制)의 로마제국을 단일 체제로 통일한 즈음,[77] 이집트 북단 알렉산드리아 교구에서 알렉산더 주교를 중심으로 제기된 것이다. 이것이 발단이 되어 아리우스 논쟁이 일어나고, 니케아 회의가 열린 것이다. 그리고 니케아 회의에서 예수는 공식적으로 하나님이 된다.

76) 신약성서 요한복음 20:28.

77) 사두체제란 동, 서로마에 '아우구스투스'라 불리는 제1인자 황제가 있고, 각각 그 밑에 '시이저'라 불리는 제2인자가 있어, 이들 넷이서 로마를 통치했던 체제를 일컫는다.

4. 예수가 하나님이 된 과정: 니케아 회의

1) 안키라에 회의가 소집되기까지

CE 313년, 서방 로마의 통치자가 된 콘스탄티누스(Constantine)는 동방 로마의 통치자 리키니우스(Licinius)와 함께 밀라노(Milan)에서 회동, 이른바 밀라노 칙령을 발표한다. 핵심은 기독교인에 대한 박해를 종식시키는 것이었지만, 이에 부수적으로 기독교인들의 자유로운 예배를 보장하고, 기독교인에게서 탈취했거나 파괴했던 모든 재산들을 돌려주고, 박해의 희생자들에게는 그 손실을 보상받을 수 있도록 하는 것이었다.[78] 파격적인 조치였다. 네로 황제 때 박해가 시작된 이후 250여 년 만의 일이었다. 종교의 자유가 완전히 보장된 것이다.

콘스탄티누스는 왜 이러한 파격적인 조치를 취했을까? 여기에는 선임 황제 갈레리우스의 유언같은 한 편지가 큰 역할을 했던 것으로 보인다. 본래 갈레리우스는 기독교에 대해 극심한 박해를 했던 인물인데, CE 311년 4월 죽음에 임박하여 자신의 통치 지역인 동방에서 대박해를 종식시키도록 하는 편지를 보내게 된다.[79] 그리고 콘스탄티누스에게 서방 로마황제의 자리를 물려주며, 개인적으로 박해의 종식을 권면하는 유언을 했던 것으로 보인다.[80] 콘

---

78) 리차드 루벤슈타인, 『예수는 어떻게 하나님이 되셨는가』, 한인철 역(고양: 한국기독교연구소, 2004), 59.

79) Ibid., 57. 이 "편지에서 갈레리우스는 자신이 박해를 했던 유일한 동기는 기독교인들로 하여금 로마인들의 조상들이 믿었던 종교로 돌아오도록 설득하는 것이었는데, 이제 그러한 노력은 실패로 돌아갔다고 설명했다. 수천 명이 처형되고 크게 다치고 괴롭힘을 당했지만, 다 효과가 없었다. 대다수 기독교인들은 이제 완전히 무신론자가 되어, 전통적인 로마 신앙과 자신들의 신앙을 둘 다 버리게 되었다. 상식과 자비심이 사람들에게 명령한 것은, 박해는 중지되어야 하고, 예수의 추종자들은 자기들끼리 모여서 평화롭게 예배드릴 수 있도록 허용되어야 한다는 것이었다. 마지막으로-그리고 아마도 가장 놀라운 것은-죽어가는 갈레리우스가 기독교인들에게 자신의 건강과 제국의 건강을 위해 기도해 달라고 요청했다."

80) 콘스탄티누스 당시 로마제국은 동방 로마황제가 주도권을 쥐고 있었고, 그래서 갈레리우스가 콘스탄티

스탄티누스가 이 편지와 유언에 어느 정도 영향을 받았든, 결과적으로 그는 기독교에 대한 박해를 종식시켰다.

그리고 11년이 지난 324년, 그는 동방 로마의 리키니우스를 제압하고, 로마제국의 유일한 단독 황제가 된다. 단독 황제가 된 그에게 가장 큰 숙제는 어떻게 이 큰 로마제국을 분열 없이 통일된 제국으로 이끌어나가느냐 하는 것이었다. 이 물음에 대한 하나의 대답이, 자신이 이미 공인한 기독교를 하나로 통일시키고, 그 기독교로 하여금 통일된 제국의 정신적 지주가 되게 하는 것이었다.[81] 그런데 "바로 이 때, 콘스탄티누스의 자문 역할을 하던 사람들이 이 모든 꿈들을 위협하는 것으로 보이는 하나의 상황에 주의를 환기시켰다. 그 현장은, 놀랄 것도 없이, 종교 논쟁의 진원지가 되었던 알렉산드리아(Alexandria)였다."[82]

이집트 북단 항구에 인접한 알렉산드리아는 당시 인구 100만의 대도시로,[83] 그리스 알렉산더 황제가 이 도시를 세운 이후 과학과 학문의 중심지가 되었으며,[84] 특별히 당대 사상가들 사이의 치열한 논쟁은 "알렉산드리아가 좋아하는 스포츠"가 되었다고 한다.[85] 바로 이 알렉산드리아 교구에서 주교와 장로 사이에 교리 논쟁이 벌어진 것이다.[86] 알렉산드리아 교구는 이름만 알렉산드리아일 뿐이지, 그 관할 지역은 이집트 전역과 리비아를 포함하는

누스에게 서방 로마황제 자리를 넘겨주었던 것이다. 갈레리우스 황제는 임종 자리에서 콘스탄티누스에게 개인적으로 이런 유언을 남겼다고 한다: "그리스도인들을 죽이려고 했더니 국고만 바닥나고 나라만 분열되었으니, 차라리 그들을 포용하라." http://blog.daum.net/cha5820/796

81) 루벤슈타인은 이것을 이렇게 표현했다: 콘스탄티누스는 "신앙이라는 끊어지지 않는 끈으로 지상의 분열된 세계를 하나로 통일시킨 제국이라는 그럴듯한 비전을 갖고 있었다." 류벤슈타인, 『예수는 어떻게 하나님이 되셨는가』, 62-63.

82) Ibid., 60.

83) Ibid., 5.

84) Ibid., 6.

85) Ibid., 7.

86) 당시 교회의 성직자 서열은 주교(bishop), 장로(elder), 사제(priest), 부제(deacon) 순이었다. 여기에서 장로는 개신교의 평신도 장로와 전혀 다른 가톨릭의 성직자 서열을 가리킨다. Ibid., xv.

국가 단위를 넘어선 큰 관구였고,[87] 그에 따라 이 교구의 주교는 "똑같은 주교들 중의 첫 번째보다 훨씬 더 높은 위치"에 있었다.[88] 이 교구의 논쟁이 어떤 한 교회 안의 작은 말다툼 같은 것이 아니라는 뜻이다.

이 논쟁이 기독교의 분열을 가져올 수도 있다고 판단한 콘스탄티누스는 두 통의 편지를 들려 자신의 기독교 자문역이자 절친한 친구 코르도바의 호시우스(Hosius of Cordova)를 알렉산드리아에 파견한다.[89] 사태를 조사하고 보고하도록 한 것이다. 확인한 바, 논쟁의 핵심은 이것이었다: 아들 예수와 아버지 하나님의 관계가 어떻게 되느냐 하는 것이다. 알렉산더 주교는, 예수는 하나님과 모든 면에서 동일하다는 것이고, 아리우스 장로는, 예수는 그 도덕적 완전성에서 하나님에게 가장 가까이 근접한 분이지만, 하나님은 아니라는 것이다.

왜 이들은 이 문제를 갖고 그토록 씨름했던 것일까? 가장 중요한 것은 이것이었다. 알렉산더 생각에, 만약 예수가 하나님이 아니면, 어떻게 예수가 인간을 구원할 수 있느냐 하는 것이다. 죄인인 인간이 죄인인 인간을 구원할 수는 없지 않느냐는 것이다. 그래서 그는 이렇게 말한다: "그리스도가 하나님보다 못한 존재라면, 그는 우리를 구원할 수 없을 것이다. 그리고 우리가 그를 하나님으로 믿지 않는다면, 우리는 구원받지 못할 것이다."[90] 알렉산더 주교가 이 점을 강조하는 데에는 오랜 동안의 박해 속에서 인간의 나약함을 처절히 경험했던 기독교인들에게는 강한 예수, 인간을 구원할 수 있는 구원자 예수가 필요하다는 목회적인 관심이 있었을 것이다.[91] 그리고 한 발 더 나아가

---

87) Ibid., 66.

88) Ibid., 66.

89) Ibid., 57. 호시우스는 "콘스탄티누스가 골(Gaul)에서 이탈리아로 행군했을 때부터 콘스탄티누스 옆에 붙어 있었으며, 변덕스러운 통치자의 악명 높은 성질을 때때로 누그러뜨릴 수 있는 제국 내의 몇 안 되는 사람들 가운데 하나"였다고 한다. Ibid., 62.

90) Ibid., 12.

91) 알렉산더를 만난 호시우스의 감회도 이와 비슷했던 것 같다: "그의 청중들은-서구 유럽의 청중들은-예수가 자신들과 똑같은 인간이라는 주장을 받아들이려 하지 않을 것이다. 그들은 자신들이 적과의 대치

면, 이미 기독교가 공인된 마당에 예수가 하나님이 되어야 기독교가 로마제국 내에 유일하게 참된 종교로 확실하게 자리매김할 수 있지 않느냐 하는 선교적인 관심도 있었을 것으로 보인다. 설혹 알렉산더 주교가 이 생각을 갖지 않았다 하더라도, 그의 주장이 관철되면, 당연히 그러한 결과가 나타날 것이고, 실제로 그런 결과가 나타났다. 그 후에 나타난 기독교 배타주의가 그 반증이다.

반면 아리우스는, 만약 예수를 하나님과 동일한 분이라고 한다면, 결국 하나님이 둘이 되는 것 아니냐, 이것은 기독교가 유대교 전통을 이어받아 오랫동안 지켜온 단일신론(monotheism) 전통을 무너뜨리는 것이 아니냐 하는 것이다.[92] 그래서 그는, "예수가 본질상 하나님이었다고 주장하기 보다는, 도덕적인 성숙과 하나님에 대한 복종을 통해 아들로 '입양'(adoption)되어, 신적인 지위로 '승격'(promotion)되었다고 강조"했던 것이다.[93] "예수는 최고의 도덕적 완성에 이른 한 인간"으로서, "올바른 삶에 있어 우리들에게 하나의 모델"이 된다는 것이다.[94] 그래야 우리들도 예수를 모델로 그와 같은 삶을 살 수 있는 것 아니냐 하는 것이다. 알렉산더가 목회나 선교에 관심이 있었다면, 아리우스는 기독교인의 도덕적 삶에 우선적인 관심이 있었던 것으로 보인다.

문제는 이 두 사람 사이의 갈등이 예사롭지 않다는 것이었다. 알렉산더 주교는 318년 이집트 주교들을 소집, 회의를 통해 아리우스의 견해를 유죄 판결하고 교회에서 추방했다.[95] 그러자 아리우스는 판결에 불복, 팔레스타인,[96]

상황 속에서 생존을 위해 투쟁해야 하는 연약한 죄인들이라는 것을 알고 있었다. 그들이 원하고 그들이 필요로 하는 그리스도는 은총으로 그들을 구원하고 교회의 직무를 통해 그들을 위로할 수 있는 높이 계신 하나님이었다." Ibid., 84.

92) Ibid., 11.

93) Ibid., 71.

94) Ibid., 10.

95) Ibid., 61.

96) 예수 시대의 '이스라엘'은 CE 135년 대로마 유대 2차 전쟁에서 패망한 이후, 로마 하드리아누스 황제에

회의 장소의 이동

시리아, 그리고 소아시아(지금의 터키 일대)에 있는 친구 주교들에게 지원을 요청, 319년(혹은 320년)에는 제국의 수도에서 니코메디아 회의를 통해,[97] 321년(혹은 322년)에는 팔레스타인의 캐사리아 회의를 통해,[98] 자신의 정통성을 재확인하게 하고, 알렉산더로 하여금 복직시키도록 요구하게 했다. 알렉산드리아에서 시작된 논쟁이, 이집트 전체로, 동방 로마 전체로 퍼져나간 것이다.

호시우스의 결론은 분명했다. 이 논쟁은 타협이 불가능하다는 것, 아리우스파는 관용으로 받아들여져서는 안 될 이단이라는 것, 그리고 기독교 공동체

의해 '팔레스타인'이라는 호칭으로 바뀌었다. 이스라엘이라는 존재를 이 지구상에서 말살시키기 위해서였다. http://www.maozisrael.org/site/PageServer?pagename=maoz_korean_0214 참조.

97) 루벤슈타인, 『예수는 어떻게 하나님이 되셨는가』, 77.

98) Ibid., 79.

의 분열을 막기 위해 모종의 조치를 취해야 한다는 것이다.[99] 호시우스는 이미 알렉산더 입장에 서 있었던 것이다. 이러한 호시우스의 보고에 따라, 기독교 전체 주교 회의를 열기로 결정이 되었다. 장소는 지금의 터키 땅에 있는 안키라(현 앙카라). 호시우스가 "콘스탄티누스의 사령탑에서 그리 멀지 않은 도시에서, 아마도 아리우스와 두 유세비우스를 강력히 반대하는 마르켈루스(Marcellus) 주교가 있는 안키라에서 열도록 제안"했던 것으로 보인다.[100] 이 결정에 따라 동, 서방 로마제국 안의 전체 주교 400명에게 초청장이 보내졌다.

2) 안키라에서 니케아로 회의 장소를 옮긴 배경

초청장이 발부되어 주교들이 이미 회의 장소로 이동 중에 갑자기 콘스탄티누스에 의해 회의 장소가 바뀌었다. 그것도 흑해 연안 니케아에 있는 황제의 개인 별장으로! 황제는 특사를 파견, 이동 중인 주교들을 니케아로 발길을 돌리도록 조치했다. 왜 그랬을까? 콘스탄티누스가 내놓은 공식적인 이유는 네 가지였다. 첫째, 니케아는 공기가 좋다. 둘째, 니케아는 호수가 아름답다. 셋째, 니케아 황실 궁전에는 대규모 회의에 필요한 편의시설이 완비되어 있다. 넷째, 나이든 주교들이 앙키라가 있는 내륙으로 긴 여행을 하기에는 어려움이 있다.[101]

이 네 가지 이유는 주교들을 상당히 배려하는 매우 그럴 듯한 이유들이었다. 그러나 루벤슈타인의 말처럼, "거의 확실한 것은 보다 복잡하고 흥미 있는 동기들이 그의 계산 속에 들어 있었다는 것"이다.[102] 무엇이 있었을까? 콘

---

99) Ibid., 85.

100) Ibid., 85. 두 유세비우스는 니코메디아의 유세비우스와 캐사리아의 유세비우스를 말하는 것으로, 이들은 모두 아리우스를 지지하고 있었다.

101) Ibid., 89.

102) Ibid., 89-90. 그 중 하나는 안키라의 주교 마르켈루스가 너무 노골적이고 극단적인 알렉산더파라는 점

스탄티누스가 처음 교리 논쟁에 관심을 갖고 교회 회의를 열어야겠다고 생각했던 것은 교회의 통일이 제국의 통일에 도움이 될 것이라는 단순한 생각 때문이었다. 교회가 어떤 교리를 택하든 통일만 되면 그만인 것이다. 그런데 갑자기 콘스탄티누스가 이 교리 논쟁에서 분명한 입장을 갖게 되었고, 또 그것을 관철시키기 위해 회의의 주도권을 가져야겠다고 생각하게 된 것이다. 이를 위해서는 자신의 별장이 있는 니케아가 최적의 장소였던 것이다.

콘스탄티누스에게 무슨 일이 있었을까? 황제를 움직였던 것은 역시 황제의 기독교 자문역 호시우스였다. 이미 알렉산더를 지지하고 있던 호시우스는 콘스탄티누스의 힘을 빌어 이 입장을 관철시키고자, 이 회의가 콘스탄티누스 자신의 위상과 관련하여 얼마나 중요한지를 환기시켰다고 한다. 이른바 '두 주님설'이 그것이다. 요지는 이런 것이었다. 이 세상에는 동등한 위치의 두 주님이 존재하는데, 한 주님은 종교계를 다스리는 예수이고, 또 한 주님은 정치계를 다스리는 황제라는 것이다. 그런데 지금 열리는 회의는 종교계의 주님 예수가 하나님과 동일한 존재인지, 아니면 보통 사람들보다 조금 낫지만 하나님보다는 못한 존재인지를 결정하는 회의라는 것이다. 그러니 이 회의가 어떻게 황제와 무관한 회의냐 하는 것이다. 예수의 신적 지위가 어떻게 결정되느냐에 따라 황제의 신적 지위가 저절로 결정되는 회의인데, 어떻게 가만히 있을 수 있느냐는 것이다.[103] 황제가 정신이 번쩍 들었을 것이다. 기독교 박해의 원인이 되었던 황제 숭배가 사라진 지금, 어쩌면 교회 회의를 통해 황제가 어부지리로 다시 하나님으로 높여질 수도 있는 상황이 벌어진 것이다.

이 고려되었을 수 있을 것이다. 사전 담합의 의혹을 받을 수 있다는 뜻이다. Ibid., 90 참조.

103) http://freeview.org/bbs/board.php?bo_table=g001&wr_id=11; http://www.atsnu.org/_chboard/bbs/board.php?bo_table=m5_1&wr_id=132820&page=13

3) 니케아 별장의 야합: 니케아 신조

마침내 CE 325년 5월 20일 회의가 시작되었다.[104] 총 250여 명이 참석하여[105] 6월 초에 토의를 시작,[106] 아리우스 논쟁을 토의하는 데만 2주 이상을 소비했다고 한다.[107] 회의의 중요성에 비추어, 호시우스가 사회를 보고,[108] 콘스탄티누스는 직접 토론에 참여하며,[109] 끝까지 자리를 지켰다. 회의의 모든 과정이 다 기록으로 남은 것은 아니지만, 우리의 논의와 관련하여 핵심 사항은 다행히 기록으로 남아있다.

회의 시작 후 콘스탄티누스의 모두(冒頭) 연설이 있었고, 이어서 아리우스파인 캐사리아의 유세비우스가 자신의 입장을 변증하는 발언이 있었다고 한다. 그런데 이 발언이 끝나자, 황제는 "다른 사람이 반응을 보이기 전에...이 연설이 수용할 만하다고 선언"하면서, "단지 한 가지 수정 사항만을 제안"했는데, 이 제안으로 "유세비우스는 아들은 아버지와 동일 본질(homoousios)이라는 말을 추가하지 않을 수 없었다"고 한다. 즉 아리우스파의 입장을 번복하고, "예수와 하나님은 동일한 본질을 공유한다"는 알렉산더의 입장을 황제 앞에서 천명한 것이다.[110] 황제가 논쟁의 핵심을 이미 꿰뚫고 있었고, 자신의 입장을 분명히 갖고 있었고, 그리고 그 입장을 관철시키기 위해 회의에 개입하기 시작한 것이다.

---

104) Philip Hughes, *The Church in Crisis: A History of the Twenty Great Councils*(London: Burns and Oates, 1961), 20.

105) 회의에는 거의 동방 로마의 주교들이 주류를 이루었고, 서방에서는 황제, 호시우스, 카르타고의 캐킬리아누스(Caecilianus of Carthage), 골의 니카시우스(Nicasius of Gaul), 그리고 로마의 주교단을 대표하는 장로 두 명만이 참석했다고 한다. 루벤슈타인, 『예수는 어떻게 하나님이 되셨는가』, 98.

106) Ibid., 98.

107) Ibid., 101.

108) Timothy Barnes, *Constantine and Eusebius*(Cambridge: Harvard University Press, 1981), 215.

109) Ibid., 215.

110) 루벤슈타인, 『예수는 어떻게 하나님이 되셨는가』, 102-103.

이어지는 논의에서 알렉산더와 호시우스가 집중했던 것은 한가지였다. 어떻게 하면 예수가 하나님과 동일하다는 것을 아리우스파가 달리 해석할 수 있는 여지를 남기지 않고 문자적으로 정확히 표현해내느냐 하는 것이다.[111] 그래서 제시된 것이 'homoousios'라는 희랍어였다. homo는 '동일하다'는 뜻이고, ousios는 '본질'이라는 말이다. 합하면, '동일본질'이라는 말이다. "예수와 하나님은 동일본질이다," 이것이 그 결론이었던 것이다. 이 표현은 회의 이전에 이미 주도면밀하게 준비된 것이었고, 황제의 제의에 따라 아리우스파인 캐사리아의 유세비우스가 이 표현을 쓰지 않을 수 없게 만들었고, 그리고 회의를 통해 이 표현을 관철시켰던 것이다. 그리고 이것을 더욱 확실하게 하기 위해, 예수는 "참 하나님으로부터의 참 하나님"이라는 표현을 덧붙였다. 아리우스파가 더 이상 달리 해석할 수 있는 여지를 남기지 않도록 한 것이다. 왜냐하면 아리우스는 "예수가 '하나님이기는 하지만, 참 하나님은 아니다'라고 주장"했기 때문이다.[112] 이것으로 회의는 끝난 셈이다. 알렉산더와 호시우스는 이 신조를 거부하는 아리우스파를 염두에 두고, 이 신조를 받아들이지 않는 이들을 정죄하는, 사실상 저주하는 말을 덧붙였다. 파문하고 유배보낼 수 있는 근거도 마련한 셈이다.

이제 그 신조를 보도록 하자.

우리는 한 분 하나님, 아버지, 전능자, 보이는 것과 보이지 않는 모든 것을 만드신 자를 믿는다.
또한 한 분 주 예수 그리스도를 믿으니, 이는 아버지로부터 특유하게 나시었고, 즉 아버지의 본질(substance, 즉 ousia)로부터 나신, 하나님으로부터의 하나님이시요 빛으로부터의 빛이시요, 참 하나님으로부터의 참 하나님으로서 출생하시되 만들어지지는 아니 하시었고, 아버지와 동일본질(homousios)이시다. 하늘에 있는 것이나 땅

111) Ibid., 104.
112) Ibid., 103.

에 있는 것이나 모든 것이 다 그를 통하여 만들어졌다. 그는 우리 인간들을 위하여, 그리고 우리의 구원을 위하여 내려오시고 성육신하시고 사람이 되시었다. 그는 고난을 받으시고 사흘 만에 다시 살아 나시사 하늘에 오르시었고, 산 자와 죽은 자를 심판하시기 위하여 오신다(is coming). 또한 성신을 믿는다.

그러나 다음과 같이 말하는 자들은, 즉 그는 계시지 않은 때가 있었다, 그리고 그가 나시기 전에는 그는 계시지 아니하시었다, 또한 그는 없는 것들로부터 생겨나셨다고 말하거나 또는 하나님의 아들은 어떤 다른 존재물이나 본질로부터 되었다거나 창조되었다거나 변할 수 있다거나 달라질 수 있다거나 주장하는 자들을 가톨릭적이요 사도적 교회는 정죄한다.

마침내 예수가 하나님이 되었다. 알렉산더와 호시우스와 무엇보다도, 콘스탄티누스의 승리였다. 이제 남은 것은 이 신조에 모든 사람들이 서명하도록 하는 것이고, 서명하지 않은 아리우스파를 정죄하는 일이다. 이것은 아리우스파를 확실하게 견제하는 신조를 만드는 것만큼이나 어렵고 만만치 않은 일이다. 이것도 황제가 맡았다. "콘스탄티누스는 황실 관리들로 하여금 문서의 사본을 들고 각 주교에게 가서, 즉석에서 서명을 받게 했다. 아리우스에게 가장 헌신적이었던 리비아의 지지자들 두 명을 제외하고는 모두가 서명했으며, 황제는 그 두 명을 아리우스 및 몇몇 사제들과 함께 즉각 유배를 보냈다."[113] 표현은 간단히 되어있지만, 100% 서명을 위한 집요한 종용과 회유와 협박이 있었던 것으로 보인다.[114] 회의의 기간이 길어진 것은 단순히 토론 때문이 아니라, 바로 이 때문이었다.

주교 중에는 아리우스 지지자가 22명이나 있었다고 하는 데도,[115] 황제의

113) Ibid., 109. 마이어스에 따르면, 아리우스는 일리리쿰 지방(오늘날 알바니아 인근)으로 유배보내졌고, 다른 두 명의 주교는 처형 당했다고 한다. 마이어스, 『언더그라운드 교회』, 126.

114) 루벤슈타인, 『예수는 어떻게 하나님이 되셨는가』, 109

115) Hughes, 『The Church in Crisis』, 20.

진두지휘 하에 이루어지는 이러한 강압적인 회의 앞에서 그들조차 견딜 수 없었다. 신조는 325년 6월 19일 호시우스에 의해 반포되었다고 한다.[116] 신조가 채택되자, 아리우스를 비롯하여 서명하지 않은 이들은 현장에서 즉각 유배 보내졌고, 회의는 그 후로도 한 달 이상 지속되었다고 한다.[117] 다른 행정적인 일들을 처리했던 것이다.

콘스탄티누스 당대의 기독교인들은 이러한 황제를 놓고 "열세 번째 사도"라고 불렀다고 한다.[118] 신약성서 요한복음에서 하나님의 외아들로까지는 고백했지만, 감히 하나님으로까지는 고백하지 못했던 예수를 이제 기독교인 황제에 의해 하나님으로까지 높이게 되었으니, 왜 열세 번째 사도가 아니겠는가? 하지만 신조 채택 이후 50년 동안 벌어진 아리우스파와 반아리우스파 사이의 폭력적인 대립과 갈등은 차치하고라도,[119] 황제 주도로 강압적으로 예수를 하나님으로 고백하게 한 이 일을 과연 어떻게 평가하면 좋을지...이것이 과연 교회의 일치를 위한 신학적인 결정이었는가, 아니면 황제의 신적 지위를 확보하기 위한 정치적인 결정이었는가? 콘스탄티누스는 "자신의 개인적인 야심을 위해서 기독교를 멋대로 부렸던 사람들 가운데 하나"라는 평가는 과연 지나친 것일까?[120] 그리고 그는 이 니케아 회의를 통해 "기독교 신앙을 영원히 변질시켰다"고 한다면, 이 역시 지나친 평가일 것인가?[121]

116) Barnes, 『Constantine and Eusebius』, 215.
117) 루벤슈타인, 『예수는 어떻게 하나님이 되셨는가』, 110.
118) 마이어스, 『언더그라운드 교회』, 107.
119) 루벤슈타인, 『예수는 어떻게 하나님이 되셨는가』, 99.
120) 마이어스, 『언더그라운드 교회』, 131.
121) Ibid., 108.

5. 니케아 신조가 기독교와 기독교인에 미친 영향

1) 배타주의적 기독교

니케아 회의 이후, 당시 로마제국 인구의 10% 정도에 불과했던 기독교인은 4세기 말에 이르자 절반 정도를 차지하게 되었고, 로마 황제 테오도시우스 1세는 392년에 기독교를 로마제국의 공식 종교, 즉 국교로 선포했다.[122] 이렇게 하여 갈릴리의 하찮은 고을 나사렛 출신의 목수 예수는 하나님이 되었고, 그 예수를 하나님으로 믿는 기독교는 로마 제국의 유일한 종교, 제국종교(imperial religion)가 되었다.

그러나 예수가 하나님이 되고, 기독교가 제국종교가 되는 순간, 기독교는 예측하지 못한, 어쩌면 예측했을지도 모를, 두 가지 커다란 문제에 봉착하게 되었다. 앞서 1장에서 지적했듯이, 하나는 배타주의의 문제이고, 다른 하나는 삶의 결핍의 문제이다. 이 문제에 대해서는 앞서 충분히 언급했기 때문에, 여기에서는 간단히 지적하고 넘어가고자 한다.

니케아 회의 참석자들이 예수를 하나님으로 고백하는 신조를 만들 때, 그들이 무엇을 기대하고 있었든, 이 신조가 로마제국 전역에 선포되자, 기독교는 배타주의적인 종교로 서서히 탈바꿈하기 시작했다. 그 논리는 이러한 것이었다: 하나님이 한 분인데, 그 하나님이 예수라면, 이 세상에 참된 종교는 예수를 믿는 기독교 하나뿐이다. 그 외의 다른 모든 종교는 거짓 종교일 뿐이다. 다른 종교에 속한 사람들이 할 수 있는 일은 오직 하나, 기독교로 개종하는 것뿐이다. 자발적으로 개종하지 않으면, 폭력으로라도 개종시켜야 하고, 개종을 거부하면, 처형하거나 배척하는 것이다. 얼마 전까지만 해도 박해를

122) 어만, 『예수 왜곡의 역사』, 329.

받던 기독교가 박해하는 종교로 탈바꿈한 것이다. 배타주의와 개종주의는 하나님이 된 후 예수가 낳은 쌍둥이와 같다.

이러한 배타주의는 니케아 회의 이후 곧바로 나타났다. 로마의 전통 종교가 기독교에 의해 철저히 배척당한 것이다. 점차로 로마제국 안에서 로마의 전통 종교 흔적을 찾아보기가 어렵게 되었다. 그 뿐이 아니다. CE 135년 유대인의 대로마 2차 전쟁 이후, 로마제국 전역에 흩어진 이른바 '디아스포라 유대인'에 대한 박해가 시작된 것이다. "4세기까지만 해도 유대인 박해는 로마 제국의 공식 정책이 아니었지만, 기독교인 총독들은 유대인의 박해를 허락하거나 눈감아주었다. 유대인 회당이 불길에 휩싸였고, 유대인의 재산을 몰수했다. 유대인은 공공연히 모욕당했고, 때로는 집단 폭행을 당하기도 했다."[123]

문제는 여기에서 그치지 않는다. 이 책에서 자세히 다룰 일은 아니지만, 이슬람에 대한 8차에 걸친 전쟁과 그에 따른 회교도에 대한 박해는 유대교 다음에 나타난 가장 큰 배타주의의 희생물이라 할 수 있다. 이 전쟁을 선두에서 지휘하고, 회교도에 대한 박해를 선동한 것은 로마 가톨릭의 교황이 아니었던가? 1096년 이후 전쟁으로 죽은 이슬람인은 통계조차 잡히지 않는다고 한다. 한국에서는 또한 어떠한가? 지금은 다소 완화되어 '예수천당 불신지옥'이라고 표현을 고쳤지만, 이 표현의 원형은 '예수천당 불교지옥'이 아니었던가? 이것은 단순한 구호가 아니었다. 불교에 대한 구체적인 훼손 사건이 얼마나 많았던가! 이 모든 것이 배타주의의 산물이 아니었던가!

123) Ibid., 329.

2) 예수는 믿되, 예수처럼 살지 않는 기독교인

우리는 앞서 사도신경을 살피는 중에, 사도신경 속에는 예수의 가르침과 삶에 관한 부분이 빠져있다는 점을 지적한 적이 있다. 니케아 신조는 어떠한가? 마이어스의 지적을 들어보라: "모든 신조들의 토대가 된 니케아 신조에서 나사렛 예수의 생애에 무슨 일이 벌어졌는가를 주목해보라. 그는 '내려오셔서...사람이 되셨으며...십자가에 달리셨다'...여기서 사라져버리고 불필요한 것이 되어버린 것은 산상설교와 사람들을 미치도록 화나게 만들었던 비유들만이 아니라, 아무나 참석하는 개방적 식탁, 민족의 경계선들을 파괴하는 이방인들에 대한 선교, 여성들의 지위를 높인 것, 불가촉천민들을 감싸 안는 것이었다. 이 신조에서는 사람들을 치유하고 회복시키는 무조건적인 사랑의 구원하는 능력에 대해, 단 한 마디도 증언하지 않는다."[124]

이것은 결코 우연이 아닐 것이다. 예수가 하나님이 된 순간, 예수의 가르침과 삶은, 구원에 관한 한, 의미가 없어진 것이다. 예수가 인간을 구원하는 것은 그가 하나님이기 때문이지, 그의 가르침과 삶 때문이 아니다. 그리고 예수의 가르침이나 삶에 대해 무엇을 안다손 치더라도, 죄인인 인간은 하나님인 예수의 그것을 따라 갈 수도 없고, 따라갈 필요도 없고, 따라가려 해서도 안 된다. 왜냐하면 예수는 이제 하나님이 되었고, 우리는 그 하나님 예수를 믿기만 하면 구원받을 수 있기 때문이다. 하나님이 된 예수에 대해 인간이 할 수 있는 것은 오직 한 가지, 믿는 것뿐이다. 이제부터 기독교인은 예수를 믿기는 하지만, 예수처럼 살지는 않는다. 예수를 따르지도 않고, 그의 길을 따라 살지도 않는다. 이것이 니케아 기독교인 것이다.

124) 마이어스, 『예수를 교회로부터 구출하라』, 294.

9장

예수 새로 보기

선생(先生) 예수

니케아 신조가 예수를 하나님과 동일본질로 선포함에 따라, 기독교는 로마제국 안에 유일하게 참된 종교가 되었고, 예수는 인간을 구원하는 유일한 구원자가 되었다. 혹자는 이것을 로마제국에 대한 기독교의 승리로 예찬할지 모르겠다. 그러나 이 신조 때문에 기독교가 치러야 했던 희생은 너무 컸다. 기독교는 전형적인 배타주의적 종교가 되었고, 기독교인은 예수를 믿기는 하지만, 예수처럼 살지는 않게 되었다. 이러한 기독교를 예수로부터 시작된 종교라 할 수 있을지... "만일 그리스도께서 이곳에 계시다면, 그가 하지 않을 것은 기독교인이 되는 것"이라는 마크 트웨인의 말은 어쩌면 사실일지도 모른다.[1] 이 장의 질문은 이것이다: 예수를 믿는 것이 예수처럼 사는 것이 되도록 이끌어줄 수 있는 새로운 케리그마의 가능성은 없을까?[2]

---

1) 마이어스, 『언더그라운드 교회』, 71. 마크 트웨인은 미국 소설가이다. 인용에 나오는 '그리스도'는 우리의 논의 방식으로 본다면, '예수'로 바꾸는 것이 좋을 듯싶다.

2) 원래 '케리그마'는 '선포'라는 뜻을 갖고 있지만, 여기에서 '새로운 케리그마'는 예수에 대한 '새로운 신앙고백' 정도로 이해하면 좋을 듯하다. 예수를 어떠한 호칭으로 고백하면, 그 호칭이 기독교인을 예수처럼 살 수 있도록 이끌어 줄 수 있느냐 하는 것이다.

1. 니케아 신조와 한국 개신교

CE 325년 니케아 신조가 결정된 이후, 초기에는 동방 로마 교회 안에서, 그리고 그 후에는 동서방 로마 교회 사이에 그 수용 문제를 놓고 다소 갈등이 있었다. 여전히 아리우스파의 문제 제기가 있었기 때문이다. 그러나 CE 392년, 기독교가 로마의 국교로 선포될 즈음에는, 동서방 로마 교회가 각각의 교회 회의를 통해 니케아 신조의 기본 신념을 재확인했고, 그에 따라 니케아 신조는 동서방을 아우르는 로마 가톨릭의 공식적인 신조가 되었다.[3] 이후 니케아 신조는 로마 가톨릭은 물론, 16세기 이래 유럽 개신교의 정통 교리가 되었고, 동시에 이단을 판단하는 교리적 기준이 되었다.[4] 니케아 신조 종결 부분이 암시하듯이, 예수가 하나님과 본질상 동일하다고 주장하면 정통이 되고, 이를 거부하거나 반대하면 이단이 되는 것이다.

한국 개신교의 경우는 어떨까? 한국의 개신교는 니케아 신조를 거의 활용하지 않았고, 그래서 그 존재 여부 자체도 잘 모른다. 니케아 신조 대신 주로 사도신경을 활용했기 때문이다. 그러나 니케아 신조는 보이지 않게 한국 개신교의 기본 교리 형성에 결정적인 역할을 하고 있음이 분명하다. 연세대학교에서 기독교 개론을 교양과목으로 가르치다 보면, 대부분의 개신교인 수강생들이 예수를 하나님으로 믿고 있음을 확인하게 된다. 이 뿐만이 아니다. 비기독교인 수강생들조차, 자신들은 개인적으로 그렇게 믿지는 않지만, 예수는 하나님이 아니냐고 반문할 정도이다. 개신교회의 일반 성인 신도들은 두

---

3) 루벤슈타인, 『예수는 어떻게 하나님이 되셨는가』, xvi. 381년에 동방의 콘스탄티노폴리스 교회회의와 서방의 아퀼레이아 교회회의를 통해, 동·서방이 동시에 예수는 하나님과 동일한 본질을 가진다는 니케아 신조의 기본 신념을 재확인하게 된다. 그래서 이 때부터 니케아 신조는 동·서방 로마 교회의 공식적인 신조가 된 셈이다.

4) 개신교는 영어로 Protestant라고 하며, 번역하면 '저항자,' '항의자'라는 뜻이다. 개신교는 1517년 독일의 마틴 루터 신부가 로마 가톨릭에 저항하면서 시작이 되었으며, 한국에서는 장로교, 감리교, 성결교, 루터교, 구세군 등이 이에 속한다.

말할 것도 없다. 한국 개신교의 신앙 정서상, 만약 예수가 하나님이 아니라고 말한다면, 그것은 곧 이단을 의미할 수도 있는 것이다. 니케아 신조는 모르고 있지만, 니케아 신조가 이미 한국 개신교인들의 정통 교리로 자리 잡고 있음을 보여주는 것이다.

그러면 니케아 신조를 잘 모르고 있는 한국의 개신교인들은 도대체 왜 예수를 하나님으로 굳게 믿는 것일까? 물론 삼위일체 교리를 믿기 때문에, 당연히 예수를 하나님으로 믿을 것이다.[5] 그리고 알렉산더 주교의 주장처럼, 예수가 하나님이어야, 그가 우리를 구원할 수 있다고 생각하는 이들도 있을 것이다. 여기에서 한 발 더 나아가, 예수가 하나님이어야, 기독교가 이 우주 안에 유일하게 참된 종교가 될 수 있다는 주장에 공감하는 이들도 많을 것이다.

그러나 이 몇 가지 대답만으로 한국 개신교인들이 예수를 하나님으로 믿으려는 이유를 설명하기에는 뭔가 부족한 면이 있다. 여기에는 또 다른 이유가 있어 보인다. 이것은 어디에도 공개적으로 드러내놓을 수 있는 것은 아니지만, 한국 개신교인들 속에 살아 있음이 분명하다. 오랜 동안의 교우 교제와 교육 경험과 목회 경험이 이를 입증해주고 있다. 그것은 '예수를 믿기는 하되, 예수처럼 살고 싶지는 않다'는 일종의 종교심리적인 이유라고 할 수 있다. 예수를 하나님으로 높임으로써, 예수처럼 살아야 되는 부담감에서 해방되고 싶은 것이다. 달리 말하면, 쉽게 믿고 싶은 것이다.

정말 그럴까? 생각해보자. 만약 예수가 태어날 때부터 하나님인 것이 아니라, 삶의 과정 속에서 서서히 하나님과 하나가 되어 간 분이라고 한다면, 예수를 믿는 사람에게는 이 예수가 부담스러울 수 있다. 왜냐하면 너도 나처럼 될 수 있다며, 예수가 이 길로 우리를 초대하기 때문이다. "누구든지, 나를 따라오려거든, 자기를 부인하고, 자기 십자가를 지고 나를 따라오너라."[6] 초대

---

5) '삼위일체' 교리란 성부(聖父) 하나님, 성자(聖子) 예수, 그리고 성령(聖靈)은 하나라고 하는 교리를 가리킨다.

6) 신약성서 마가복음 8:34. 마태복음 16:24; 누가복음 9:23 참조.

할 뿐만 아니라, 예수보다 더 위대한 길을 갈 수 있다고 부추기기까지 한다. "나를 믿는 사람은 내가 하는 일을 할 것이요, 그보다 더 큰 일도 할 것이다."[7]

그런데 대개의 사람들은 솔직히, 예수 당시나 지금이나, 예수의 길로 가기를 원치 않는다. 사람들은 너 나 없이 재물과 권력과 명예를 추구하며 살아가고 있는데, 예수는 이러한 기존의 가치관을 뒤집고, 하나님의 뜻을 따라 사는 것이 올바른 길이라고 가르친다. 재물과 권력과 명예가 없더라도, 하나님의 뜻을 따라 사는 길이 올바른 길이고, 하나님의 뜻을 따라 살다가 이미 소유하고 있던 재물과 권력과 명예를 잃게 된다 하더라도, 그것이 또한 올바른 길이라고 가르친다. 예수의 이 길은 사람들이 일반적으로 가고자 하는 길과 정반대되는 길인데다, 그 길을 가는 것이 결코 쉬운 일이 아니다. 그래서 사람들이 머뭇거리고 있는 바로 이 때, 이러한 부담에서 사람들을 합법적으로 해방시켜 주는 길이 열린 것이다. 그것이 바로, 예수는 하나님과 동일본질이라는 교리인 것이다.

이 책 1장에서 이 교리가 어떻게 삶의 결핍 현상을 일으키는지 분석한 대목을 기억하는가? 핵심은 이것이었다. 예수가 하나님과 동일본질이면, 죄인인 보통 인간은 예수처럼 살 수도 없고, 살 필요도 없고, 살려고 해서도 안 된다는 것이다. 첫째, 예수처럼 살 수 없는 이유는, 예수는 하나님이지만, 예수 이외의 모든 인간은 죄인이기 때문이다. 죄인이 어떻게 하나님처럼 살 수 있겠는가? 둘째, 예수처럼 살 필요가 없는 이유는, 예수처럼 살지 못하는 우리 죄인을 용서하기 위해, 예수가 우리 대신 십자가를 지고 죽었기 때문이다. 이미 용서된 마당에 굳이 예수처럼 살 필요가 있겠는가? 셋째, 예수처럼 살려고 해서도 안 되는 이유는, 죄인인 인간이 하나님인 예수처럼 살겠다는 생각은 인간이 하나님이 될 수 있다는 오만한 생각에서 비롯된 것이기 때문이다. 굳이 교만죄를 뒤집어쓰고 예수처럼 살려고 할 이유가 있겠는가?

---

7) 신약성서 요한복음 14:12.

얼마나 합리적이고도 당당한 이유인가? 그리고 이것이 어찌 한국 개신교인만의 문제이겠는가? 예수가 하나님과 동일본질이라는 것, 그래서 예수만이 인간을 구원할 수 있다는 이 니케아 신앙고백은, 동과 서를 무론하고, 예수는 믿되 예수처럼 살지 않는 기형의 기독교인을 무수히 양산하게 된 것이다. 예수가 하나님이 된 이후, 이제 "우리는 경배의 심연 건너편에 계신, 우리가 예배할 수 있는 신(神)을 응시할 따름이지, 예수에 필적하는 사람이 되려고 애쓰지는 않는다."[8] 우리는 하나님인 예수를 "믿거나 안 믿거나 선택할 수는 있지만, 우리가 그를 따를 수는 없다. 우리가 그를 찬양할 수는 있지만, 그를 닮으려고 애를 쓸 수는 없다."[9] 예수의 길을 회피하고 싶어하는 개신교인만이 문제인 것은 아니다. 예수를 피하고 싶어하는 개신교인들에게 예수의 길로 다시 돌아오도록 격려하는 것이 아니라, 오히려 확실한 도피로를 마련해주고 있는 니케아 신조가 또한 문제인 것이다. 과거에 알렉산더파와 콘스탄티누스 황제 사이의 야합에 의해 니케아 신조가 잉태되었다면, 오늘날에는 예수의 길을 피하고자 하는 개신교인과 니케아 신조 사이의 보이지 않는 야합에 의해, 예수는 믿되 예수처럼 살지는 않는 기형의 개신교인이 끊임없이 양산되고 있는 것이다.

2. 새로운 신앙고백의 가능성

이제 우리의 질문은 이것이다: '예수는 하나님과 동일본질'이라는 니케아 신앙고백이 '예수는 믿되 예수처럼 살지 않는 기형의 기독교인'을 양산했다면, '예수 믿고 예수처럼 사는 기독교인'을 만들어낼 수 있는 그런 신앙고백은 불

8) 마이어스, 『예수를 교회로부터 구출하라』, 48.
9) Ibid., 110.

가능한가 하는 것이다. 예수에 대한 새로운 케리그마의 가능성을 묻는 것이다.[10]

물론 한 때 유럽의 기독교는 의심 없이 믿어왔다. 2000년 전통 위에 서 있는 '그리스도 케리그마'는 불변의 상수(常數)라고, 그래서 이는 어느 경우에도 포기되거나 제거될 수 없고, 단지 매순간 새로운 상황 속에서 새롭게 해석되어야 할 뿐이라고….[11] 그만큼 예수를 그리스도로 고백해 온 기독교 전통을 깊이 존중한다는 뜻일 것이다. 그러나 신앙고백이라는 것이 어찌 불변의 상수일 수 있겠는가? 신앙고백의 형식으로서의 케리그마는 역사적 예수의 내용을 담고 그것을 표현해내는 시대적인 양식(樣式)이지, 시대의 변화에도 불구하고 끝까지 고집해야 할 불변의 상수는 아닐 것이다.

그리스도라는 케리그마가 바로 그렇다고 본다. 그리스도는 메시아에 대한 그리스어 번역이다. 바꾸어 말하면, 그리스도 케리그마는 '예수는 메시아'라는 고백을 담고 있다. 우선 이 고백은 예수 당시에도 예수에게 적절한 고백은 아니었다. 이미 6장에서 살펴본 것처럼, 예수는 메시아를 자처하지도 않았고, 메시아로 추대받기를 원치도 않았고, 메시아로 처형 받는 것도 원치 않았다. 게다가 유대인들 또한 예나 지금이나 예수를 메시아로 인정하지 않는다. 예수의 길과 메시아의 길은 다른 길이었기 때문이다. 초대 기독교가 메시아의 패러다임을 바꾸었다 하더라도, 그것은 그리스도 케리그마를 정당화하기보다는, 그리스도 케리그마가 적절한 케리그마가 아니었음을 입증할 뿐이다.

그리고 예수를 메시아로 고백하는 것은 오늘날 한국인에게도 적절한 고백은 아니라고 생각한다. 한국인에게는 메시아에 대한 전이해가 없고, 또한 그

---

10) 이제부터 이 장에서는 '케리그마'(kerygma)라는 말을 자주 사용하게 될 것이다. 'kerygma'라는 말은 '선포'라는 뜻으로, '신앙고백'이라는 의미를 함축한다. 그래서 '그리스도 케리그마'라고 할 때 그 뜻은, 예수는 그리스도, 즉 예수는 메시아라는 신앙고백을 의미하는 것이다. 이 장의 나머지 부분에서는 특별한 설명 없이 케리그마라는 말을 당분간 사용할 예정이다.

11) 신학계에서는 이것을 '신정통주의'라고 부르며, 바르트, 불트만, 틸리히 등이 대표적인 신학자라 할 수 있다. 시기적으로는 1920년 대부터 1960년 대까지가 그 전성기였다고 할 수 있다.

용어가 너무 낯설다. 한국의 교회 현실이 입증하듯, 그리스도 케리그마는 어떻게 해석한다 하더라도, '예수 믿고 예수처럼 사는 기독교인'을 만들어내지는 못한다. 그렇다고 메시아의 번역어인 '그리스도' 케리그마에 메시아와는 아무 상관이 없는 의미를 부여하여 계속 사용하는 것도 신학적으로 바람직한 처사는 아닌 것 같다.[12)]

그렇다면 어떻게 해야 할 것인가? 그리스도 케리그마 없이 역사적 예수를 있는 그대로 소개하는 것으로 만족해야 하는 것인가?[13)] 19세기 유럽의 예수전(傳) 연구가들의 생각이 이와 비슷하지 않았을까 생각한다.[14)] '케리그마 없는 예수'가 한 대안일 수 있다는 말이다: 메시아로 선포되기 이전의 순수하게 객관적인 역사적 한 인물로서의 예수. 그러나 이것은 이론상으로는 가능해도, 현실적으로는 불가능하다. 왜냐하면, 이미 밝혀진 대로, 어떤 역사 연구도 연구가의 관점이 배제된 객관적인 연구란 존재하지 않기 때문이다. 아무리 연구가가, 이것은 역사적 예수에 대한 객관적 사실이라고 강조해서 말한다고 하더라도, 그 예수는 이미 연구가에 의해 해석되고, 어떤 의미에서는 고백된 그런 예수라는 말이다. 여기에서 예외일 수 있는 연구가는 아무도 없을 것이다.

이러한 의미에서 우리의 진정한 대안은 '케리그마 없는 역사적 예수'가 아니라, '새로운 케리그마로 고백된 역사적 예수'라고 할 수 있을 것이다. 예수 믿고 예수처럼 살 수 있도록 이끌어주는 새로운 케리그마가 요청된다는 말이다. 문제는 역사적 예수에 대한 초기 기독교인들의 경험과도 부합하고, 또 오늘날 한국인의 경험에도 부합하는 그러한 케리그마가 있겠는가 하는 것이다. 만약 있다면, 그 케리그마는 어떤 것일까?

---

12) 실제로 많은 신학자들은 '그리스도'라는 케리그마를 '메시아,' '하나님의 아들,' '하나님의 외아들,' '하나님'을 뜻하는 것으로 자유자재로 사용하려는 경향이 있다.

13) 여기서 사용하는 '그리스도 케리그마'는 이 책 1장에서 사용한 '신앙의 그리스도'에 해당한다. 여기에서는 새로운 케리그마의 가능성을 묻는 과정에 있기에, '그리스도 케리그마'라는 말을 사용하고 있는 것이다.

14) 이들은 일체의 케리그마를 거부하고, 역사적 예수에 대한 객관적인 연구를 통해 예수의 전기(傳記)를 재구성하려 했다.

3. 새로운 케리그마로서의 선생 예수

1) 새로운 케리그마의 조건

이제 새로운 케리그마를 모색하기 전에, 새로운 케리그마가 '예수 믿고 예수처럼 살기'를 가능하게 하는 적절한 케리그마가 되기 위해 반드시 만족시켜야 할 조건들을 검토해보고자 한다. 이를 검토한 후에, 이 조건을 모두 만족시킬 수 있는 케리그마가 무엇이 있을지를 생각해보고자 한다.

첫째로, 사람들이 예수를 믿고 예수처럼 살 수 있으려면, 예수는 우리와 똑같은 인간적 조건을 갖고, 우리와 똑같은 인간적 한계 속에서 태어난 보통 사람이어야 한다. 당연한 말이지만, 지금 우리는 이것을 특별히 강조해야 할 이유가 있다. 왜냐하면 소위 정통 기독교는 지금까지 예수는 태어날 때부터 하나님과 동일한 본질을 갖고 있다고 주장해왔고, 이에 근거하여 우리는 예수처럼 살 수 없다고 변명해왔기 때문이다. 이러한 의미에서 "우리는 예수를 격하시키는 일부터 시작해야 한다."[15] 예수는 태어날 때부터 하나님과 동일본질인 특별한 존재가 아니라, 태어날 때에는 "우리 모두와 동일본질"인 보통 사람이었다는 것을 강조할 필요가 있다는 것이다.[16]

둘째로, 사람들이 예수를 믿고 예수처럼 살 수 있으려면, 예수는 참 인간, 참 세상에 대한 분명한 비전을 갖고 있어야 한다. 어떻게 사는 것이 참으로 인간답게 사는 것이고, 어떤 세상이 참으로 인간이 살 만한 올바른 세상인지에 대한 예수 나름의 비전이 있었어야 한다는 것이다. 만약 예수에게 이러한 비전이 없었다고 한다면, 예수처럼 산다고 하는 것은 아무 의미도 없고, 또 사람들이 예수처럼 살아야 할 이유도 없을 것이다.

---

15) 펑크, 『예수에게 솔직히』, 466.
16) Ibid., 466.

셋째로, 사람들이 예수를 믿고 예수처럼 살 수 있으려면, 예수는 참 인간, 참 세상에 대한 비전을 사람들에게 가르쳤어야 한다. 예수가 설혹 그 마음 속에 참 인간과 참 세상에 대한 비전을 갖고 있었다 하더라도, 만약 그가 이것을 사람들에게 말로써 가르친 적이 없다면, 사람들은 예수의 길을 알 수도 없고, 그에 따라 예수처럼 살 수도 없다. 물론 가르친다고 모두가 그렇게 사는 것은 아니다. 그러나 가르침이 없었다면, 그렇게 사는 이가 없는 것도 또한 사실이다.

넷째로, 사람들이 예수를 믿고 예수처럼 살 수 있으려면, 예수는 참 인간과 참 세상에 대한 비전을 가르치기만 한 것이 아니라, 가르친 그대로 살았어야 한다. 참 인간과 참 세상의 길에 대해 가르치는 것은 그것 자체로 매우 중요한 것이지만, 가르치는 사람이 가르치기만 하고, 가르친 대로 살지 않았다고 한다면, 가르침은 절반의 효과밖에 거둘 수 없다. 아니 가르침 자체가 무효화될 수도 있다. 사람들은 그의 가르침을 신뢰하지 않을 것이고, 그에 따라 그가 가르친 대로 살려고 하지도 않을 것이기 때문이다.

마지막으로, 사람들이 예수를 믿고 예수처럼 살 수 있으려면, 예수는 가르친 대로 살아온 그 삶을 죽는 그 순간까지 끝까지 지켰어야 한다. 세상에는 참 인간과 참 세상의 길을 가르치는 사람들도 많고, 그 길을 따라 사는 사람들도 많다. 그러나 자신이 선택한 길을 죽는 그 순간까지 지켜낸 사람은 그리 많지 않다. 더군다나 자신이 선택한 길 때문에 생명의 위협이 있을 때, 죽음을 불사하고 끝까지 자신의 길을 걸어간 사람은 더욱 찾아보기 어렵다. 죽음의 위협 앞에서 변절하는 사람들이 많다는 말이다. 이 때문에 지금까지 신뢰하고 따랐던 많은 사람들이 마지막에 그 지도자를 떠나는 것을 우리는 종종 보게 된다. 그러므로 한 지도자가 그 추종자들의 전적인 신뢰를 받고 그가 간 길을 끝까지 따라 오게 할 수 있으려면, 그 지도자는 죽음의 위협 앞에서도 자신의 신념을 굽히지 않고 그 관문을 통과할 수 있어야 한다. 이때에 사람들은 그의 말이나 행동에 대한 신뢰를 넘어서서, 그 사람의 인격 자체에 대한 전폭적인 신뢰를 갖게 되고, 순교조차 마다 않고 그의 길을 따를 수 있을 것이다.

2) 새로운 케리그마로서의 선생 예수

이처럼 사람들이 예수를 믿고 예수처럼 살 수 있게 하려면, 예수는 이 다섯 가지 조건을 동시에 만족시킬 수 있어야 한다고 본다. 이 중 하나라도 만족시키지 못한다면, 사람들이 예수를 믿고 예수처럼 살게 되는 일은 일어나지 못할 수 있다. 그렇다면, 이러한 다섯 가지 조건을 동시에 만족시킬 수 있는 케리그마가 있겠는가? 예수에게 어떠한 호칭을 부여하면, 이 다섯 가지 조건을 모두 만족시킬 수 있을까? 그 가장 적절한 대안이 '선생'(先生)이라는 호칭이 아닐까 생각해본다. 과연 그럴까? 이제 그 가능성을 놓고 다방면에서 검토해 보자.

우선 '선생'이라는 호칭의 사전적인 의미가 예수에게 적절한지부터 살펴보도록 하자. 한국에서 전통 있는 대형 자전 중 하나인 '한한대사전'(동아출판사)에 따르면, '선생'은 크게 여덟 가지 의미가 있다고 한다.[17] 1. 먼저 세상에 태어남, 2. 부형(父兄)을 이름, 3. 남보다 먼저 도(道)를 깨친 사람, 또는 덕업(德業)있는 사람, 4. 스승, 교사, 사장(師匠), 5. 남을 부르는 경칭(敬稱), 6. 퇴관(退官)하고 집에 있는 향인(鄕人), 7. 스스로 별호(別號)에 붙여서 쓰는 말, 8. 도사(道士).

그런데 사전에 소개된 '선생'의 의미 가운데에는, 현재 한국에서 실제로 활용되고 있는 중요한 의미 하나가 빠져있다. 그것은 '선생'의 문자적 의미 가운데 하나인, '앞' 선(先) 자, '살' 생(生) 자, 즉 '앞서 사신 분'이라는 뜻이다. 이 말은 같은 문자적 의미인 '앞' 선(先) 자, '날' 생(生) 자, '앞서 나신 분'과는 다른 의미이다. 이는 '동아 한한대사전'에 나오는 '먼저 세상에 태어난 사람'과 같은 뜻일 것이다. 그러나 선생을 '앞서 사신 분'으로 해석하면, 이는 전혀 다른 말이 된다. '앞서 나신 분'은 주민등록증으로 결정하지만, '앞서 사신 분'은

---

17) 두산동아 사전편찬실, 『동아 한한대사전』, 서울: 두산동아, 1997.

주민등록증으로 결정할 수 있는 일이 아니다. 누가 '앞서 사신 분'인지는 단지 그 삶이 말해주기 때문이다. 나이가 많다고 선생이 되는 것이 아니라, 그 삶이 선생을 결정한다는 말이다.

이 의미까지를 사전적 의미에 포함시킨다면, '선생'이라는 호칭이야말로 '예수를 믿는 것이 예수처럼 살도록 만드는' 최적의 케리그마라고 생각된다. 이제 '선생 예수'라는 케리그마가 앞서 언급한 새로운 케리그마의 조건 다섯 가지를 모두 잘 만족시키고 있는지 하나하나 살펴보도록 하자.

첫째, 선생은, 그가 아무리 위대하다 해도, 태어날 때에는 보통 사람과 똑같은 인간적 조건과 똑같은 인간적 한계 속에서 태어난다. 선생은 그 본질에 있어 보통 사람과 동일하다는 말이다. 선생도 보통 사람과 똑같은 출발선에서 출발하고, 다른 사람에 비해 조금이라도 유리한 고지를 선점하지는 않는다. 선생 예수 또한 바로 그러했다. 굳이 비교해서 말한다면, 예수는 오히려 다른 사람보다 훨씬 불리한 위치에서 태어났고, 다른 사람보다 훨씬 불리한 사회적 위치에 있었다. 그 지명조차 사람들에게 알려져 있지 않은 나사렛 외지에서 살았던 데다, 농민만도 못한 장인(匠人) 목수라는 직업을 갖고 있었다. 그렇기 때문에 출생만을 놓고 볼 때에는 어느 누구도, 예수가 나보다 유리한 위치에서 태어났기 때문에, 나는 예수처럼 살 수 없다고 말할 수는 없을 것이다.

둘째, 선생은 참 인간과 참 세상에 대한 비전을 갖고 있는 분을 가리킨다. 이것이 '남보다 먼저 도를 깨친 사람'이라는 사전적 의미의 실제적인 뜻일 것이다. 예수는 이러한 의미에서 분명 선생이었다. 예수가 참 인간과 참 세상에 대해 갖고 있던 비전은 '하나님의 나라'라는 개념 속에 함축되어 있다고 말할 수 있다. 하나님의 나라는 이 세상의 권력자 대신 하나님에 의해 이 세상이 다스려지게 될 때에 예측할 수 있는 새로운 세상을 가리킨다. 그것이 개인적 차원에서 실현될 때 우리는 '참 인간'이라 할 수 있을 것이고, 공동체적 차원에서 실현될 때 '참 세상'이라 할 수 있을 것이다.

셋째, 선생은 참 인간의 길, 참 세상의 길을 가르치는 분이다. 선생은 이러한 의미에서 '교사'(敎師)이다. 가르치는 분으로 말한다면, 예수는 교사 중의 교사이다. 예수는 틈만 나면 만나는 모든 사람들에게 하나님 나라의 비전을 가르쳤다. 제국주의와 독재와 종교적 파행의 시대에 어떻게 사는 것이 바로 사는 것인지, 어떤 세상이 참 세상인지에 대해 예수는 끊임없이 설파했던 것이다. 특별히 그 시대에 병들고 가난하고 소외된 사람들에게 우선적으로 하나님 나라를 전했고, 경구와 비유라는 특별한 수사학을 통해 이를 설득력 있게 가르쳤다. 예수의 길을 거부할 수는 있어도, 예수의 길을 모를 수는 없었다. 『예수 세미나』의 학자들은 바로 이 점 때문에 예수는 '교사'였다는 점을 특별히 강조한다.

넷째, 선생은, 자신이 다른 사람에게 가르친 것을 남보다 앞서 살아내신 분이다. 이것이 선생의 또 다른 의미, 즉 '앞서 사신 분'이라는 의미일 것이다. 예수 또한 이러한 의미에서 '앞서 사신 분'이라고 할 수 있다. 예수는 남에게 가르치되, 남들에게만 그렇게 살라고 한 것이 아니었다. 예수는 자신의 가르침을 따라 그 자신이 어느 누구보다 앞서서 그렇게 살았다. 그 시대에 하나님 나라를 실현하기 위해 그가 무엇보다 역점을 두었던 것은, 불치병 환자를 치유하고, 배고픈 민중에게 공동 식사의 자리를 마련하는 것이었다. 가르치는 일도 쉬운 일이 아니지만, 가르친 대로 사는 것은 더욱 어려운 일이다. 가르침에 삶이 뒤따르지 않으면, 제자들은 그 선생을 따르지 않는다. 좋은 가르침이 덫이 될 수도 있다. 말만 하고 행동이 뒤따르지 않는 위선자라는 비판을 받을 수 있다는 말이다. 그런데 예수는 자신의 가르침을 따라 자신이 먼저 그렇게 살았고, 이러한 의미에서 그는 '앞서 사신 분,' 즉 '선생'이었다.

마지막으로, 선생은 자신의 길을 변절하지 않고 죽는 그 순간까지 지켜낸 분을 가리킨다. 이러한 분을 우리는 참된 의미에서 '스승'이라고 부른다. 이 점에서 본다면, 예수는 스승 중의 스승, 큰 스승이다. 예수는 그의 스승 세례 요한의 경우를 보고 자신의 가르침과 삶이 때 이른 죽음을 자초할 수 있다는 것을 예감했을 것이다. 뿐만 아니라, 바리새파 사람들에게서 헤롯 안티파스가 자신을 죽이려한다는 정보를 들었을 때, 그것이 곧 현실이 될 것이라는 것도 예측했을 것이다. 그러나 예수는 예루살렘에서의 그의 계획을 포기하지 않았다. 예루살렘에서의 상징적인 성전 파괴 행위를 한 이후, 대제사장과 안티파스와 빌라도의 심문을 받는 과정 중에도, 예수는 자신의 신념을 굽히지 않았다. 그는 자신이 지금까지 걸어온 길 때문에 죽음으로 이어질 수밖에 없다면, 그것 또한 기꺼이 자신의 길로 받아들였다. 생각해보라. 그가 만약 죽음 앞에서 자신의 신념을 굽혔다면, 누가 그를 스승이라고 부를 것이며, 누가 죽음을 무릅쓰고 그의 길을 이어가려 했겠는가?

4. 선생 예수의 케리그마적 적절성

우리는 지금까지 '선생 예수'라고 하는 새로운 케리그마가 '예수를 믿는 것이 예수처럼 사는 것'이 될 수 있도록 이끌어 줄 수 있는 가장 적절한 대안이 될 수 있다는 점을 확인했다. 이제 남은 문제는 이러한 새로운 케리그마가 신학적으로도 그 정당성을 확보할 수 있느냐 하는 것이다. 역사적 예수에 대한 새로운 케리그마가 그 신학적 정당성을 확보하려면, 최소한 다음 두 가지 질문을 만족시켜야 한다고 본다. 첫째, '선생 예수'라는 새로운 케리그마가 예수의 첫 제자들을 포함한 초기 추종자들의 예수 경험과 인식에 부합하는가? 둘째, '선생 예수'라는 새로운 케리그마가 한국인의 일반적 경험과 인식에 비추어서도 수용될 수 있는가?

1) '선생 예수'는 초기 기독교인들의 예수 경험에 부합하는가?

(1) 예수운동에서의 선생 예수

최초의 예수 추종자들은 예수를 어떻게 경험하고 어떻게 인식했을까? 통상 초기 기독교 역사를 연구하는 신약성서학자들은 예수의 십자가 처형 이후 그를 따르던 첫 추종자들의 활동을 가리켜 '예수운동'이라고 부른다. 보다 정확히 말하면, 예수운동이란 ① CE 30년 경 역사적 예수 사후 CE 70년 경 마가복음이 출현하기까지 약 40년 동안, ② 이스라엘과 시리아 지역에 거주했던 사람들이 ③ 역사적 예수의 말씀과 행적, 이른바 예수전승을 간직하고 따르면서 그의 길을 이어가려했던 일련의 운동을 가리킨다.[18]

신약성서학자들은 복음서가 다양한 자료들을 내포하는 복합적인 문서라는 점에 착안, 복음서 형성의 기초가 된 여러 자료군들을 조심스럽게 분류하여, 이를 토대로 예수운동의 갈래들을 추적한다. 조태연 교수에 따르면, 이러한 자료군들에는 크게 선언문 이야기, 비유 수집물, Q 복음, 기적 연속물, 그리고 초기 수난사화가 포함되며,[19] 이러한 자료군들은 그 하나하나가 서로 다른 예수운동의 존재를 암시한다. 이러한 예수운동들을 다시 이 책의 전개방식을 따라 비슷한 자료들을 중심으로 재분류하면, 예수운동은 크게 예수의 가르침, 예수의 삶, 그리고 예수의 죽음을 중심 화두로 하여 세 방향에서 전개되었다고 말할 수 있다.

첫째로, 예수의 가르침을 중심으로 전개된 예수운동에는 선언문 이야기, 비유 수집물, 그리고 Q 복음을 중심한 예수운동들이 포함된다.[20] 이 셋은 모두 예수의 말씀들을 모아놓은 수집물들이다. 이 수집물들의 구체적 내용에 대해서는 앞서 3장에서 다룬 바 있기 때문에 여기에서는 생략하기로 한다. 중요한 것은, 신약성서의 복음서 형태(마태, 마가, 누가, 요한)가 출현하기 전에 예수의 말씀들로만 구성된 일명 '말씀 복음'(Sayings Gospel)이 존재했다는 점이고, 예수의 가르침에 중심을 둔 예수운동들은 이러한 말씀들을 자신

---

18) 조태연, 『예수운동: 그리스도교 기원의 탐구』(서울: 대한기독교서회, 1996), 3.

19) 조태연, 『예수운동』 참조.

20) 여기에서 선언문은 짧은 경구들의 모음을 가리키고, Q 복음은 마태복음과 누가복음에 공통으로 들어있는 예수의 말씀들을 가리킨다. 예수의 가르침을 중심으로 한 예수운동에는 도마복음을 중심한 예수운동도 포함될 수 있으나, 여기서는 생략한다. 조태연, 『예수운동』 제4부~6부 참조.

들을 향한 예수의 가르침으로 여기고 받아들였다는 점이다. 이러한 예수운동들에서 예수는 하나님 나라에 대해 가르쳐주신 선생님, 굳이 표현하자면 '교사'로서의 선생님이었던 것이다.

둘째로, 예수의 삶과 활동을 중심으로 전개된 예수운동은 기적 이야기 연속물이 그 중심을 이룬다. 여기에서 기적의 핵심 내용은 고통의 치유와 공동식사에 관한 것이다.[21] 고통의 치유와 공동식사는 기적이야기의 핵심으로서, 그 내용에 관해서는 4장에서 이미 충분히 다루었다. 중요한 것은 기적이야기를 통해 예수운동이 경험한 예수는 불치병환자들을 치유하는 분이고, 가난한 사람들과 음식을 나누는 분이라는 것이다. 예수는 하나님 나라에 대한 자신의 가르침을 이러한 삶을 통해 '앞서 사신 분,' 문자 그대로 '선생'(先生)이었던 것이다.

마지막으로, 예수의 죽음을 중심 화두로 전개된 예수운동은 '초기 수난사화'가 중심을 이룬다.[22] 말할 것도 없이 초기 수난사화는 예수를 십자가의 죽음 앞에서도 굴하지 않고 자신의 가르침과 삶을 끝까지 지키신 분으로 묘사한다. 예수는 살아생전 자신의 가르침과 삶이 자신을 죽음으로 내몰 것을 예감했을 것이다. 하지만 예수는 죽음을 개의치 않고 가르친 대로 살았다. 그리고 빌라도의 심문에도 신념을 굽히지 않았고, 마침내 죽음에 이르렀을 때조차 삶을 구걸하지 않았다. 죽음을 넘는 자가 시대를 넘을 수 있듯이, 예수는 죽음을 넘음으로써 시대를 넘어 만고의 스승이 되신 것이다.

이처럼 역사적 예수의 처형 이후 초기의 예수운동은 역사적 예수에 대한 직접적인 경험에 잇닿아 있다. 이러한 의미에서 예수운동의 예수 경험과 인식은 오늘날 우리가 예수를 어떻게 이해하고 어떻게 고백해야 하는가에 대한 결정적 단초를 제공한다고 볼 수 있다. 그렇다면 초기의 예수운동은 예수를 어떻게 경험하고, 어떻게 인식했는가? 대답은 하나이다. 이들에게 예수는 바

21) 조태연, 『예수운동』 제3부 참조.
22) 조태연, 『예수운동』 제2부 참조.

로 '선생' 그 자체였다. 물론 이들 예수운동의 자료군에서 예수를 문자적으로 '선생'으로 지칭한 것은 Q 복음에서 단 한번 나타날 뿐이다.[23] 그러나 문자적인 표현보다 중요한 것은 실제적인 경험이다. 선언문 이야기 수집물, 비유 수집물, Q 복음에서 예수는 '가르치는 선생'이었고, 기적 이야기 수집물에서 예수는 '앞서 사신 선생'이었고, 초기 수난사화에서 예수는 자신의 가르침과 삶에 목숨을 걸었던 '선생 중의 선생,' '참 선생'이었다.

(2) 복음서에서의 선생 예수

예수운동에서 경험된 예수는 그 가르침과 삶, 그리고 죽음의 과정 속에서 이미 선생의 모습을 충분히 갖추고 있었지만, 아직은 선생 예수의 모습을 부분적이고 파편적으로 경험하고 있었다고 볼 수 있다. 이러한 부분적이고, 파편적으로 경험된 예수가 '선생'이라는 이름 하에 통전적(通全的, integral)으로 인식되기 시작한 것은 복음서가 기록되기 시작하면서 부터였다. 역사적 예수와 그에 대한 이야기를 담고 있는 복음서를 살펴보면, 상당히 많은 경우에 예수가 '선생'으로 일컬어지고 있다는 것을 확인할 수 있다.

네 개의 복음서는 예수를 '선생'으로 호칭하는 데 있어서 세 개의 희랍어 단어를 사용한다. 첫째는 '디다스칼로스'(διδάσκαλος), 둘째는 '랍비'(ῥαββί), 셋째는 '라부니'(ῥαββουνί)이다. 이 중 '디다스칼로스'는 가르치는 교사로서의 선생을 의미하고, '랍비'는 이스라엘의 존경받는 위대한 분으로서의 선생을 의미한다. 또한 용례가 적기는 하나 '라부니'는 '랍비'의 보다 높은 칭호로서 종교나 국가의 지도자라는 의미까지도 포함한다.

그런데 복음서를 자세히 살펴보면, 이 세 호칭들은 뚜렷한 구분 없이 거의 같은 의미로 교체되어 사용되는 것을 볼 수 있다. 예를 들면, 요한복음 1:38과 3:2에서는 '디다스칼로스'가 '랍비'와 교체 사용되고 있고, 마가복음 10:51

23) 맥, 『잃어버린 복음서』, 111. 신약성서 누가복음 12:13-14 참조.

과 요한복음 20:16에서는 '라부니'를 '디다스칼로스'로 번역함으로써 두 용어가 교체 사용되고 있다. 이것은 초기 기독교인들이 예수를 일반적으로 선생으로 생각했다는 것을 함축하며, 이러한 의미에서 세 개의 호칭을 특별한 구분없이 한국말 '선생'으로 번역하는 데 큰 무리는 없다는 것을 말해 준다.

그러면 예수를 호칭하는 이러한 세 희랍어들은 네 개의 복음서에서 얼마나 자주 사용되었을까? '디다스칼로스'는 마태복음에서 9회,[24] 마가복음에서 12회,[25] 누가복음에서 14회,[26] 요한복음에서 7회,[27] 그래서 총 42회 사용되고 있다. '랍비'는 마태복음에서 2회, 마가복음에서 4회, 요한복음에서는 8회, 총 14회 사용되고 있다. 그리고 라부니는 마가복음과 요한복음에서 각 1회씩 사용되고 있다.[28] 이를 전부 합하면, 희랍어로 예수를 '선생'으로 호칭한 사례는 총 58회에 해당한다.

복음서가 전반적으로 예수를 메시아 혹은 하나님의 아들의 관점에서 읽고 그 시각에서 기록했다는 점을 고려할 때, 이것은 매우 중요한 의미를 갖는다. 예수가 점차 신격화되어가는 과정 속에서도 예수는 여전히 선생으로 이해되었다는 것이다. 다시 말하면, 복음서를 공유했던 초기 기독교 공동체 안에서도 예수는 여전히 '선생'으로 경험되고 인식되었다는 것을 의미하는 것이다.

이제 이를 복음서 안의 다른 신적인 호칭과 비교해보자. 예수를 '그리스도' 또는 '메시아'로 호칭한 횟수는 공관복음서에 22회, 요한복음에 9회 등장한다.[29] 그리스도와 교체 사용되는 '주님'(κύριος)은 공관복음서에 182회, 요한

24) 신약성서 마태복음 8:19; 9:11; 12:38; 17:24; 19:16; 22:16, 24, 36; 26:18.
25) 신약성서 마가복음 4:38; 5:35; 9:17, 38; 10:17, 20, 35; 12:14, 19, 32; 13:1; 14:14.
26) 신약성서 누가복음 3:12; 7:40; 8:49; 9:38; 10:25; 11:45; 12:13; 18:18; 19:39; 20:21, 28, 39; 21:7; 22:11.
27) 신약성서 요한복음 1:38; 3:2; 8:4; 11:28; 13:13, 14; 20:16.
28) 신약성서 마가복음 10:51; 요한복음 20:16.
29) 여기에서 공관복음서라 함은 요한복음에 비해 상대적으로 예수를 역사적 관점에서 이해하고 있는 마태복음, 마가복음, 누가복음을 가리킨다.

복음에 53회 등장한다.[30] '하나님의 아들'로 호칭한 횟수는 공관복음서 19회, 요한복음에 8회 등장한다.[31] 그리고 '하나님의 독생자'라는 호칭은 오직 요한복음에만 4회 등장한다.

이 모든 통계는 무엇을 말하는 것일까? 앞서 우리는 8장에서 예수가 랍비/예언자에서 메시아/하나님의 아들로, 하나님의 외아들로, 그리고 마침내 하나님으로 신격화되어가는 과정을 살펴보았다. 이 중 공관복음서는 예수가 메시아/그리스도, 혹은 하나님의 아들로 고백되는 단계였다는 점을 지적했고, 요한복음은 하나님의 외아들로 한 단계 높여지는 과정이었다는 점을 지적했다. 이 점을 감안하면, 공관복음서 안에 '그리스도'나 '주님' 혹은 '하나님의 아들'로 예수를 호칭한 것 못지않게 예수가 '선생'으로 호칭되고 있는 것을 알 수 있고, 예수를 하나님의 외아들로까지 고백했던 요한복음서 안에서만도 예수가 16회에 걸쳐서 '선생'으로 호칭되고 있는 것을 알 수 있다.

이것은 초기의 예수운동이 예수를 '선생'으로 경험하고 인식했던 그 전통이, 예수를 점점 신격화해 갔던 복음서의 저자와 청중들 속에서도 여전히 살아있었다는 명백한 증거가 아니겠는가! 그 선생이 어떤 때는 그리스도로, 어떤 때는 주님으로, 어떤 때는 하나님의 아들로, 어떤 때는 하나님의 독생자로 호칭되었던 것이 아닌가 하는 것이다. 오늘날 예수에게는 다양한 신적인 호칭이 휘장처럼 드리워져 선생의 모습은 사라지게 되었다. 그러나 초기 기독교인들에게서 예수는 신적인 존재이기 이전에 그들과 함께 빵조각을 나누고 그들의 아픔을 치유하고 죽음으로써 가르침을 살아내었던 선생이었다. 그리고 바로 그 선생 예수의 숨결이 초기 기독교인들의 삶 가운데 살아있었던 것이다.

(3) 『Jesus Seminar』의 선생(先生) 예수

30) 이렇게 많은 경우 속에는 하나님을 지칭하는 것도 포함돼 있다.
31) 요한복음의 '하나님의 아들' 호칭은 '아들'로 표기된 것도 포함한 것이다.

그러면 『Jesus Seminar』에 속해 있거나 여기에 동조하는 학자들은 역사적 예수의 정체성을 어떻게 이해하고 있을까? 우선 이 문제에 가장 깊은 관심을 표명한 보그(Marcus Borg)의 말부터 들어보자. 보그는 예수를 한 마디로 "비인습적인 지혜—인습적인 지혜에 도전하여 이를 문화적으로 뒤집어엎는 지혜—의 스승"이었다고 말한다.[32] "예수는 바른 믿음이나 건전한 도덕을 가르친 선생은 아니었다. 오히려 길, 특히 변혁의 길을 가르친 선생이었다. 그의 가르침은 1세기 유대인들의 일상적 현실의 한복판에 자리 잡고 있던 인습적인 지혜에 대한 철저한 비판 위에 서 있었다."[33] 보그가 발견한 역사적 예수는 "스승으로서의 예수"였다.[34]

역사적 예수 연구의 일선에 나선 학자들은 아니지만, 역사적 예수 연구에 깊이 관심하는 성공회 주교 스퐁(John Shelby Spong)은 예수에게서 유신론적인 잔재를 벗겨내고 나면, 우리는 "위대한 선생"을 만날 수 있다고 한다.[35] 그는 이어 자신의 존경하는 선생님 월터 보위(Walter Russell Bowie) 교수의 말을 인용, 예수는 "대 스승"(the Master)에 해당한다고 한 마디 덧붙인다.[36]

마이어스(Robin R. Meyers) 또한 역사적 예수 연구에 깊이 동조하면서, "우리는 스승을 찾고 있는 것이지, 구세주를 찾고 있는 것이 아니다"라고 상당히 단정적으로 말한다.[37] 계속해서 그의 말을 들어보자: "정직한 성경 연구가 어떤 사람들에게 신바람 나는 이유는 그것이 재건(reconstruction)이기 때문이다. 일단 '선생 예수'(Jesus the teacher)에서부터 '구세주 그리스도'(Christ the Savior)로 진화한 것을 이해하면, 우리는 그 진화 과정을 거

32) 보그, 『새로 만난 하나님』, 162.
33) 보그, 『예수 새로 보기』, 135.
34) 보그, 『미팅 지저스』, 9.
35) 존 쉘비 스퐁, 『새 시대를 위한 새 기독교』, 최종수 역(고양: 한국기독교연구소, 2005), 124.
36) Ibid., 124.
37) 마이어스, 『예수를 교회로부터 구출하라』, 18.

꾸로 거슬러가 그 갈릴리 현자가 가르친 기독교 이전의 지혜(pre-Christian wisdom)를 발견할 수 있다. 우리가 예수에 관해 믿을 수 있게 되는 것들은, 만일에 하나님이 황제를 대신해서 왕좌에 앉아 계신다면 이 세상이 어떤 모습일까에 관한 전망(vision)에 더욱 가까운 것들이다."[38] 역사적 예수에게서 우리가 발견할 수 있는 것은 하나님으로서 인간을 구원하는 구원자 예수가 아니라, 로마 황제 아우구스투스 대신 하나님이 이 세상을 다스리게 될 때에 새롭게 다가오게 될 전혀 다른 세상, 즉 하나님의 나라를 가르쳤던 바로 그 '선생 예수'가 아니냐 하는 것이다.

2) '선생 예수'는 한국인에게 수용 가능한가?

그러면 '선생 예수'라는 케리그마는 한국 기독교인에게, 혹은 범위를 더욱 넓혀서 한국인에게, 새로운 케리그마로서 이해되고 수용될 수 있는 것일까? 예수에게 '선생'이라는 호칭을 사용했을 때, 한국 기독교인이나 한국인이 이를 받아들일 수 있는 전이해(前理解)가 있느냐 하는 것이다. 먼저 한국 기독교인에게 예수가 '선생'으로서 이해된 사례가 있는지를 살피고, 이어 한국인의 '선생'에 대한 경험과 인식이 '선생 예수'라는 새로운 케리그마와 부합할 수 있는지 살펴보도록 하겠다.

한국 기독교인에게 예수가 '선생'으로 이해된 대표적인 사례 세 가지를 소개하고자 한다. 첫째는, 한국인이 작사한 한국 찬송가 가사이다. 한국 기독교인이면 누구나 알고 있듯이, 한국의 찬송가는 외국 사람들이 작사한 것이 주종을 이룬다. 한국 사람이 작사한 찬송가는, 새찬송가를 기준으로 볼 때, 전체 645곡 중 대략 125곡 남짓, 그러니까 20% 정도가 한국인이 작사한 찬송

38) Ibid., 50-51.

가이다. 그런데 그 중 돋보이는 찬송가가 하나 있다. 나제훈이 작사한 새찬송가 223장의 2절 부분이다. 가사는 이렇게 되어 있다:

예수님은 우리들의 참된 스승님, 사랑하는 제자들로 삼아주셨다.
그 귀하신 가르침을 깊이 배워서, 훌륭한 제자답게 따라가리라

더 이상의 부언이 필요하지 않을 정도로 내용이 분명한 가사이다. 예수는 우리의 스승이시고, 우리는 그 분의 가르침을 배워서, 가르침대로 살아가겠다고 하는 참된 제자도를 보여주는 가사이다. 기독교인은 물론, 비기독교인조차 이해할 수 있고, 공감할 수 있는 가사가 아닌가! 그런데 유감스럽게도 예수를 선생, 혹은 스승으로 묘사한 찬송가는 이것 하나뿐이다. 대부분의 찬송가는 예수를 그리스도, 하나님의 아들, 하나님의 독생자, 주님, 더 나아가서는 하나님으로 고백하는 내용으로 되어 있다. 하지만 이 하나의 찬송가 가사는, 숫자로는 하나밖에 안되지만, 한국인이 한국인의 정서를 바탕에 두고 자연스럽게 예수를 이해한다고 할 때, 예수가 어떻게 이해될 수 있을지를 보여주는 대표적인 찬송가 가사가 아닌가 싶다.

예수를 '선생'으로 이해한 두 번째 사례는 한국인, 더 나아가서는 동양인의 정신세계 속에서 예수를 이해했던 다석(多夕) 류영모의 경우이다. 한겨레신문의 조연현 기자는, 류영모는 "스님들보다 불경에 달통하고, 도교인보다 노자 장자에 도통"했다고 소개한다.[39] 이러한 류영모가 중요한 것은, 만약 한국인이 한국이나 동양의 정신세계 속에서 예수를 이해한다면, 예수가 어떻게 이해될 수 있는지를 보여주는 대표적인 사례에 해당하기 때문이다.

이제 류영모의 말을 직접 들어보자: "이 사람에게도 뜻 가운데 인물이 있다. 내가 잘못할 때 나에게 잘하라고 책선(責善)하는 벗이 의중(意中)의 사람

39) http://www.hani.co.kr/arti/society/religious/194680.html.

이다. 내게 책선하는 이는 예수다. 예수는 나의 선생이다. 그러나 예수를 선생으로 아는 것과 믿는 것은 다르다. 예수라고 우리하고 차원이 다른 게 아니다."[40] 다석 류영모에게 예수는 하나님도, 하나님의 외아들도, 하나님의 아들도, 메시아도, 주님도 아니다. 예수는 자신에게 참 사람됨의 길로 가라고 권면하고 질책하는 믿을 만한 벗이자, 선생이다. 이 말이 어떻게 느껴지는가? 너무나 당연하게 느껴지지 않는가? 이것이 예수를 바라보는 한국인의 자연스러운 모습 아니냐 하는 것이다.

끝으로 소개할 사례는 기독교대한감리회의 『교리적 선언』이다. 한국의 기독교대한감리회는 1930년 이래 감리교 신앙을 요약한 『교리적 선언』을 사용해왔다. 그 중 예수에 대한 고백 부분에 이런 대목이 나온다: "우리는 하나님이 육신으로 나타나사 우리의 스승이 되시고 모범이 되시며, 대속자가 되시고 구세주가 되시는 예수 그리스도를 믿으며...." 이 고백에 따르면, 예수는 스승과 모범이 됨과 동시에 대속자와 구세주가 되신다. 두 가지 서로 다른 고백이 혼재해있는 형태이지만, 예수를 선생의 의미로 고백한 흔적이 역력하다. 그런데 불행히도 감리교는 1997년 『교리적 선언』을 『감리회 신앙고백』이라는 이름으로 바꾸면서 예수에 대한 고백부분도 이렇게 바꾸었다: "우리는 말씀이 육신이 되어 우리 가운데 오셔서 하나님의 나라를 선포하시고 십자가에 달려 죽으셨다가 부활 승천 하심으로 대속자가 되시고 구세주가 되시는 예수 그리스도를 믿습니다." 스승과 모범으로서의 예수에 대한 고백이 사라졌고, 그에 따라 감리교다운 모습도 사라지게 되었다. 그러나 스승과 모범으로서의 예수는 여전히 수많은 감리교인들 가슴 속에 살아있다.

다음으로는 한국 사회 속에서 '선생'이라는 호칭이 새로운 케리그마인 '선생 예수'와 부합하는지를 살펴보도록 하자. 먼저 한국 사람들이 '선생'이라는 호칭을 어떻게 사용하고 있는지를 자연스럽게 보여주는 사례 하나를 소개하

---

40) 오강남, 『예수는 없다』(서울: 현암사, 2001), 237.

도록 하자. 한완상 교수의 『바보 예수』라는 책에 나오는 한 대목이다: "우리 기독교 신자들 가운데 이상재 선생, 조만식 선생, 이승훈 선생, 안창호 선생, 서재필 선생, 김구 선생, 김규식 선생, 여운형 선생은 다 공적인 영성을 가지고 우리 조국의 독립과 평화를 위해서 헌신했던 예수 따르미였습니다."[41]

위 인용에서 유념할 것은 '선생'이라는 호칭이다. 8명의 인물이 등장하는데, 각 인물마다 사회적인 직책들이 있지만, 어느 누구 하나 직책을 거명한 사람은 없다. 모두 '선생'이다. 왜 그럴까? 왜 이 분들을 직책으로 호칭하지 않고, '선생'이라는 호칭을 붙여준 것일까? 그것은 이 분들이 '앞서 나신 분'이기 때문이 아니라, '앞서 사신 분'이기 때문이 아닐까? 대한민국이 어려운 시기에 한국인이 어떻게 살아야 참 사람답게 사는 것인지에 대한 나름대로의 비전이 있었고, 그것을 사람들에게 가르쳤고, 그 가르침대로 살았고, 마침내 자신의 신념을 지키기 위해 목숨까지 바쳤던 그 분들의 삶, 그 어느 누구도 일찍이 살아내지 못했던 삶을 앞서 살아내신 것에 대한 존경의 표시가 이 '선생'이라는 호칭 속에 담겨 있는 것이 아닐까?

이것은 중국도 마찬가지라고 한다. 현대 중국은 '선생' 호칭 대신 '노사'(老師)라는 표현을 즐겨 쓰지만, 특별히 어떤 사람이 모든 사람들이 따라 살만한 탁월한 삶을 앞서 살아내었을 경우, 그 분에 대해서는 아직도 '선생'(先生)이라는 호칭을 사용한다고 한다. 필자는 2015년 11월 9일부터 13일까지 충북 증평에서 중국 한족(漢族) 출신의 목회자들과 세미나를 가진 적이 있는데, 대부분의 한족 목회자들이 이것을 확인해주었다. 그 대표적인 사례가 2015년 11월 7일 중국 시진핑 국가주석과 대만 마잉주 총통이 정상회담을 하는 자리에서 서로를 '셴성'(先生)이라고 호칭한 경우이다.[42] 이것은 시진핑 주석이나 마잉주 총통이 선생 호칭에 걸맞는 삶을 실제로 앞서 살아내었기 때문에 이 호칭을 붙여 주었다기보다는, 그러한 선생으로 한껏 예우하고 최고 존

41) 한완상, 『바보 예수』(서울; 삼인, 2012), 302.

42) http://vapetown.kr/bbs/board.php?bo_table=buz5&wr_id=226569. 2015년 11월 13일 게재.

경의 뜻을 표했다는 것이리라.

최근 한국에서 국민적 차원의 '선생' 호칭을 받은 경우도 이와 마찬가지라고 할 수 있다. 김대중 대통령과 문익환 목사가 바로 그들이다. 김대중 대통령은 민주화를 위한 투쟁 과정에서 사형 선고를 받고 죽기 직전까지 갔다가 후에 대통령이 되었다. 문익환 목사는 남북관계가 냉각되었던 시기에 정부의 허락 없이 평양을 전격 방문, 김일성 주석을 덥석 껴안고 남북교류의 물꼬를 텄다. 많은 국민들은 이 두 사람을 대통령이나 목사로 호칭하지 않는다. '김대중 선생,' 혹은 '문익환 선생'으로 호칭한다. 왜 그럴까? 그것은 남들이 쉽게 살아내지 못하는 삶을 목숨 걸고 앞서 살아낸 그 삶에 대한 존경 때문이 아닐까? 그러한 삶을 앞서 살아낸 당신은 바로 '선생'이라는 말이다.

이러한 면에서 볼 때, '선생 예수'라는 새로운 케리그마는 예수를 따랐던 최초 추종자들의 경험과 인식에 비추어 볼 때나, 한국인의 '선생'에 대한 경험과 인식에 비추어 볼 때나, 상당히 적절한 케리그마가 아닌가 생각된다. 달리 말하면, '선생 예수'라는 새로운 케리그마는 예수를 믿는 것이 예수처럼 사는 것이 될 수 있도록 이끌어줄 수 있는 힘이 그 안에 내재되어 있다는 말이다. 이 '선생 예수'를 따라 같은 길 갈 것인가 아닌가 하는 것은 궁극적으로 예수를 따르는 사람에 달린 것이지만, 최소한 부적절한 케리그마 때문에 예수를 따르지 못하는 일은 없도록 장애물 하나는 확실하게 치워진 셈이다.

3) 다시 읽는 요한복음: '하나님 예수'와 '선생 예수'는 조화될 수 있을까?

그러면 새로운 케리그마로서의 '선생 예수'는 한국 기독교인들이 일반적으로 믿고 있는 '하나님 예수'와 조화될 수 있을까? 쉬운 일은 아니지만, 그 화해 가능성을 검토해보자. 물론 예수를 '하나님과 동일본질'로 선언한 니케아 신조의 '하나님 예수'와 '선생 예수'가 화해할 수 있는 길은 없을 것이다. 왜냐하면 니케아 신조의 예수는 그 본질에 있어 태어날 때부터 하나님이고, 그 때문에 보통 인간과는 질적으로 전혀 다른 존재이기 때문이다. 이 '하나님 예수'가 '선생 예수'가 될 수 있는 길은 전무하다고 볼 수 있다.

그러나 니케아 회의에서 예수를 하나님과 동일본질로 주장하는 데 사용했던 성서적인 전거, 즉 요한복음의 예수에 대한 고백 자체는 '선생 예수'와 그 맥을 같이 할 수 있다고 여겨진다. 니케아 회의 때 알렉산더 주교의 오른팔 역할을 했던 당시 알렉산드리아 교구의 부제(副祭) 아타나시우스(Athanasius)는 예수가 하나님과 동일본질이라는 주장을 하기 위해 신약성서 전체를 뒤졌다고 한다. 그런데 그가 찾을 수 있었던 것은 오직 두 곳, 요한복음 10:30과 14:9 뿐이었다고 한다.[43] 그러면 이 두 개의 본문은 아타나시우스가 주장하는 것처럼, 예수가 하나님의 본질과 동일하다는 것을 가리키는 것일까?

우선 그 본문을 살펴보자. 요한복음 10:30의 말씀이다: "나와 아버지는 하나다." 또 다른 본문 14:9은 이렇게 기록되어 있다: "나를 본 사람은 아버지를 본 사람이다." 이 두 개의 본문은 얼핏 보면, 아타나시우스의 주장처럼, 예수가 하나님과 동일본질을 가진 분이라는 것을 묘사하는 듯하다. 특히 10:30의 경우, 그 말을 들은 유대인들은, 예수가 스스로를 하나님이라고 했다고 주장하면서, 예수를 신성모독자로 몰고 있다.[44] 그러나 정말 그럴까? 이 본문들이 말하고자 하는 것이, 정말로 예수는 본질상 하나님과 동일한 분이라는 것일까?

이 질문에 대답하기 위해서는, 위 두 본문을 이해하는 데 도움이 될 몇 개의 다른 본문들을 살펴볼 필요가 있다. 제시하는 3개의 본문을 먼저 보도록 하자.

"나의 가르침은 내 것이 아니라, 나를 보내신 분의 것이다. 하나님의 뜻을 따르려는

43) 루벤슈타인, 『예수는 어떻게 하나님이 되셨는가』, 154.
44) 신약성서 요한복음 10:33 참조.

사람은 누구든지, 이 가르침이 하나님께로부터 난 것인지, 내 마음대로 말하는 것인지를 알 것이다."[45)]

"내가 내 아버지의 일을 하지 않거든, 나를 믿지 말아라. 그러나 내가 그 일을 하거든, 나를 믿지는 않더라도 그 일은 믿어라. 그러면 너희는, 아버지께서 내 안에 계시고, 또 내가 아버지 안에 있다는 것을, 깨달아 알게 될 것이다."[46)]

"내가 너희에게 하는 말은 내 마음대로 하는 것이 아니다. 아버지께서 내 안에 계시면서, 자기의 일을 하신다. 내가 아버지 안에 있고, 아버지께서 내 안에 계심을 믿어라. 믿지 못하겠거든, 내가 하는 그 일들을 보아서라도 믿어라. 내가 진정으로 진정으로 너희에게 말한다. 나를 믿는 사람은 내가 하는 일을 할 것이요, 그보다 더 큰 일도 할 것이다."[47)]

문제는 이것이다. 예수가 하나님과 하나인 것을 어떻게 알 수 있으며, 어떻게 예수를 통해서 하나님을 볼 수 있느냐 하는 것이다. 이에 대한 요한복음 저자의 대답은 단순하다. 예수가 하는 말과 그의 행동을 보라는 것이다. 그러면 그의 말과 행동이 하나님께로부터 왔다는 것, 그의 말과 행동 속에 하나님이 계시다는 것, 그의 말과 행동을 통해 그 속에 살아계신 하나님을 볼 수 있다는 것, 그래서 그의 말과 행동 속에서 예수와 하나님은 하나라고 하는 것을 알 수 있다는 것이다. 달리 말해서, 만약 예수를 하나님과 동일한 분으로 고백하는 것이 가능할 수 있다면, 그것은 오직 예수의 삶 속에서만 가능하다는 것이다. 아타나시우스가 니케아 신조를 정당화하기 위해 인용했던 요한복음의 증언은 예수의 본질에 관한 형이상학적인 진술이 아니라, 예수의 삶에 대

45) 신약성서 요한복음 7:16-17.
46) 신약성서 요한복음 10:37-38.
47) 신약성서 요한복음 14:10-12.

한 동시대의 공동체적인 고백이었던 것이다.

니케아 신조의 성서적 전거로 채택했던 요한복음 두 구절의 의미가, 요한복음 자체가 증언하는 것처럼, 예수는 그 삶에 있어서 하나님과 하나였고, 그래서 그 삶을 들여다보면 그 안에 살아계신 하나님을 볼 수 있다는 것이라고 한다면, 이러한 의미의 '하나님 예수'는 바로 우리가 말하고자 하는 그 '선생 예수'가 아니고 무엇이겠는가? 요한복음의 '하나님 예수'는, 우리도 그를 믿고 따르기만 하면, 예수처럼 그렇게 말하고 행동할 수 있고, 어쩌면 예수보다 더 큰 일도 할 수 있다고 말하지 않는가? 이것이 어찌 하나님과 동일 본질을 가진 '하나님 예수'가 할 수 있는 말이겠는가? 이것은 그 말과 행동에 있어 하나님과 하나였던 '하나님 예수,' 즉 하나님과 하나된 삶을 그 누구보다 앞서 사신 '선생 예수'가 아니면 할 수 없는 그런 말이 아니겠는가?

돌아보면, 지난 1700여 년 동안 기독교는 예수의 신적인 측면, 즉 '하나님 예수'만을 지나치게 강조해왔다. 너무 오랫동안 한쪽으로 기울어져 있었던 것이다. 특별히 본질에 있어서 보통 인간과 예수 사이의 차이를 강조함으로, 예수를 믿기는 해도 예수처럼 살기는 어렵게 만들었다. 이제 이것을 해결할 수 있는 길은, 그 동안 기독교가 무시하거나 등한시해왔던 예수의 또 다른 측면, 즉 '인간 예수'의 삶의 실체를 회복하는 것이라고 생각한다. '인간 예수'는 '하나님 예수' 일변도로 흘러갔던 기독교의 균형을 잡아주게 될 것이고, 동시에 '하나님 예수'에 대한 고백을 참으로 의미 있는 고백으로 만들어 줄 것이다.[48] 그 '인간 예수'는 바로 다름 아닌 '선생 예수'인 것이다.

---

48) 기독교 교리사에서도 보면, 하나님과 동일본질로서의 예수의 모습을 일방적으로 강조하게 되면, 가현설(假現說, docetism, '하나님 예수'는 인간의 모습을 갖고 있기는 하지만, 엄밀히 인간은 아니라는 주장)에 빠질 수 있음을 보게 된다. CE 451년 칼케돈 회의에서 채택된 칼케돈 신조, 즉 예수는 '참 하나님이자 동시에 참 인간'(vere Deus et vere homo)이라는 주장은 바로 이러한 문제점에 대한 보완이라고 할 수 있다. 칼케돈 신조는 여전히 예수를 그리스 철학의 형이상학적 본질 개념을 빌어 설명하고 있지만, 만약 본질 대신 삶으로 예수의 두 측면을 이해할 수 있다고 한다면, 예수는 '참 하나님이자 참 인간'이라는 주장은 오늘날에도 여전히 유의미한 고백이 될 수 있다고 본다.

5. 선생 예수의 차별성

선생 예수가 보통 사람과 똑같은 인간적 조건과 한계를 가진 분이라고 한다면, 이 예수와 보통 사람들 사이에는 아무런 차이가 없는 것인가? 이것은 일반 기독교인들이 가장 우려하는 문제이다. 물론 그 인간적 조건과 한계에서만 본다면 그렇다고 말할 수 있다. 그러나 선생으로서 예수가 다른 사람들이 쉽게 살아낼 수 없었던 삶을 앞서 살아내었다고 하는 점에서, 예수와 보통 사람들 사이에는 결코 간과할 수 없는 차이가 있다. 이것을 어떻게 설명할 수 있을까?

스퐁(John Shelby Spong)은 간단히 이렇게 설명한다: "예수는 종(種)에 있어서는 우리와 같지만, 정도(程度)에 있어서는 우리와 다른 분"이었다.[49] 무슨 말일까? 스퐁이 부언 설명한다: "예수는 단지 정도에 있어서만 우리와 달랐으며, 예수에게는 하나님 의식이 완전한 정도였던 것이다."[50] 예수는 인간이라고 하는 본질에서 본다면 우리와 조금도 다를 것이 없지만, 그는 삶의 모든 순간에 있어서 하나님과 완전히 하나였다는 점에서, 그 가르침과 행동은 물론, 죽는 순간까지도 하나님과 혼연일체가 되어 살았다고 하는 면에서, 보통 사람과 달랐다는 것이다.

사실 그렇다. 우리 보통 사람은 거의 모든 순간을 하나님의 뜻과는 반대되는 방향에서 살고 있다. 재물과 권력과 명예라고 하는 것이 삶의 중요한 가치 기준이고, 그것을 얻기 위해서는 손쉽게 하나님의 뜻을 저버린다. 그나마 자신에게 불리하거나 위험하지 않을 때에는, 그럭저럭 하나님의 뜻에 따라 말하기도 하고 행동하기도 하지만, 그렇게 산 것 때문에 손해가 있고 어려움에 처할 수 있게 되면, 우리는 금방 하나님을 외면한다. 특히 생명의 위협이 있을 경우에는 더욱 그렇다. 전기를 비유로 말하면, 하나님과의 접촉이 불량하

---

49) 스퐁, 『새 시대를 위한 새 기독교』, 306.
50) 존 쉘비 스퐁, 『기독교 변하지 않으면 죽는다』, 김준우 역(고양: 한국기독교연구소, 2001), 165.

다. 그것이 보통 사람들의 삶이다.

이러한 보통 사람들의 삶과 비교한다면, 예수의 삶은 '정도' 이상의 차이가 있다고 말할 수 있다. 누구든 마음만 먹으면 예수처럼 살 수 있기에, 원칙적으로는 예수와 보통 사람 사이에 '정도'의 차이가 있다고 하지만, 실제로 구체적인 삶 속으로 들어가 보면, 예수의 삶은 아무나 쉽게 따라 갈 수 없는, 흔히 말하듯, 타의 추종을 불허하는 탁월한 삶이었다는 것을 알 수 있다. 실제로 오늘부터 예수처럼 살아보라. 어떤 어려운 순간이 다가오더라도 하나님의 뜻에 완전히 일치된 삶을 살아보라는 것이다. 이것은 덕담(德談)이 아니라, 악담(惡談)일 수도 있다는 것을 금방 알 수 있을 것이다. 이러한 의미에서 예수의 삶은 '상대적인 절대성,' 가히 질적이라 말해도 좋을 만큼의 정도 차이가 있다고 할 수 있을 것이다.

그러나 이러한 주장도 조심해서 할 필요가 있다. 특히 비기독교 종교인과 대화할 때 그렇다. 하나님을 믿지 않는 비기독교인에게 당신 속에도 하나님이 계신데, 그 분과 충분히 일치된 삶을 살고 있지 못하다고 말하는 것은 때로 무례한 발언일 수 있다.[51] 비기독교 종교인, 그 중에서도 특별히 비유신론적(非有神論的)인 동양의 종교인은 하나님과는 다른 실재를 섬길 수 있고, 그에 따라 예수의 길과는 다른 길을 갈 수 있기 때문이다. 참 사람이 되고, 참 세상을 일구는 길은 예수의 길 말고도 다른 길이 있을 수 있고, 이 길을 가는 사람은 기독교인과 비교하여 '정도'의 차이가 있다고 쉽게 말할 수 없다. '정도'를 말하는 것은 같은 하나님을 믿는 사람들끼리 할 수 있는 말이지, 비기독교 종교인에게 할 수 있는 것은 아니라는 뜻이다.

차제에 비유신론적인 종교와의 대화에 대해서도 한 마디 언급하자면, 서로 다른 길을 가는 타종교와 대화할 때에는 정도를 비교하는 것보다는, 그 차이

51) 이것이 타종교와의 대화 방법론에 있어서 소위 '포괄주의'(Inclusivism)라고 하는 것인데, 이 방법론이 갖고 있는 한계가 바로 이것이다. 종교간 대화의 유형에 대해서는 다음 책을 참고하기 바란다: 한인철, 『종교다원주의의 유형』(고양: 한국기독교연구소, 2005), 17-57.

에 유념하는 것이 중요하다고 생각된다. 예컨대 불교와 대화를 한다고 하면, 예수와 석가모니의 길이 어떻게 다른지, 예수의 길을 가는 나는 석가모니로부터 무엇을 배울 수 있는지, 그리고 석가모니로부터 배운 삶의 지혜를 갖고 나는 예수의 길을 어떻게 더욱 성숙시킬 수 있을지를 묻는 것이 중요하다는 말이다.[52] 예수가 석가를 만났다면, 당연히 그렇게 하지 않았겠는가? 서로 같은 길을 가는 종교인들끼리는 그 정도를 비교하며 성숙의 기회를 삼을 수 있지만, 서로 다른 길을 가는 종교인들끼리는 그 차이로부터 배우고 상호 성숙을 꾀하는 것이 보다 바람직한 것이 아니냐 하는 것이다.

52) Ibid., 17-57.

10장

다시 태어나는 기독교인

예수의 길벗

우리는 앞 장에서 '예수를 믿는 것이 예수처럼 사는 것'이 될 수 있도록 하기 위해서는, '하나님 예수' 대신 '선생 예수'라는 새로운 케리그마가 요청된다는 점을 검토했다. 그렇다면 이에 따르는 기독교인의 정체성에는 어떤 변화가 있을까? '하나님 예수'를 믿는 기독교인과 '선생 예수'를 따르는 기독교인은 어떻게 다르며, 이 두 유형의 기독교인은 어떻게 호칭하는 것이 적절할까?

1. '기독교인'의 기원과 그 의미

1) 기독교인이라는 단어의 기원

이제 이 논의를 시작하기에 앞서, '기독교인'의 기원과 그 의미에 대해 먼저 알아보도록 하자. 기독교 역사에서 '기독교인'이라는 단어는 언제부터 사용되기 시작했으며, 어떤 뜻을 담고 있었을까? 이를 알기 위해서는 '기독교인'이라는 한자 표현이 어디에서 왔는지부터 살피는 것이 좋을 듯하다. 주지하듯이, '기독교인'(基督教人)이라는 단어는 영어 'Christian'을 한자로 음역 표기한 것이다. Christian은 'Christ'에 사람을 가리키는 어미 'ian'이 붙은 것으로, 한글로는 '그리스도인'에 해당한다.

그러면 이 '그리스도인'이 어떻게 하여 '기독교인'으로 표기된 것일까? '대한화사전'(大漢和辭典)에 따르면, '기독'(基督)은 '기리사독'(基利斯督)의 약칭이며, '그리스도인'의 '그리스도'를 '기리사독'으로 음역한 것이라고 한다.[1] 그러므로 '그리스도인'의 올바른 한자어 표기는 기독교인이 아니라, '기독인'(基督人)이라 해야 할 것이다. 그래서 간혹 기독교인을 기독인이라 표기하는 것을 볼 수 있다. 일단 여기에서는 '기독교인'과 '그리스도인'은 같은 사람을 가리키는 서로 다른 표현이라는 점만 확인하고 넘어가도록 하자.

기독교인이라는 용어는 기독교 역사에서 언제부터 사용되기 시작했을까? 이 용어가 처음 사용된 곳은 신약성서였던 것으로 보인다. 신약성서에는 총 3곳에 '기독교인'이라는 용어가 등장한다. 이 용어가 제일 처음 등장한 신약성서 사도행전 11:26에 보면, 현 시리아 땅 북단에 위치한 안디옥이라는 곳에서 예수의 제자들이 최초로 '그리스도인'으로 불린다. 시기적으로 보면, 예

1) http://www.korean.go.kr/nkview/nklife/2010_1/20_6.html

초기 기독교 시대의 주변 세계

수가 처형되고 채 20년이 안된 CE 50년 이전의 일이다. 이 안디옥은 기독교가 이스라엘 땅을 떠나 세계로 퍼져나가던 초기에 기독교의 새로운 거점 도시가 된 곳이기도 하다.

이 용어가 두 번째로 사용되었던 곳은 로마 총독의 거주지가 있는 이스라엘 해변 도시 가이사랴로서, 이곳을 방문한 이스라엘 왕 아그립바가 소송 중에 있던 바울의 전도를 받은 후에, "그대가 짧은 말로 나를 설복해서, 그리스도인이 되게 하려고 하는가!"라고 꾸짖듯 반응하는 장면에서 등장한다.[2] 세

2) 신약성서 사도행전 26:28. 바울은 예수의 직계 제자는 아니다. 현 터키 땅 길리기아 다소 출신으로, 일종의 이민 2세에 해당하는 유대인이다. 지금의 시리아 땅 동쪽 다메섹에서 환상 중에 예수를 만나는 체험을 한 후, 그는 로마제국 안의 비유대인에게 예수를 전하는 사도가 된다. 그런데 이 일로 그는 대제사장 아나니아로부터 "온 세계에 있는 모든 유대 사람에게 소란을 일으키는 자"라는 죄목으로 로마 총독에게 고발을 당하게 된 것이다. 이 때 가아사랴를 방문한 아그랍바 왕에게 바울은 전도를 했던 것이다.

번째 이 용어가 사용된 곳은 신약성서 베드로전서 4:16로, 그리스도인으로서 고난을 당하면 부끄러워하지 말고, 도리어 그 이름으로 하나님께 영광을 돌리라는 말 가운데 등장한다.

2) 기독교인이라는 단어의 함의

그렇다면 초기 기독교에 있어서 '기독교인'은 어떤 사람을 가리키는 말이었을까? 사람들은 흔히, 기독교인은 '예수를 믿는 사람'이라고 말한다. 그러나 이 용어는 그 이상의 내용을 함축하고 있다. 기독교인이란, 한 마디로 말하면, '예수를 그리스도로 믿는 사람'을 가리킨다. 신약성서에서 예수를 가리켜 '예수 그리스도'라고 표기하거나,[3] 오늘날 교회에서 '예수 그리스도'라고 부르는 것은 '예수가 그리스도이다'라는 신앙고백을 함축한다.

앞서도 언급했듯이, '그리스도'는 '메시아'의 그리스어 번역어이다. 문자적으로 풀면, '예수가 그리스도이다'라는 고백은 '예수가 메시아이다'라는 고백과 동일한 의미를 갖는다. 그러나 실제 기독교 역사에서는, '그리스도'라는 말이 '메시아'의 번역어로서만 사용된 것은 아니었다. '메시아'를 포함하여 다양한 고백을 함축하는, 다의적(多意的)인 의미로 사용되고 있는 것을 볼 수 있다. 처음 예수를 그리스도로 고백할 때와는 달리, '그리스도'는 예수에 대한 신앙고백을 담는 빈 그릇일 뿐, 그 자체는 아무 내용도 갖지 않는 듯이 사용되어 온 것이다.

기억하는가? 8장에서 우리는, 예수가 시간의 변화에 따라 다양하게 고백되어 왔다는 점을 확인했다. 공관복음서 저자와 그 청중에게는 '메시아' 혹은 '하나님의 아들,' 요한복음서 저자와 그 청중에게는 '하나님의 외아들'(독생

3) '예수 그리스도'라는 표현은 공관복음서에 3회, 공관복음서 외의 신약성서에 134회 등장한다. 공관복음에 이 표현이 등장한 곳은 다음과 같다: 마태복음 1:1, 1:18; 마가복음 1:1.

자), 그리고 니케아 신조 신봉자에게는 '하나님'이었다. 그런데 흥미로운 것은, 이들이 모두 예수를 '메시아'로만 믿었던 것이 아니었음에도 불구하고, 예수를 표현할 때 거의 습관처럼 '예수 그리스도'라고 말한다는 것이다. '예수가 그리스도이다'라는 고백은 '예수가 메시아'라는 고백도, '하나님의 아들'이라는 고백도, '하나님의 외아들'이라는 고백도, 심지어는 예수가 '하나님'이라는 고백까지도 담을 수 있는, 말하자면 예수를 신적인 존재로 고백하는 것이면 어떠한 신앙고백도 담을 수 있는 '비어있는 케리그마'가 된 것이다.

2. 한국의 주류 기독교인의 자기정체성

우리는 앞서, 대개의 한국 기독교인들은 예수를 하나님으로 믿고 있다는 점을 지적했다. 이러한 점에서 한국의 기독교인들은 '니케아적 기독교인'이라 할 수 있고, 이들의 신앙은 '니케아적 신앙'이라고 할 수 있을 것이다. 그러면 예수를 하나님으로 믿게 되는 경우, 기독교인에게는 어떠한 변화가 일어나게 되는 것일까? 그 변화의 긍정적인 점은 무엇이며, 그 부정적인 결과는 무엇일까? 이 질문에 대해서는 앞에서 어느 정도 답변이 되었지만, 이제 이 책을 마치며 다시 한 번 상기하는 의미에서 간략히 정리하고자 한다.

1) 한국의 주류 기독교인의 신앙

본래 니케아 회의 당시, 알렉산드리아 교구의 알렉산더 주교가 예수를 하나님으로 높여야 한다고 주장했던 신학적 이유는 단순했다. 예수가 하나님이어야 죄인인 인간을 구원할 수 있다는 것이다. 이 경우 기독교인의 정체성 또한 단순했다. 기독교인은 예수를 하나님으로 믿는 '신앙인'이었고, 조금 풀어서 말하면, '예수 믿고 구원받은 사람'이었다. 그런데 이러한 니케아적 신앙이 전 세계로 퍼져나가면서 어느 때부터인가 한 가지 사항이 추가되었다. 예수 믿고 구원받는 것에, 죽어서 천국 가는 것이 추가된 것이다. 그래서 기독교인은 '예수 믿고, 구원 받고, 천국 가는 사람'이 되었고, 이것은 한국 기독교인에게 있어서도 마찬가지이다. 외국의 기독교인들도 그렇지만,[4] 특히 한국의 주류 기독교인의 경우, 천국 신앙은 기독교 신앙의 전부이자 그 궁극적 목적인 것처럼 되어버렸다. 이제 이러한 삼중적 신앙 체계를 하나씩 살펴보도록 하자.

첫째, 한국의 주류 기독교인에게 있어서 '예수를 믿는다'는 말은 '예수를 하나님으로 믿는다'는 것을 의미한다. 이것은 니케아 신조 이후 이른바 삼위일체 교리가 확정되면서 더욱 확고해졌다.[5] 앞서 언급한 것처럼, 예수를 하나님으로 높인 가장 중요한 교리적 이유는 인간의 구원 문제 때문이었다. 만약 예수를, 아리우스의 주장처럼, 하나님의 경지에 가장 가까이 이른 위대한 인간이라고 하게 되면, 그가 아무리 높은 경지에 이르렀다 하더라도, 예수는 인간을 구원할 수가 없다. 왜냐하면 모든 인간은 누구나 예외 없이 태어날 때부터 죄인인데, 예수가 인간이라면, 예수 또한 죄인일 수밖에 없기 때문이다. 죄인은 죄인을 구원할 수 없다는 뜻이다.

둘째, 한국의 주류 기독교인에게 있어서 '구원받는다'는 말은 '죄인의식으로부터 해방'되는 것을 의미한다. 주지하다시피, 전통적인 기독교는, 인간은 누구나 죄인이라고 주장한다. 인간의 욕망에 사로잡혀 하나님의 뜻과는 반대되는 삶을 살고 있으면서도, 여기에서 빠져나올 가능성이 거의 없기 때문이다. 그런데 예수가 그의 십자가 죽음에서 하나님의 뜻에 완전히 일치된 삶을

---

4) 미국의 신학자 보그에 따르면, 미국에서도 "'당신은 구원받았습니까?'라는 질문은 흔히 '당신이 죽으면 천국에 갈 거라고 확신합니까'라는 뜻"이라고 한다. 보그, 『기독교의 심장』, 265.

5) '삼위일체' 교리란 성부 하나님, 성자 하나님, 성령 하나님이 동일한 본질을 갖고 있다는 교리로, CE 381년 콘스탄티노플 회의에서 결정되었다.

보여주심으로, 구원의 가능성을 열어주었다는 것이다. 그러므로 예수를 믿는다는 것은, 지금까지 인간의 욕망에 따라 살았던 삶을 버리고, 하나님의 뜻을 따라 사는 새로운 삶으로 근본적인 방향 전환을 하는 것을 의미하고, 이것이 바로 구원이라는 것이다. 기독교는 이러한 사람을, 그가 단지 방향 전환만 했을 뿐임에도 불구하고, 더 이상 죄인(罪人)으로 생각하지 않고 의인(義人)으로 간주한다. 이러한 의미에서 예수 믿고 구원받은 사람은 죄인의식에서 해방될 수 있는 것이다.

셋째, 한국 주류 기독교인에게 있어서 '천국 간다'는 말은 더 이상 죽음을 두려워하지 않는다는 것, 즉 죽음의 두려움으로부터 해방되었다는 것을 의미한다. 천국에 간다는 말은, '이 세상'이 인간이 살 수 있는 유일한 세상이 아니라, 죽음 저편으로 넘어가면 또 다른 세상, 흔히 말하는 '저 세상,' 혹은 기독교인이 말하는 '천국'이 있다는 것이다. 죽음은 모든 것의 끝이 아니고, 새로운 시작의 관문이라는 말이다. 이러한 믿음은 분명 죽음에 대한 두려움으로부터 인간을 해방시켜 줄 수 있고, 우리는 이러한 사례들을 수많은 죽음의 자리에서 목도할 수 있다.

2) 한국의 주류 기독교 신앙의 문제점

이러한 의미에서 한국의 주류 기독교인은 '예수를 하나님으로 믿음으로써, 살아서는 죄인의식에서 해방되고, 죽음 앞에서는 죽음의 두려움으로부터 해방된 사람'이라고 할 수 있다. 이러한 기독교 신앙이 죄인의식과 죽음의 두려움으로부터 인간을 해방시켜 주었다는 점에서 그 공헌은 실로 크다고 할 수 있다.[6] 그러나 반면, 이 니케아적인 기독교 신앙은 기독교 역사에서 돌이킬

6) 1998년 한국갤럽조사연구소가 발표한 『한국인의 종교와 종교의식』에 따르면, 한국 개신교인들이 예수를 믿는 이유는 '마음의 평안을 얻기 위해서'가 66.8%, '천당 가기 위해서'가 12%라고 한다. 마음의 평안

수 없는 결정적인 문제를 불러일으킨 것 또한 부정할 수 없는 사실이다. 그 중 하나가 바로 기독교인들이 안고 있는 '삶의 결핍'이라는 문제이다.[7)]

'삶의 결핍'이라고 하는 지적은 단순히 보편적인 도덕성의 결핍을 뜻하는 것이 아니다. 기독교는 인류의 보편적인 도덕성을 추구하는 도덕종교가 아니기 때문이다. 여기에서 '삶의 결핍'이라는 말은, 예수를 하나님으로 믿는 기독교인들은 예수를 믿기는 하지만, 예수처럼 살려고 하지는 않는다는 것을 말한다. 예수가 앞서 걸어갔던 삶의 길을 기독교인은 더 이상 이어가려고 하지 않고, 그에 따라 한국 개신교인 속에서 예수의 삶을 찾아보기가 어렵다는 말이다. 이것은, 한편으로, 한국 개신교인들이 통상 예수처럼 살기를 원하지 않는 데에 그 원인이 있기도 하지만, 동시에, 다른 한편으로는, '하나님 예수'라는 니케아적인 케리그마가 기독교인의 그러한 인간적 요구에 부응하여 교리적인 정당성을 제공하기 때문에 생긴 결과이기도 하다.

3. 새로 태어나는 기독교인: 예수의 길벗

'하나님 예수'를 믿는 기독교인은 '예수 믿고, 구원 받고, 천국 갈 사람,' 한 마디로 말해서 '신앙인'으로 정의할 수 있다면, '선생 예수'를 따르는 기독교인은 어떻게 정의할 수 있을까? 그리고 이러한 기독교인의 정체성을 가장 잘

은 죄인의식으로부터의 해방과 거의 같은 의미라 생각하면 될 듯하다. 이 통계에서는 천당신앙이 12%밖에 안 되는 것으로 발표되었지만, 실제로 교회 안에서 느끼는 것은 그보다 훨씬 많은 것으로 보인다. 이 통계는 개신교가 어떤 면에서 기독교인에게 공헌을 하고 있는지 잘 보여주고 있다.

7) 우리는 1장에 그 대표적인 문제점 두 가지를 지적한 바 있다. '배타주의'와 '삶의 결핍'이 그것이다. 주지하다시피, 이 책에서는 이 두 가지 문제점 중 후자에 보다 중점을 두었다. 위에 인용한 『한국인의 종교와 종교의식』에 따르면, 한국의 개신교인이 예수를 믿는 이유 중 '삶의 의미를 찾기 위해서'라고 대답한 사람은 6.9%밖에 되지 않는다. 예수에게서 올바른 삶의 길을 찾으려는 사람이 그만큼 적다는 뜻이다.

드러낼 수 있는 호칭에는 무엇이 있을까? 호칭은 그 호칭에 걸맞는 삶을 불러일으킬 수 있다는 점에서, 매우 중요하다고 할 수 있다.[8)]

1) 기독교인의 새로운 자기정체성

(1) 기독교인은 예수와 같은 길 가는 사람

'선생 예수'를 따르는 기독교인은 어떻게 정의할 수 있을까? 한 마디로, '예수와 같은 길 가는 사람'이라고 말할 수 있을 것이다. 앞서 '선생 예수'는 우리와 조금도 다르지 않은 보통 사람이고, 참 인간과 참 세상에 대한 비전을 사람들에게 가르쳤던 분이고, 가르친 대로 앞서 살아내신 분이고, 그리고 그것을 목숨 걸고 지키신 분이라고 설명한 바 있다. 이러한 의미에서 "예수는 기독교적인 삶의 모델"이라고 할 수 있다.[9)] '선생 예수'를 따른다는 것은 이처럼 우리에게 참 인간과 참 세상에 대한 비전을 가르쳐준 대로, 예수처럼 그렇게 사는 것이고, 그리고 그러한 삶에 우리의 인생을 거는 것이다.

물론 예수의 길은 쉽게 따라갈 수 있는 길은 아니다. 이 길을 따라가기 위해서는 우선, 우리가 지금까지 살아왔던 삶의 길, 즉 재물과 권력과 명예를 삶의 궁극적인 목적인 양 추구하며 살아온, 잘못된 삶의 방식을 포기해야 한다. 이 뿐만이 아니다. 예수의 길을 따르다가 이미 가지고 있는 것들을 잃게 된다 하더라도, 그것조차 흔쾌히 받아들일 수 있어야 한다. 여기에서 한 발

---

8) 철학자 비트겐슈타인은 인간이 사용하는 언어는 그 자체에 게임을 내포하고 있어, 언어를 사용하는 중에 그 언어가 게임을 하여 언어에 걸맞는 일정한 형태의 삶을 창조한다고 한다. 이것을 '언어게임' 이론이라고 말한다. 이것을 원용하여 바르트학파로 알려진 린드벡(Geroge A. Lindbeck)은, 표현(expression)은 경험(experience)을 형성한다고 주장하는데, 이는 거의 같은 의미이다. 이러한 점에서 한 유형의 기독교인에게 어떤 호칭을 붙이느냐 하는 문제는 그 기독교인에게서 어떤 삶의 유형을 기대할 수 있느냐 하는 문제와 동일하다고 할 수 있다. 참조: George A. Lindbeck, *The Nature of Doctrine: Religion and Theology in a Postliberal Age*(Philadelphia: The Westminster Press, 1984), 37.

9) 보그, 『예수 새로 보기』, 260.

더 나아가면, 시대가 악하여 우리가 따르고자 하는 예수의 길이 폭력에 의해 유린당하는 경우, 이 길을 지키기 위해 우리의 목숨을 걸 수 있어야 한다. 로마제국 박해 시대의 초기 기독교인이 그러했고, 일본제국 박해 시대의 한국 기독교인이 또한 그러했다.

예수의 길을 따른다고 하는 것이 결코 만만한 일이 아니라는 말이다. 그래서 예수도 "누구든지, 나를 따라오려거든, 자기를 부인하고, 자기 십자가를 지고 나를 따라오라"고 하지 않았던가![10] 하지만 이러한 모든 난관들에도 불구하고, 우리가 이 길을 갈 수 있는 것은, 우리와 똑같은 한 인간이었던 예수가 앞에서 그 길을 이미 갔기 때문이다. 우리와 똑같은 인간인 예수가 할 수 있었다면, 예수와 똑같은 인간인 우리도 할 수 있는 것이다. 이것이 '선생 예수'를 따르는 기독교인의 근본 신념이다.

어디 이 뿐이랴! 예수의 길을 가는 데에는 남이 모르는 기쁨과 즐거움이 또한 있지 않은가! 교회에서 즐겨 부르는 찬송가 중에 이러한 가사가 있다.

주와 같이 길 가는 것, 즐거운 일 아닌가
우리 주님 걸어가신 발자취를 밟겠네
한 걸음 한 걸음 주 예수와 같이
날마다 날마다 우리는 걷겠네.[11]

이 찬송가 가사는 '선생 예수'를 따르는 기독교인의 삶의 자세를 단순 명료하게 정확히 표현해내고 있다. 그 중 특히 유념할 것은, 예수의 길을 따르는 것은 '즐거운 일'이라고 하는 것이다.

왜 그럴까? 예수를 따르는 것이 분명 힘든 일일 텐데, 이 작사자는 왜 즐거운 일이라고 하는 것일까? 세 가지 측면에서 생각해 볼 수 있을 것 같다. 첫

10) 신약성서 마가복음 8:34. 마태복음 16:24; 누가복음 9:23 참조.
11) 새찬송가 430장.

째, 예수의 길은 참 사람답게 사는 길인데, 이 길을 걸어가고 있다는 것 자체가 즐거울 수 있다는 것이다. 살아본 사람은 알 것이다. 내가 예수의 길을 걸어감으로 조금씩 사람다워져 가는 자신을 보면서 느끼는 즐거움, 그것은 예수를 따라본 사람이 아니고서는 느낄 수 없는 즐거움일 것이다. 특히 사람답게 살아가기 힘든 상황 속에서, 그 앞에 굴하지 않고, 인생의 참 길을 갔을 때에 느끼는 즐거움은 이루 말할 수 없을 것이다. 내가 바르게 살고 있다는 데서 느끼는 즐거움, 그것은 재물과 권력을 얻게 되었을 때 느끼는 즐거움과는 비교할 수 없는, 예수의 길을 걸어가는 사람들만이 누릴 수 있는 비밀스러운 즐거움이라 할 것이다.

둘째, 예수의 길은 참된 세상을 만드는 길인데, 이 길을 걸어가는 사람들은 자신에 의해 세상이 점차 변화되어가는 것을 보면서, 남이 모르는 즐거움을 맛볼 수 있다는 것이다. 이태석 신부의 일대기를 담은 『울지마 톤즈』라는 영화를 보았는가? 이태석 신부는 분명, 남이 볼 때에, 매우 힘든 길을 걸어갔지만, 그 자신은 톤즈 지역의 놀라운 변화를 보며 싱글벙글 즐거워한다. 이 영화를 보는 우리 또한 그 놀라운 변화에 감동하고 눈물 흘리고 기뻐하지 않았던가! 이 기쁨을 무엇에 비교할 수 있겠는가! 그래서 예수는 "내 멍에는 편하고, 내 짐은 가볍다"고 하지 않았던가![12]

셋째, 예수의 길은, 우리의 큰 스승 되시는 예수와 함께 가는 길이기 때문에, 즐거운 일이라고 할 수 있다. 우리는 통상 우리가 존경하는 선생님과 같은 길을 가고 있다는 것 때문에 얼마나 큰 자부심을 느끼며 기뻐하는가! 하물며 우리가 우리 인생 최고의 모델로 삼고 있는 큰 스승 예수와 함께 같은 길을 걸어가고 있다는 것이 어찌 즐거운 일이 아니겠는가? 예수의 길을 가는 사람들이 느끼는 이러한 세 가지 즐거움을 '예수 삼락(三樂)'이라 부르면 어떨까?

12) 신약성서 마태복음 11:30.

이렇게 선생 예수의 길을 이어가는 사람들을 우리는 '부활한 예수,' 즉 '다시 살아난 예수'라고 부를 수 있을 것이다. 7장에서 예수의 부활에 대한 설명을 기억하는가? 다시 살아난 예수는 누구였는가? 십자가 처형의 엄청난 충격에도 불구하고, 목숨 걸고 예수와 같은 길을 걸어갔던 사람들이 아니었던가? 예수는 예수의 길을 이어가는 사람들 속에서 부활한 것이다. 예수의 길을 이어갔던 그들은 바로 부활한 예수, 다시 살아난 예수였다는 말이다. '선생 예수'를 따르는 기독교인의 정체성을 이보다 더 정확히 묘사할 수 있는 다른 길이 또 있을까?

(2) 예수의 길벗으로서의 기독교인

그러면 예수와 같은 길을 걸어가는 기독교인들, 부활한 예수로서의 기독교인들을 어떻게 호칭하면 적절할까? 예수를 하나님으로 믿는 기독교인들을 '신앙인'이라고 한다면, 예수를 선생으로 따르는 기독교인들은 무엇이라 호칭할 수 있을까? 이 질문에 직접 대답하기에 앞서, 복음서에서 예수가 자신을 따르는 사람들을 어떻게 불렀는지, '기독교인'이라는 호칭이 사용되기 이전의 초기 기독교에서는 예수를 따르는 사람들을 어떻게 불렀는지, 그리고 오늘날 우리가 사용하는 찬송가에서 예수의 길을 따르는 사람들을 어떻게 부르고 있는지를 살펴보도록 하겠다.

먼저 복음서부터 살펴보도록 하자. 신약성서 요한복음 15:14-15에 보면, 이런 대목이 나온다. "내가 너희에게 명한 것을 다 행하면 너희는 내 친구다. 이제부터는 내가 너희를 종이라고 부르지 않겠다. 종은 주인이 무엇을 하는지 알지 못한다. 나는 너희를 친구라고 불렀다. 내가 아버지에게서 들은 모든 것을 너희에게 알려 주었기 때문이다." 이 구절은 매우 귀하고 중요하다. 왜냐하면 복음서 전체를 통틀어 예수가 그 제자나 청중을 가리켜 어떠한 호칭을 사용한 사례가 거의 없는데, 그 유일한 사례인 요한복음에서, 그것도 예수를 하나님의 외아들(독생자)로 높이고 있는 요한복음에서, 예수가 자신을 따르는 사람을 '친구'로 호칭하고 있기 때문이다. 여기에서 친구는 특별한 의미를 갖고 있다. 친구는 예수가 가르친 것을 모두 행하는 사람이고, 예수가 하나님으로부터 들은 것들을 공유한 사람이다. 예수를 신앙의 대상으로 믿는 종(從)같은 존재가 아니라, 예수와 같은 길 위에 서서 예수의 비전을 공유하고 그의 가르침을 따라 같은 길을 가는 사람이다.

그러면 예수의 십자가 처형 후, 기독교인들이 아직 '기독교인'으로 호칭되기 이전, 즉 예수의 가르침을 따라 예수처럼 살려고 노력했던 그 시기의 기독교인들은 사람들에게 어떻게 불려졌을까? 스퐁(John Shelby Spong)에 따르면, CE 30년에서 70년 사이, 아직 기독교인들이 일반적으로 '그리스도인'으로 일컬어지기 이전에는, 예수를 따르는 사람들이 "길(道)을 따르는 사람들"(followers of the way)이라고 불려졌다고 한다.[13] 부언하면, 기독교라는 종교가 발생하기 이전의 초기 기독교인들은 '예수의 길'을 따라 예수와 같은 길을 가는 사람들이었다는 말이다.

한국 찬송가에도 예수를 따르는 사람들을 가리키는 호칭이 나타나는데, 그것은 바로 '친구'라는 호칭이다. 전체 찬송가 가사 중에 기독교인을 예수의 '친구'라고 호칭한 경우는 총 4개가 있는 데,[14] 그 중 대표적인 것 두 개를 소개한다.

저 장미꽃 위에 이슬 아직 맺혀있는 그 때에
귀에 은은히 소리 들리니 주 음성 분명하다
주님 나와 동행을 하면서 나를 친구 삼으셨네
우리 서로 받은 그 기쁨은 알 사람이 없도다.[15]

죽기까지 사랑하신 주

13) 존 쉘비 스퐁, 『예수를 해방시켜라』, 최종수 역(고양: 한국기독교연구소, 2004), 81.
14) 새찬송가 215장, 442장, 466장, 517장.
15) 새찬송가 442장 1절.

그보다 더 큰 사랑 없네
네가 나를 따르면 나의 친구되리니
나 너희들을 사랑하듯 서로 사랑하라.[16)]

첫 번째 가사는, 예수가 우리의 길에 함께 하면서 우리를 친구로 삼았다고 했고, 두 번째 가사는 우리가 예수를 따르면 예수의 친구가 된다고 했다. 예수와 같은 길을 가는 사람들은 예수의 친구라는 의미이다.

그렇다면 이 모든 사례들을 망라하여, 예수의 길을 따라 예수와 같은 길을 가는 사람들을 무엇이라 호칭하면 적절할까? 요한복음은 예수를 따르는 사람을 '친구'라 했고, 초기 기독교에서는 '길을 따르는 사람'이라 했고, 찬송가는 '친구'라 했다. '친구'라는 말과 '길을 따르는 사람'이라는 이 두 가지 의미를 종합하여 새로운 호칭 하나를 만든다면, 어떤 것이 가능할까? 그 하나의 적절한 대안이 '길벗'이라는 한국말이다.[17)] 길은 길이고, 벗은 친구이다. 같은 길을 가는 친구라는 의미이다. '친구'라는 말 속에는 같은 길을 간다는 뜻이 약하고, '길을 따르는 사람'이라는 말 속에는 친구라는 뜻이 약하다. 그러나 '길벗'이라는 말 속에는 이 두 가지 뜻이 모두 함축되어 있다. 기독교인은 예수가 가르치고, 앞서 살아내었고, 죽음으로 지켰던, 참 사람의 길, 참 세상의 길을 예수와 더불어 함께 가는 예수의 친구들이라는 말이다. 예수와 기독교인 사이에 앞뒤는 있어도 위아래는 없다. 하나님인 예수는 위에 있고 죄인인 기독교인은 아래에 있지만, 선생 예수는 앞에 있고 길벗 기독교인은 뒤에 있을 뿐이다. 기독교인은 같은 길 위에서 앞서 가시는 예수를 따라 그와 같은 길을 가는 예수의 길벗들이라는 말이다.

---

16) 새찬송가 466장 2절.
17) '길벗'이라는 용어는 오강남 교수의 제안을 원용한 것이다. 오강남, 『예수는 없다』, 244.

2) 예수 믿기와 예수 살기

(1) 예수 믿기의 새로운 의미: 예수에 대한 전적인 신뢰(trust)

'선생 예수'를 따르는 사람을 '예수의 길벗'이라고 할 때, 기독교인들이 통상 사용하는 '예수를 믿는다'는 말은 어떤 의미를 가질까? '하나님 예수'를 믿는 사람에게 있어서 '예수를 믿는다'는 말은 '예수를 하나님으로 믿는다'는 것을 의미한다. 이 경우 예수와 보통 인간 사이에는 절대로 하나가 될 수 없는 '질적인 차이'(qualitative difference)가 존재하게 되고, 예수는 신앙의 대상으로 탈바꿈된다. 죄인인 인간은 아무리 노력해도 절대 하나님인 예수처럼 될 수 없다는 것이고, 죄인인 인간이 예수에 대해 할 수 있는 일은 오직 한 가지, 예수를 하나님으로 믿는 것밖에는 아무 것도 없다는 것을 뜻한다.

그러면 '선생 예수'를 따르는 사람에게는 '믿는다'는 말이 더 이상 필요하지 않거나 의미가 없다는 뜻일까? 그렇지는 않다고 본다. '믿는다'는 말은 기독교 전통의 소중한 자산이기도 하지만, 그 말 속에는 이미 선생 예수를 따르는 사람의 기본적인 삶의 태도가 함축되어 있기 때문이다. 그것은 바로 '신뢰한다'는 의미이다. 이러한 의미에서 마이어스(Robin R. Meyers)는 '선생 예수'를 따르는 기독교인에게 있어 신앙(belief)은 "철저한 신뢰(trust)의 한 형태"일 수 있다고 말한다.[18] 예수의 길벗에게 중요한 것은 "예수에 대한 우리의 신앙이 아니라, 예수의 길에 대한 우리의 신뢰," 바로 그것이라는 것이다.[19] 흥미롭게도 한국말의 '믿음'이라는 표현은 이 두 가지 의미를 모두 함축한다. 신앙과 신뢰는 둘 다 '믿음'을 가리키지만, 전자는 신앙의 대상으로서의 '하나님 예수'에 대한 종교적인 믿음(belief)을 의미하고, 후자는 신뢰의 대상으로서의 '선생 예수'에 대한 인간적인 믿음(trust)을 뜻한다.

예수를 신뢰한다는 것, 그것은 실제로 무엇을 말하는 것일까? 한 마디로

18) 마이어스, 『언더그라운드 교회』, 130.
19) Ibid., 197.

말하면, 선생으로서의 예수에 대한 인간적인 신뢰를 가리킨다고 할 수 있다. 조금 더 구체적으로 말하면, 예수가 품고 있던 하나님 나라에 대한 꿈과 비전, 그에 대한 예수의 가르침, 그 가르침에 따른 예수의 삶, 그리고 살해의 위협 앞에서도 자신의 길을 포기하지 않았던 예수의 순교자적 자세, 이 모든 것들에 대한 인간적인 전적 신뢰를 의미한다는 뜻이다. 그래서 신뢰는 '동조'(同調)의 의미를 함축한다고 볼 수 있다. 예수를 신뢰한다는 것은, 예수가 갔던 그 길이 옳은 길이었다는 것, 그래서 나도 예수와 뜻을 같이 하겠다는 것을 의미한다는 말이다. 이러한 의미에서 펑크(Robert Funk)는 "예수에 의해 일깨워진 신앙의 진정한 대상은 예수가 신뢰한 것을 신뢰하는 것"이라고 말한다.[20]

(2) 예수 믿기와 예수 살기: 우리도 예수처럼 살 수 있다.

예수를 신뢰한다고 하는 것은, 예수의 길이 옳았고, 그래서 나도 예수와 뜻을 같이 한다는 것이기는 하지만, 여기에서 그치지는 않는다고 생각된다. 동조(同調)는 자연스럽게 동참(同參), 혹은 동행(同行)으로 이어지게 마련이다. 동조와 동참은 신뢰가 낳은 쌍둥이 형제와 같아서, 동참하고 동행하지 않는 동조는 충분한 의미에서 신뢰하는 것이라고 말할 수 없다. 생각해보라. 어떤 제자가 선생님에게 '나는 선생님을 신뢰한다'고 말하면서, 단 한 번도 선생님의 가르침과 삶을 따라 살려고 하거나 살아본 적이 없다고 한다면, 그가 과연 선생님을 신뢰하는 제자라고 할 수 있겠는가?

예수의 가르침과 삶에 동참하고 동행한다고 하는 것은 무엇을 함축하는가? 그것은 한 마디로, 우리도 예수처럼 살 수 있다는 것을 의미한다. '하나님 예수'를 믿는 사람은 예수 믿고 구원을 받을 수는 있어도, 예수처럼 살 수는 없다고 말한다. 왜냐하면 예수는 하나님이기 때문이다. 그러나 '선생 예수'

20) 펑크, 『예수에게 솔직히』, 463.

를 따르는 사람은, 우리도 예수처럼 살 수 있다고 확신한다. 왜냐하면 예수는 우리와 똑같은 인간이기 때문이다. 인간 예수가 할 수 있으면, 인간인 우리도 할 수 있는 것이다. 예수를 하나님으로 믿는 사람들은, '나는 예수처럼 살 수 없다'고 강변하지만, 언제 예수가 그 제자들에게 '너희는 나처럼 살 수 없다'고 말한 적이 있는가! 오히려 예수는 제자들에게 이렇게 말하지 않았던가! "나를 믿는 사람은 내가 하는 일을 할 것이다."[21]

어디 그 뿐인가! 선생 예수는 "나를 믿는 사람은 내가 하는 일을 할 것이요, 그보다 더 큰 일도 할 것이다"라고 말하지 않았는가![22] 현실적으로는 예수보다 더 큰 일을 했던 사람을 찾아보기 어렵지만, 원칙적으로는 예수보다 더 큰 일을 할 사람이 얼마든지 나올 수도 있다는 말 아닌가? 예수는 분명 자신이 가고 있는 그 길에 뜻을 같이하고 삶을 나눌 수 있는 사람들이 많이 나타나주기를 바랐을 것이고, 그래서 제자들을 모았을 것이다. 이것이 어디 예수 당대에 국한할 일이겠는가? 예수는 오고 오는 세대에 끊임없이 예수의 길을 이어갈 사람들이 계속 나타나주기를 바랐을 것이고, 자신보다 더 위대한 인물들이 나타나기를 고대했을 것이다. 그래서 그는 선생 중의 선생, 큰 스승이다.

4. 예수처럼 산다는 것의 의미: 오늘의 기독교인이 물어야 할 물음

많은 사람들은 '예수처럼 산다'는 말에 다소 부담감이나 혹은 거부감을 느꼈을지 모르겠다. 그것은 예수의 가르침이나 삶이 우리가 따라가기에 너무 부

21) 신약성서 요한복음 14:12.

22) 신약성서 요한복음 14:12.

담스럽기 때문이기도 하지만, 예수가 가르친 내용이나 그가 중심을 두었던 삶의 과제가 오늘날 한국의 상황과 상당히 다르기 때문일 것이다. 그러면 '선생 예수'와 같은 길을 가려는 사람들은 과연 예수의 가르침이나 삶을 문자적으로 반복 계승해야 하는 것인가?

1) 기독교인은 예수의 가르침과 삶을 문자적으로 반복 계승해야 하는가?

이 물음에 대답하기 위해서는 제일 먼저, 예수의 가르침과 삶은 예수 동시대의 상황과 밀접하게 연관되어 있다는 점을 기억할 필요가 있다. 주지하는 대로, 예수는 하나님 나라를 가르쳤고, 무상 치유와 공동 식사를 삶의 중심 과제로 삼았다. 그런데 이러한 그의 가르침과 삶은 일차적으로 예수 시대의 이스라엘 사람들을 위한 것이었다. 시공간을 떠나 인간이면 누구나가 실천해야 할 보편적인 윤리 규범같은 것을 제시한 것이 아니었다는 말이다. 그의 가르침과 삶은 율법과 성전을 중심으로 하는 유대교 체제, 분봉왕을 중심으로 하는 이스라엘의 독재 체제, 그리고 총독부를 중심으로 하는 로마제국의 식민지 체제라고 하는 이스라엘 특유의 삼중 체제 하에서 이스라엘 사람들, 그 중에서도 특별히 가난하고 힘없고 소외된 사람들을 향한 것이었다.

몇 가지 사례를 들어보자. 먼저 '하나님의 나라'라는 예수의 가르침부터 살펴보자. 고대 이스라엘에서 '하나님의 나라'는 제국의 식민 지배에서 벗어난 독립된 이스라엘을 가리키는 말이었다. 예수에게서도 그것은 크게 다르지 않았다. 크로산의 설명에 따르면, 예수의 하나님 나라는, "만약 시이저가 아니라 하나님이 로마 제국의 황제로서 다스리게 된다면, 이 세상이 어떻게 될 것인가 하는 것을 의미"했다.[23] 현재 제국의 지배를 받고 있지 않은 한국에서는

23) 크로산, 『역사적 예수』, 86.

'하나님의 나라'가 낯설 수밖에 없고, 자칫 죽은 다음에 가게 될 '천국'으로 둔갑할 가능성이 매우 크다.

예수의 가르침 중에서도 하나의 예를 들어보자. 앞서 언급했듯이, 예수는 "누가 네 오른쪽 뺨을 치거든, 왼쪽 뺨마저 돌려대어라.... 누가 너더러 억지로 오 리를 가자고 하거든, 십 리를 같이 가 주어라"라고 가르친 적이 있다.[24)] 생각해보라. 지금 한국에서 누가 아무 이유 없이 오른쪽 뺨을 때릴 사람이 있으며, 억지로 오 리를 가자고 할 사람이 있겠는가? 그리고 누가 오른쪽 뺨을 맞고 왼쪽 뺨을 돌려대며, 오 리를 가자고 했는데 십 리를 가 줄 사람이 있겠는가? 예수 시대에 아무 이유 없이 뺨을 때리는 것은 "주인이 노예를, 남편이 아내를, 어버이가 자식들을, 남자가 여자를, 그리고 로마인이 유대인을 그렇게 때렸다"고 한다.[25)] 그런데 지금 한국은 노예 사회도, 가부장 사회도, 성차별주의 시대도, 제국주의 시대도 아니지 않은가?

또 억지로 오 리를 가자고 할 사람은 예수 시대에 로마제국의 군인밖에 없었다고 한다. 로마제국은 장거리 정벌에 나서는 군인의 체력을 감안하여, 식민지 주민에게 오 리(2km) 범위 내에서 30kg 안팎의 무거운 배낭을 날라주도록 했다는 것이다.[26)] 제국의 식민 지배를 받지 않는 한국에서, 예를 들어 행군 중의 미국 군인이 동네 주민에게 자신의 무거운 배낭을 메고 오 리를 가자고 하면 가야 할 것인가? 하물며 요청하지도 않았는데, 자발적으로 오 리를 더 갈 이유가 있겠는가?

이것은 무상 치유나 공동 식사도 마찬가지라고 생각된다. 예수 시대에는 가난한 사람의 치료를 위한 무상 치료제도도, 배고픈 사람의 식사를 위한 무료 식사제도도 없었다. 무상 치유를 배고픈 사람의 공동 식사의 기회로 이용할 수 있으면, 그것으로 최선이었고, 그것이 예수의 선택이었다. 만약 지금

---

24) 신약성서 마태복음 5:38-42. 누가복음 6:29-39 참조.
25) 윙크, 『사탄의 체제와 예수의 비폭력』, 279.
26) Ibid., 286.

한국에서 어떤 사람이 가정으로 불치병 환자를 찾아다니며 죄의 용서를 선언하고, 그 집으로 배고픈 사람들을 초대하여 식사의 기회를 제공한다면, 사람들은 그를 어떻게 이해하겠는가? 예수가 시도했다고 예수와 똑같이 하는 것이 과연 '선생 예수'를 따르는 것이라고 할 수 있을까?

2) 예수의 삶을 문자 그대로 따르지 않고도 '예수의 길벗'일 수 있는가?

질문은 이것이다. 예수가 이렇게 가르치고, 이렇게 행동했다고 하여, 예수의 가르침과 행동을 문자적으로 반복하는 것이 '선생 예수'를 따르는 것이냐 하는 것이다. 적어도 예수 당시 이스라엘 사람들에게는 그러했을 것이라 생각된다. 그들은 예수와 같은 시대를 살았고, 예수와 문제의식을 공유했기 때문이다. 그러나 예수와 다른 시대를 살고 있고, 예수와는 다른 시대적 과제를 안고 있는 한국인들에게는 예수가 가르친 내용이나 그가 중심 과제로 삼았던 것이 중요하지 않을 수 있다. 정말 중요한 것이 있다면, 그것은 '예수의 길'이다. 예수의 가르침과 삶 속에 관통하고 있었던 '예수의 근본적인 삶의 태도'가 중요하다는 말이다.

예수의 근본적인 삶의 태도, 그것은 무엇이었을까? 쉽게 대답할 수 있는 문제는 아닐 것이다. 어디에도 예수가, 이것이 나의 근본적인 삶의 태도라고 밝힌 것이 없기 때문이다. 그러나 복음서에 나타난 그의 가르침과 삶을 잘 살펴보면, 그 대략적인 윤곽을 잡을 수 있다고 본다. 그것은 아마도 '하나님을 삶의 중심에 모시고, 그의 뜻을 따라 살려고 하는 삶의 자세'가 아닐까 싶다. 그것이 개인의 차원에서 나타날 때에는 '참 사람의 길'이라고 할 수 있고, 공동체의 차원에서 나타날 때에는 '참 세상의 길'이라고 할 수 있을 것이다. 예수의 '하나님의 나라'는 이 두 가지를 동시에 함축하고 있다는 뜻이기도 하다.

복음서에 보면, 예수가 '하나님의 뜻'을 언급한 경우는 총 8번 나온다. 이를 사례별로 보면, 기도를 어떻게 할 것인가를 가르칠 때[27], 하나님의 나라에 들어갈 수 있는 사람을 언급할 때,[28] 하나님 나라의 일을 지혜 있고 똑똑한 사람에게는 감추고 철부지 어린 아이들에게는 드러내주셨다고 할 때,[29] 참된 의미의 형제자매가 누구냐고 할 때,[30] 울타리 속의 99마리의 양을 놔두고 잃은 양 한 마리를 찾는 이유를 말할 때,[31] 두 아들의 비유를 언급할 때,[32] 그리고 겟세마네 동산에서 기도할 때 두 차례 하나님의 뜻을 언급한다.[33] 이러한 사례들은 무엇을 암시하는가? 예수는 가르칠 때에나, 행동할 때에나, 죽음 앞에서나, 한결같이 어떻게 사는 것이 참으로 하나님의 뜻을 따라 사는 것이냐 하는 것을 생각했다는 것이다. 그러한 의미에서 예수는 그 삶에 있어서 하나님과 하나였던 것이다.

물론 경우에 따라서는, 예수의 가르침이나 행동 중에 오늘날에도 반복 가능한 것이 있을 것이다. 그것은 아마도 오늘날 한국의 상황이, 2000년의 세월에도 불구하고, 예수 당시 이스라엘의 상황과 비슷한 경우일 것이다. 예를 들면, 사마리아인의 비유에 나타난 이웃 사랑에 대한 가르침이 그러하다. 유대인에게 있어 사마리아인은 이스라엘의 이북 사람에 해당하고, 이들은 외국인보다 못한 원수 중의 원수이다. 외국인은 이웃이 될 수 있어도, 사마리아인은 절대 이웃이 될 수 없다고 생각했기에 하는 말이다. 그런데 예수는 강도 만난 유대인을 돕는 사마리아인을 예로 들며, 누가 진정한 의미에서 유대인의 이웃이냐고 묻는다. 이것은 실제 사례를 언급한 것이 아니라, 하나의 가정이다. 요점은 예화 중의 사마리아인처럼, 너희 유대인이 먼저 사마리아인의

27) 신약성서 마태복음 6:10.
28) 신약성서 마태복음 7:21.
29) 신약성서 마태복음 11:25-26. 누가복음 10:21-22 참조.
30) 신약성서 마가복음 3:31-35. 마태복음 12:46-50; 누가복음 8:19-21 참조.
31) 신약성서 마태복음 18:14.
32) 신약성서 마태복음 21:31.
33) 신약성서 마태복음 26:39;

상처를 보듬으며 그의 이웃이 되라는 것이다. 이것은 한국의 남북관계에서도 거의 그대로 적용될 수 있을 것이다.

그러나 많은 경우 예수의 가르침이나 행동은 그것을 문자 그대로 반복하기가 어렵다. 예수의 삶을 따라가기 힘들어서만이 아니라, 한국의 상황과 맞지 않기 때문이다. 그러면 어떻게 할 것인가? 예수의 가르침이나 행동을 무시해도 좋은 것인가? 그렇지는 않다고 본다. 예수의 가르침이나 행동들은 예수 시대에 하나님의 뜻을 따르는 그 당시의 길이었다. 이것들은 우리가 늘 참조해야 할 최고의 참고서이다. 하지만 오늘을 살고 있는 한국인들에게는 새로운 가르침과 새로운 행동양식이 필요하다. 예수의 가르침이나 행동을 문자적으로 반복하지 않고도, 우리는 예수의 길을 갈 수 있어야 한다는 말이다. 그것은 오늘의 한국 상황 속에서 한국인이 안고 있는 개인적 차원의 삶의 문제, 혹은 한국이 안고 있는 사회적 차원의 공동 과제들을 깊이 연구하고, 그것들을 하나님의 뜻을 따라 풀어가는 것을 의미할 것이다.

일단 손쉽게 접근할 수 있는 사회적인 과제만 살펴보도록 하자. 한국에는 지금 예수 당시에는 존재하지 않았던 새로운 사회적 문제들이 대두되고 있다. 그 중 대표적인 것이 종교간의 갈등, 생태계의 파괴, 노인 문제, 그리고 외국인 노동자 문제 등이다. 예수 당시 이스라엘 안의 종교는 유대교 하나밖에 없었기 때문에, 종교간의 갈등이란 거의 존재하지 않았다. 아직 문명이 크게 발달하지 않아, 생태계의 파괴 문제도 대두되지 않았다. 평균 수명도 30세 정도에 불과해, 아직 고령화에 따른 노인 문제도 발생하지 않았다.[34] 그리고 제국의 지배를 받았기에 외국인 노동자 문제도 발생하지 않았다.

무슨 말인가? 예수는 오늘날 한국이 당면한 문제에 대해 직접적인 해결책을 제시한 것이 아무것도 없다는 말이다. 그러면 어떻게 할 것인가? 많은 사람들은 성서 안에서 그 해결의 실마리를 찾기 위해, 오늘의 문제와는 거의 아

34) 크로산, 『예수의 역사』, 44.

무 상관이 없는 구절들에 근거하여 그 대안을 모색해보려 한다. 물론 성서는, 특별히 예수 이야기가 담겨있는 복음서는 오늘날 한국이 당면한 문제를 풀어 가는 데 있어서 당연히 참조해야 할 가장 중요한 참고서이다. 그러나 근본적으로 성서는 과거의 문제에 대한 과거의 대답이라는 점을 인정해야만 한다.

성서는 아무리 위대해도 아직 일어나지 않은 미래의 문제에까지 대답을 제공하지는 않는다. 오늘날 한국이 당면한 개인적 혹은 사회적 문제들 속에서 어떻게 하나님의 뜻을 실현할 것인가 하는 문제는 궁극적으로 오늘의 한국 기독교인들이 자기 책임 하에 풀어나가야만 한다. 한국 안에서 예수의 길을 따라 종교간의 갈등을 풀고, 생태계 위기를 극복하고, 노인 문제와 외국인 노동자 문제를 해결한다면, 어떻게 하는 것이 그 길인가 하는 것은 한국 기독교인에게 맡겨진 과제라는 말이다.

물론 쉬운 일은 아니다. 그러나 우리가 우리 시대에 예수의 길벗으로 살아나가고자 한다면, 예수가 자기 시대의 문제를 붙잡고 씨름하며 그 안에서 하나님의 뜻을 실현하려 했던 것처럼, 우리도 우리 시대의 문제를 붙잡고 씨름하며 그 안에서 하나님의 뜻을 실현할 수 있는 길을 찾아야 한다. 이 과정에서 우리의 표현 방식이나 행동 양식은 예수의 그것들과 다를 수 있겠지만, 그것은 전혀 문제가 안 된다. 중요한 것은 우리가 이 시대에 예수의 길을 따라 그와 같은 길을 가고 있느냐 하는 것이다. 그렇다고 한다면, 예수가 단 한 번도 사용해본 적 없는 말과 행동을 사용한다 하더라도, 우리는 여전히 이 시대에 예수의 길을 가는 예수의 길벗일 수 있을 것이다.

나가는 말

1. 그래서 예수는 누구인가?

우리는 먼 길을 걸어 여기까지 왔다. 그래서 과연 역사적 예수는 어떤 사람이었는가? 역사적 예수 연구의 대표적 학자 크로산은 이렇게 요약한다. 다소 길지만, 우리도 정리한다는 의미에서 그대로 인용해보자:

"예수는, 오랜 동안 그럭저럭 생존을 유지해오다가 점점 더 심하게 억압을 받게 된 한 피점령지의 농민들 사이에서 살았습니다. 이것은 구조적인 불평등과 불의의 세계였습니다. 그러한 세계에서 그는 대안이 될 만한 새로운 비전을 제시했고, 또한 그것을 삶으로써 살아 내었습니다. 그리고 그는 다른 사람들을 초대하여, 그것을 더불어 나누었습니다. 그 비전은 무상의 치유와 나눔의 식사가 있는 공동체, 하나님 앞과 서로의 앞에서 평등한 공동체이지요. 그는 여성과 어린이와 남성, 그리고 나병환자와 적빈자와 정신질환자들을 똑같이 초대했습니다. '와서 함께 먹고 고침을 받으십시오. 그리고 당신이 경험한 것을 다른 사람들에게도 나누어 주십시오'라고 말입니다. 이 새로운 공동체가 하나님 나라의 모습, 즉 시이저가 아니라, 하나님이 이 세상을 직접 다스리시게 될 때의 전체 세계의 모습입니다. 그것이 곧 '하나님의 뜻이 하늘에서와 같이 땅에서도 이루어지소서' 하는 주기도문의 의미입니다.

그러나 '하늘'은 완전했지만, 땅은 문제가 있었습니다. 예수가 단순히 하나님 나라에 관해 가르치는 데 그치지 않고, 그것을 삶으로써 실천하려고 했던 것은 바로 이 때문이었습니다. 이것이 예수를 혁명적인 인물–군사적인 의미에서가 아니라,

사회적인 의미에서-로 만들었습니다. 그리고 그는 하나님 나라에 대한 그의 비전 때문에 죽었습니다. 이 세상의 기존하는 체제에 대한 그의 예리한 도전은 어느 때든지 그를 체포할 수 있는 이유가 되었겠지만, 특별히 성전에 대한 그의 상징적 파괴행위가 유대교와 로마의 고위 당국자들로 하여금 그를 즉각 처리할 수 있는 빌미를 제공했습니다. 대제사장 가야바나 로마 총독 빌라도와 같은 권력자 치하의 예루살렘에서는 예수같이 힘없는 농부는 당연히 궤멸당할 수밖에 없었는데도 불구하고, 그가 아무런 사전준비도 없이 거친 행동을 했다고 하는 것은 거의 상상조차 할 수 없습니다.

그런데 전혀 예측할 수 없었던 사건은, 이 문제의 유대인 농부의 죽음이 끝이 아니었다고 하는 것이었습니다. 예수와 함께 있을 때부터 자신들의 삶 속에서 하나님의 능력을 경험했던 사람들은 그의 죽음 이후에도 계속 그 능력을 경험했습니다. 이제 그 능력은 더 이상 시간과 공간에 제약되지 않고, 예수 안에서 하나님을 본 사람들에게는 어느 곳에서나 가능하게 되었지요. 신중한 중립적 역사가 요세푸스가 1세기 말에 다음과 같이 보도한 것은 바로 이러한 이유 때문이었습니다: '처음에 예수를 사랑하게 되었던 사람들은 그에 대한 자신들의 애정을 포기하지 않았고...그리스도의 이름을 따라 붙여진 그리스도인들이라는 종족은 오늘날까지지도 사라지지 않고 있다.'"[1]

2. 남은 질문

이제 남은 문제는 이것이다. 예수가 그러한 길을 갔다면, 우리는 어떻게 할 것인가? 이 글을 읽고 있는 당신이 기독교인이어도 좋고, 기독교인이 아니어도 좋다. 문제는 예수가 갔던 그 길에 대해 당신은 어떻게 생각하느냐 하는 것이다. 이것은 어쩌면 예수 동시대에 예수를 경험했던 유대인들이 직면했던 질문이기도 했을 것

1) 크로산, 『예수는 누구인가』, 218-220.

이다. 당신의 대답은 무엇인가?

이 질문은 결코 비기독교인에게 기독교인이 되라는, 더더군다나 교회를 나가라는 권면이 아니다. 만약 당신이 예수가 갔던 그 길에 공감하고, 그렇게 살아보기를 원한다면, 기독교인이 아니라도, 그리고 교회를 다니지 않는다 하더라도, 한번 시도해 볼 수 있지 않겠는가? 기독교인이 아니고 교회를 다니지 않는다고 하여, 예수처럼 살면 안 된다고 하는 법이 어디에 있는가? 중요한 것은 어떻게 살고, 어떤 세상을 만들 것인가 하는 것이다.

아마도 지금 교회를 나가고 있는 기독교인들 중에는 이 글을 다 읽고 당황해하는 사람들도 있을 것이다. 교회에서 배운 기독교와 상당한 차이가 있기 때문이다. 그러나 그렇다고 하여 이 질문을 피할 수는 없을 것이다. 만약 예수가 갔던 그 길이 옳은 길이었고, 당신 또한 인생의 올바른 길을 가기 원한다고 할 경우, 당신이 선택할 수 있는 것은 무엇인가?

다시 묻자. 당신은 정말로 예수가 갔던 그 길이 옳은 길이었다고 믿는가? 그리고 당신은 인생의 옳은 길을 가기를 원하는가? 그렇다면 당신이 기독교인이든 기독교인이 아니든 예수의 길을 가보라. 예수의 길을 가면, 당신이 원하는 모든 것을 얻을 수 있다고 약속할 수는 없다. 재물을 더 얻을 수도 있지만, 있는 재물을 잃을 수도 있다. 지금보다 더 힘 있는 자리에 오를 수도 있지만, 지금 있는 자리에서 내려올 수도 있다. 사람들로부터 널리 인정받을 수도 있지만, 오히려 사람들로부터 질시를 받거나 냉대를 받을 수도 있다.

그러나 한 가지는 확실하게 약속할 수 있다. 우리가 예수와 같은 길을 감으로써 어떤 결과가 나타나게 되던, 그 길이 인생의 참된 길이라는 것이고, 그리고 그 길을 가고 있는 동안 우리는 참된 의미에서 행복할 수 있다는 것이다. 무엇보다 중요한 것은, 이렇게 사는 것이 이 세상 어떤 재미보다 더 재미가 있고, 이 세상 어떤 즐거움보다 더 큰 즐거움이 있다는 것이다. 아니, 인생의 진정한 감격을 맛볼 수 있다는 것이다. 이 재미, 이 즐거움, 그리고 이 감격을 한 번 맛보고 싶지 않은가?

참고문헌

겐죠, 다가와. 『예수라는 사나이: 역설적 반항아의 생과 사』. 김명식 역. 서울: 한울림, 1983.

고진하. 『쿵쿵: 다시 뛰는 생명의 북소리』. 서울: 넥서스크로스, 2014.

김진. 『왜 기독교인은 예수를 믿지 않을까?』. 고양: 위즈덤로드, 2010.

김진호 편. 『예수 르네상스: 역사의 예수연구의 새로운 지평』. 천안: 한국신학연구소, 1996.

넬슨-폴마이어, 잭. 『예수를 배반한 기독교』. 한성수 역. 고양: 한국기독교연구소, 2012.

라이케, 보. 『신약성서 시대사』. 번역실 역. 천안: 한국신학연구소, 1988.

로제, 에두아르트. 『신약성서 배경사』. 박창건 역. 서울: 대한기독교출판사, 2015.

루벤슈타인, 리차드. 『예수는 어떻게 하나님이 되셨는가?』. 한인철 역. 고양: 한국기독교연구소, 2004.

마이어스, 로빈. 『언더그라운드 교회』. 김준우 역. 고양: 한국기독교연구소, 2013.

_____. 『예수를 교회로부터 구출하라』. 김준우 역. 고양: 한국기독교연구소, 2012.

맥, 버튼. 『잃어버린 복음서: Q복음과 기독교의 기원』. 김덕순 역. 고양: 한국기독교연구소, 1999.

박준서. 『성지순례: 초대교회 발자취를 따라』. 서울: 조선일보사, 1994.

Barnes, Timothy D. 『Constantine and Eusebius』. Cambridge: Harvard University Press, 1981.

벵스트, 클라우스. 『로마의 평화』. 정지련 역. 천안: 한국신학연구소, 1994.

보그, 마커스. 『기독교의 심장』. 김준우 역. 고양: 한국기독교연구소, 2010.

_____.『미팅 지저스』. 구자명 역. 서울: 홍성사, 1996.
_____.『새로 만난 하느님』. 한인철 역. 고양: 한국기독교연구소, 2001.
_____.『예수 새로 보기』. 김기석 역. 천안: 한국신학연구소, 1997.
보그, 마커스·존 도미닉 크로산.『첫 번째 바울의 복음』. 김준우 역. 고양: 한국기독교연구소, 2010.
_____.『첫 번째 크리스마스』. 김준우 역. 고양: 한국기독교연구소, 2011.
보그, 마커스·톰 라이트.『예수의 의미』. 김준우 역. 고양: 한국기독교연구소, 2001.
Borg, Marcus J.『Jesus』. New York: HarperCollins Publishers, 2006.
샌더스, E. P.『예수운동과 하나님 나라』. 이정희 역. 천안: 한국신학연구소, 1997.
설버그, 레이몬드.『신구약 중간사』. 김의원 역. 서울: 기독교문서선교회, 2011.
슈테게만, 에케하르트·볼프강 슈테게만.『초기 그리스도교의 사회사』. 손성현·김판임 역. 서울: 동연, 2012.
스캇, 버나드 브랜든.『예수의 비유 새로 듣기』. 김기석 역. 고양: 한국기독교연구소, 2006.
스퐁, 존 쉘비.『기독교 변하지 않으면 죽는다』. 김준우 역. 고양: 한국기독교연구소, 2001.
_____.『만들어진 예수, 참 사람 예수』. 이계준 역. 고양: 한국기독교연구소, 2011.
_____.『새 시대를 위한 새 기독교』. 최종수 역. 고양: 한국기독교연구소, 2005.
_____.『영생에 대한 새로운 전망』. 한성수 역. 고양: 한국기독교연구소, 2011.
_____.『예수를 해방시켜라』. 최종수 역. 고양: 한국기독교연구소, 2004.
스퐁, 존 쉘비·대니얼 스피로.『그리스도교 신앙의 뿌리와 날개』. 김준우 역. 고양: 한국기독교연구소, 2003.
시몬, 마르셀.『예수 시대의 유대교 종파들』. 박주익 역. 서울: 대한기독교서회, 1990.
어만, 바트.『예수 왜곡의 역사』. 강주헌 역. 서울: 청림출판, 2010.
에반스, 크레이그.『만들어진 예수』. 성기문 역. 서울: 새물결플러스, 2011.

엘룰, 쟈크. 『뒤틀려진 기독교』. 쟈크엘룰번역위원회 역. 안양: 도서출판 대장간, 1998.
예레미아스, 요아힘. 『예수시대의 예루살렘: 신약성서시대의 사회경제사 연구』. 한국신학연구소 번역실 역. 천안: 한국신학연구소, 2010.
오강남. 『예수는 없다』. 서울: 현암사, 2001.
옥덴, S. M. 『기독론의 초점』. 변선환 역. 서울: 대한기독교출판사, 1985.
Wylen, Stephen M. 『The Jews in the Time of Jesus』. New York: Paulist Press, 1996.
윙크, 월터. 『사탄의 가면을 벗겨라: 인간의 삶을 결정하는 보이지 않는 힘들』. 박만 역. 고양: 한국기독교연구소, 2005.
_____. 『사탄의 체제와 예수의 비폭력』. 한성수 역. 고양: 한국기독교연구소, 2004.
_____. 『예수와 비폭력 저항』. 김준우 역. 고양: 한국기독교연구소, 2003.
_____. 『참사람: 예수와 사람의 아들 수수께끼』. 한성수 역. 고양: 한국기독교연구소, 2014.
정양모·이영헌. 『이스라엘 성지: 어제와 오늘』. 서울: 생활성서사, 1992.
조태연. 『예수운동: 그리스도교 기원의 탐구』. 서울: 대한기독교서회, 1996.
조태연외 2인. 『뒤집어 읽는 신약성서』. 서울: 대한기독교서회, 1999.
The Jesus Seminar. 『The Parables of Jesus』. Sonoma: Polebridge Prss, 1988
크로산, 존 도미닉. 『가장 위대한 기도』. 김준우 역. 고양: 한국기독교연구소, 2011.
_____. 『비유의 위력』. 김준우 역. 고양: 한국기독교연구소, 2012.
_____. 『역사적 예수: 지중해 지역의 한 유대인 농부의 생애』. 김준우 역. 고양: 한국기독교연구소, 2000.
_____. 『예수』. 김기철 역. 고양: 한국기독교연구소, 2009.
_____. 『예수는 누구인가』. 한인철 역. 고양: 한국기독교연구소, 1998.
_____. 『하나님과 제국』. 이종욱 역. 서울: 포이에마, 2007.

크로산, 존 도미닉·조나단 리드. 『예수의 역사』. 김기철 역. 고양: 한국기독교연구소, 2010.

펑크, 로버트. 『예수에게 솔직히』. 김준우 역. 고양: 한국기독교연구소, 1999.

푀르스터, W. 『신구약 중간사: 포로시대부터 그리스도까지』. 문희석 역. 서울: 컨콜디아사, 2012.

프라이스, 로버트 M 외 4인. 『역사적 예수 논쟁』. 손혜숙 역. 서울: 새물결플러스, 2014.

한국갤럽. 『한국인의 종교와 종교의식-제3차 비교조사』. 서울: 한국갤럽, 1998.

한완상. 『바보 예수』. 서울: 삼인, 2012.

한인철. 『종교다원주의의 유형』. 고양: 한국기독교연구소, 2005.

헹엘, 마틴. 『신구약 중간사』. 임진수 역. 파주: 살림, 2009.

_____. 『십자가 처형』. 김명수 역. 서울: 대한기독교서회, 1996.

호슬리, 리처드. 『예수와 제국』. 김준우 역. 고양: 한국기독교연구소, 2004.

_____ 편. 『제국의 그림자 속에서』. 정연복 역. 고양: 한국기독교연구소, 2014.

홍정수. 『베짜는 하느님: 풀어 쓴 기독교 신학』. 고양: 한국기독교연구소, 2015.

Hughes, Philip. 『The Church in Crisis: A History of the Twenty Great Councils』. London: Burns and Oates, 1961.

예수 Jesus, 先生으로 만나다

지은이 한인철

펴낸곳 연세대학교 출판문화원

주 소 서울시 서대문구 연세로 50

전 화 02) 2123-3380~2

팩 스 02) 2123-8673

e-mail: ysup@yonsei.ac.kr

http://press.yonsei.ac.kr

등 록 1955년 10월 13일 제9-60호

인 쇄 (주)동국문화

2016년 6월 10일 1판 1쇄

2022년 10월 7일 1판 5쇄

ISBN 978-89-6850-152-4 (93230)

값 17,000원